시장근본주의자는
주식시장을
이렇게 읽는다

무극선생 이승조의 주식시장을 읽는 법

시장근본주의자는 주식시장을 이렇게 읽는다

이승조(무극선생) 지음

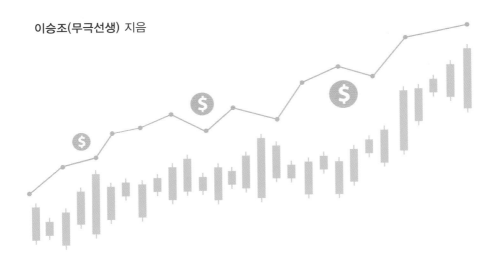

메이트북스

메이트북스 우리는 책이 독자를 위한 것임을 잊지 않는다.
우리는 독자의 꿈을 사랑하고,
그 꿈이 실현될 수 있는 도구를 세상에 내놓는다.

시장근본주의자는 주식시장을 이렇게 읽는다

초판 1쇄 발행 2019년 8월 1일 | **초판 2쇄 발행** 2021년 9월 20일 | **지은이** 이승조
펴낸곳 ㈜원앤원콘텐츠그룹 | **펴낸이** 강현규·정영훈
책임편집 유지윤 | **편집** 안정연·오희라 | **디자인** 최정아
마케팅 김형진·차승환·정호준 | **경영지원** 최향숙·이혜지 | **홍보** 이선미·정채훈·정선호
등록번호 제301-2006-001호 | **등록일자** 2013년 5월 24일
주소 04607 서울시 중구 다산로 139 랜더스빌딩 5층 | **전화** (02)2234-7117
팩스 (02)2234-1086 | **홈페이지** www.matebooks.co.kr | **이메일** khg0109@hanmail.net
값 25,000원 | **ISBN** 979-11-6002-244-5 03320

이 도서의 국립중앙도서관 출판시도서목록(CIP)은 e-CIP홈페이지(http://www.nl.go.kr/ecip)에서
이용하실 수 있습니다.(CIP제어번호 : CIP2019026568)

강세장은 비관에 의해 탄생하고
회의론에 의해 성장하며,
낙관 심리로 성숙한 다음
극도의 희열 상태로 죽는다.

• 전설적인 투자자인 존 템플턴 경 •

우선 새로운 책의 출간을 진심으로 축하드립니다. 저자가 이 책을 처음 구상하고, 내용을 집필하는 과정에 직간접적으로 참여했던 입장으로서 결과물을 받아보니 반가움을 금할 길이 없습니다.

제 현업은 채권·외환·파생상품을 거래하는 프랍 트레이더입니다. 하지만 아이러니하게도 10여 년 전에 금융시장에 첫발을 들이게 된 계기는 개별주식 및 주가지수파생상품 거래와 관련된 뼈아픈 경험 때문이었습니다. 그 당시 절치부심하며 주식 관련 서적을 독파하다가 발견했던 책 중 한 권이 저자의 책『무극선생의 과학적 주식투자비법』이었고, 이때 저자의 존재를 처음 알게 되었습니다. 이후 책, 팟캐스트, 방송프로그램, SNS 등을 통해 저자의 분석, 예측, 전략, 대응 과정을 보고 듣고 체득해 실전 매매에 적용하기 위해 노력해오고 있습니다.

금융시장에 많은 전문가들이 있지만 그중에서도 저자의 팬이 된 이유가 몇 가지가 있습니다. 우선, 분야를 가리지 않는 방대한 독서량입니다. 그 다음은, 그에 기반한 복잡계적 사고의 확장 방식입니다. 그러나 무엇보다도 시장을 대하는 마인드와 실전 매매에서 보여주는 대응의 유연함이 가장 큰 이유입니다.

10여 년째 맨땅에 헤딩하는 심정으로 프랍 트레이딩을 하는 저로서는 실전에서,

특히 본인의 포지션과 시장이 반대로 갈 때, 유연한 대응이 얼마나 어려운지 누구보다도 잘 알기 때문에 저자의 내공을 보며 놀랄 때가 많습니다. 독자들이 이 책을 통해 시장근본주의적 투자자의 유연한 사고와 대응을 제대로 배운다면 분명히 향후 투자 시 소중한 자산을 효율적으로 관리하는 데 큰 도움이 될 것이라 믿습니다.

저는 저자가 강조하는 단어 중에 '지적 전사'라는 말을 참 좋아합니다. 많이 읽고 자유롭게 사고하며 모든 것의 연결고리를 찾으려는 '지적' 불가능 영역에의 도전, 그리고 살벌한 실전매매시장에서 반드시 살아남겠다는 '전사'적 기질. 한 명의 지적 전사가 되고자 노력하는 저 역시 생각의 연결고리 훈련이 무엇인지, 이를 기반으로 실전 매매에서는 어떻게 해야 살아남을 수 있는지 체득하는 과정이 결코 쉽지 않지만 이 책에서 많은 영감을 얻을 수 있었습니다. 독자들이 멋진 지적 전사로 거듭나는 길에 이 책이 좋은 길라잡이가 될 것이라 생각합니다.

30여 년 넘게 축적해온 투자내공을 일반 투자자들이 익혀서 냉혹한 시장에서 살아남길 바라는 마음으로 흔들림 없이 방송과 집필활동을 지속하는 저자의 모습에 감사와 박수를 보냅니다. 이 책이 독자들의 성공투자에 도움이 되길 기원합니다.

마닐라 제자 **변영근**(Rates&FX Trader, ING Bank)

실적이 탄탄하고 재무제표도 좋은 기업, 기술적인 위치도 좋고 수급과 거래량 모두 긍정적인 A기업이 있습니다. 정상적인 주식시장이라면 이 기업의 주가는 우상향 추세를 보이며 시원하게 올라갈 것입니다. 그런데 갑자기 국내 주식시장이 출렁이면서 전 종목이 하락세를 보인다면 어떻게 될까요? 이런 상황에서도 A기업의 주가가 흔들리지 않고 올라갈 확률은 얼마나 될까요?

해당 종목의 개별적인 악재가 아닌 시장 자체의 출렁거림으로 단 하루 만에 지난 몇 달간의 상승 폭을 모두 반납해버리는 상황을 우리는 종종 보아왔습니다. 종목 자체의 악재라면 손절을 하거나 추가매수를 하는 등 대응이라도 하겠지만 시장 자체가 하락해버리면 손을 쓸 도리가 없습니다. 그저 파랗게 물드는 계좌를 보고 있을 수밖에 별 방법이 없죠. 그런데 때마침 나의 직장동료는 하락하는 시장에서 오히려 돈을 벌고 있다면 심정이 어떨까요?

차라리 다 같이 하락해서 손해를 보면 마음이라도 편할 텐데, 이 와중에 수익을 보는 사람이 있다면 부럽기도 하면서 한편으로는 내 계좌 속 손실이 더욱 크게 느껴지고 마음 한켠이 쓰려올 것입니다. 그렇지만 무턱대고 선물·옵션 투자를 할 수도 없는 법! 리스크는 헷지하고 싶지만 원금을 넘어선 손실 가능성 때문에 두렵고 망설이게 되는 당신이라면, 이 책을 추천합니다.

선물·옵션시장을 제대로 이해한다면 오히려 종목이 전체적으로 하락할 때 하방에 배팅해서 손해를 최소화할 수 있습니다. 리스크를 헷지하는 것을 넘어서 오히려 전체 계좌의 손실을 수익으로 전환시키며 더 큰 투자수익을 얻을 수 있을지도 모릅니다. 기본적 분석과 기술적 분석, 다양한 보조지표를 통해 종목을 발굴해 투자하는 것보다 어쩌면 '상승과 하락' 중의 하나인 방향성에 배팅하는 선물·옵션의 50 대 50의 확률이 더 높아 보이기도 합니다.

단, 50 대 50의 확률에서 승리하기 위해서는 그 시장의 특성을 잘 파악하고 익힌 내용을 투자에 성공적으로 접목시켜야만 합니다. 아쉽게도 시중에 있는 상당수의 선물옵션 기본서는 실제 투자 상황과 괴리되어 있는 경우가 많습니다. 이론과 실제는 엄연히 다르기 때문입니다.

아무리 이론을 잘 습득하더라도 실제 투자 상황에 적용시킬 수 없다면 이는 무용지물일 것입니다. 그러나 이 책은 선물·옵션 투자전략이 단순히 이론적인 부분에서 그치는 것이 아니라 시시각각 변하는 시장의 모멘텀과 국내외적인 이슈에 따른 시장의 변화와 특징, 실제 분석을 기반으로 선물·옵션시장을 설명합니다. 단순한 이론서와 달리 최근 몇 년간 주식시장에 참여한 투자자라면 투자 스토리를 복기하며 실전투자 상황을 떠올리고 시뮬레이션을 해볼 수 있기 때문에 이론적 내용을 실전 투자에 적용해보고 어떻게 진행되었는지 실례로 확인해볼 수 있습니다.

또한 대부분의 책들은 선물·옵션과 주식시장을 각각 나누어 다루고 있어 연계해서 움직이는 시장의 움직임과 변화를 제대로 포착하기 쉽지 않은 반면, 이 책에서는 주식시장이나 선물·옵션시장 둘 중 한쪽 면만을 다루지 않고 주식시장과 선물/옵션시장을 아울러 투자전략을 세우기 때문에 시장 참여자로서 더욱 면밀히 시장을 바라보고 분석하는 눈을 키울 수 있습니다.

처음 이 책을 읽을 때는 편안한 마음으로 저자의 호흡에 맞춰 따라 읽어보기 바랍니다. 그리고 두 번째로 읽을 때는 이 책에서 제시하는 전략과 분석방법에 맞춰 투자 시뮬레이션을 해보기 바랍니다. 아마 마지막 페이지를 읽을 때쯤이면 주식시장과 선물옵션시장을 함께 바라보며 투자전략을 세우는 전문 투자자로서의 감각을 가지게 될 것입니다.

제자 **정유리(경제방송 앵커)**

증권방송에서 막연히 보던 무극선생을 직접 만나 알고 지낸 지 올해로 10년째입니다. 현재도 그의 투자철학을 공부하고 있고, 그가 추천한 다수의 종목들을 직접 투자해오고 있습니다. 그는 이 책에서 세상과 주식시장을 어떻게 접목시키며 투자판단 및 종목선택을 어떻게 하는지에 대해 상세히 기술했습니다.

이 책에서 소개하는 방식으로 그가 찾은 종목들 중 큰 수익을 낸 것들이 상당히 많습니다. 그중 아직까지도 재료가 소멸되지 않았으며, 2018년도 상반기를 뜨겁게 달군 남북 경협주의 대표주자인 현대로템을 투자사례로 소개해봅니다.

현대로템은 2014년부터 무극선생이 추천했습니다. 그 당시 이 종목의 추천 이유는, 언젠가 남북한이 경제 교류를 한다면 철도로 북한을 경유해 시베리아와 더 나아가 유럽까지 여객과 물류가 갈 수 있는 길이 열리므로 그때까지 현대로템을 분할 매수해서 보유해보자는 것이었습니다. 이런 그의 판단을 비현실적이라며 비웃는 자들이 그 당시 상당히 많았습니다. 더군다나 매수 추천 후 철도, 방산, 플랜트 등을 주요 사업으로 하는 현대로템의 실적은 더욱 악화되어 갔습니다. 추천 당시 27,000~30,000원이던 주가는 2016년 10,800원까지 하락했습니다. 당시 실적 악화의 요인은 저가 플랜트 수주로 인한 손실 때문이었습니다. 그 후 주가는 16,000~25,000원 사이에서 등락을 보이다가 2018년 2월 평창 동계올림픽을 시작으로 4월 남북정상회담을 거치며 주가가 상승했고, 북미정상회담이 열리기 3주 전인 2018년 6월 4일 45,500원까지 상승했습니다.

그는 중간중간 추가매수와 물량 늘리기를 몇 번 권하기도 했지만 큰 흐름의 투자방법은 '매수 후 최소 3만 원 전까지 한 주도 매도하지 말라'는 것이었습니다. 결국 이익 실현한 사람들의 현대로템 매수 평균단가는 20,000~25,000원 사이였고, 최종 매도는 32,000~40,000원 사이였습니다. 남들이 비웃었던 무극선생의 판단은 4년 후 이런 결실을 맺었습니다.

그렇다면 무극선생의 말을 듣고 현대로템을 매수한 모든 사람이 과연 수익을 냈을까요? 절대 그렇지 않습니다. 어떤 사람은 25,000원에 매수한 후 20,000원에 손절하고 주가가 11,000원까지 추가 하락하는 것을 보고 '손절하기를 잘했다'고 안도했습니다. 그러나 주가가 20,000원을 회복하고 다시 30,000원을 넘어 40,000원을 향해 가는 것을 보면서도 한 주도 다시 매수하지 못하고 크게 후회하는 사람도 있었습니다. 그렇다면 왜 이런 안타까운 현상이 발생했을까요? 이 책을 통해 독자들은 스스로 앞 질문에 대한 답을 찾을 수 있을 것입니다.

지난 10년 동안 무극선생이 매수 추천한 종목 중 그의 예상대로 간 것은 반 정도 되는 듯싶습니다. 어떤 종목은 현대로템처럼 매수 후 반토막이 된 후 아직도 제자리를 찾지 못하는 종목들도 있습니다. 그래서 무극선생은 주식을 하려는 자금의 성격을 상당히 중요시합니다. 절대로 레버리지를 일으키거나 빚을 내거나 전세금과 같이 다른 용처가 있는 자금들은 투자하지 말라고 권합니다. 투자자의 투자 방향이 맞더라도 목표단가가 오는 그날을 기다리지 못하고 시장에서 중도 퇴출되거나 시장을 떠난 사람들을 수도 없이 봤다고 그는 강조합니다. 시장에서 살아남아야 다음을 기약할 수 있기에 투자 전 철저한 학습과 준비가 필요하다는 것입니다.

이 책의 내용 중에 다소 황당하다거나 말도 안 되는 소리라고 느껴져도 왜 그가 책에서 이런 말을 하는지 경청해보기 바랍니다. 3만 원대 소개한 SK C&C가 10만 원을 넘어 20만 원 이상 상승, 2만 원대 소개한 호텔신라가 10만 원을 넘어 14만 원 정도 상승, 1만~2만 원에 소개한 차바이오텍이 4만 원 이상 상승, 2만 원대 소개한 한국항공우주는 10만 원 이상 상승, 1,000~2,000원대 소개한 대아티아이는 1만 원을 넘게 상승했습니다. 나열한 종목 외에도 그가 그린 미래지도에서 선택되어 투자한 종목들 중 상승한 것들이 아주 많습니다. 이런 결과가 과연 우연일까요?

이 책은 시장에서 퇴출되지 않고 30년 이상을 버틴 사람의 목소리입니다. 그 목소리를 귀담아 듣는다면 여러분도 제2의 호텔신라, 제2의 대아티아이를 찾을 수 있으리라 확신합니다.

분당 제자 **김정훈**

투자 기법에 대해서는 그야말로 시중에 넘쳐납니다. 개인 투자자가 가장 먼저 접하는 차트를 통한 '기술적 분석', 가치투자자들이 신봉하는 '기본적 분석' 등 세부적으로 들어가면 그 방법도 수없이 많습니다. 여기서 의문이 들어야 합니다. '그

방법들이 과연 효과가 있을까?'

결론부터 말하자면 '없다'입니다. 그것도 '전혀 없다'입니다. 투자도구가 잘못되었다기보다 쓰는 방법에 문제가 있습니다. 실제 시장을 움직이는 코어들을 모른 채 보여지는 행태에 집중하고 표면적으로 드러나는 것들을 가지고 패턴을 만들며 적용할 뿐입니다.

예를 들어 3할의 타율을 가지고 있는 메이저리그 타자의 스윙을 컴퓨터를 통해 움직임을 복사해서 일반인에게 학습시킨다고 가정해보죠. 스윙을 흉내 낸다고 해서 메이저리그 3할 타자와 똑같은 혹은 비슷한 성과를 낼 수 있을까요? 절대 불가능합니다. 그럼 그 이유는 무엇일까요?

타율 3할을 만들어낸 타자의 스윙 자세는 각 투수에 대한 정보, 경기 흐름에 대한 순간적인 판단력, 동체시력, 수많은 경기 데이터, 끊임없는 노력 등이 융합되어 만들어낸 결과일 뿐입니다. 자세는 보여지는 것뿐이고, 실제 인과관계를 알아야 한다는 의미입니다. 비행기 모양을 똑같이 만든다고 해서 그 모형이 날 수 있는 것이 아닌 것처럼 말이죠.

이 책은 실제 투자자들이 들여다봐야 할 것들과 시장이 어떻게 움직이는지에 대해 자세히 설명하고 있습니다. 시스템 사고는 명탐정 셜록처럼 명확한 의사결정 과정에 도움을 줄 것이고, 복잡계, 행동경제 등 과학적인 사고는 시장이 어떻게 돌아가는지 근본적으로 설명해줄 것입니다. 또한 미래를 예측하고 경우의 수대로 시나리오를 설정하는 방법, 매크로에서부터 마이크로 분석 방법, 프로파일링 기법, 파생시장흐름 등 투자자들이 반드시 알아야 할 기초적인 수단들이 이 책에 담겨 있습니다. 특히 최근에 이슈가 되었던 실전 사례들을 중심으로 설명하고 있기 때문에 시장에 관심 있는 투자자라면 내용이 쉽게 다가올 것입니다.

많은 투자자들이 착각하는 부분이 있는데, 시장에는 절대적인 투자 기법이란 존재하지 않습니다. 빅데이터를 통한 알고리즘 매매를 하는 미국의 대형 헤지펀드들도 상황에 따라 끊임없이 프로그램을 수정합니다.

이 책도 마찬가지입니다. 어떤 한 가지 절대 법칙을 말해주는 것이 아닙니다. 비유하자면 투자자들에게 숟가락, 젓가락, 포크, 나이프 사용 방법을 알려주고 있고 어느 때 어떤 것을 써야 하는지 설명하고 있습니다. 가장 기본적인 것이지만 대부분이 간과하고 모르고 있는 부분입니다.

이 책을 충분히 소화한다면 누군가에게 의지하지 않고 스스로 독립적으로 투자할 수 있는 시작점이 될 것이라 장담합니다. 덤으로, 세상을 보는 시야의 확장과 통찰력도 깊어지리라 확신합니다.

22세 때부터 햇수로 13년 동안 투자를 하면서 가장 잘한 일 또는 운이 좋았던 경험을 손꼽으라면 단연 이승조 선생님을 만난 것입니다. 이 책을 읽고 나면 '운이 좋았다'라는 표현이 전혀 과장된 것이 아니라는 것을 느낄 것입니다. 이 책은 기승전 '실전'입니다. 넘쳐나는 정보와 험난한 시장에서 이 책이 투자자들의 생존에 조금이나마 보탬이 되길 간절히 바랍니다.

대전 제자 **서주현**

일반적인 개인 투자자들은 자신이 보유한 종목의 기업 분석이나 차트 분석은 열심히 하지만 이 종목이 실제로 시장에서 어떤 위치에 있고 어떤 영향을 받는지 생각하기란 쉽지 않습니다.

예를 들어 삼성전자를 매수했다고 해보죠. 우리나라 최고의 종목임은 분명하지만 삼성전자는 파생상품(선물, 옵션) 시장의 가장 큰 영향을 받는 종목입니다. 반대로 이야기하면 파생상품 시장의 수익을 극대화하기 위해 삼성전자의 주가를 떨어뜨리는 경우도 비일비재하다는 것입니다. 게다가 삼성전자의 실적이 좋은데도, 주가는 반대로 가기도 합니다.

시장과 종목이 왜 자신의 생각과는 반대로 가는지에 대한 의문을 이 책이 조금이나마 풀어줄 것이라 생각합니다. 구체적으로 어떤 점에서 이 책이 투자에 도움이 되는지 살펴보죠.

먼저, 자신이 처해 있는 위치를 파악하는 방법을 통해 어떤 투자 전략을 수립할 것인지 결정할 수 있게 해줍니다. 자신의 투자 규모, 소득 규모, 소득 원천 등을 고려한 투자전략 수립 방법과 나이대에 따른 투자전략 수립 방법을 제시해줍니다. 특히 주식 투자가라면 한 번씩은 전업 투자가에 대한 생각을 하게 되는데, 왜 전업 투자가가 쉽지 않은지에 대해서도 들을 수 있습니다.

그 다음으로는 '미래를 읽는 능력'을 키울 수 있게 해줍니다. 어떻게 되든 미래를 읽고 방향성이 맞아야 자신이 투자한 종목에서 수익을 보게 됩니다. 다른 말로는 통찰력이라고도 부르는데, 저자는 통찰력은 소수의 사람만이 타고난 능력이 아니라 생각의 훈련을 통해서 키울 수 있는 능력이라고 말합니다. 이 책을 통해 생각의 훈련을 위한 다양한 기법을 알 수 있고, 이를 실전에 적용하는 방법까지 배울 수 있습니다.

특히 이 책에서 제시하는 시장을 읽는 다양한 시각과 방법을 통해 깜깜하고 막막했던 시장을 약간이나마 이해할 수 있을 것입니다. 이 책에서는 시스템사고와 비즈니스 프로파일링으로 정부 정책 연결고리와 테마주의 군집현상을 배울 수 있으며, 피드백 순환고리, 4등분 법칙 등으로 시장이 말해주는 데이터에서 시장의 미래를 읽어내는 방법을 익힐 수 있습니다.

이어, 이 책은 다양한 사례분석을 통해 투자의 직관을 얻게 해줍니다. 투자의 역사에서 어려웠던 시기 중 하나인 2008년 서브프라임 모기지 금융위기 사례를 소개하고, 이후 진행된 양적완화가 시장에 미친 영향, 그리고 지금까지 이어지는 양적완화 종료, 대차대조표 축소 등 시간별로 진행 상황을 자세하게 설명합니다. 주식

투자는 단순히 종목에만 한정되는 것이 아니라 전 세계가 거미줄처럼 연결되어 있다는 것을 실감할 수 있을 것입니다.

마지막으로, 시장을 움직이는 가장 큰 힘인 '시장의 그림자'라고 불리는 파생상품 시장의 존재를 명확하게 받아들일 수 있게 됩니다. 파생상품 시장은 어렵고 복잡해서 지레 포기하기 마련이지만 이 책을 통해 파생상품 시장의 기본적인 토대를 쉽게 익힐 수 있습니다. 그리고 우리나라 파생상품 시장이 움직이는 구조를 배울 수 있을 것입니다. 이 부분은 다른 책에서는 볼 수 없는, 저자 무극선생이 실전을 통해 파악하고 정립한 내용이라 적극 추천하는 부분입니다.

이 책을 읽는 모든 분들이 시장근본주의자가 되었으면 하고, 투자에 성공해 자신이 원하는 바를 이루었으면 합니다.

지적전사 창업학교 아우룸의 'RXA'

왜 시장근본주의자가 되어야 하는가?

일반적으로 근본주의라고 하면 무엇인가 고집이 세고 원칙을 강조하는 느낌을 준다. 특히 종교나 정치에서는 이슬람근본주의, 기독교근본주의 등과 같이 근본주의가 매우 배타적이고 공격적인 성향으로 알려져 있어서 부정적 이미지가 지배하고 있는 것도 사실이다.

근본주의는 원래 1920년 미국의 전투적복음주의자들의 사고와 행태를 지칭하는 용어로 고안되었고, 지금은 전투적인 입장을 취하는 보수주의를 가리키는 의미로도 사용되며, 더 나아가 보수와 진보를 막론하고 이상적·원칙적 근본을 추구하는 노선에까지 적용되는 단어로 쓰이고 있다.

독일의 철학자 위르겐 하버마스는 근본주의를 "자기 자신의 신념이나 근거가 합리적으로 수용되기 어려울 때조차도 그러한 신념이나 근거를 정치적 주장으로 자리매김하려는 특이한 사고방식이나 고집스러운 태도"로 정의했다. 최근 한국사회에도 근본주의가 만연해 있다는 비판의 소리가 높다.

인하대학교 김진석 교수는 "폭력과 파시즘을 비판하는 일에는 이상한 맹점이 있다. 이것들을 추방해야 한다는 열성이 지나친 나머지, 알게 모르게 모든 폭력을 파시즘과 동일하게 여기는 이들이 적지 않다. 모든 폭력적 경향이나 제도들이 그 자체로 악이며 따라서 아예 뿌리를 뽑아야 한다는 주장은 거기서 불과 한 걸음 거리에 있다"며 이것을 '도덕적 근본주의'로 명명했다.

과격 이슬람 테러단체 관련 뉴스를 읽다 보면 항상 접하게 되는 이슬람근본주의도 마찬가지다. 네이버에서 이슬람근본주의를 검색해보면 다음과 같은 설명을 찾을 수 있다.

'이슬람근본주의Islamic Fundamentalism는 흔히 이슬람원리주의라고도 한다. 이슬람교리를 정치·사회질서의 기본으로 삼아 이슬람교의 원점으로 돌아갈 것을 주장하는 운동이다. 이슬람 세계는 서양 제국주의 세력의 침략의 말발굽 아래 짓밟히면서 그들 내부로부터 역사에 대한 반성과 자각의 눈이 싹트기 시작했다. 그 가운데 이슬람사회가 서양 사회에 예속된 원인을 이슬람교의 타락에서 찾는 사람들은 향락과 물질을 숭배하는 서양문명을 거부하고 원시 이슬람교의 순결한 정신과 엄격한 도덕으로 돌아감으로써 이슬람 사회가 재생할 수 있다고 주장한다. 현재의 세속 정권을 무너뜨리고 이슬람교 경전인 코란을 헌법으로 삼는 이슬람공화국의 창설을 최대 목표로 한다. 철저한 율법 준수, 반反외세, 특히 반反서양문명·반미反美를 특징으로 하고 있다.'

처음에는 이란의 시아파가 주축이 되었고, 다수인 수니파 일부도 이에 적극 참여했다. 이슬람원리주의는 제1차 세계대전 이후 초기에는 합리적이고 이성적인 개혁론자들에 의해 주도되었으나, 아랍 지역에 대한 서구의 침탈과 경제적인 예속상태가 심화되고 팔레스타인 지역에서 이스라엘 독립과 팔레스타인인들의 추방이 일어나자 급진주의가 점차 세력을 얻어갔다. 이후 이슬람원리주의자들이 본격적으로 세를 확장한 것은 1979년 이란 이슬람혁명이 성공하면서부터라는 게 일반적인 시각이다. 당시 이란의 정신적 지도자 호메이니는 팔레비국왕이 정신적·물질적으로 기독교 위주의 서방세계에 경도되어 있다며 반정부투쟁을 벌여 왕권과 신권을 하나로 합친 이슬람 국가를 세우는 데 성공했다. 이후 이란의 지원 아래 근본주의는 급속도로 확산되면서 많은 이슬람도들이 속세에서 이슬람교의 율법(코란)을 실천할 것을 목표로 이슬람 영광의 재현과 신정 체제 복원을 위해 반정부투쟁을 계속하고 있다. 알제리의 '이슬람무장운동MIA', 레바논의 '헤즈볼라', 팔레스타인의 '하마스' '이슬람 지하드' '아부니달', 사우디 아라비아 출신의 백만장자 이슬람 교도 오사마 빈 라덴이 이끄는 라덴 조직 등이 대표적인 무장단체다.

하지만 이슬람원리주의Islamic Fundamentalism 혹은 이슬람근본주의라는 용어는 서구권, 특히 영어권에서 붙여진 이름으로 이슬람 세계에서는 거의 쓰여지지 않고 있다. 또한 모든 이슬람원리주의자들이 서구 세력에 대한 극단적인 폭력을 주장하는 급진주의자는 아니며 자국내 정부의 반서구·반세속 개혁이 주요 목표이다. 이슬람권에서는 단지 서구의 가치체계에 대항해서 이슬람 정신에 입각한 새로운 질서를 창출하고자 하는 일련의 이슬람화 운동을 통칭, '이슬람 부흥운동'이란 용어를 선호해 표현하고 있다.

이러한 근본주의와는 대조적으로 주식투자자에게 '시장근본주의'란 본인의 생각이나 판단보다 '시장이 항상 정답이다'라는 자세로 실전에 대응하는 것을 의미한다. 시장근본주의자는 시장을 판단할 때 수많은 변수를 고려해 '미래의 시장은 이런 방향을 전개될 것이다'라는 시장전략가나 종목분석가 같은 이론가들의 분석 또는 판단에 의존하기보다 '실제 시장은 어떻게 작동하는가'라는 부분에 중점을 두면서 예상과 다르게 시장이 흘러가도 '시장이 정답이다'라는 마인드로 실전 대응에 집중한다.

또한 시장근본주의자는 머리로 이해가 안되거나 논리에 반해 시장이 움직일 때, 이론가들이 "시장이 틀렸어. 우리가 생각한대로 시장이 움직일 것이다"라고 주장할 때, 우선 시장의 움직임에 맞춰 실전 대응하다가, 나중에 그들이 예상한 방향으로 시장이 흘러가면 그에 맞는 전략대로 대응한다. 즉 시장의 흐름을 물 흐르듯이 순응하는 투자 행위와 철학을 시장근본주의라 할 수 있다.

물론 언젠가는 이론가들의 예상대로 시장이 방향을 잡을 수 있겠지만, 실전에서는 그 시간과 가격의 오차나 변동성이 만드는 카오스에서 투자자산에 큰 손실을 입거나 심지어 시장에서 퇴출될 수 있는 경우의 수가 비일비재하다. 따라서 실전에서는 합리적인 논리와 이론대로 시장이 흘러가지 않아도 이에 순응하고 투자 포트폴리오를 선택하는 행위가 생존하는 데 반드시 필요하다.

시장근본주의자는 투자와 투기를 구분하지 않는다. 물론 이론적으로 설명하면 투자와 투기는 엄연히 다르다.

투자를 한자로 표시하면 '投(던질 투), 資(재물 자)'로 무엇에 재물을 던진다는 뜻인데, 그 무엇의 대상에 현금·주식·채권을 설정함에 따라 현금 투자·주식투자·채권 투자 등 다양한 투자가 이루어진다. 여기서 핵심은 항상 투자하는 대상에 초점을 두어야 한다는 점이다. 이는 너무나 당연한 이야기인데, 투자하는 대상도 제대로 파악하지 못하면서 그 세상이 만들어내는 변화를 예측한다는 것은 불가능하기 때문이다.

그 중에서 주식투자는, 주식이 무엇인지 파악하고, 주식을 발행한 회사가 무엇을 생산하고 어떤 가치를 창출해내는지 집중 연구하면서, 현재보다 미래가치가 더 좋아질 것 같은 주식에 현금을 투자해 특정한 시간이 지나서 이익이 생길 때 그 이익을 현실화시키는 행위를 말한다. 보통 주식투자에 처음 입문하는 사람은 투자대상종목이 현재 주식시장에서 얼마의 가격으로 거래되고, 향후 그 가격이 어떻게 변할 것인지 다양한 차트 툴을 이용해서 예측하는 기술적 분석 또는 회계학의 툴을 이용해서 그 기업의 내재가치를 평가·분석해 그것이 시장에서 실제로 어떻게 평가되는지 파악하는 기본적 분석의 세상으로 진입한다.

현재 우리나라 주식시장은 기술적 분석과 기본적 분석이란 양대 산맥이 지배하고 있다. 그러나 이 2가지 분석 방법 중에서 절대적 법칙을 찾기보다, 주식시장을 움직이게 만드는 2가지 물줄기 모두를 이해해야만 시장에 효과적으로 대응하는 능력을 키울 수 있다. 또한 기술적 분석과 기본적 분석은 최소한 3년 이상 투자해야 기초가 다져지고, 더 나아가 이론만 알았다고 실전에서 바로 고수가 되는 것이 아니라는 점을 반드시 알아야 한다.

실제 시장에서는 작동 과정이 이론과 다르게 나타나는 상황도 비일비재하므로 어설픈 지식이 실전에서 투자자산을 크게 훼손시킬 수 있다는 점을 명심해야 한다. 시장근본주의자에게 기술적 분석과 기본적 분석은 시장에 접근하고 그 시장을 파악하는 도구일 뿐이다.

한편 투자의 서양적 사고를 이해하고 습득할 필요가 있다. 투자는 영어로 investment이다. vest는 라틴어 vestis, 프랑스어 veste에서 유래한 것으로 조끼 속옷을 의미한다. 중세시대에 속옷 위에 어떤 옷을 입는가에 따라 사람의 지위가 구분된 것처럼 investment는 어떤 옷을 입는가에 따라 권위가 부여된다는 의미로 해석할 수 있다.

서양적 사고에서 투자란 돈을 벌면 자신의 권위가 높아지므로 부의 규모에 따라 신분의 차이가 나는 옷을 입는 것으로 생각했다. 이 때문에 부를 경멸하기보다 이에 대한 열망이나 존경이 일상생활에 자연스럽게 녹아 들어있다.

반면에 동양적·유교적 사고에서는 돈은 멀리해야 하는 것으로 인식해 이를 다루는 일은 신분 지위가 낮은 사람들의 행위로 치부했는데, 이런 시절의 영향을 받아서인지 아직도 부에 대한 열망은 있지만 존경은 하지 않는다. 그래서 동양적 사고에서는 주식투자와 투기가 혼용되어 사용되는 경우가 많다.

투기는 投(던질 투)와 機(틀 기)로 이루어진 한자어다. 투기를 사전적 용어로 풀어보면 다음과 같다. '① 기회를 엿보아 큰 이익을 보려는 것. 곧 불확실한 이익을 예

상해 행하는 사행적 행위. ② 시가의 변동을 예상하고 그 차익을 얻기 위해 행하는 매매 거래.'

이처럼 투기는 시세의 변동성을 이용해서 기회를 포착해 이익을 보는 행위라고 부정적으로 표현하는 경향이 있다. 그런데 실제 주식투자에서는 시세 변동성을 포착해 싸게 매수해서 비싸게 매도하거나, 비싸게 매수해서 더 비싸게 매도하는 행위가 중심으로 이루어져 주식투자와 투기를 혼용해서 이해하고 사용하는 경우가 많은데, 여기서 사고의 전환이 필요하다.

투자와 투기는 트레이딩 측면에서는 거의 같은 개념임을 숙지하자. 앞으로는 주식투자 행위가 투기 투자 학문을 가르치는 이와 배우는 이의 에너지가 융합되고 합치되는 수행 과정이라고 생각하자. 그리고 돈을 잃지 말고 벌 때 자신의 생활의 질과 권위가 높일 수 있다는 서양적 사고방식을 갖추자. 이처럼 돈에 대한 생각의 전환을 이루어낼 때, 투자 행위에 있어서 가장 중요한 주체가 내가 되고, 자기 자신이 모든 투자행위에서 중심이 되며, 투자 호흡이 달라질 것이다.

투자 세상에 들어오기로 마음 먹었다면, 투자를 너무 쉽게 생각하지 말고, 투자의 중심인 자기 자신의 내공을 습득하기 위해 투자에 대한 공부에 시간과 노력을 투자해야 한다. 가령 투자고등학교 3년, 투자대학교 4년, 투자대학원 3년이라는 시간 계획을 세워서 호흡을 길게 잡고 지식 습득과 실전 훈련을 병행한다면 내공이 강한 '1인 지적 전사'가 될 수 있다.

시장근본주의자는 '시장이 항상 정답이다'라는 사고 아래 시장이라는 전쟁터에서 전사적 사고로 살아 남는 데 최선을 다해야 한다. 얼마전 드라마 〈알함브라 궁전의 추억〉을 재미있게 보았는데 주인공이 등급 100단계까지 가기 위해 수많은 고행을 겪었던 과정과 같이 실전투자자도 투자등급을 올리는 과정이 필요하다. 이런 측면에서 볼 때, 대한민국 주식시장에서 초보 투자자들이 주식시장에 입문하면서 거치는 투자 교육과 철학에 대한 체득화 과정은 '각자 알아서 하라'는 방치형에 가까우며 결국 각자도생이나 다름없다.

나는 그 중에서도 초보투자가가 시장에 입문하면 아주 자연스럽게 받아들이는 HTS 또는 MTS 사용법이 가장 큰 문제라고 생각한다. '이게 무슨 말이야?' 하는 분이 있을 것이다. 주식시장에 입문했으면 당연히 계좌 개설 및 입출금 방법, HTS 또는 MTS가 서비스하는 내용을 숙지하는 것이 필수적이지 않냐고 질문할 수 있다.

물론 시스템 사용법을 숙지해야 하는 것은 기본 중의 기본이다. 그러나 개인적으로 문제를 제기하고 싶은 점은 그 습득과정에서 아무것도 준비되지 않은 투자자가 살벌한 전쟁터에 너무 쉽게 진입하고, 그 결과 자신의 귀중한 자산에 어떤 위험이 전개될 수 있는지 숙지하지 못한 상황에서 투자대상인 종목에 접근하며, 특정 종목에 투자자금을 투입할 때 잦은 매매를 유발한다는 것이다. 마치 카지노에 처음 방문하는 사람에게 슬롯머신 하나를 제공하고 사용법을 아주 친절하게 가르쳐 주면서 매일 매일 슬롯머신 기계 앞에서 대박 터지기를 기대하는 투기자로 만드는 것과 같다. 기초군사훈련을 마치자마자 전투에 투입된 신병들의 전장에서 사망률이 얼마나 되는지 상상해보면 거기서 직관이 생길 것이다.

시장이라는 전쟁터에서 매매대상을 포착하고, 그것의 변동성이 어느 정도인지 확인할 수 있는 지식과 방법을 숙지하기 전에 전투에 투입되었다고 가정하자. 만약 여기서 초보투자자에게 초심자의 행운으로 단기간에 생각지도 못한 높은 투자수익이 발생하는 경우, 이들은 자신의 실력을 과신해 자금 규모 및 매매대상이 주는 리스크를 제대로 이해하지 못한 채 무모한 전투를 벌이기 쉽다. 심지어 레버리지를 일으키면서 대규모 전쟁을 시도하다가 예상하지 못한 시장의 불확실성과 변동성에 귀중한 자산을 한방에 잃는 상황을 경험할 수 있다.

따라서 초보투자자는 우선 매매하는 대상에 대한 분석과 실제 그 대상 종목이 시장에 어떻게 움직이고 있는지 파악해야 한다. 예를 들어보자. 유능한 판사나 변호사가 되려면 법전을 항상 옆에 두고 법과 그 법이 실제 생활에 어떻게 적용될 수 있는지 사례를 연구하고 숙지하는 체득화 과정을 거쳐야 한다. 마찬가지로 초보투자자도 상장사 편람을 항상 옆에 둬서 틈틈이 하루에 몇 개 기업을 선정하고, 해당 회사의 홈페이지를 방문해 주력 사업이 무엇인지 확인하며, 시장과의 연결고리가 어떻게 되어 있는지 찾아보고, 적어도 10년 간의 실제 흐름을 파악하기 위해 애써야 한다.

그러지 않고 아무 준비도 없이 누구의 추천이나 자신의 판단에서 덜컥 매수해 놓은 상태에서 그 종목에 생각하지 못한 변동성이 나타나면 당황해 손절하고 다른 대상을 찾는 과정을 반복하다 보면 어느새 기존 시스템이 만든 구조에 내 귀중한 자산이 연료로 사용될 수 있음을 뒤늦게 깨닫게 될런지 모른다.

현재 유가증권시장과 코스닥시장에 상장되어 있는 종목이 2천 개가 넘는데 모든 종목을 하나 하나 숙지하고 공부하는 데, 그간 인연이 된 제자들의 스터디 그룹을 만들어서 시켜본 결과 대충 3년 이상의 시간이 걸린다. 따라서 개인적으로 초보투자자는 위 과정을 거치는 '최소 3년 동안 매매하지마'의 투자 호흡을 갖도록 훈련시킨다.

초보투자자에게는 매매대상을 다변화시키지 않고 집중투자 방식을 권한다. 우선, 대표성이 높은 우량주 3~5개 종목 정도부터 공부하고 매매대상을 찾는다. 다음, 총투자자금을 12등분해서 매달 투자에 매력적인 상황이 왔다고 판단하면 1/12의 자금을 투입하고 그렇게 한 이유를 투자 일기로 남긴다. 이러면서 1년 동안 3~5개 종목의 평균 단가가 어느 선에서 완성되는지 파악한다. 동시에 그 동안 자신이 선택한 투자 종목과 시장이 만들어내는 인기 있는 종목을 관심종목으로 삼고, 현존하는 다양한 투자 기법에 대입해보면서 종목 발굴 능력을 키우는 데 집중한다.

이렇게 하지 않으면 시장에 먹힌다. 현존하는 거래시스템은 초보투자자로 하여금 매매를 유발하게 만드는 구조를 갖고 있고, 시장도 매일 인기 있는 급등주를 배출하면서 내가 투자한 종목과 자꾸 비교하게 만든다. 그러다가 내가 좋다고 생각한 종목에 대한 생각이 실제로 변하지 않았어도 주가가 하락하거나 움직이지 않는다는 이유로 손절하거나 매도하면서 다른 대상으로 이동하는 상황이 벌어진다.

한편 초보투자자는 자신이 보유한 자금을 너무 쉽게 다 소진하거나, 심지어는 크게 물렸을 경우 그것을 담보로 레버리지를 일으켜서 추가 매수하거나 시장의 고리대금업자로 유명한 스탁론 같은 것을 과감히 사용해서 손해 본 것을 일시에 복구하려고 물을 타는 투자행위를 서슴지 않고 저지르는 경우가 빈번하다.

다행히 성공하면 몰라도 이런 매매패턴은 10번 매매 중에 7~8번 성공해도 1~2번 실패가 귀중한 자산의 반 이상을 거덜 나게 만들 때가 허다하다. 그 구간에 내 귀중한 자산을 다 소진하고 심지어는 레버리지까지 일으킨 상황이라면 시장의 변동성에 큰 손실을 자초하거나, 심지어는 시장에서 퇴출되는 뼈아픈 경험을 하게 될 수도 있다.

종종 '주식투자 하지 마라'가 가훈으로 내려오는 집안이 있다. 위와 같은 일련의 과정을 경험한 부모님들이 자식에게는 그런 경험을 하지 말도록 아예 주식투자라는 행위 자체를 못하게 만들어 버린다. 사실 투자 교육과 철학을 제대로 숙지 못하고 현존하는 매매 시스템 때문에 실패한 것이다. 그럼에도 불구하고, '투자란 무엇인가'라는 기본적 공부와 체득화 과정은 할 생각은 하지 않고 자신의 경험이 만들어낸 투자 세상이 전부인 것 같이 가훈을 만들어서 자식들에게 전한다. 이런 경험의 악순환은 대한민국의 투자 교육과 에너지를 발전시키는 데 부정적으로 작동할수밖에 없다.

유가증권시장이나 코스닥시장에 상장된 투자대상 2,000개를 다 공부하려면 시간이 많이 걸리므로 먼저 코스피200지수나 코스닥150지수에 편입된 종목으로 압축한다. 또는 해당 지수를 추종하는 대표적 ETF(상장지수펀드)인 KODEX200(삼성자산운용)과 TIGER200(미래에셋자산운용)의 구성종목부터 먼저 공부해서 그 안에서 매매대상을 찾아본다.

초보투자자는 먼저 3-5-10개 정도로 투자종목한도를 정하고 집중투자하되, 매매보다는 매달 자금을 배분해서 평균 단가 조절하는 적립식 투자 형태로 3년 동안 매매하지 않는 호흡을 갖는 담금질 훈련부터 하는 것을 권해드린다. 그렇게 하면 3년 정도의 기간 동안 시장에서 발생하는 현상과 각종 경제지표 변수가 해당 종목에 실제로 어떻게 작동하는지 경험할 수 있다. 또한 각 증권사 리서치센터에서 제공하는 시장 또는 종목 분석 자료를 읽고 그 예측과 실제 시장의 오차를 이해해 실전 매매에 어떻게 적용하는지 체득화 과정을 경험하게 된다.

이런 과정을 거치면서 시장을 읽는 감각과 판단력이 커지고, 시장이 이런 변수와 모멘텀에서는 '이렇게 되어야 한다'와 '실제 시장은 이렇게 되고 있다'의 차이를 감지해내게 된다. 이 미세한 차이로 누구는 투자에 망하고 누구는 성공할 것이며, 미로 같은 투자의 세상에서 길을 잃지 않고 자신의 목표를 향해서 한 걸음 한 걸음 나아갈 수 있을 것이다.

그런데 대한민국 주식시장의 실제 현실은 잔혹하다. 투자에 입문해서 3년 안에 투자한 자산을 잃어버리는 확률이 현재 시스템 하에서는 매우 높다. 준비가 안 된 투자자들에게 총 쏘는 방법만 알려주고 실전에 곧바로 진입하는 형국이니, 전쟁에서 신병들이 초기 전투에서 사망할 확률과 비슷하게 시장에 진입해서 크게 손실을 볼 확률이 당연히 높아질 수밖에 없다. 지금처럼 HTS 또는 MTS에서 제공되는 각종 기술적 분석과 기본적 분석을 통한 매매 방법에 너무나도 쉽게 노출되고, 각종 이벤트와 알고리즘트레이딩이 일으키는 주가 변동성 속에서 잦은 매매의 유혹에서 벗어나기 어렵게 만들기 때문이다. 이런 상황에서 인연이 되는 투자자들에게 내가 늘 강조하는 말들이 있다.

– "시장은 다 때가 있다."

- "시간여행은 인내의 담금질 과정이다. 눈에는 선형으로 보이지만 그 안을 들여다보면 산 넘고 물 건너고 파란만장한 고행의 길을 걷게 한다."
- "내가 보유한 종목을 다른 종목과 비교하지 마라. 비교가 되어버릴 종목은 처음부터 선택하지 마라."

　내가 선택한 종목이 목표로 하는 주가 수준이 올 때까지 매매의 유혹을 극복하는 담금질 훈련의 과정에서 투자 지식과 철학을 정립해가는 것은 실전에서 쉽지 않다. 그래서 개인적으로 제자들에게 어느 목표 혹은 철학에 연결시켜 그것을 구조화시키고 실천하는 훈련을 하나씩 해나가길 권하고 있다. 가령 '나의 노후보장 펀드에 편입하기로 결정한 종목을 어느 주가 수준 아래서는 적립식으로 매달 일정한 자금 규모를 정해서 꾸준히 매수만 하다가, 어느 단가 이상부터는 매수하지 않고 거치식으로 둔다'는 룰을 만드는 것이다.

　2009~2010년에는 〈꽃보다 남자〉라는 드라마가 인기를 끌었는데 드라마의 남자 주인공이 F4로 각자의 개성과 매력을 발휘했다. 이것을 응용해서 주식시장에서 인연이 되는 제자들에게 삼성그룹 중심으로 F4(삼성전기, 삼성SDI, 삼성엔지니어링, 삼성테크윈)를 선정하고, 적립식 투자를 한 뒤 3년 후에 전광판을 켜서 시세를 확인할 때까지 매매하지 않는 시간여행 훈련을 시켰다. 2009년에서 2012년까지 3년 이상 매매하지 않고 시간여행이라는 담금질을 실천한 분들은 높은 수익률 크게 자산을 키웠을 것이다. 삼성전기는 2009년 3만원대에서 움직이던 주가가 2010년 16만원까지 급등한 후 조정했고, 삼성SDI는 2009년 5만~6만원대에서 움직이던 주가가 2011~2012년 20만원 이상으로 급등한 후 2015년 7만~8만원 영역까지 하락 조정한 후 2019년 현재는 22만원대 수준에서 거래되고 있다. 삼성엔지니어링은 2009년 2만원대에서 거래되다가 2011년 17만원까지 급등한 후 현재는 조선 업황의 불황으로 지속적으로 하락하면서 2019년 2월 현재는 15,000원대에 거래되고 있다. 삼

성테크윈도 2009년 3만~4만원대에 거래되다가 2010~2012년 10만원 이상으로 급등했다. (2014년 삼성그룹의 구조조정과정에서 삼성테크윈이 한화그룹에 매각되면서 한화테크윈으로 상호가 변경되었다.)

2009년부터 2012년은 2008년 미국발 금융위기가 터진 후 이머징국가 중심으로 (자동)차, 화(학), 정(유) 등 경기 민감주 중심으로 급등장세가 연출되어 대부분 바닥에서 3~10배 정도로 급등한 종목이 많이 나타났던 투자자의 황금기였다. 그러나 이 구간에서 잔파동 탄다고 매매를 빈번하게 한 투자자들은 3년 이상 보유전략보다 형편없는 수익률을 기록했거나 매매 호흡이 꼬이면서 호황장세에서 자산에 손실이 나는 경험도 한 투자자들도 많이 있었다.

시대가 만드는 주도주는 단기매매하지 않고 그 시대가 마무리될 때까지 매수 후 보유 전략이 최고의 수익률을 달성한다. 이런 시대가 만드는 주도주를 찾는 훈련을 하기 위해서는 시장을 보는 기본 호흡을 '몇 일~몇 개월' 기준으로 설정하기보다는 '1~3년에 한 번만 전광판 켜기 운동'을 실천하면서 시간여행을 하는 투자 호흡을 키워야 한다. 여기서 '꼭 3년이어야 하는가'라고 질문할 수 있는데, 각자의 자금의 성격과 자신의 성격을 분석해 1-3-5-10년을 정하고 그 흐름에 맞출 수 있는 종목과 자금을 배분해 실전에서 실행하는 것이 중요하다.

또한 상승장세에서는 매수 후 보유 전략이 최고이지만 하락장세에서는 보유한 종목이 지속적으로 하락하는 경우 손절해 매매대상을 바꾸는 것이 좋은데 '그것을 어떻게 판단할 것인가'의 문제에 직면하게 된다. 현명한 판단을 위해서는 많이 읽고 생각하고, 미래에 일어날 일에 대한 생각의 훈련을 통해서 직관을 얻어내고, 그 생각이 시장에서 실제로 가능성이 높아지는 확률로 진행되는지 동태적으로 추적해가는 과정이 필요하다. 이런 생각의 훈련과정을 안내해 시장근본주의자로 거듭나게 하는 것이 이 책의 목적이다. 다양한 방법론을 체계화시켜 풀어 나가보기로 하겠다.

차례

대한민국에서는 주식보다는 내 집 마련을 위한 부동산에 우선순위를 두는 경향이 높은데, 대출을 받아서 집을 매수하신 분들은 이미 그 대출규모가 월 소득에 몇 배가 되고 그것을 상환하는데 얼마의 시간이 걸리는지 먼저 계산부터 한 뒤, 주식투자에 할당하는 자금을 배분하는 것을 권해드린다.

1장

나 자신이 처해 있는
위치를 먼저 파악하자

현재 우리나라 주식시장은 기술적 분석과 기본적 분석이란 양대 산맥이 지배하고 있다. 그러나 이 2가지 분석 방법 중에서 절대적 법칙을 찾기보다, 주식시장을 움직이게 만드는 2가지 물줄기 모두를 이해해야만 시장에 효과적으로 대응하는 능력을 키울 수 있다. 또한 기술적 분석과 기본적 분석은 최소한 3년 이상 투자해야 기초가 다져지고, 더 나아가 이론만 알았다고 실전에서 바로 고수가 되는 것이 아니라는 점을 반드시 알아야 한다.

로버트 기요사키의 『부자 아빠 가난한 아빠』가 번역 출간되던 때에 '부자 아빠 되기 열풍'이 거세게 불어닥친 적이 있다. 그 책의 핵심 중에 로버트 기요사키가 현금흐름을 사사분면으로 설명하는 내용이 있는데, 다음 〈도표 1-1〉을 보면 과거에 책을 읽은 분들은 기억할 수 있을 것이다.

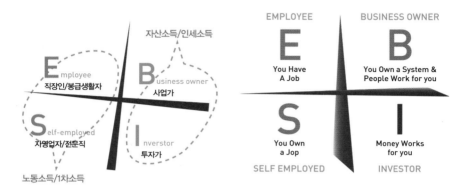

투자규모

2019년 대한민국에서 '소득주도성장'이 화두가 되면서 다시 소득의 원천이 무엇인가에 대해 생각하게 되는데, 주식투자의 세상에 진입할 때 나 자신이 매달 창출하는 소득이 어느 위치에 있는지 체크하고 그것에 따라 투자접근방식이 달라야 한다는 점을 반드시 생각해보기 바란다. 직장인 또는 급여 생활자는 주식시장에 투자할 때 목돈이 있더라도 매달 창출하는 급여 수준 규모의 몇 배를 투자하는지 생각해봐야 하는 것이다.

1-10-100배를 곱해보면서 현재 투자하는 규모가 매달 창출하는 봉급의 100배 이상이 되면 사업가 혹은 투자가의 단계로 이동하면서 계좌를 나누기 시작해서 그때부터 시간여행하는 계좌와 매매하는 계좌로 구분하기를 권한다. 즉 급여나 자영업자 소득이 300만원의 경우 3억 이상부터, 월 소득이 500만원의 경우 5억 이상부터, 전문가 집단은 월 소득이 1,000만원 이상부터는 10억 이상부터 전업 투자가 및 사업가적 투자 철학이나 마인드로 자산을 운용하지만, 그 규모가 되지 않으면 그

규모가 될 때까지 매매하기보다는 '주식으로 저축한다'는 자세로 투자행위를 하길 권해드린다.

대한민국에서는 주식보다는 내집 마련을 위한 부동산에 우선순위를 두는 경향이 높은데, 대출을 받아서 집을 매수한 분들은 이미 그 대출규모가 월 소득의 몇 배가 되고 그것을 상환하는 데 얼마의 시간이 걸리는지 먼저 계산부터 한 뒤, 주식투자에 할당하는 자금을 배분하는 것을 권해드린다.

개인적으로 상담 오는 내용 중에 "직장 그만 두고 전업투자가로 나서는 것은 어떤가요?"라는 질문이 의외로 많다. 개인적으로 대출이 없고 개인 자산이 10억 이상이 되면 5억은 아이들 교육과 집안 살림을 위해서 부인에게 주고 나머지 5억을 갖고 실전투자에 임하는 경우에는 반대하지 않았다. 그러나 그 규모도 되지 않고 대출도 있는 상황에서 매달 창출되는 월급이라는 소득을 포기하고 그것을 주식투자로 빨리 상환하려는 급한 마음이 들 때가 문제다. 운이 좋으면 수익을 내는 투자자들도 있지만, 대부분 매달 나가야 하는 고정 비용 지출 때문에 투자한 종목이 손해가 난 상태에서 손절하게 되고, 여기서 멘탈이 붕괴되거나 조급증에 다른 실수를 하게 되면 치명적인 내상을 입기 쉽다.

매달 필요한 교육비, 주거비, 식비, 각종 공과금 등 이런 미세한 변수가 개인이 투자한 전체를 망가트리는 계기가 되고, 그것 때문에 '이게 다 누구 탓이다' 또는 '이것 때문에 매매가 틀어지게 되었다' 등의 감정이 생기게 되면 실전에서 매매도 안 되고 시장에 온전하게 집중도 할 수 없는 상황이 되어서 결국 이 부분이 불씨가 되어 전체 자산을 망가트리는 상황으로 발전되게 되는 것이다.

전업투자자에게는 시장의 숨소리도 체크할 정도로 집요함과 집중력이 필요하고, 시세의 움직임을 보고도 매매의 유혹을 견디는 것 자체가 엄청난 스트레스가 될 수 있다. 또한 하루를 규모의 경제가 발생하게 잘 사용하는 것도 실제로 해보면 생각보다 훨씬 더 어렵다. 인간의 나약함 또는 나태함이 초심으로 삼았던 다양한 원칙과 철학을 무시하게 만들고, 시장이 공포로 휩싸이게 되는 상황이 오면 통제력을 잃고 초기 투자한 자산을 상당히 잃어버리게 만들며, 그것을 복구하려는 조급함이 또 다른 혼돈을 만들면서 삶 전체에 부정적 영향을 미치게 된다. 이는 결국 가족의 평화로운 환경마저도 망가트릴 수가 있기 때문에, 실전에서 다른 변수가 매매에 영향을 미치지 않을 만큼의 자산규모가 되기 전에는 전업투자자를 하지 않길 권해드린다.

다시 강조하지만, 자녀들이 20세까지 학교공부를 마치고 사회에 나가는 데 필요한 자금과, 가정생활이 운용되는 데 필요한 자금을 일시불로 나눠서 줄 수 있는 상황이 되지 않는 한, 전업투자자로 독립해서 온전하게 시장에만 집중하면 잘될 것 같다는 착각은 결코 하지 말길 바란다. 따라서 어느 정도 규모가 되기 전에는 매달 들어오는 소득 원천을 종자돈으로 삼아 경제적 자유가 얻어지는 단계까지 가는 계획을 세우고 한 걸음 한 걸음 나아가야 한다.

4가지 소득

나 자신의 위치와 투자성향부터 파악한 뒤, 매매대상이 만드는 리스크를 확률적으로 판단할 수 있는 수준까지 시장과 종목에 대해 공부해야 하는 것도 잊지 말아야 한다. 우선 나 자신의 위치를 파악하기 위해서는 로버트 기요사키의 현금흐름 사사분면을 숙지하고, 거기서 창출되는 소득의 차이점을 반드시 이해해야 한다. 위 로버트 기요사키의 현금흐름을 응용해서 다음과 같은 사사분면 매트릭스를 만들어보자.

먼저 위에 소개한 4가지 소득에 대해서 사전적 정의가 무엇인지 알아보자.

- 근로소득 : 일반적으로 노동력을 제공한 반대급부로 받는 대가를 말한다. 우리나라의 소득세법에 의하면 봉급·급료·임금·세비·연금·상여·퇴직급부 및 이러한 성질을 갖는 급여소득에서 필요경비공제 또는 특별공제를 차감한 금액에 세율을 적용해 소득세를 원천징수하게 되어 있는데, 이러한 소득세 징수 후의 소득이 실질적인 근로소득이다.
- 투자소득 : 주식, 채권, 원자재 등 다양한 자산에 투자해서 얻은 소득을 말한다.
- 사업소득 : 개인이 계속적으로 행하는 사업에서 생기는 소득을 말한다. 일반적으로 사업이란 독립적인 지위에서 영리를 목적으로 계속 반복적으로 행하는 사회 활동을 의미하고, 이러한 사업에서 발생하는 소득이 사업소득이다. 사업소득은 자산소득인 이자소득·배당소득과 구별되고, 부동산 임대를 내용으로 하는 소득이라는 점에서 부동산임대소득과도 구별된다. 참고로 사업의 범위는 소득세법에 특별히 규정한 것을 제외하고는 통계청장이 고시하는 그 해 한국표준산업 분류에 의한다.
- 권리소득 : 주식에 대한 배당, 저축에 대한 이자, 부동산에 대한 임대소득, 특허권, 인세, 지적재산권 등 기초자산에서 발생하는 권리에서 파생되는 소득을 말한다.

투자전사=지적전사

일반적으로는 좋은 직장을 얻어서 보다 많은 연봉을 받는 근로소득자를 목표로 시작하는데, 향후 미래지도를 1인 지적 전사의 사고로 그리는 경우에는 근로소득에서 최종 목표인 권리소득을 확보하기 위한 투자여행을 떠나야 한다. 머나먼 천리 길도 한 걸음부터이니, 이제부터 주식투자로 창업한다고 생각하며 천천히 한 발을 내디뎌보자.

우리나라의 경우 아직까지는 부동산 불패 신화가 여기저기 존재하고, 주식투자보다는 부동산투자의 열기가 더 높다. 그러나 앞으로는 주식투자도 부동산투자와 같은 전략으로 실행하면서 최종적으로는 주식과 부동산에서 권리소득을 획득하는 목표로 나아갈 것이다. 그러기 위해서는 가장 먼저 종자돈을 확보하는 근로소득 스케줄을 확인해야 한다. 하나의 근로소득이 아닌, 수입의 파이프라인을 다양하게 만드는 작업을 미리 준비해야 한다. '평생직장'이라는 개념이 없어지고 있으므로 20~30대에 직장생활을 시작하면서부터 투자소득과 근로소득을 같이 병행해가는 투자전략을 수립해야 한다.

직장생활을 시작하면 처음부터 적금이나 예금보다 주식으로 저축하는 전략을 제안한다. 지속가능성과 미래 성장성이 있는 종목을 선정해서 적립식 투자방식으로 매달 일정 금액을 적금하듯이 해당종목을 매수해서 저축해보자. 예를 들면 KT를 대상으로 투자기간을 3-5-10년 설정해 일정 금액 혹은 투자 가능한 금액만큼 해당 종목을 매수해보는 것이다.

여기서 목돈 마련이 목적이므로 매매방법은 고려 대상이 아니다. 일정 기간 동안 적립식 투자방식으로 저축하고, 그 기간이 완료되면 다시 거치식으로 보유하면서 목표가를 달성할 때까지 시간여행을 한다. 이런 투자과정에서 권리소득으로 배당이 어느 정도 들어오는지를 확인하면서 투입 자산 대비 배당수익률도 계산해보고, 투자 포트폴리오를 자신의 자금 계획에 맞게 조절해가는 능력을 키운다.

20~30대 정규직 사원이 아니어도 상관없다. 알바를 하더라도 생활하는 데 사용되는 경비를 제외하고 남는 비용을 적절한 투자대상을 선택해 같은 방식으로 적립식 투자를 실행한다. 그러면서 투자에 필요한 지식을 공부하고 다양한 투자상품을 연구 하면서 시장을 읽는 훈련을 해나가야 한다. 자영업을 하든, 전업 투자를 하든 반드시 수입의 파이프라인을 단일화하지 말아야 한다. 전업투자자가 되더라도 주식에만 전념하지 말고 다른 일을 한 가지는 찾아서 생활비를 주식투자로 벌어야 하는 구조가 되지 않도록 하는 것이 중요하다. 전업투자자로 투자소득을 갖고 개인과 가족의 생활비·교육비 등을 조달하는 것이 그렇게 만만치 않고, 매달 고정비

가 필요하다 보면 실전투자에서 좋지 않은 상황에도 주식을 매도해야 하는 경우가 발생하기 때문이다. 따라서 주식으로 창업하려는 지적 전사들에게 아무리 종자돈이 많다고 해도 온전히 주식투자에만 집중하지 말고 자신이 잘할 수 있는 다른 직업을 찾아서 같이 병행해갈 것을 권한다.

다시 강조하지만, 근로소득과 투자소득이 같이 어우러진 시스템을 만드는 것이 중요하다. 전체 종자돈이 10억 이상 될 때까지 이런 구도로 갈 것을 권한다. 종자돈이 10억 이상 되면 온전하게 사업소득의 단계로 자신의 1인 투자회사를 만든다 생각하고 본격적인 전업투자자의 길을 가도 괜찮다. 기초자산이 10억 이상 되면 거기서 나오는 권리소득이나 투자소득으로 가족의 기초생활비가 어느 정도 조달되며, 거기까지 가는 동안에 쌓아 온 투자 훈련이나 내공이 카오스 같은 시장의 변동성에도 크게 손해를 입는 상황까지 가지 않게 하는 수준의 투자 직관과 호흡으로 완성되었을 것이기 때문이다.

물론 "20~30대가 무슨 돈이 있다고 주식투자인가요?"라는 질문도 많이 들어온다. 개인적으로 인연이 되는 제자 중에 10대도 있어서 10대부터 주식투자와 경제교육을 훈련시키고, 무엇을 읽고 생각해야 하는지 그 부분에 집중하게 할 뿐, 종자돈 규모에 대해서 제한을 두지 않는다. 특히 10~30대 사이 투자자에게는 돈의 투자규모보다 돈과 주식시장은 무엇인지, 경제적 이론이 실제 시장에는 어떻게 작동하는지 등을 공부하는 데 더 집중하라고 한다. 그러면서 10대는 용돈을 아껴서라도, 20대는 각자가 할 수 있는 방식을 통해서 10만~20만원이라도 벌어서 주식으로 저축하는 과정을 실행하게 한다. 그러면서 젊었으니 10년을 시간여행 목표로 삼게 하고, 투자종목도 1~2개에 집중하게 하면서 투자한 기업에 대해서 조사하고 분석하는 방법을 공부하게 한다.

주식투자에 입문하는 분들께는 HTS 또는 MTS 사용법을 숙지하거나 기술적 또는 기본적 분석을 공부하는 것보다 미래를 예측하고 읽는 '통찰력 키우기 훈련'부터 제일 먼저 집중하기를 권해드린다. 주식투자는 시간여행이고, 내가 원하는 상황이 올 때까지 인내하는 담금질이다. 시간여행은 미래의 방향성에 대한 믿음과 철학이 필수인데, 그걸 갖추기 위해서는 미래를 읽는 능력을 키워야 한다.

2장

미래지도를 그리는
훈련을 하자

주식투자에 입문하는 분들께는 HTS 또는 MTS 사용법을 숙지하거나 기술적 또는 기본적 분석을 공부하는 것보다 미래를 예측하고 읽는 '통찰력 키우기 훈련'부터 제일 먼저 집중하기를 권해드린다. 주식투자는 시간여행이고, 내가 원하는 상황이 올 때까지 인내하는 담금질이다. 시간여행은 미래의 방향성에 대한 믿음과 철학이 필수인데, 그걸 갖추기 위해서는 미래를 읽는 능력을 키워야 한다.

따라서 주식투자는 수행과정이지 수익률 게임이 아니다. 각 증권사에서 투자수익률 게임을 하는 것은 이런 투자의 본질을 투자자가 깨우치지 못하게 '매매'라는 마약에 중독시키는 행위라고 생각한다.

미래를 읽는 능력

1985년에 모 증권사에 입사하면서 지금까지 실전에서 싸워보면서 느낀 것은 주식투자에 있어서 매매하는 것을 견디는 담금질과 미래의 방향성에 대한 믿음과 확신을 갖게 하는 미래를 읽는 직관이 가장 중요하다는 점이다.

'트레이딩을 자주 하지 말자.' '먹고 나오자, 시간이 얼마 걸리든.' 이렇게 흔히 결심하지만 실천이 결코 쉽지 않다. 그러기 위해서는 선형적 사고에서 벗어나 비선형적 사고로 시장을 이해해야 하고, 비선형이 만든 시간과 가격 변동성의 카오스로 인한 공포와 탐욕을 조절하는 능력이 필요하다.

그렇다면 미래를 읽는 능력은 어떻게 키워야 하는가? 나는 이 부분도 교육과 생각의 훈련을 통해서 가능하다고 본다. 통찰력은 소수의 사람만 타고난 신비한 능력이나 마법이 아니라 생각의 훈련을 통해서 가꾸어지고 다듬어지는 능력이라고 생각한다. 여기서 보이는 것만 보지 않고 '보이지 않는 것이 무엇일까?' 생각하는 데 집중하고, 시각에도 지능이 있다고 생각하면서 멀리 보고, 다르게 보고, 보이지 않는 것을 보려는 노력을 해야 한다.

이런 훈련의 과정에서 미래학자인 나일주 교수와 최윤식 교수의 훈련기법을 사용해서 매일 노출된 기사를 정리하고, 이것이 미래에 어떤 그림을 그릴 것인지를 생각해본다.

이 책은 생각의 훈련을 통해서 미래지도를 그리는 데 도움을 주되, 그 과정에서 접하는 현상들의 동태적 진행 과정을 추적하면서, 이론과 실제의 오차를 점검해 미래의 흐름을 읽는 통찰력을 키우는 데 그 목적이 있다.

나일주 교수의 시각 지능 해석 3단계는 다음과 같다.

-1단계 physical vision : 물리적인 시각을 통해 보이는 그대로 보는 것

- 2단계 elemental judgement : 높이, 깊이, 움직임 등의 세부적인 요소들을 보는 것

- 3단계 holistic interpretation : 인과관계, 연관관계를 보는 것

개인적으로 연결고리를 찾아내는 것이 실전투자에서는 제일 중요하다고 본다. 이것이 있기 때문에 저것이 생긴다는 연결고리를 미리 생각하고 그 대상을 찾는 것이 실전투자에서는 시장대비 초과수익을 획득하는 데 수많은 기회를 제공해준다.

다음으로 최윤식 교수의 '혁신적 보기'의 5단계 프로세스와 5가지 사고 기술은 〈도표 2-1〉과 같다.

여기서 가장 중요한 것이 '관심을 집중하는 것'이라고 생각한다. 관심을 집중해서 뇌에 자극을 주고, 그 자극에 의해서 생각의 연결고리를 형성해가면서 수많은 질문을 하고, 그 질문에 답을 찾는 생각의 훈련과정을 통해서 진행되는 상황을 관찰하고 몰입하면서 확인되는 정보가 실제 시장에 어떻게 작동하는지 기록을 해둔다.

하나의 노출된 정보가 그 노출된 시점에서 이렇게 전개될 것이라는 합리적 기대와는 달리 실제론 비이성적 과열로 전개되는 상황을 시장에서 자주 관찰하게 된다. 어떤 정보가 노출된 시점에서 그 분야에 전문가라고 하는 분들을 모시고 여러 가지 상황에서 대해서 질문을 하는데, 실제로 관찰해보면 전문가가 설명해주는 대

도표 2-1 혁신적 보기의 5단계 프로세스와 5가지 사고 기술

프로세스	사고기술
1단계 : 물리적 형태 보기	관심, 흥미, 질문, 관찰, 몰입의 힘을 활용한 정보 필터링 기법
2단계 : 심층요소 연관관계 보기	생태학적 사회구조분석기법과 IMPOS 상황분석기법
3단계 : 이치 보기 4단계 : 구조 보기 5단계 : 흐름 보기	시스템사고기법 비즈니스 프로파일링기법 변화모니터링기법

로 상황이 진행되는 경우도 있지만, 어떤 경우는 전문가가 설명해준 상황과 정반대로 진행되는 경우도 많은 것을 보고 '이런 현상은 왜 나타나는 것일까' 항상 궁금했다.

통찰

이런 의문을 품고 노출된 뉴스가 시장에 영향을 주는 진행과정을 몰입해 관찰하는 지적 사고훈련을 계속하면서 느낀 점이 있었다. 전문가가 모든 상황을 예측해주거나 설명해주지 못하고, 전문가도 보고 싶고 말하고 싶은 것만 이야기하는 경향이 많으며, 그 시점에서 보이지 않는 부분에 대해서는 자세하게 설명하기보다 애매하게 표현하는 경향이 높다는 사실이다.

따라서 전문가의 예측보다 그 예측이 실제로 어떻게 진행될지 수많은 새로운 질문을 하거나, 팩트와 예측에서 나오는 오차가 어디서 발생하는지 관찰하는 것이 필요하다. 질문과 관찰을 통해서 사고훈련을 계속해 나가는 것이 얼마나 중요한지 스스로 체험해가면서 실전에서는 '시장이 정답이다'라는 시장근본주의적 행동으로 대응하면서 미래를 읽는 직관 훈련에 집중하게 되었다.

이런 지적 사고훈련을 하는 데 최윤식 교수의 책『생각이 미래다』와 삼성경제연구소 윤영수 박사의 책『복잡계개론』이 도움이 되었다. 여러분들도 이 책들을 뉴스가 실제 시장에 영향을 주는 과정을 관찰하는 데 적용해보길 권한다.

여기서 '통찰'이란 것이 생기는데, 통찰력이 무엇인가에 대해서는 최윤식 교수가 아래에서 설명한 내용을 한번 읽어보면 개념정리가 될 것이다. 개인적으로 이 책을 읽는 분들과 함께 집단지성을 발휘해 궁극적으로 지식생태계로 발전해가는 데 한 부분을 담당하고 싶은 마음이 있어 생각의 여행을 시작한다.

통찰은 사물, 사건 혹은 상황의 본질을 꿰뚫어보는 능력이다. 본질은 이치와 구조와 흐름을 읽으면 파악할 수 있다. 통찰은 천재들의 전유물이 아니다. 보는 방법과 생각하는 방법을 훈련하면 누구나 습득할 수 있다.

통찰력을 훈련하는 데는 다르게 보고, 멀리 보고, 조직하고 재구성해서 보는 사고방법이 유용하다. 평소 이런 훈련을 반복해두면 갑작스런 사건이 발생했을 때 직관적 통찰력이 빛의 속도로 발현되는 기적 같은 일을 경험할 수 있다.

많은 사람이 눈을 가지고 있으나 보지 못하는 부분이 많다. 보는 것만 보고 보이지 않는 것을 생각하지 않고 찾으려고 하지도 않는다. 보이지 않는 것이 보이려면 훈련된 통찰력이 필요하다. 통찰은 형태, 관계, 이치, 구조, 흐름을 제대로 보는 데서 시작된다. 생각의 기술을 활용해서 비판–재정리–확장–시나리오화 과정을 통해 세상을 다시 보면 통찰을 완성할 수 있다. 보는 능력의 차이, 생각하는 능력의 차이가 미래의 차이를 만들어낸다.

태어날 때 신이 당신에게 선물로 준 시각지능을 훈련하라. 제대로 보고, 제대로 생각하도록 시각지능을 훈련하라. 훈련한 만큼 통찰력이 향상되고, 변화의 힘을 통찰하는 만큼 미래가 달라진다.

명탐정 셜록 홈즈 가라사대, "논리적인 사람은 한 방울의 물에서 대서양이나 나이아가라 폭포의 가능성을 추리해낼 수 있다"고 했는데, 이 말에 전적으로 동감한다. 셜록 홈즈의 책 중에 "인생 전체는 하나의 사슬이 되고 그 사슬의 일부만 보고도 전체를 알 수 있다"라는 구절이 있다. 나는 지식생태계의 개념을 여기서 찾을 수 있다고 생각한다.

3장

셜록 홈즈의 탐정적 시각과
사고로 시장을 보자

개인적으로 '셜록 홈즈 시리즈'를 좋아한다. 하나의 증거가 나오면 그것을 가지고 전체를 연결해서 생각해가는 과정을 보면서 감탄사를 연발할 때가 많았는데, 지적 사고 훈련과정이 셜록 홈즈가 사건을 해결해가는 과정에서 보여주는 그것과 비슷하다고 생각한다.

셜록 홈즈 가라사대, "논리적인 사람은 한 방울의 물에서 대서양이나 나이아가라 폭포의 가능성을 추리해낼 수 있다"고 했는데, 이 말에 전적으로 동감한다. 셜록 홈즈의 책 중에 "인생 전체는 하나의 사슬이 되고 그 사슬의 일부만 보고도 전체를 알 수 있다"라는 구절이 있다. 나는 지식생태계의 개념을 바로 여기서 찾을 수 있다고 생각한다.

투자생태계

그렇다면 지식생태계란 무엇인가? 지식생태계연구논문(정보화 정책 제18권 4호)에서 발췌한 내용으로 대체해보겠다. 참고로 더 공부할 분은 유영만 교수의 책『지식생태계』와『Design knowledge Ecosystems for Communities of Practices』를 읽어보면 지식생태계에 대해서 더 많은 지식을 습득할 수 있다.

지식생태계는 지식기반사회에서의 인간과 조직에서의 지식 창출과 순환, 활용의 과정을 포괄하는 논의의 장이다. 생성된 지식을 갖고 연결시키고 순환시키고 활용하면서 노출되는 새로운 생각과 지식을 살아있는 생태계적 사고로 접목시켜서 어떻게 작동되는지 관찰하고 동태적으로 추적해간다. 따라서 자연의 생태계에 그 이론적 기반을 두고 있는 지식생태계는 다음의 뚜렷한 특성들을 전제한다.

첫째, 전통적인 지식관리시스템이 컴퓨터와 정보기술 네트워크 등 지나치게 기술적 측면을 강조하는 것과는 다르게 지식생태계는 개인의 사회적 네트워크에 중점을 둔다. 마치 살아 움직이는 생명체처럼 서로 연결하고 소통하면서 새로운 지식을 창출해낸다.

둘째, 지식생태계에서는 생태계 내에서의 지식교류 가능활동과 그로 인한 관계성뿐만 아니라, 그러한 교류활동이 미치는 지식의 영향력과 잠재성에 대한 이해도 중요시한다.

셋째, 자연의 생태계가 종의 다양성을 중요시하는 것처럼, 지식생태계도 지식의 다양성을 중요시한다. 또한 이러한 다양성은 지식을 가진 자들의 협력적 경쟁관계에 기인하는데, 협력적 경쟁 속에서 갈등이 통합과 융합으로 발전적인 생태계를 조성시키고 살아 움직이는 생명체같이 진화하는 것으로 본다.

넷째, 갑작스런 변화에 의해 영향을 받는 지식생태계의 환경에서, 지식생태계가 생존하는 데 필요한 역량은 최적화가 아니라 적응할 수 있는 능력인데, 갑작스러운 외부 또는 내부 충격이 생태계의 변화를 유도시키고 새로운 균형을 만드는 과정을 보여준다고 생각한다. 여기서 전개되는 외부 또는 내부 충격에 구성 종목과 성분이 어떻게 군집화 현상을 보이는지 추적하는 것이 필요하다. 이렇게 연결고리가 되는 종목 간의 군집화 현상을 파악하기 위해서는 기본적으로 상장 종목이 서로 어떻게 연결되는지, 해당 종목에 대한 사업구조-주주구성-이해당사자들의 연관관계가 어떻게 되는지 사전에 파악해놓고 있어야 한다.

다섯째, 지식생태계 내에서 지식의 접촉·교류·흐름이 이어지는 가운데, 협력과 생존을 위한 과정에서 지식의 차별성과 유사성이 형성되고 그것이 지식생태계의 속성을 만든다. 주식시장에서는 '이것이 있으면 저것이 있다'는 전제 아래 수소차 테마가 형성되면 그 다음 연결고리로 전기차 또는 전장사업 테마에 연결되는 종목이 무엇이 있고, 그 종목의 차별성과 유사성을 확인하고 실제 시장에서 어떻게 움직이는지 추적해야 한다.

위와 같은 지식생태계의 5가지 특성 속에서 생태계를 움직이는 원리가 존재한다고 보는데, 그 내용을 3가지로 압축해 설명하면 다음과 같다.

첫째, 지식생태계 다양성의 원리다. 지식생태계를 구성하는 지식인과 집단 간의 지식교류에 있어 다양성이 충족될 때 변화하는 환경에 걸맞은 다양한 지식을 생산하고 공유할 수 있다. 이런 다양성에서 군집현상과 '너와 나는 다르다'는 차별성이 형성된다.

둘째, 지식생태계 상호작용의 원리다. 지식을 소유한 사람과 집단은 서로 경쟁 혹은 협력관계 속에서 존재하며, 추측과 논쟁 같은 서로간의 상호작용을 통해 새로운 지식을 생산·유통·활용해 지식의 발전과 진화를 이루어낸다.

셋째, 지식생태계의 선별과 적응의 원리다. 지식생태계에서는 현실 적합도가 있고 필요로 하는 지식을 선별하는 과정과, 변화하는 환경에 적응할 수 있도록 자기조절 메커니즘이 필요하다.

Follow the man – Follow the money

이상의 내용을 종합하면, 지식생태계란 다양한 지식의 창출·활용··유통 및 확산 과정을 포괄하는 지식의 장이자, 해당 생태계 내에 참여하는 사람·집단 간의 협력적 경쟁관계 등 상호작용에 영향을 미치는 지식실천의 장이라고 정의내릴 수 있다.

논문을 공부하면서 문어체로 표현하다 보니 말이 참 어려워지는데, 쉽게 사례를 갖고 설명하면 다음과 같다. 지식생태계의 사고구조는 점-선-면이 연결되는 네트워킹과정에서 어떤 공간이 창출되는지 동태적으로 추적하는 것에 초점이 맞춰져 있어서 선형적 사고보다는 비선형적 사고과정이 적합하다. 실제 세상에서도 원인-결과 도출이라는 단순논리 구조보다는, 복잡한 연결구조 아래 초기조건의 미세한 변화가 예상치 못한 새로운 결과물을 만들 수 있으므로 그 과정을 동태적으로 추적하지 않는 한 여기서 저렇게 변화된 것을 이해하기 힘든 현상이 그야말로 비일비재하다.

개인적으로는 인과관계 분석시 다음의 2가지 흐름을 중요한 초기 조건으로 설정하고 추적하려 한다.

- follow the man.
- follow the money.

셜록 홈즈가 범인을 추리하듯이 2가지 기준으로 모든 연결고리를 찾다 보면 매매하는 대상종목이 만드는 다양한 연결구조를 찾아내고, 이것이 실제 어떻게 움직이고 시장에 영향을 미치는지 파악할 수 있다. 이 2가지 기준으로 시장에 중점을 두고 추적하다보면 이론적 시각에만 함몰되어 '반드시 이렇게 되어야 한다'는 당위성에서 벗어나 시장근본주의적 감각과 시장에 순응하는 실전매매를 경험하고 마침내 시장에서 생존하는 확률을 높일 수 있다.

　가령 "원화강세구간에서 외국인 자금유입이 증가하면서 주식시장에서 외국인 매수세가 증가해 주식시장은 상승할 것이다"라는 한 전문가의 전망을 살펴보자. 대체적으로는 맞는 말이지만 어느 구간에서는 정반대로 진행되는 경우도 생기고, 코스피지수가 상승하는 국면에서도 원화강세의 수혜를 받지 못하는 종목은 급락하는 상황도 자주 나타나기도 한다. 따라서 전문가의 예상을 맹신하지 말고 전체와 부분의 변화를 구체적으로 파악하는 능력을 기르는 동시에 '부분의 합이 전체가 되지 않을 수 있다'는 점도 명심해야 한다.

　실전투자에서는 전문가의 예측과 시장의 실제 작동 경로 사이에 오차가 발생할 때, 그 이유가 도대체 무엇인지 구체화하고 설명할 수 있는 과정이 매우 중요하다. 노출된 뉴스가 실제 시장에선 어떻게 전개되는지, 보이는 뉴스 뒤에 숨겨진 보이지 않는 것은 무엇인지 발견해내는 직관과 통찰력을 키우기 위해 지적사고 훈련과정은

도표 3-1 **점의 연결 상태 묘사**

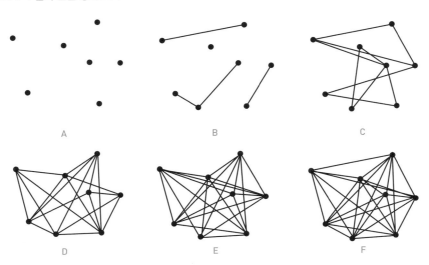

도표 3-2 **지식생태계의 개념**

지식 창출과 교류가 역동적으로 이루어지면 새로운 지식의 생성과
순환이 끊임없이 되풀이되는 범국가적 지식충돌의 (Field)

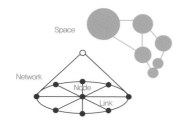

Node	0차원 개발연구
Link	1차원 소수 참여 공동연구
Network	2차원 지식섹터 간 공동연구
Space	3차원 Real n/w와 Cyber n/w 간 지식순환

도표 3-3 **지식생태계의 진화**

(node) – (link) – (network) – (space)

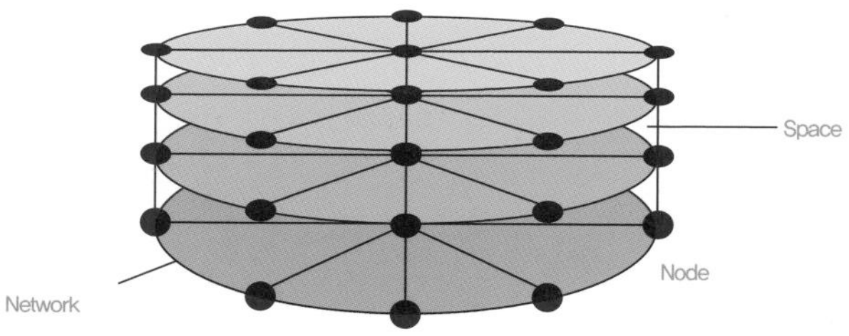

필수이다.

이런 지적사고 훈련과정 동안 뉴스가 보여주는 이미지가 어떻게 연결되어서 진화되는지 네트워킹방식으로 생각훈련을 하고 있는데, 하나의 뉴스나 팩트가 등장할 때 점은 네트워킹으로 어디로 연결되는지, 선이 어디로 연결되고 영향을 미치는지 생각해보고, 그것들이 하나의 면 또는 클러스터를 만들어서 영역을 구조화시키고 패턴을 형성하는지 확인해야 한다. 더 나아가 사고훈련을 통해 면이 하나만 형성되지 않고 입체적인 공간을 형성하는지도 이미지화시키는 작업이 필요하다.

지식생태계

위와 같은 연결 구도를 실제 주식투자에 적용해보자. 다음과 같은 사고훈련과정을 거치면서 네트워킹을 만들어가고, 그 흐름에서 대상종목을 선별하고 투자시나리오를 구축한 뒤 자금을 배분해보는 것이다.

2014년 1월의 연두기자회견에서 박근혜 전 대통령이 "통일은 대박이다"라는 발언을 했다. 시스템적 사고과정은 이 발언을 단순하게 생각하지 않고 '이런 발언이 왜 나왔을까?'라고 생각해보는 동시에 박근혜 전 대통령의 대북정책에 대해서 다시 점검해 그것이 어떤 연결고리를 갖고 세상에 영향을 미칠 것인지 상상해보는 데서 시작한다. 우선 이 발언 속에 대통령이 구상하는 유라시아 이니셔티브정책이 선으로 연결되고, 북한에 대한 원칙론을 강조했던 상황에서 대북 또는 통일 정책과 북한 상황이 앞으로 어떻게 동태적으로 전개될 것인지 상상해본다.

여기서 뉴스 또는 개별종목을 점으로 삼고 대북 또는 통일정책에서 나타날 수 있는 단어를 생각해보자. 대북경협, 전력설비, 제2개성공단, DMZ평화공원 조성, 유라시아 이니셔티브 등이 떠오른다. 이것들끼리 연결고리를 형성해보고, 해당 정책에 관련된 종목의 클러스터까지 다음과 같이 형성해본다. 남북 경협, 이산가족 상봉, 금강산 관광 등의 재료가 등장하면 2000년대 남북정상회담 이후 단골메뉴가 된 대북송전과 관련된 사업이 이슈화될 수 있고, 그와 연관된 종목으로 선도전기, 광명전기, 비츠로시스, 비츠로테크, 효성, LS산전, 세명전기 같은 종목을 연결고리로 찾아낼 수 있어야 한다. 또한 대북송전 스토리가 전개될 때 같이 나오는 것이 대북 또는 유라시아 철도 관련주이다. 철도주에는 현대로템, 대아티아이, 푸른기술이 바로 떠오를 수 있게 이미 상장사 편람의 공부가 되어 있어야 한다. 그렇지 못하더라도 각 증권사 HTS 메뉴 중에 테마별 종목 분류를 찾아서 철도주, 전력설비주, 금강산관광관련주에 어떤 것이 구성되어 있는지 확인해야 한다.

2018년엔 북미회담이 초기조건이 되면서 북방관련주가 엄청난 급등을 했다. 짐 로저스가 아난티 사외이사에 선임되면서 7,000~8,000원에 놀던 아난티가 31,000원대까지 급등하는 현상도 전개되었다. 또한 아난티가 3만원 이상까지 급등했을 때 〈머니투데이방송〉에서 매일 오후 3시 35분에 방송되는 '이승조의 TMI' 코너에서 아난티 대주주인 중국민생투자에 대한 디폴트를 경고하면서 집중매도전략을 수립해 그 이후 13,000원까지 급락하는 파동을 피할 수 있었다. 이렇듯이 점을 상장되어 있는 종목으로 생각하고 어떤 모멘텀이 연결고리가 되어 점과 점을 연결해 선을 형성하고 선과 선을 연결하면서 네트워크가 형성되는 과정과 같이, 관련이슈가 네트워크 과정을 거치면서 지식생태계를 만들고 그것이 시장에 하나의 큰 주도주 흐름을 만들면서 투자자의 자금을 끌어들이면서 시세를 강하게 움직이는 것이다.

그렇다면 유라시아 철도관련주는 무엇이 있고, 그 초기조건은 언제 생성되고 시작되었는지 파악해보는 것이 필요하다. 여기서 연결되는 재미있는 사실은 박근혜 전 대통령이 정책공약으로 설정했던 유라시아 이니셔티브가 2012년 대선에서부터 등장한 것을 확인할 수 있다. 아이러니하게도 이것이 구체화되고 현실가능성이 높아지는 때는 2018~2019년 문재인 정부이다. 이렇듯 정부 정책의 미래방향성과 지속가능성이 시장에 방향성을 제시하는 데 아주 중요한 초기조건이라는 것을 확인할 수 있다. 유라시아 이니셔티브 정책을 추진했던 박근혜 정부 시절, 개성공단 철수를 결정하면서부터 급격하게 대북관계가 냉각되고 북한의 핵실험과 미사일발사가 지속되면서 미북 간의 강경한 대치국면이 극단으로 치닫는 구간이 2017년 9월 달까지 전개되었다. 대조적으로 문재인 정부의 대북정책 변화와 남북 및 미북 정상회담의 성사에 따라 2017~2018년 북방테마주들이 대부분 엄청난 급등현상을 보였다.

이렇듯 정책이 그 연결고리에 연관된 종목의 미래 방향성에 지대한 영향을 미

도표 3-4 유라시아 3대 이니셔티브

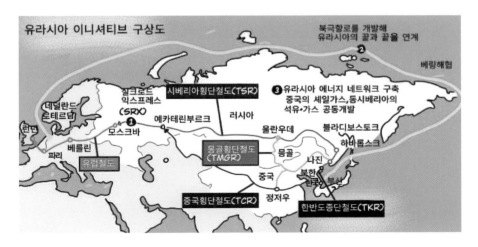

치므로, 향후 정책이 어떤 방향성을 형성하는지 동태적으로 추적하는 것이 중요하다. 오죽하면 '정부에 대항하지 마라'는 주식격언이 있을 정도이니 자신의 정치 성향과 달라도 시장근본주의자는 정부가 지향하는 정책 방향성이 우상향 에너지를 주는 대상은 매수하고, 우하향 에너지를 주는 대상은 매도하는 전략으로 시장에 순응하는 감각이 실전에서는 핵심적이다.

탈원전 정책을 시동 거는 초기에 한전기술, 한전KPS를 매도한 투자자와 정부의 정책이 틀렸다고 주장하면서 관련주가 지속적으로 하락할 때 매수한 사람의 결과가 어떻게 되었는지는 굳이 설명하지 않아도 알 수 있을 것이다. 어쨌든 '유라시아 이니셔티브'가 초기조건으로 나왔을 때부터 그것이 무엇이고, 연결된 대상이 무엇인지 동태적으로 추적한 투자자는 북방테마주와 철도주에서 큰 수익을 거뒀을 확률이 높았을 것이다.

〈도표 3-4〉에서도 보듯 박근혜 정부의 유라시아 3대 이니셔티브를 정리해보면 다음과 같은데, 여기에 제2개성공단, 미국과 북한의 핵포기협상, 유라시아 철도,

유라시아 가스개발 관련 이야기도 나온다.

- 하나의 대륙 : 물류, 교통, 에너지, 인프라 구축에 한 거대한 단일시장 형성
- 창조의 대륙 : 창조경제 추진으로 유라시아 지역을 전 세계의 성장엔진으로
- 평화의 대륙 : 한반도 신뢰 회복 프로세스와 동북아 평화접촉구상으로 경제통상과 문화교류의 큰 장벽인 평화와 안보위협 해결

2013년 11월 푸틴 러시아 대통령이 방한하면서 유라시아 철도-가스 개발 관련 재료가 등장하고 관련주가 단기간에 급등하는 상황이 나타났으나 실현가능성에 대한 의구심이 전개되면서 단기 급등후 다시 급락하는 주가 움직임이 나타났던 것을 기억할 수 있다. '유라시아 철도테마주' 하면 떠오르는 현대로템, 푸른기술, 대아티아이, 세명전기 등의 종목 중심으로 네트워크를 형성시킬 수 있고, '한-러 가스관' 테마도 연계시키면 한국가스공사, 세아제강, 하이스틸, 동양철관 등의 종목으로 네트워크화시켜서 테마가 부상할 때 주가 변동성이 어떻게 전개되는지 동태적으로 확인해볼 수 있을 것이다

흥미로운 사실은 실제로 북방테마주의 현실화와 주가 급등과정은 2017년 9월부터 시작해 2018년 북미정상회담이 실현된 6월 12일 전에 마무리되었다는 점이다. 박근혜 정부에서 초안이 만들어지고 형성된 유라시아 이니셔티브-북방테마주는 박근혜 정부가 대북유화정책을 포기하고 강경정책으로 선회하면서 연결고리가 끊어졌지만, 문재인 정부에서 다시 연결되고 확산되면서 큰 시세가 분출하는 상황이 나타난 것이다. 이때 북한이 2017년 9월 4일 핵실험을 하는 시점에 하나의 현상이 마무리되고 다른 국면으로 전환되는 변곡점이 되었다는 사실이 미래의 흐름을 예측하는 통찰력 측면에서 중요한 초기 조건이었음을 염두에 두자.

당시 북방주가 급락하고 전쟁 테마주가 급등하는 상황이 전개되었을 때, 나는

방송이나 시황 칼럼을 통해서 '이제 하나의 현상이 극에 달하면 음에서 양으로 전환되는 상황이 나타날 것이니, 전쟁 테마주 매도하고 급락하는 북방 테마주 매수하자'라는 실전전략을 권해드렸다. 이는 복잡계 시각으로 다양한 지식생태계가 만들어내는 현상을 그 당시 나타난 팩트만 갖고 판단하지 말고, 이것이 앞으로 어떻게 전개되고 변화될 것인가 예측하고 판단하는 직관과 통찰력을 발휘하는 것이 실전투자가에게는 가장 필요한 덕목임을 말해주는 하나의 사례다.

실제로 북한의 김정은 위원장이나 미국의 트럼프 대통령이 언론을 통해서 매일 서로 적대적 발언수위를 높이고 있다는 보도가 나오는 형국에서 '진짜 세계대전으로 갈 것인가?' 하는 근본적 질문을 해봤다. 향후 전개될 글로벌 국제정세와 대한민국 정부의 정책흐름을 파악하면서 미래의 방향성은 대화와 경제적 흐름으로 전개될 수밖에 없다는 결론을 도출할 수 있었다. 그렇다면 그 물줄기에 '남북정상회담-미북정상회담-종전선언-평화협정-한반도평화프로세스'로 연결되는 상황의 미래지도가 그려졌고, 그 흐름에 연결고리가 되는 대상종목을 찾아서 매매전략을 수립한 투자자들은 시장대비 초과수익을 얻을 수 있었다.

따라서 시장근본주의자는 하나의 흐름이 극에 달하는 형국이 보이면 이것이 반대 현상으로 전개될 가능성에 대해서 생각해보고, 그것이 연결되는 대상종목을 갖고 동태적으로 추적한다면 큰 흐름을 초기에 파악해낼 수 있을 것이다. 이와 같이 정책변수와 관련된 대상 종목을 재료 노출 전에 클러스터화 또는 네트워크화하는 등 지식생태계를 형성한 후, 실제 재료가 노출된 다음에 주가 변동성에 맞게 상대속도를 조절해가며 모멘텀 투자를 하는 것이 실전매매를 성공적으로 이끄는 데 도움이 된다.

단, 여기서 유의할 점이 있다. 이렇게 정책테마로 모멘텀이 나오면서 움직이는 종목은 상당 부분 실제 수익기대감으로 움직이는 것인데, 수익개선이 현실화되는 종목도 있지만, 단순히 기대감만으로 상승하다가 실적이 뒷받침해주지 못하고 기대감이 무너지면 단기간에 급락하는 등 변동성이 매우 큰 특징을 보인다는 사실이다. 따라서 정책 모멘텀에 의해서 형성된 지식생태계는 마치 전염병모델같이 확산-소멸의 과정을 거치는 것을 확인할 수 있으므로, 실전에서 미리 감안해 자금배분하고 재료가 노출시 확산과정에서 매도하는 전략이 중요하다.

모멘텀 연결고리

종목의 확산과정과 같이 재료의 확산과정도 등장하는데 이산가족상봉 재료 다음에 정책당국에서 DMZ평화공원 정책, 제 2개성공단 재료도 등장하는 것을 확인할 수가 있다. 여기선 정부의 정책 결정이 이런 흐름을 확산시키는 모멘텀으로 작동하는 경우를 자주 본다.

그 당시도 다음과 같은 이미지와 함께 DMZ평화공원 후보지 가능성에 대한 신

도표 3-5 DMZ평화공원 후보지

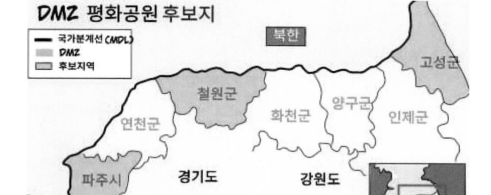

문보도가 나오고, 제 2개성공단 관련주 명단도 시장에 퍼지면서 남북 관련 재료가 확산되는 과정이 있었다.

DMZ평화공원 모멘텀이 나타나자 일신석재와 평화공원 후보지 중 하나인 파주에 부동산을 보유한 종목군이 상승하는 모습이 나타났다. DMZ평화공원 테마가 형성될 시기에 이해당사자들이 등장하면서 관련 정책이나 호재성 재료를 발표하는 현상이 자주 목격되었는데, 실제로 북한이 나진-선봉지역에 제2개성공단설립을 원한다는 이야기를 간접적으로 들었다고 기자회견을 통해서 발표하는 경우가 있었다.

한편 같은 북방관련주 테마라고 해도 2014년의 상승파동보다 2017~2019년 북방관련주의 파동 에너지가 더 크다. 왜냐하면 구체적인 미래지도가 그려지기 때문이다. 그러나 앞으로 북방관련주 중에서도 실제로 진행될 시기와 가능성의 확률에 따라 시세에너지의 차별화가 형성될 것이다. 가령 2019년도의 북방주 특징은 구체적인 철도-건설보다는 먼저 사람들이 왕래하고 교류하는 등 인도적 차원의 금강산관광, 비료, 의약품, 산림 관련주가 급등하고, UN제재가 예외되거나 풀릴 가능성이 높은 것부터 상승에너지가 형성된다는 점에 있다.

그러므로 앞으로의 북방주 미래지도는 실현가능성에 방점을 두고 우선순위를 고려한 투자전략을 수립하는 것이 필요하다. 이미 2017~2019년에 현대엘리베이터, 현대로템, 호텔신라 등은 적게는 100% 이상 급등했고, 부산산업, 푸른기술, 대아티아이 같은 종목은 많게는 3~10배의 급등파동이 나타났다.

최근 북방주의 동향을 살펴보자. 대장주 역할을 했던 현대엘리베이터, 현대로템, 현대건설의 주가 탄력성이 크지 않은 반면, 금강산관광 연결고리 및 짐 로저스 모멘텀의 아난티가 저점에서 3배 이상 급등했다. 아난티는 그 이후 중국계 자본 대주주의 노이즈(향후 아난티에 투자한 중국 민생투자그룹을 추적하고 그 대주주의 정치성향과 연결고리, 조달한 자금의 성격과 회사채 동향, 투자한 대상의 부도리스크 등을 추적)가 등장하면서 고점에서 조정하는 양상을 보이는 가운데, 비료관련주인 경농이 급등했고 용평리조트가 급등하는 현상을 보이면서 선도주 선수교체과정이 나타나고 있다.

이런 현상이 앞으로 북방정책의 현실화 속도에 따라 주가 차별화 과정이 전개될 것임을 암시하는 징후로 판단된다. 이런 부분은 지식생태계를 북방정책주로 한정해서 만들어보고, 이해당사자로서 대한민국과 북한의 위치를 먼저 생각해 정책결정권자의 흐름을 추적하는 생각의 훈련을 해보고, 글로벌 매트릭스구조를 만들어서 중국 시진핑 국가주석, 미국 트럼프 대통령, 러시아 푸틴 대통령, 일본 아베 총리가 생각하는 북한은 무엇인지 연결고리를 생각해보고, 그것이 실현될 가능성, 시간과 정보의 오차가 어디서 나타날 것인지 시나리오를 짜보고 대응하자. 다음의 질문들을 참고하길 바란다.

- 중국의 시진핑 국가주석은 북한에 일대일로 정책을 요구할 것인가?
- 중국은 북한이 경제발전을 위해서 미국이나 서구권의 전략자산이 투입되는 것을 허용할 것인가?
- 중국은 먼저 자국의 기업들이 먼저 북한에 진출하는 교두보를 확보하는데, 북한은 이 부분을 적극적으로 수용할 것인가?
- 유라시아 이니셔티브 연결고리의 가장 핵심인 서울-개성-평양-신의주-북경으로 연결되는 철도가 실제로 얼마 정도 걸리면 실현 가능해질까? 3년? 10년? 실제로는 10년 이상 걸리는 것은 아닐까?
- 북한은 경제특구 카드를 어느 지역에 우선순위를 두면서 실행할 것이며, 여기에 한국계 기업은 누가 진출할 것인가?
- 중국의 시진핑 국가주석과 미국의 트럼프 대통령의 권력욕이 보이지 않은 연결고리를 만들어 보이지 않게 서로 서로 도와주는 부분은 어느 부분일 것인가?
- 미국·중국·러시아가 무기경쟁의 시대로 다시 복귀하는 움직임이 강한데, 이 부분이 북한

경제자유화 정책하고 충돌되는 부분은 없는가?

- 주한미군은 정말 철수할 것인가? 정말 철수가 된다면 대한민국이 직면하는 문제는 무엇이 될 것인가?

- 그 사이 주한미군 주둔비용 협상은 어느 규모에서 합의를 볼 것이며, 작용 반작용으로 대한민국 자주국방연결고리와 방산관련주의 흐름은 어떻게 전개될 것인가?

- 러시아의 푸틴 대통령은 러시아 가스관 연결고리를 북한에게 요구할 것이고, 대한민국 정부는 이것을 수용하면서 러시아-북한-대한민국의 가스관연결고리 정책이 실현 가능성이 높아질 것인가? 또한 여기 연결되는 종목의 군집현상은 어떻게 전개될 것인가?

- 북한산 석탄이 유엔제재가 면제되면서 자유롭게 수입되는 상황이 현실화될 것인가? 된다면 어떤 경로로 북한과 물물교환루트가 생기게 될 것인가?

- 오세훈 전 서울시장 시절에 계획되었던 용산르네상스 프로젝트-아라뱃길 연결고리-황해도 연결고리가 물류의 중요한 루트가 될 가능성은 없는가? 그럴 경우 어느 종목이 최대 수혜를 받을 것인가?

- 종전선언-평화협정이 실제로 현실화되는 시기는 언제일 것인가? 그렇게 되면 실제로 어떤 일이 구체화되고 벌어질 것인가?

- 이해당사자들의 자신들의 이권 때문에 북한에서 정치적 불확실성이 전개될 가능성은 없는가? 서독-동독의 경우처럼 휴전선이 붕괴되면서 북한 난민이 생기는 상황이 발생할 수 있는가?

- 다행스럽게도 북한 체재가 현 상태로 유지되면서 경제발전을 이루는 상황이 전개되면 대한민국과의 교류과정에서 어떤 현상이 발생할 것인가?

- 한류가 북한에 유행할 것인데 이 과정에서 최대 수혜를 받을 것으로 생각되는 대상은 무엇일까? (개인적으로는 화장품주와 방탄소년단-트와이스 등 음악콘텐츠관련주가 될 것으로 본다.)

마치 탐정 셜록 홈즈가 되어서 일어날 수 있는 상황을 나열하고 그 가능성과 연결고리를 먼저 추적하고 동태적으로 추적해가면서 실제 시장에서도 그런 징후가 보이는지 추적해보는 것이다. 개인적으로 가장 중요하게 보는 부분이 '북한 사람과 대한민국 사람들이 자유롭게 왕래 가능한 시기는 언제일까?'이다.

사람들이 왕래하면 음악, 화장품 등 한국의 콘텐츠가 북한으로 흘러 들어가는 속도가 커질 것이고, 북한의 젊은 세대에서 인기 끌 화장품과 콘텐츠는 무엇이 될지 생각해본다. 철도-도로는 실제로 실행되겠지만 그 과정이 순탄하지 않고 시간도 오래 걸리며 대규모로 투입되는 자금은 어떻게 조달될 것인지 하는 부분도 생각해보는 훈련을 해보는 것이다. 여기에 중국과 미국의 이해당사자들이 자신의 전략자산을 먼저 투입하려는 경쟁이 어떤 노이즈를 일으킬 수 있는지도 생각해보고 실현가능성 대상부터 매매하는 것이 효과적이라 본다.

앞으로 북방관련 다양한 뉴스가 이해당사자들의 탐욕과 공포를 이용하려는 의지에 의해서 쏟아질 것이다. 그것을 조절하는 감각이 필요하고, 그러기 위해서는 실현 가능성이 높은 상황을 미리 생각하는 과정이 필요하다. 또한 그런 상황이 도래했을 때 시장에서 나타날 현상을 미리 생각해두고 그것과 연관된 종목을 찾아서 투자해보는 전략을 수립해두자. 플랜 A-B-C를 미리 생각해두고 실제로 시장이 생각해둔 것 중에 어떤 플랜대로 가는지 확인하고 그것에 집중하는 투자감각이 실전에서는 필요하다. 또한 전염효과가 너무 극단적으로 집중되고 마치 2018년 5월말에 북방주 하루에 상한가가 50개 이상 급등하는 상황이 발생하면서 대부분 단기간에 엄청난 상승에너지가 연출되고 불에 기름 붓는 뉴스가 난무하게 되면 시장근본주의자는 이럴 때를 조심하고 철수하는 징후로 파악해야 할 것이다.

앞으로도 북방관련주는 전염-확산의 과정과 정책실현과정과 속도에 따라 관련 주가의 변동성도 차별화 과정이 심해질 것이다. 이 부분을 복잡계 사고를 통한 시스템 사고기법과 프로파일링 기법을 통해서 미리 훈련해서 대응해보길 바란다.

시스템사고에서는 A와 B가 단순히 하나는 원인이고 다른 하나는 결과가 되는 이분법적 구별이 아니라, A와 B가 서로 상관관계를 가지고 동시에 영향을 미치는 현상을 이야기한다. 선형적 사고에서는 '이것이 있었기에 저것이 생겼다'는 하나의 연결고리가 형성되고 원인-결과에 의한 상황설명이 단순하게 전개될 수 있다고 생각하는데, 문제는 그 선형적 사고에서도 초기 조건의 민감성에 의해서 나비효과가 발생해 연결고리를 놓치는 수가 발생할 수 있다는 점이다.

4장

시스템사고와 비즈니스
프로파일링으로 시장을 읽자

3장에서 살펴본 '북방정책의 사례분석'을 통해서 지식생태계 사고를 실전에서 응용해보는 생각의 사고훈련을 지속해보는 것이 중요하다고 생각한다. 매일 매일 등장하는 수많은 뉴스가 서로 연관되었을 뿐만 아니라 서로 영향을 주며 상호작용을 하고 있다는 것을 체크할 수 있어야 하는데, 여기서 필요한 개념이 시스템사고와 비즈니스 프로파일링이다.

시스템사고

　시스템은 서로 연결되어 있는 구성성분이 어떠한 특별한 행동을 만들어내기 위해 한 몸처럼 연합된 상태를 의미한다. 서로 연관되었을 뿐만 아니라 서로 영향을 주며 상호작용을 하고 있다는 점이 중요한데, 여기서 원인-결과사고와 시스템사고를 구분해야 한다. 원인-결과사고는 원인 A때문에 결과 B가 발생했다고 보는 선형적 사고이다. 반면 시스템사고는 선형적 사고가 아닌 순환적 사고로, 내가 좋아하는 표현을 빌자면 살아 숨쉬는 생명체같은 비선형적 사고이다.

시스템사고에서는 A와 B가 단순히 하나는 원인이고 다른 하나는 결과가 되는 이분법적 구별이 아니라, A와 B가 서로 상관관계를 가지고 동시에 영향을 미치는 현상을 이야기한다. 선형적 사고에서는 '이것이 있었기에 저것이 생겼다'는 하나의 연결고리가 형성되고 원인-결과에 의한 상황설명이 단순하게 전개될 수 있다고 생각하는데, 문제는 그 선형적 사고에서도 초기 조건의 민감성에 의해서 나비효과가 발생해 연결고리를 놓치는 수가 발생할 수 있다는 점이다.

여기서 나비효과란 용어는 미국의 기상학자인 로렌츠가 복잡한 기상현상을 설명하기 위해서 사용했던 것으로, 브라질에 있는 나비의 날갯짓이 미국 텍사스에 토네이도를 발생시킬 수도 있다는 과학이론이다. 미국의 기상학자 에드워드 로렌츠E.Lorentz가 1961년 기상관측을 하다가 생각해낸 이 원리는 훗날 물리학에서 말하는 카오스 이론Chaos Theory의 토대가 되었다. 변화무쌍한 날씨의 예측이 힘든 이유를, 지구상 어디에서인가 일어난 조그만 변화로 인해 예측할 수 없는 날씨 현상이 나타났다는 것으로 설명한 것이다.

처음에 이 현상을 설명할 때는 나비가 아닌 갈매기가 사용되었지만, 이후에는 시적으로 표현하기 위해 갈매기를 나비로 바꾸었다. 이 가상의 현상은 기존의 물리학으로는 설명할 수 없는 이른바 '초기 조건에의 민감한 의존성', 곧 작은 변화가 결과적으로 엄청난 변화를 초래할 수 있는 경우를 표현하고자 한 것이다.

〈도표 4-1〉은 나비효과를 그림으로 표시한 것인데, 소수점 자리의 미세한 변화가 기상예측 결과를 아주 다르게 만들 수 있음을 보여준다. 실제로 주식시장에서도 이러한 현상을 종종 경험하게 된다.

오늘날 세계화 시대에서 나비효과는 더욱 강한 힘을 갖는다. 디지털과 매스컴 혁명으로 정보의 흐름이 매우 빨라지면서 지구촌 한 구석의 미세한 변화가 순식간

도표 4-1 **로렌츠의 기상 시뮬레이션**

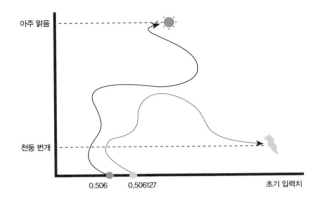

에 전 세계적으로 확산되는 것 등을 그 예로 들 수 있다.

이렇듯 비선형적 사고는 그 다양한 원인과 다양한 결과의 연결구조를 찾기 위한 진화의 과정을 거치면서 현재와 같은 인터넷-SNS가 지배하는 세상에서 그 영향력을 더 키워가는 것 같다. 여기서 우리는 초기조건의 민감성이라는 개념을 숙지해 논리적으로 큰 영향을 미칠 것 같지 않던 미세한 변수가 전체에 큰 변화를 초래하는 나비효과가 일어날 수 있다는 점, 따라서 비선형적 사고의 기반이 되는 원인과 결과를 보이는 것과 보이지 않는 것으로 구분해서 찾는 노력을 해야 한다는 점을 염두에 두어야 할 것이다.

또한 수많은 변수 사이에 형성되는 연결구조를 네트워킹시키는 과정도 체크해야 할 것이고, 이런 과정에서 선형적 사고와 비선형적 사고를 동시에 고려하면서 순환적 관점의 시스템사고로 발전시키는 사고의 훈련을 해야 한다. 말이 참 어렵게 느껴지겠지만 사례를 통해서 보면 이해하기가 쉬워질 것이다.

여기서 비선형사고는 '직선이 아닌 곡선인가' 이렇게 단순한 차원에서 생각하지 말고 이미지화시키고 창조적 파괴를 통해서 통찰과 직관을 얻는 방식이라고 생각하기 바란다. 이것을 종합해서 나타나는 상황을 구조화시키는 과정이 바로 시스템사고인 것이다.

연결고리 순환구조

만약에 내가 외제차 세일즈맨이라고 가정을 해보겠다. 외제차를 판매하기 위해서 그것을 살 수 있는 가상고객 명단을 작성할 때 선형적 사고로만 접근한다면 '1억원 이상의 외제차를 구매할 분은 당연히 집을 보유하고 있을 것이고 연봉이 못해도 1억에 가까운 소득을 받는 사람이어야 할 것이다'라는 가정 하에 가상고객명단을 작성하고 시장조사를 해서 그 고객을 대상으로 세일즈를 했다고 하면, 그 외제차 세일즈맨은 외제차를 판매할 수 있는 고객을 만나겠지만 판매왕에 등극하지는 못할 것이다.

이것을 시스템적 사고로 전환시키면 위에서 생각하는 접근방법은 매우 논리적이고 타당한 접근 방법이지만 가상고객의 층을 너무 한정해서 작성했다는 데 문제가 있다. 초기조건을 설정기준을 1억 이상의 연봉소득자에서 5,000만원 이상 연봉소득자로 변경하고, 그 변경한 데이터에서 20~40대층 중에 집이나 다른 구매의 목표를 희생하더라도 외제차에 집착할 성향을 가질 가능성이 높은 고객명단을 작성했다면, 외제차를 판매할 고객의 범위가 확대할 수 있었을 것이다. 게다가 실제로도 1억 이상 연봉의 소득자는 이미 외제차를 보유한 상황이 많은 반면에, 집 사는 것을 포기하더라도 외제차를 매수하겠다는 성향을 가진 고객층을 공략한 세일즈맨은 금융기관의 할부금융 서비스를 연계해서 초기자금투입을 축소시킴으로써 초기자금에 부담감을 느끼는 고객을 설득하면서 외제차를 판매했다면 생각보다 많은 판매를 할 수 있다는 생각을 해보는 과정이 선형적 사고-비선형적 사고를 융합하는 시스템사고의 방식이라고 생각한다.

여기서 보이는 조건과 보이지 않는 조건을 더 고려하고 찾아내고 그 찾아내는 과정에서 연결구조를 만들어내고 그 만들어내는 과정에서 순환고리가 발생되면서 상황이 추가 상황을 만들어내는 확산의 과정을 경험하게 된다. 이렇듯 시스템사고는 원인과 결과로 대표되는 직선적 사고보다는 순환적 사고가 작동하는 구조를 말하는 것이고, 시스템을 구성하고 있는 모든 부분들이 직접 혹은 간접적으로 연결되어 있어 서로 영향을 주고, 어느 한 부분이 변화가 발생하면 그것이 전체에 영향을 미치고, 영향을 받은 전체는 다시 그 초기조건에 영향을 미치는 순환고리를 형성한다. 여기서 부분이 전체에 영향을 주고 전체가 다시 부분에 영향을 주는 서로 주거니 받거니 하는 과정에서 피드백 순환고리가 형성되는 것이다. 따라서 시스템사고의 핵심은 피드백 순환고리라고 할 수 있다

피드백 순환고리^{Feedback Loop}는 2가지 종류로 나뉘는데 하나는 강화 피드백 순환고리^{Reinforcing Feedback Loop}라고 하고, 다른 하나는 균형 피드백 순환고리^{Balancing Feedback}

도표 4-2 강화 피드백 순환고리

형태	구조	전략
연속적 유형 Continuous petierns	내부적 피드백 루프 Endogeneous Feedback Loops	정책 지렛대 Felley Lever age

음의 피드백 루프
(Negative Feedback Loops) — 기다림 (Wait and See)

음의 피드백 루프 + 시간지연
(Negative Feedback Loops + Time Detay) — 완중장치 (Buffer Device)

양의 피드백 루프
(Postive Feedback Loops) — 임계지점 (Critical Mass)

도표 4-3 강화 피드백 순환고리의 발생과 소멸

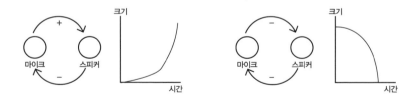

Loop라고 한다. 용어 자체가 어려운데 이것을 이미지로 형성화하면 쉽게 이해할 수 있을 것이다.

강화 피드백 순환고리에서는 2개의 패턴이 보이는데 하나는 증가형 강화 피드백 순환고리이고, 다른 하나는 감소형 강화 피드백 순환고리다. 간단하게 설명하면 증가형 강화 피드백 순환고리는 마이크와 스피커가 파동이 중첩되면서 확산되는 경우에 발생하기도 하고 소멸되기도 하는 과정을 중고등학교 물리 시간에 공부한 기억이 있을 것이다.

물론 여러분들은 이렇게 이상한 시스템구조를 왜 공부하는지 의아할 것이다. 그러나 사회현상에서도 이런 비슷한 경우가 비일비재하고 이것을 갖고 실전투자에 이용할 수 있다는 생각이 들어서 소개해드리고자 한다. 그렇다면 위의 시스템구조를 하나하나 실전사례를 들어서 생각의 연결고리를 풀어가보겠다.

테마주 연결고리

매년 2~3월이 되면 계절적 영향을 받아서 중국에서 차가운 저기압이 내려오고, 그 과정에서 미세먼지와 철새움직임에 따라 구제역과 조류독감이 같이 오는 특징을 미리 생각해두고, 구제역 관련주와 조류독감 관련주는 무엇이 있을지 찾아보고 실제 주가가 움직이는 과정을 추적해보는 것이다.

조류독감은 닭, 오리, 야생 조류에서 조류 인플루엔자 바이러스^Avian influenza virus의 감염으로 인해 발생하는 급성 바이러스성 전염병이며, 드물게 사람에게서도 감염증을 일으킨다. 2003년 말부터 2008년 2월까지 고병원성(사람에게 전염될 수 있는) 조류 인플루엔자 바이러스^highly pathogenic avian influenza A, H5N1가 인체에 감염된 사례가 376건 보고되어 있다. 이 중 약 25%는 조류독감의 원인이 된 조류와 연관이 있는 사람들에서 발생했으나 사람 사이의 감염이 가능한지는 아직 확실히 밝혀지지 않았다. 인체에 감염된 경우 높은 사망률을 보였으며, 향후 조류독감이 사람의 전염병으로 바뀔 가능성에 대해 세계 각국의 의학계가 주시하고 있다. 국내에서는 아직까지 사람에게 감염된 사례가 보고된 바 없다. 과거 조류독감이 발생했던 주기와 흐름을 인터넷을 통해서 조사해보면 어느 해는 크게 확산되지 않은 채 지나간 해도 있었고, 어느 해는 치명적으로 전국에 확산되면서 닭-오리농장을 초토화시킨 해도 있었다.

한편 구제역은 소, 돼지, 양, 염소, 사슴 등 발굽이 돌로 갈라진 동물(우제류)에 감염되는 질병으로 전염성이 매우 강하며 입술, 혀, 잇몸, 코 또는 지간부 등에 물집(수표)이 생기며 체온이 급격히 상승되고 식욕이 저하되어 심하게 앓거나 어린 개체의 경우 폐사가 나타나는 질병이다. 세계동물보건기구^OIE에서 지정한 중요 가축 전염병으로 가축전염예방법 제1종 가축전염병에 속한다. 소는 주로 호흡기로, 돼지는 구강을 통해 감염된다. 구제역 바이러스가 아직까지 사람에게 감염된 사례는 없지만, 가벼운 감염 증세를 보인 경우는 있는 것으로 알려져 있다. 하지만 바이러스 변이를 통해서 감염의 가능성이 있기 때문에 주의해야 한다. 특별한 치료법은 없고, 이 병이 발생했을 경우에는 검역을 철저히 해야 하며, 감염된 소와 접촉된 모든 소에게는 바이러스 확산 방지를 위한 백신을 주사하고 도살처분하거나 매장한다. 구제역이 발생하는 나라에서는 조직배양 백신을 이용한 예방법이 이용되고 있다. 하지만 백신을 이용해서 감염을 방지하는 이점은 있지만, 국제수역사무국에서 정하는 구제역이 없는 '청정국'으로 지정되려면 백신 또한 사용되지 않아야 한다.

시스템사고는 이런 실현 가능성이 높은 상황을 그냥 지나치지 않고 미리 생각해보고 관련 종목을 설정해서 실제 투자해보는 작업을 해보는 것이다. 매년 주기적으로 이런 현상이 나타나는 것을 예상하고, 2019년 1월에도 구제역 관련 연결고리로 중앙백신-제일바이오, 조류독감 관련 연결고리로 파루-한성기업 등의 위치를 파악하면서 주가가 급락하거나 상승하지 않았으면 자금을 한정해서 배분하고 미리 매수해놓은 후 실제로 시장에서 구제역-조류독감 관련주가 움직이는지 추적해본다.

구제역과 조류독감이 어느 때보다 창궐해서 피해농가가 상당했던 시기도 있었고, 다행스럽게 퍼지지 않고 그냥 지나간 해도 있었다. 그런데 그것이 확인되고 확산이 극에 다다랐을 때 관련주가를 보면 급등 후 급락하는 상황이 전개되었다는 것은 시사하는 바가 크다. 실제로 실적이 뒷받침되는 경우가 드물고 계절적 주기로 언론에 이슈화가 되면서 이벤트-주기성이 강한 패턴을 보이고, 시간이 지나가거나 뉴스에 크게 이슈화가 된 이후에는 다시 급락하는 패턴이 나타난 특성이 있기 때문에 어느 단가 이상 상승한 이후에는 '매매하지마' 기준도 설정해서 실전에 대응하는 전략 수립이 중요하다. 이것을 강화 피드백 순환고리로 설명하면, 조류독감이 불확실성이 높고 개연성은 있는데 한국에는 아직 발생하지 않았고 중국이나 주변국에서는 발생하고 있는 상황에서 관련주인 중앙백신-제일바이오-파루-한성기업에 투자해보는 것이다.

전문가에게 물어보거나 인터넷으로 '조류독감 관련주'라고 치면 중앙백신-제일바이오-파루-한성기업이 나오는데 이것이 실제로 관련이 있고 실제 실적에 큰 영

도표 4-4 파루

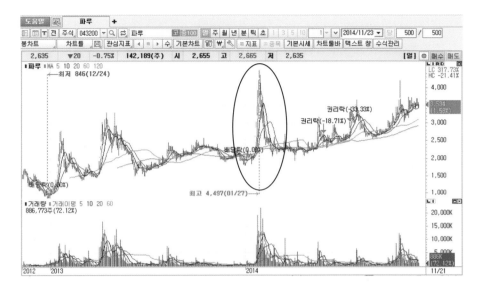

도표 4-5 중앙백신

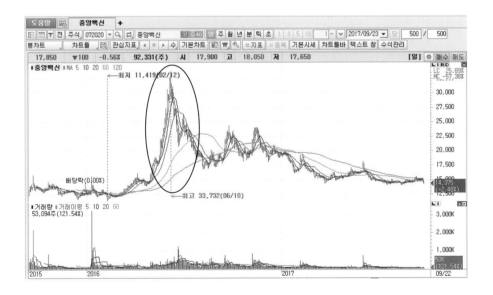

향을 미치는지는 조사한 바에 의하면 크게 실적향상에 영향을 미치지 않는다고 판단되지만, 연례행사같이 조류독감이 극성을 부리는 상황에서 해당 종목이 급등하고 조류독감이 완전히 전국에 강타한 상황이 나타나거나 소멸되는 상황에서는 시작한 주가 수준까지 그대로 급락하는 패턴을 보인 것을 체크할 수 있었다. 아니나 다를까, 2014년도는 조류독감-구제역 파동이 제일 강했고, 2019년에서도 비슷한 패턴이 나타나고 있다. 이것을 미리 생각해두고 일정 자금은 배분해서 투자한 투자가는 미리 생각해두기-시스템사고에 뛰어난 직관을 가진 분이고, 생각을 실제 투자로 연결시켜 자산을 키우는 데 효과적으로 주가패턴을 이용할 수 있다.

〈도표 4-4〉에서 보듯 2014년 연초에 조류독감이 창궐하면서 파루는 2013년 12월 30일 3,930원에서 2014년 1월 27일 9,780원까지 급등 후, 실제 조류독감이 더 확산되는 것 같음에도 불구하고 주가는 수급과 재료 노출이라는 상황 속에 차익실현 매물에 의해서 급락파동이 나오는 상황이 연출되었다. 2017년에도 3월 10일 3,055원에서 그해 8월에는 7,280원까지 상승하는 모습을 보였다.

구제역관련주인 중앙백신의 경우, 2014년 에너지는 별로 나타나지 않았지만 〈도표 4-5〉에서 보듯 2016년 1월 11,000원대에서 3월 33,000원대까지 급등하는 모습을 보였고, 2018년도에도 연초 13,000원 영역에서 33,000원까지 급등하는 양상을 보였다.

이처럼 '미리 생각하기' 훈련과정을 하다 보면 시장에 주기적 테마속성을 갖고 나타나는 현상이 있는데, 이런 주기적 패턴을 이용하는 매매전략도 실전에서 수익률 극대화에 효과적으로 작동하는 경우가 많다. 추세추종매매로 초기에 진입하지 않은 분들은 이를 실전에서 적응하기가 쉬웠겠는가 하는 의구심이 들 정도이고, 이런 실적과 연관성이 약하고 계절적 순환성이 강한 종목은 어느 시점에 어느 정도의 자금만 한정해서 투입하고 실제 생각대로 진행되었다면 어느 가격 수준에서는 수익을 현실화시키고 매매를 마무리시키는 직관이 중요하다는 생각이 든다.

도표 4-6 중앙백신

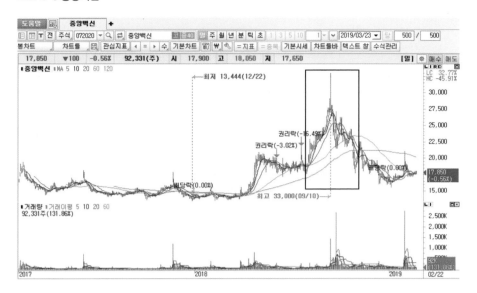

도표 4-7 파루

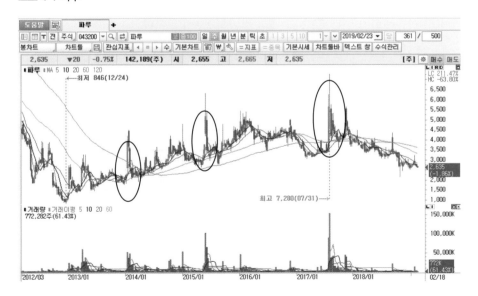

〈도표 4-6〉을 보니 중앙백신은 고점 대비 급락해 거의 시세의 시작점 수준까지 도달했음을 알 수 있다.

조류독감 다음으로 3-5월에 단골메뉴로 등장하는 중국 황사 테마를 관찰해보자. 황사에는 공기청정기-안약-이산화탄소배출과 관련해 연상되는 종목을 관찰대상으로 설정하고 앞으로 재료 노출시점과 주가 동향을 체크해가면서 증가형 강화 피드백 순환고리 패턴을 보이는지, 아니면 감소형 강화 피드백 순환고리를 보이는지 관찰해 보겠다. 이것은 항상 나타나는 것은 아니며 유독 크게 전개되는 시기가 있고, 전혀 반응이 나타나지 않는 시기도 있기 때문이다.

파루의 사례분석을 통해서 보면 〈도표 4-7〉에서 알 수 있듯 2009년에 1,000원 아래서 4,000원까지 급등하는 상황이 나타났고, 2010-2012년까지 나타나지 않다가, 2012-2013년 구간에 2,000원 아래서 7,000원 부근까지 급등하는 타의 추종을 불허하는 급등파동이 전개되었고, 2014년도도 4,000원에서 7,000원대까지 급등파동이 나타났고, 2017년도도 3,000원에서 7,000원까지 급등했으나 2018년은 하락 추세로 상승에너지가 잘 나타나지 않는 특징을 보이고 있다.

이렇듯 선거시즌이면 단골메뉴로 등장하는 어느 개발성 호재, 계절적으로 전개되는 구제역-조류독감-황사, 4년마다 오는 월드컵-올림픽 특수 등 이런 변수를 시스템사고로 미리 생각하고, 그 변화대상에 영향을 가장 많이 받는 대상종목은 무엇인지 찾아내서, 그 대상 종목에 어느 정도 리스크와 자금을 배분해두는 것이 효과적인지 고민하고 투자를 결정하는 것이 시스템사고에 의한 투자전략이라고 생각한다.

개인적으로 이런 미래지도 그리기-이미지화시키는 투자전략을 선호한다. 실제로도 투자결정에 이런 시스템사고를 많이 사용하고 있다.

4등분 법칙의 중요한 직관은 그동안 상승 또는 하락한 진폭을 1로 놓았을 때 상승 또는 하락 에너지가 지속되려면 상승 파동에서는 75%능선을 반드시 지지해야 하고, 하락 파동에서는 25%능선이 저항으로 작동해야 한다는 것이다. 가령 2013년 10월에 30개월 한 주기를 마감한 후 다음 30개월 주기는 2016년 4월에 마감되는데, 시간도 4등분해서 2014년 6월이 25% 능선시점-2015년 1월이 50%중심시점-2016년 4월에 완성되는 지점을 체크할 수 있다. 30개월 동안 동태적으로 추적해가면서 그 시점에 코스피지수 실제 위치를 비교하고 시장의 흐름과 구성성분의 에너지를 측정해보는 것이다.

5장

시스템사고로 주도주를
찾아 투자를 집중하자

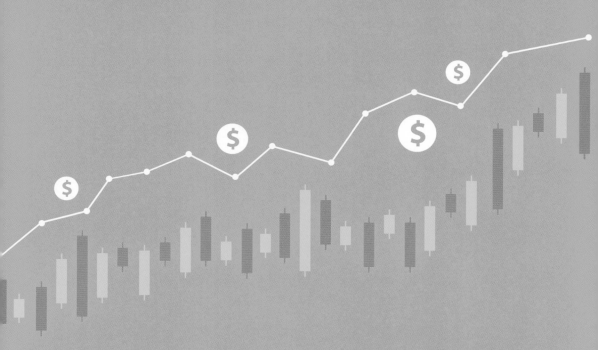

최근 들어 시장을 기계군단이 점령하면서 알고리즘매매가 유행한다. 알고리즘 설정 기준이 무엇이고, 그것과 연결된 시스템 구조를 파악하는 것이 향후 실전매매에서는 아주 중요한 전략으로 부상할 것이다. 패시브 전략이나 양매도 전략 등 그 구조에 가장 영향을 미치는 변수와, 그것이 어떤 시스템 패턴을 보이는지 체크해보는 것이 필요하다.

2019년 7월 현재 주식시장이 2013~2014년 구간의 미국의 정책, 환율 및 경상수지 연결고리가 시장에 미치는 흐름과 비슷해 과거 사례를 공유하고 이것을 현시점과 비교 검토하면서 미래의 방향성을 판단하는 시스템사고훈련을 해보자는 것이다.

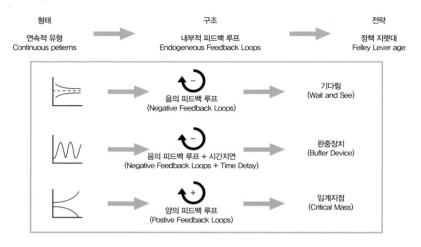

피드백 순환고리

여기서 숙지해야 할 시스템 구조로 균형 피드백 순환고리가 있다. 균형 피드백 순환고리는 과연 무엇인가? 〈도표 5-1〉처럼 균형 피드백 순환고리에는 순환 패턴을 보여주는 음의 피드백 루프+시간지연Negative Feedback Loop+Time Delay패턴과 수렴 패턴을 보여주는 음의 피드백 루프Negative Feedback Loop패턴이 있다.

실제 사례 공부로 2011년부터 2014년 연초까지 코스피지수가 음의 피드백 루프+시간지연 패턴을 보이고 있다. 1,700대가 오면 하단을 지지하고, 2,000~2,100 영역에 오면 상단 저항이 형성되는 순환 패턴 속에서, 각 주기마다 시장의 주도주가 달라지는데 그것을 찾는 방법이 빅데이터를 통한 수치분석이다. 타임머신을 타고 과거로 가서 2014년 연초에 코스피지수를 구조화시키고 그것을 기준으로 관련종목을 조사해서 시장의 흐름을 파악해보는 것이다.

코스피지수 궤적을 보면 2008년 금융위기발생 시 2008년 10월 892를 저점으로

도표 5-2 코스피지수

30개월 동안 상승하면서 2011년 4월 2,232까지 상승했는데 이것을 시스템 구조화시켜보는 것이다. 생각은 자유이니까 상승한 시간과 진폭을 4등분해서 통계학에서 배운 4분위 개념을 이용해 '가격의 중심-시간의 중심'의 변곡에 실제 주가는 어떻게 움직이고 있는지 동태적으로 체크해가면서, 앞으로 나타날 변수가 시스템에 어떻게 영향을 미칠 것인지 생각해보고 미리 변화가능성을 시나리오식으로 구성해서 작업해보는 것이다.

이런 사고훈련을 통해서 실제 상황이 나올 경우 생각대로 진행되는지, 아니면 다른 방향으로 진행되어 가는지 체크하고, 그 흐름에 대응할 수 있는 적응력을 키우는 것이 중요하다고 생각한다. 생각대로 움직이는 섹터는 계속투자원칙으로 대응하고, 생각과 반대로 움직이는 섹터는 리스크를 관리하면서 어디서 다시 바닥이 완성되고 상승 전환하는지 체크해가는 것이다.

〈도표 5-2〉는 코스피지수를 4분위 개념으로 시스템 구조화시켜본 것이다. 시스

텀 구조화시키면서 재미있는 것은 2008년 10월 892에서 2011년 4월 2,232까지 30개월 시간을 일대일 대등의 감각으로 설정한 30개월이 2013년 10월인데, 정확하게 2013년 10월 2,063 고점을 형성하고 다시 새로운 마디로 진행되는 과정에서 2014년 2월에는 75%중심으로 설정된 1,895마저도 붕괴하는 조정 파동이 진행되었음을 알 수 있다.

4등분 법칙의 중요한 직관은 그동안 상승 또는 하락한 진폭을 1로 놓았을 때 상승 또는 하락 에너지가 지속되려면 상승 파동에서는 75%능선을 반드시 지지해야 하고, 하락 파동에서는 25%능선이 저항으로 작동해야 한다는 것이다. 2013년 10월에 30개월 한 주기를 마감한 후 다음 30개월 주기는 2016년 4월에 마감되는데, 시간도 4등분해서 2014년 6월이 25% 능선시점-2015년 1월이 50%중심시점-2016년 4월에 완성되는 지점을 체크할 수 있다. 30개월 동안 동태적으로 추적해가면서 그 시점에 코스피지수 실제 위치를 비교하고, 시장의 흐름과 구성성분의 에너지를 측정해보는 것이다.

2012-2013년은 하단 1,750~1,770에서 지지하고 상단 2,050~2,060에서 저항이 작동하는 순환주기가 지속되어 음의 피드백 루프＋시간지연 패턴이 전개되고 있다는 것을 알 수 있다. 한 마디가 대등으로 시작하는 2013년 10월 2,063을 고점으로 하락 조정중인데, 다시 하단 1,750~1,770 수준까지 하락 후 되반등하는 패턴으로 전개되는 것인지, 아니면 30개월 마디가 마감되는 2016년 4월까지 하락 패턴이 지속되면서 이 그래프의 50%중심가격 1,561도 붕괴하는 하락파동이 전개되는 것인지 시장에게 물어보는 것이다. 시장근본주의자는 시장이 항상 정답이기 때문에 시장이 말해주는 데이터에서 시장의 미래를 읽어내야 한다.

시스템사고 과정에서 시나리오식으로 나타날 가능 상황을 미리 생각해보고 그 상황에서 전개될 코스피지수 패턴을 미리 그려보고, 실제 진행되는 과정에서 생각했던 재료가 나타나는지, 그 재료가 나타났는데 주가흐름은 생각대로 진행되는지 아니면 정 반대로 진행되는지 동태적으로 추적해보자.

아무 준비 없이 그 상황이 왔을 때 우왕좌왕하는 것보다 '일어날 가능성이 높은 패턴-중간단계 패턴-가능성이 낮은 패턴' 등으로 구분해 미리 생각해보면서 블랙스완이 나타나도 놀라지 않고 대응할 수 있는 적응력을 키우는 것이 시스템사고를 통한 훈련에서 경험할 수 있는 장점이다. 머릿속에서 상상훈련으로만 그치지 않고 실전투자에 응용해 실제 내 자산가치를 우상향시키는 데 집중해보자.

와일드카드

2014년 대부분의 리서치센터의 코스피지수 예측 하단이 1,750대, 상단이 2,200~2,300대일 때, 개인적으로는 상단을 돌파해서 2,500까지 넘보는 상황이 나오려면 어떤 모멘텀이 나와야 하는지, 하단도 붕괴되는 상황이 나오려면 어떤 재료가 나와야 하는지 생각해보고 영향 변수를 시나리오 식으로 적어보았다. 미래학을 연구하는 전문가들의 책에서 배운 내용 중의 하나인데, 현재 노출되지 않은 생각-상황을 나열하고, 실제로 그것이 나타날 경우 상황이 어떻게 전개될 것인지 생각해보는 방식을 적용한 것이다.

여기서 생각하지도 않은 상황을 와일드카드로 표시하고 생각해보는 훈련을 하는 것이 중요하다. 와일드카드란 대부분의 사람들이 일어날 것이라고 예상하지는 않지만 그것이 실제 일어날 경우 대단한 충격과 변화를 초래할 것으로 생각되는 변수인데, 코펜하겐 미래연구소 존 록펠로우 교수가 미래를 예측할 때 와일드카드를 써서 세상의 변화를 읽어내려고 했다.

안정되고 균형에 수렴하는 시스템에서는 선형적 예측에 의한 미래지도 그리기가 가능하고 예측력도 높지만, 실제 세상은 균형만 존재하는 것이 아니라 불균형의 변동성과 창조적 파괴 과정이 자주 나타나고, 블랙스완의 세상이나 창조적 제품 등을 만들어내는 과정에서 임계점-특이점을 발견해내는 경우가 많았기 때문에 이런 와일드카드를 작동시켜서 생각해 보는 사고훈련을 해보는 것이 중요하다. 따라서 일반적으로 평균 예측범위를 넘어서는 특이점이 나타나려면 어떤 상황이 전개되어야 하는지 거시경제전문가와 시장전략가들에게 물어보고, 개인적으로도 생각해보는 훈련을 해보는 것이 필요하다.

다양한 경제TV에서 수많은 전문가들이 나와서 전망을 하는데, 그 전망을 단순하게 받아들이지 말고 저 시각대로 진행될 경우와 반대로도 진행될 수 있는 경우는 어떤 변수가 등장하면서 가능해질 것인지 생각해보자. 또한 경제전문가들이 생각하는 대로 진행되는 경우와 그 생각하는 범위가 엄청나게 확대되면서 변동성이 커질 수 있는 경우는 어떤 변수가 시장에 중심으로 등장하면서 실현 불가능상황이 실현 가능한 상황으로 전개되는지도 미리 생각해보자.

일반적인 시각이 코스피지수 1,750은 강력하게 지지한다고 보는데, 코스피지수

1,500도 붕괴하는 상황이 가능하려면 어떤 모멘텀이 전개되어야 하는지 질문할 수 있다. 그것에 관련된 사고의 훈련과정으로 미래지도 그리기에 코스피지수가 실제 움직인 과거 파동을 갖고 대등—중심의 개념을 도입해서 가격과 시간을 4분위 통계학 개념으로 구분해서 생각해보고, 그대로 그 시점의 변곡마디가 진행해가는지, 아니면 생각과 달리 실제 파동은 전혀 다른 방향으로 전개되는지 체크해본다.

〈도표 5-4〉 오른쪽의 시나리오는 미리 그려본 최악의 시나리오 패턴이다.

최악의 시나리오로 코스피지수가 1,500도 붕괴하는 상황이 나타나려면 어떤 상황이 전개되어야 가능한지 고민해보았는데, 결정적으로 경상수지가 흑자에서 적자로 전환되면 가능하겠다는 생각이 들었다.

'2013년 경상수지 흑자규모가 얼마인데 적자로 가겠냐'라며 말도 안 된다고 생각할 수 있지만, 신흥국시장이 붕괴되고 신흥국 중에 1994년 중남미 경제위기-1997년 동남아 경제위기-한국 IMF구제금융 같은 상황이 나타나면 실제로 위기가 현실로 닥치면서 코스피지수가 급락할 수 있다.

경상수지 연결고리

그렇다면 대한민국의 경상수지 규모를 측정해보는 것이 중요하고, 앞으로 분기
마다 경상수지 규모와 방향성을 추적해가면서 최악의 시나리오로 갈 가능성이 생
기는지, 정반대로 경상수지 흑자규모가 확대되면서 최고의 시나리오로 가는지 동
태적으로 추적해가는 것이다. 당연히 최고의 시나리오는 대부분 예측하는 코스피
지수 상단 2,250을 돌파하는 경우를 말한다.

일단 경상수지, 상품수지, 서비스수지, 소득수지, 경상이전수지의 차이부터 알
아보자.

- 경상수지 : 국제수지표의 경상수지계정은 상품과 서비스를 외국에 팔고 사는 거래(상품 및
  서비스 수지)와 외국에 투자한 대가로 받아들이는 배당·이자 등의 소득(소득수지), 그리고
  무상거래 중에서 자본거래의 성격을 지니지 않은 경상이전거래(경상이전수지)로 구성되어
  있다.
- 상품수지 : 국내에서 생산한 상품의 수출에 의해 벌어들인 수취액(수출액)과 외국에서 수
  입한 상품에 대해 지불한 금액(수입액)의 차이를 나타낸다. 국제수지 통계에서의 상품수지
  와 관세청에서 집계하는 상품수지 통계는 일치하지 않는다. 그 이유는 국제수지표상의 수
  입과 수출은 상품의 소유권이 이전(소유권이전기준)되어야 수출입으로 계상하는 반면에 관
  세청의 수출과 수입은 우리나라의 관세구역을 통과(통관기준)하면 수출입으로 계상하기 때
  문이다. 따라서 통관통계에서는 수출은 FOB^{Free On Board}가격, 수입은 운임 및 보험료가 포
  함되는 CIF^{Cost, Insurance and Freight}가격으로 평가되는 반면에 국제수지 통계에서는 수출 수입
  모두 FOB가격으로 평가된다.
- 서비스수지 : 외국과의 서비스거래 결과 벌어들인 금액과 외국에 지급한 금액의 차이를
  말한다. 즉 우리나라의 선박이나 항공기가 상품이나 여객을 나르고 외국으로부터 받은 운

임, 외국관광객이 우리나라에서 쓰고 간 돈, 무역대리점의 수출입 알선 수수료 수입(收入) 등이 서비스수출이 된다. 반대로 우리나라가 외국에 지급한 외국 선박과 항공기의 운임경비, 외국 여행경비, 외국의 특허권 사용료 등은 모두 서비스수입으로 간주된다.

- 소득수지 : 내국인이 외국에 단기간(1년 이하) 머물면서 번 돈과 국내에 일시 고용된 외국인 근로자에게 지급한 돈의 차이(급료 및 임금수지)와 국내 거주자가 외국에 투자한 결과 벌어들인 배당금·이자와 외국인이 우리나라에 투자한 대가로 지급받는 배당금·이자의 차이(투자소득수지)를 나타낸다.

- 경상이전수지 : 거주자와 비거주자 사이에 아무런 대가 없이 주고받는 거래 중에서 자본거래의 성격을 지니지 않은 경상이전거래의 수지차를 말한다. 대표적인 경상이전거래는 해외교포가 국내의 친척 등에 보내오는 송금, 종교기관이나 자선단체의 기부금과 구호물자, 정부 간의 무상원조 등이다.

위에서 경상수지의 사전적 개념에 대해서 공부했는데 2008년부터 2013년 경상수지 추이를 도표로 보면 〈도표 5-5〉와 같다.

도표 5-5 **경상수지 추이**

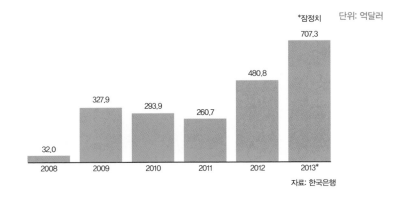

*잠정치　　단위: 억달러

자료: 한국은행

2013년 중국경기 둔화와 유럽경기 침체 속에서 조선-화학-정유부분의 수출이 급격하게 감소함에도 불구하고 삼성전자, 현대차의 수출증가세에 힘입어 잠정치 기준 707억달러로 엄청난 규모의 경상수지 흑자를 달성했다. 그런데 2012년 경상수지 흑자 480억달러 대비 크게 증가한 700억달러 이상 시현했음에도 불구하고 2014년도 코스피지수는 1월 2일 2,013을 고점으로 1,900대까지 급락한 후, 2014년 2월 코스피지수가 1900P대 초입에서 조정하는 양상을 보이자 언론에서 불황형 흑자이고 조만간 적자로 전환될 가능성에 대해서 예측하는 보도가 증가하는 상황이 나타나기 시작했다.

어떤 분은 불황형 흑자라고도 하고, 어떤 분은 미국의 양적완화 축소정책이 실행되면서 안전자산 선호현상과 전 세계로 풀려나간 유동성이 미국 본토로 흡수되어가는 과정에서 한국이 상대적으로 저평가받는 형국이라고도 하는 등 여러가지 시각을 제시해주는데, 이런 상황에서 2014년 1/4분기 경상수지 규모와 시가상위 10종목의 실적이 중요하겠다는 생각이 들었다.

매트릭스구조

시장근본주의자는 시장에 가장 강하게 영향을 미치는 변수가 결정되면, 그 변수가 매달 분기별로 어떻게 움직이는지 추적하는 것이 제일 중요하다. 단순하게 2012년 경상수지 480억달러를 4등분해보니 120억달러가 나오고, 2013년 707억달러는 4등분해보니 176억달러가 나온다. 2013년 707억달러가 경상수지가 최고점을 시현한 분기점이 되고 앞으로 축소되는 상황이 전개되면서 시장은 선행적으로 미리 반영하는 속성이 있기 때문에 변동성이 커질수 있는 방향으로 가는지, 아니면 분기별 발표되는 경상수지가 줄어들기는커녕 증가하는 상황이 나타나는지 확인해가는 것이다.

2014년 1월 코스피지수 2,010대를 고점으로 하락 조정해서 1,880대를 구경시킨 이유가 이런 부분을 우려하는 외국인 투자자들의 매물이 지속되었기 때문이었을 것이라 생각했다. 실제로 경상수지 수치가 부정적으로 나오면서 외국인의 매도패턴이 지속된다면 최악의 시나리오로 전개될 것이고, 주식 외에 한국의 국채-회사채 중에 A급을 매수해주던 외국인이 흔들리는 상황이 나오면 가장 우려스러운 상황으로 전개될 수 있는 것이다

대한민국의 시장 에너지는 외국인이 주식시장에서 매도로 대응하면서 매도 대금으로 달러 매수하고, 달러원이 약세로 가는 와중에 외국인이 국고채까지 매도하는 셀코리아가 벌어지면 부정적 상황이 더 가속도를 붙게 되어 있는 구조를 가지고 있다.

항상 대한민국 금융시장에서는 아래의 2×2 매트릭스구조를 체크해가면서 최악의 상황은 어느 구간에서 형성되고, 그레이트 로테이션으로 자산배분 전략이 가동되는 상황은 어느 구간에서 나타나며, 최고의 시나리오 구간은 어느 상황에 나타

도표 5-6 원달러-3년 국고채

원달러

		강세	약세
3년 국고채	상승	원화강세 3년 국고채 상승 그레이트로테이션 안전자산에서 위험자산선호	원화약세 3년국고채 급등 최악의 시나리오
	하락	원화강세 3년국고채 하락 최고의 시나리오 한국잣나저평가에 대한 외국인 매수세 집중	원화약세 주식시장에서 외국인매도 그러나 채권시장에서 국고채매수하는 상황

나는지 숙지해놓고 실전투자에 임하는 것이 필요하다.

또한 대한민국 수출 부문에 가장 규모가 크고 영향력이 큰 반도체 섹터의 삼성전자-SK하이닉스의 실적과, 그외 자동차-조선-화학 등 경기민감섹터의 실적뿐만 아니라 한국은행 사이트에서 발표하는 경제 데이터도 같이 파악해서 분기별로 동태적으로 추적하는 것이 투자자의 기본자세이다.

삼성전자의 2014년 1/4분기 실적이 2019년 4월 초에 나오는데, 2013년 4/4분기 실적인 8.3조보다 축소되면 그 충격파가 한꺼번에 나타날 것이다. 외국인이 한국 주식과 국채를 동시에 매도하면서 원화자산 매도대금을 달러로 환전하면 달러 강세-원화 약세가 급격하게 형성되면서 코스피지수의 급락파동을 유도할 수 있기 때문이다. 반대로 삼성전자 분기실적이 크게 개선되거나 반도체 부분은 악화되어도 다른 업황이 개선되는지도 같이 추적해가면서 총체적인 경상수지의 분기 규모가 어떻게 나타나는지 확인하는 것도 필요하다. 따라서 이런 상황이 나타나지 않으려면 1/4분기 경상수지 흑자누계가 120억~176억달러 사이가 나와야 하는데, 2014년 1월 경상수지 흑자규모에서 그 흐름을 판단할 수 있을 것이다.

경제성장률 둔화와 기업의 투자 회피가 지속되는 저성장 국면에서 외국인이 한국시장에서 주식과 채권을 동시에 매도하는 상황이 나오는 경우가 최악의 시나리오로 전개되는 징후로 본다. 다행스럽게 2014년도 1/4분기 상황은 주식은 매도해도 국채는 매수해주는 상황이 전개되고 있는데, 한반도 중심으로 주변상황이 악화되면서 외국인투자자들이 주식과 채권을 동시에 매도하는지 여부를 상반기 동안 가장 중요하게 체크해야 할 변수로 선정하는 것이다.

또한 대한민국은 지정학 위치 때문에 중국과 미국이 결정하는 아시아 정책과 대한민국 정책의 방향성이 무엇인지 같이 파악해가야 한다. 경제와 정치 변수가 카오스적 변동성을 주는 지정학적 위치에 존재하기 때문이다. 그런데 2014년 2월 7일 미국의 〈파이낸셜 타임즈〉에서 2014년 4월에 미국 오바마 대통령이 아시아 방

도표 5-7 오바마 대통령의 아시아 방문 관련 기사

Obama walks into crossfire of Asian tension

By Geoff Dyer in Washington, Demetri Sevastopulo in Hong Kong and Simon Mundy in Seoul

US President Barack Obama has been drawn into the tense relations between Japan and South Korea, America's two closest allies in the region, even before he has officially revealed his planned Asia trip in April.

The sensitivities surrounding his itinerary highlight the difficulties facing the US as it seeks to implement its "pivot" to Asia amid a contest for power in the region with an increasingly confident China.

More

ON THIS STORY

US-Philippine defence talks to take time

Trade row undermines US pivot to Asia

Edward Luce Obama's trade agenda

Democrats prove barrier to Obama on trade

Baucus tipped as US envoy to China

ON THIS TOPIC

US says China 'acting professionally' in ADIZ

Tensions in the Pacific are high because of territorial disputes between China and its neighbours, in addition to concerns in Beijing and Seoul about the actions and rhetoric of Shinzo Abe, Japan's prime minister.

Mr Obama is likely to travel to Japan, Malaysia and the Philippines as part of an attempt to recover ground after he cancelled a visit to Asia last year. But he is also coming under pressure to include a stop in South Korea, a country barely on speaking terms with the Abe government.

"At a time when relations between Japan and South Korea are so poor, it would look pretty bad if he went to Tokyo and skipped Seoul," said Victor Cha, a former director of Asian affairs at the National Security Council. "It would be a huge embarrassment to [South

문을 계획하고 있는데 방문국 명단을 아직 발표하지 않고 있는 상황에서, 미국이 한국을 방문하지 않으면 한일 관계가 심각해지고 미국이 아시아에서 중국을 견제하기 어려워질 것이라는 전문가들의 시각을 요약해놓은 기사(〈도표 5-7〉)를 실었다. 항상 언론은 세상에 노이즈를 제공하거나 변동성을 야기하는 원인을 제공하는 경우가 많으니 시장근본주의자는 언론이 떠드는 대로 공포에 매도하고 탐욕에 매수하면 실전에서는 당하는 경우가 많다는 역사적 사실도 명심하기 바란다.

시스템사고에서 가장 중요한 점이 이런 기사가 실렸을 경우 왜 이 시점에 이런 기사가 실렸는가 생각의 훈련을 하는 것이다. 미국의 목표와 그 외에 보이지 않는 것은 무엇인지 파악해보려는 노력이 필요하다. '아니, 왜 이 시점에 이런 흐름의 기사가 실리는 것일까?' 이런 질문을 시장에 해보고 그 연결고리를 추적하는 작업을 해보자.

초기 조건의 민감성에 해당되는 이런 기사를 놓치지 않고 읽고, 이런 흐름이 여론몰이용인지, 실제로 미국 정부 내부에서 한국을 제외하고 일본-필리핀-태국 등

동남아시아에 집중하는 전략을 선택한 것인지 동태적으로 추적해보는 것이다. 이 시기에 오바마정부가 강조하는 'Pivot to Asia' 전략이 무엇인지 파악하는 것과, 그 시점에 대한민국은 경제적 사이드 외에 정치적 사이드에 어떤 모멘텀이 있는지 체크하는 것이 중요하다.

이렇듯 2014년의 삼성전자 분기 실적, 경상수지 분기별 흐름과 오바마정부의 pivot to Asia 정책의 연결고리가 그 이후 세상을 어떻게 변화시켰고, 이것을 2019년 현재 시점으로 중심이동시켜 2019년 1/4분기-2/4분기 삼성전자 실적, 경상수지의 분기 실적추이와 트럼프 대통령의 'America First' 정책이 만드는 세상을 동태적으로 추적하고 비교해보는 데서 미래지도를 그릴 수 있는 직관이 생기는 것이다.

이벤트 드라이븐 전략

2014년 상반기는 중국은 3월 양회와 전인대가 있고 시진핑의 중국이 어떤 화두로 2014년 정책을 내세울지 파악해가는 것이 중요하고, 대한민국은 2014년 6월 지방선거를 앞두고 정치권의 변화가 어떻게 전개되는지 추적해가는 것이 필요함을 확인할 수 있다.

초기 조건의 조합이 우리에게 최악의 상황으로 연결고리가 형성되면 안 되는데, 만약 6월 지방선거가 진행되는 과정에서 외국인의 주식과 채권의 양매도 상황이 발생하는 국면이 전개된다고 가정하자. 그 과정에서 달러원 환율이 1,200원도 돌파하는 급등국면이 나오면서 외국인의 셀코리아 상황이 연출되고, 그 상황에서 북한발 변동성이 불확실성을 더 가중시키는 상황이 나오면 설상가상의 상황이 전개될 것이다.

이런 과정에서 신흥국 중에 현재 경제·정치적 상황에서 리스크가 높아져있는 터키-아르헨티나-우크라이나 등에서 한 국가라도 IMF 구제금융받는 나라가 생기라도 하면 경상수지 흑자규모가 큰 대한민국이라 해도 삼각파도에 큰 배가 전복되는 형국이 발생할 수 있다.

이런 상황이 발생할 가능성에 대한 시나리오를 미리 써보고, 실제도 그렇게 전개되는지 추적해보자.

- 경상수지 흑자규모가 급격하게 감소하면서 1/4분기 누계가 120억달러도 안되는 상황이 발생할 경우
- 일본 아베노믹스가 더 강화되면서 달러엔이 100을 지지하고 105를 돌파해서 110~120 영역으로 엔화약세가 급격하게 일어나는 경우
- 신흥국 위기가 증폭되면서 신흥국 통화가치가 급락하고 주식시장이 폭락하면서 신흥국가 중 IMF구제금융을 받는 나라가 발생하는 경우
- 북한에서 생각지도 않은 급격한 체제 변동성이 생기는 경우
- 미국의 고도의 이중전략이 실행되면서 중국은 견제하는 과정에서 한국보다 일본의 중요도가 증가하고, 미국이 동남아전선에서 중국남하정책을 막아내는 베트남-태국-필리핀 벨트 형성에 집중하는 경우
- 외국인의 주식-채권 동시매도가 급격하게 전개되면서 달러원 환율이 1,100도 돌파해서 1,200이상 급격하게 급등할 때, 그것을 막아내려고 중앙은행에서 금리 인상 카드를 채택하고 이로 인한 1,000조 이상의 가계부채 문제가 시장붕괴의 직격탄으로 작용하는 경우
- 삼성전자 1/4분기 실적(영업이익)이 8조 이하로 발표되면서, 연간 실적이 2013년 고점으로 우하향하기 시작하는 경우

이런 상황이 동시다발적으로 발생할 경우 코스피지수는 최악의 시나리오 패턴으로 전개될 것으로 예상해보는 것이다. 그러나 위 변수 중 실제 다르게 진행되는

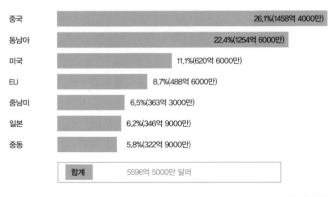

*괄호 안은 액수(달러)

중국	26.1%(1458억 4000만)
동남아	22.4%(1254억 6000만)
미국	11.1%(620억 6000만)
EU	8.7%(488억 6000만)
중남미	6.5%(363억 3000만)
일본	6.2%(346억 9000만)
중동	5.8%(322억 9000만)
합계	5596억 5000만 달러

자료: 한국은행

것이 생기면 그것에 의한 새로운 환경으로 시장의 방향성이 결정되는 것이다..

한국의 경상수지와 GDP성장률을 동태적으로 체크하는 것이 중요한데, 그 과정에서 현재 한국의 경상수지 부분에서 어느 나라가 중요한지 그 비중을 알아두는 것이 필요하다.

〈도표 5-8〉을 보면 2013년 한국의 경제권역별 수출비중을 알 수 있는데 미국이 11.1%, EU는 8.7%수준인 반면에 중국이 26.1%로 미국과 유럽을 합해도 19.8%로 중국에 한참 못 미치는 수준이라는 것을 체크 할 수 있다. 그리고 동남아 비중이 22.4%로 미국과 유럽을 합친 것보다 동남아 수출비중이 더 높다. 즉 한국은 중국 26.1%와 동남아 22.4%로 합해서 48.5%나 되어서 중국과 동남아가 얼마나 중요한지 알 수 있다. 여기에 중남미 6.5%비중으로 신흥국이 많이 분포되어 있는 동남아와 중남미와 중국이 합해서 55%나 되어 미국의 양적완화축소과정에서 경상수지 적자를 보이고 있는 나라 중심으로 경제위기가 발생한다면 한국의 수출규모가 큰 영향을 받게 되고 그것이 코스피지수에 지대한 영향을 미치리라 예상한다.

도표 5-9 신흥국 통화가 붕괴된다는 논지의 뉴스

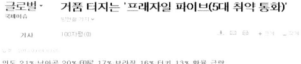

자료: 조선일보

시장이 붕괴된다고 공포마케팅을 하는 언론이나 외국계가 있다면 이런 부분을 강조하면서 '중국이 망한다, 신흥국이 망가진다'는 등의 분석 보고서나 위기론 관련 기사를 쏟아낼 것이 분명하다. 그러나 시장근본주의자는 이런 공포마케팅이 난무해도 실제로 중요한 중국 수출비중이 감소하는지 체크하고, 경상수지와 삼성전자 분기별 수치의 흐름을 더 중요하고 보고, 그 수치가 우상향이면 최악의 시나리오로 시장이 간다고 언론이나 외국계 보고서가 난리쳐도 실전에서는 매수전략에 집중해보는 것이다.

〈도표 5-9〉에서 보듯 묘하게도 2014년 언론에서는 신흥국 통화가 붕괴된다는 논지의 뉴스가 도배하고 있었다. '프래자일Fragile 5'라는 단어가 뉴스에 나오고 그 나라에 대한 위기가능성에 대해서 분석하는 토론이나 보고서가 도배하는 경향을 확인할 수 있었다.

2013년 9월에는 모건스탠리에서 브라질, 인도네시아, 인도, 터키, 남아프리카공화국을 Fragile 5 국가로 선정했다. 미국이 2008년 금융위기이후 양적완화정책으로

Q1-Q2-Q3를 시행하면서 형성된 유동성이 위 5개국중심으로 투자되어 부동산-주식-통화가치가 크게 상승했는데, 미국의 양적완화 축소정책이 시행되면서 가장 먼저 타격을 받을 것으로 예측한 나라로 Fragile 5 국가라는 표현이 2013년 9월 시장에 소개되었다. 2014년에는 위 'Fragile 5'에 3개 국가가 더 첨가되어서 '프래자일 Fragile 8'라는 표현이 시장에 퍼지고 있었다. 프래자일 5란 남아공, 터키, 인도, 인도네시시 등 '취약 5개국Fragile 5'에 헝가리, 브라질, 폴란드까지 8개국이 국제금융시장에서는 '요주의 국가'로 되어가는 양상을 뜻하는 용어다.

미국이 양적완화정책을 중단하면서 대차대조표 축소전략을 가동하면 전 세계로 풀려나간 달러가 본국으로 흡수되면서 전 세계 유동성이 축소되고 신흥국 중심으로 붕괴되는 시나리오가 퍼지고 있었다. 합리적으로 생각해보아도 그렇게 될 가능성이 높았고 시장도 하락하게 되면 '앞으로 이것 때문에 더 급락하는 것 아닌가' 하는 확증편향의 심리가 전개되면서 이것이 실제 투자에도 영향을 미치는 상황이었다.

이럴 경우 시장근본주의자는 실제로 그렇게 될 경우 나타날 상황과 정반대의 경우가 나타날 상황도 시나리오식으로 열거해놓고 시장에게 물어보는 접근방식을 취한다. 위와 같이 최악의 시나리오 패턴으로 가지 않고 오히려 정 반대로 최고의 시나리오인 코스피지수 2,200도 돌파하는 상황이 나타나려면 어떤 변수가 노출되어야 하는가도 같은 사고훈련으로 시도해보는 것이다.

- 저성장 우려감이 제거되면서 GDP성장률이 4~5%대에 진입하는 경제상황 전개
- 중국의 긴축과 구조조정 정책이 마무리되면서 성장우선정책이 다시 시장의 중심화두로 등장하고, 상해지수가 1,950~2,250 박스에서 움직였던 흐름이 상단 돌파하면서 2,500까지 급등하는 상황 전개
- 미국 양적완화 축소가 다 완료되는 상황에서도 미국 경제지표가 호전되어 안전자산 선호현상이 나타나지 않고, 중국-한국 중심으로 위험자산 선호현상이 나타나는 상황 전개

- 북한이 핵을 포기하고 경제개방정책에 집중하면서 한반도 지정학적 리스크가 개선되는 상황 전개
- 중국-러시아 중심으로 철도-자원개발-유라시아 이니셔티브의 구체적인 개발정책이 전개되어 실제로 시행되는 상황 전개
- 신흥국 위기 상황이 제거되면서 신흥국 중심으로 성장개발정책이 집중되고, 그 국가중심으로 한국산 제품의 수출이 크게 증가하는 상황 전개
- 삼성전자 1/4분기 실적(영업이익)이 9조 이상 나오면서 실적이 2013년 피크를 찍었다는 시장의 우려감을 불식시켜주는 상황 전개

이런 상황이 현실화되면 코스피지수는 2011년 4월 고점 2,232를 돌파하면서 추세상승파동이 전개되는 국면을 경험하게 될 거라 생각해보는 것이다.

실제 파동에서 위와 같이 되기 위해서는 어떤 악재가 나와도 75%중심가격인 1,895를 강하게 지지하는 모습을 보여야 하고, 최악의 경우라도 2012~2013년 동

도표 5-10 **코스피지수 추이**

안 형성한 박스하단 1,770을 절대 붕괴해서는 안 되기 때문에, 1,770과 75%중심 가격인 1,895를 박스로 설정해놓고 4분위 방법을 써서 시장이 하락파동으로 전개되지 않고 상승추세가 유지되는 기준점을 체크해가야 할 것이다. 이렇게 복잡계 사고방식으로 시장에게 물어본 결과물은 우리는 이미 경험했다.

〈도표 5-11〉은 2014년 이후 코스피지수의 실제 추이다.

2가지 패턴에 가장 중요한 영향을 줄 것으로 판단했던 경상수지 추이를 실제로 추적해보면 시장의 우려와 반대로 2014년 1월을 저점으로 급격하게 우상향하는 모습을 보였다.

경상수지가 2014년 5월까지 우상향 모습을 보이면서 증가하자 코스피지수는 1,889에서 2014년 5월 2,093까지 급등하는 모습을 보인 것이다.

이 시기에 달러원 환율은 2014년 1월 1,080대에서 2014년 7월 1,007원까지 강세구간을 시현하면서 그 당시 1,000도 붕괴한다는 분석보고서가 나오는 상황까지 전개된 것이다. 대한민국 채권과 주식을 양매도하는 등 셀코리아를 걱정한 보고서가 민망할 정도로 원화강세구간이 전개되었고, 경상수지가 악화된다고 분석한 보

도표 5-11 코스피지수 추이

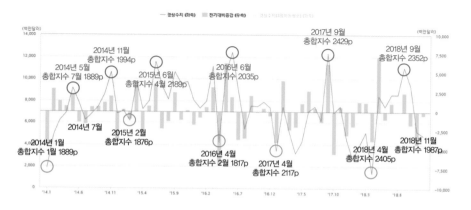

도표 5-12 경상수지 추이

단위: 백만달러, 백만달러

시점	지표	전기대비증감
2012	48,790.6	21,152.4
2013	77,258.9	28,468.3
2014	83,029.6	5,770.7
2015	105,118.6	22,089.0
2016	97,923.7	−7,194.9
2017	75,230.9	−22,692.8
2018	76,408.5	1,177.6
2017.12	4,486.5	−2,987.8
2018.1	2,644.6	−1,841.9
2018.2	3,904.7	1,260.1
2018.3	5,103.9	1,199.2
2018.4	1,355.7	−3,748.2
2018.5	8,434.5	7,078.8
2018.6	7,457.9	−976.6
2018.7	8,552.3	1,094.4
2018.8	8,550.2	−2.1
2018.9	11,013.0	2,462.8
2018.10	9,348.8	−1,664.2
2018.11	5,223.6	−4,125.2
2018.12	4,819.3	−404.3

자료: 한국은행

고서와 정반대로 경상수지가 지속적으로 증가하는 모습을 보였다.

〈도표 5-12〉의 데이터를 보면 2014년 843억달러, 2015년은 사상최대규모인 1,059억달러의 경상수지 흑자를 달성했다. 즉 이 당시 비관적 시황관에 매몰되어 1,800을 붕괴하고 제2의 IMF로 간다는 등, 중국시장이 붕괴된다는 등 그런 보고서를 믿고 투자전략을 수립했다면 정반대 상황을 맞이하게 되었고, 역사이클에 걸려서 매도한 것을 더 높은 가격에 재매수하는 상황을 경험하게 된 것이다.

따라서 시장근본주의자는 누가누가 이렇게 분석한다는 등 그 분석한 사람이나 단체가 신뢰도가 높아서 실제로 그렇게 갈 것으로 심증이 있더라도 '시장이 정답이다'라는 감각으로 실제 분석에서 영향변수로 놓은 것을 추적해서, 그것이 그렇게 전개되지 않고 반대로 전개되면 실전에서는 시장이 움직이는 대로 투자전략을 실행하는 감각이 필요하다.

이상의 내용을 정리하면, 경상수지는 2014년 1월부터 우상향으로 증가하는 추세가 유지되면서 달러원은 1,000대에 근접하는 원화강세국면이 연출되었고, 그 시점에 유가는 2011년 3월 113달러까지 급등한 후 2014년 6월까지 하단 80달러 강하게 지지하고 상단 105~110달러가 강하게 저항대로 작동하는 박스 상황이 전개되었다. 가장 결정적인 모멘텀은 중국 상해지수의 급등파동이었다. 상해종합지수가 2014년 1,950~2,000을 하단으로 형성한 뒤 급격하게 오르더니 2015년에는 무려 5,178까지 급등하는 모습을 보였던 것이다.

도표 5-13 상해종합지수 추이

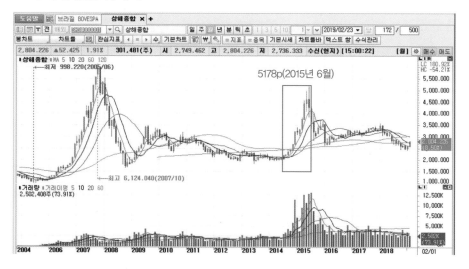

재미있는 사실은 2014~2015년 6월까지 상해지수 급등모멘텀 속에 코스피지수도 여러 번 하락 변동성이 전개되었지만 1,880~1,900 영역이 오면 여지없이 상승으로 전환되었고, 〈도표 5-13〉에서 보듯 상해증시가 2015년 6월 5,178까지 급등하는 구간에 코스피지수도 2,093에서 2,189까지 급등하는 모습을 보였던 것이다.

특이한 점은 원화강세-유가수준(80~105달러) 때문인지 경기민감주-수출주 중심으로는 주가가 하락 또는 조정하는 모습을 보였고, 심지어 삼성전자(하단 110만원, 상단 150만원)-SK하이닉스(하단 4만원, 상단 5만원)는 박스 파동, 현대차는 (2014년 22만~24만원 영역에서 2015년 12만원 수준까지) 하락파동을 보였다. 중국연결고리의 경기민감주(조선, 철강, 화학) 역시 하락추세를 보였다.

실제로 2014-2015년 시장을 주도한 것은 수출중심의 대형주보다 내수주 성격의 제약주 또는 중소형 가치주(한샘-한미약품-한미사이언스-CJ그룹주 등), 중국관련 내수주(아모레퍼시픽-아모레G 등), 건자재주였고, 이들 중심으로 텐버거의 모습을 보인 전형적인 종목장세였다. 즉 코스피지수 상승방향을 맞추었어도 그것을 주도하는 상승 주도주 흐름을 체크하고 투자를 그런 대상에 집중하는 것이 실전투자에서는 제일 중요한 부분이다. 이런 흐름을 찾는 방법이 바로 비즈니스 프로파일링기법과 매트릭스 빅데이터 기법이다.

시스템사고가 상황을 구조화시키는 기법이라면, 비즈니스 프로파일링 기법
은 그 상황 속에서 움직이는 행위자를 구조화해 파악하는 것을 말한다. 마치
사건을 해결해가는 명탐정 셜록 홈즈같이 사건발생 시 범죄자 입장이 되어
사고훈련을 통해서 사건이 행위자에 의해서 어떻게 전개되는지 추적해가는
기법이다.

6장

비즈니스 프로파일링으로
시장을 추적하자

시스템사고가 상황을 구조화시키는 기법이라면, 비즈니스 프로파일링 기법은 그 상황 속에서 움직이는 행위자를 구조화해 파악하는 것을 말한다. 마치 사건을 해결해가는 명탐정 셜록 홈즈같이 사건발생시 범죄자 입장이 되어 사고훈련을 통해서 사건이 행위자에 의해서 어떻게 전개되는지 추적해가는 기법이다.

프로파일러

프로파일러Profiler는 범죄심리분석관 또는 범죄심리분석요원(범죄심리행동분석요원)이라고도 한다. 범죄사건의 정황이나 단서들을 분석해 용의자의 성격과 행동유형, 성별·연령·직업·취향·콤플렉스 등을 추론함으로써 수사방향을 설정하고, 용의자의 범위를 좁히는 데 도움을 준다. 또 도주경로·은신처 등을 예상하고, 검거 후에는 심리적 전략을 구사함으로써 자백을 이끌어내는 역할도 한다.

프로파일러들은 증거가 불충분해 일반적인 수사기법만으로는 한계가 있는 연쇄살인사건이나 불특정 다수를 대상으로 한 범죄, 특히 범행 동기가 불분명하거나 상식적이지 않은 범죄 사건을 해결하는 데 투입된다. 1956년 미국에서는 16년 동안 단속적으로 폭탄테러를 일으키며 뉴욕 시민들을 공포에 떨게 했던 일명 '미친 폭파범' 조지 메트스키가 경찰에 검거되었다. 이 사건은 제임스 A. 브뤼셀이라는 정신과의사의 심리적 추정에 의해 해결될 수 있었는데, 그 후 프로파일링(profiling : 범죄심리분석)을 통한 수사가 발전하고 프로파일러들이 많이 등장했다고 한다.

1972년 미국연방수사국(FBI)은 행동과학부(1900년 행동과학연구소로 개칭)를 신설하면서 프로파일링 기법을 공식 도입했고, 1983년 국립흉악범죄분석센터^{NCAVC}를 설립해 FBI를 비롯한 전국 경찰로부터 범죄 자료를 받아 데이터베이스로 구축하기 시작했다. 수사관들은 흉악범죄가 터지면 보고서를 작성해 NCAVC에 프로파일링을 의뢰하게 된다. 한국에 프로파일링 수사기법이 등장한 것은 2000년 서울지방경찰청이 형사과 과학수사계에 범죄행동분석팀을 설치하면서부터이다.

범죄분석심리관이 되듯이 시장의 심리를 분석하는 시장심리분석관이 되어서 흩어져있는 다양한 정보를 연결시키고 그 상황에서 시장 참여자들이 어떻게 행동할 것인가 생각해보면서, 행동해가는 과정을 구체화 또는 집단화시키며 시장에 어떤 패턴을 형성시키는지 조사해가는 방법으로 시장을 읽어보는 것이다.

- 구간별 실제 종목이 변화하는 상황, 글로벌 변수, 경제지표, 혹은 실적 등 영향을 주는 지표를 추적해서 종목과 지표가 어떤 연결고리를 갖고 움직이는지, 그 데이터가 말해주는 징후는 무엇인지 파악한다.
- 시장참여자를 구분해서 외국인의 경우는 행동심리학적 접근방식을 분석의 도구로 사용해서 어떤 변수가 나왔는데 그 상황에서 외국인들이 어떻게 행동을 보이는지 매매패턴을 중점적으로 추적하고 분석한다. 그 다음 기관투자가, 개인투자가 순으로 추적한다.

- 위험선호형 투자가, 위험중립형 투자가, 위험회피형 투자가 등 투자가의 성향을 설정하고 성향이 다른 투자자들이 현재 시장 상황에서 어떻게 행동할 것인가 생각해보는 사고훈련을 한다.

또한 시장참여자 중에서 외국인-기관투자가의 매매패턴을 분석하고 그 데이터에서 어떤 패턴이 나타나는지 체크하고, 그것을 기준으로 시장을 읽어보고 미래예측을 해보는 방법으로 비즈니스 프로파일링 기법을 적용해본다.

예를 들어 외국인투자가의 패턴을 비즈니스 프로파일링기법으로 접근해보면 다음과 같다. 개인적으로는 매트릭스 분석이라고 명명하는데, 영화 〈매트릭스〉 세상 속으로 들어가서 대상인 종목을 입자로 보고 그 입자가 파동이 되면서 시장에 어떤 에너지로 작동하는지 데이터 위주로 분석하는 것이다.

빅데이터 연결시키기

2014년 1월 2일 시장이 개장한 이후 어느 구간을 정해서 외국인투자자들의 매매통계를 조사해서 분석해보고, 그 흐름이 지속가능한 패턴을 형성하는지, 변화가 나타나는지 구간별로 끊어서 비교 분석해보자. 비즈니스 프로파일링의 절차 중에 제일 먼저 할 일은 분석하고자 하는 대상의 모든 정보를 수집하는 것이다.

외국인 매매패턴을 분석할 경우 실제 시장에서 어느 기준에 어떤 종목을 중점적으로 매수하는지 우선 분석해본다. 분석하는 기간 동안 코스피지수 기준으로 삼고 매매주체별 동향이 어떻게 전개되는지 추적해보는 것이다.

〈도표 6-1〉을 보면 2014년 1월 2일 코스피지수가 2,013에서 2월 7일 1,922까지 하락하는 구간에서 외국인 순매수 상위종목을 보면 SK하이닉스-LG디스플레이가

도표 6-1 매매주체별 동향 추적

| 시장 전체 ▼ | 기간 | 2014-01-02 📅 | ~ | 2014-02-07 📅 | ⊙ 외국인 | ○ 기관 | | ⊙ 순매수 | ○ 순매도 |

종목명	현재가	대비	외국인				기관
			순매수	보유	취득가능	한도소진	순매수
SK하이닉스	39,300	▲ 700	9,349,948	314,195,998	396,004,893	44.24	-3,135,681
LG디스플레이	25,050	▲ 200	6,902,619	99,925,606	257,890,094	27.93	-1,479,737
현대제철	75,100	▲ 200	6,793,983	22,232,148	94,317,636	19.08	-1,109,636
원익IPS	9,600	▼ 110	5,557,720	15,238,219	65,262,407	18.93	-1,784,131
인터파크	13,000	▼ 500	3,840,873	13,922,804	46,919,289	22.88	-5,246,325
SK브로드밴드	4,850	▲ 65	3,838,358	15,504,488	129,515,464	5.24	-894,442
JB금융지주	7,100	▲ 50	3,253,726	13,272,391	81,751,971	13.97	1,337,676
루멘스	11,400	▲ 400	3,064,323	9,746,028	35,267,440	21.65	1,465,543
한국전력	36,850	▲ 1,500	2,898,872	154,233,742	102,551,888	24.03	-22,027
대우조선해양	32,550	▼ 500	2,339,787	36,953,100	154,437,658	19.31	-935,811
대동전자	3,060	0	2,123,738	3,089,268	7,401,179	29.45	-57,825
SK네트웍스	8,050	▲ 130	2,036,623	37,823,796	210,363,851	15.24	1,284,343
삼성엔지니어	74,700	▼ 1,800	1,893,510	10,062,208	29,937,792	25.16	-501,667
GS리테일	25,600	▲ 2,000	1,779,908	15,209,743	61,790,257	19.75	-2,429,507
위메이드	44,150	▲ 3,150	1,686,227	2,669,681	14,130,319	15.89	-975,273
KODEX 200	25,240	▲ 215	1,619,773	18,622,449	165,077,551	10.14	13,324,068
우리투자증권	8,710	▼ 70	1,542,296	36,485,067	162,768,796	18.31	-2,147,080
인터파크INT	20,350	↑ 2,650	1,530,677	1,559,142	30,871,048	4.81	1,304
아시아나항공	5,380	▼ 40	1,460,430	10,204,759	87,326,413	5.23	1,807,589

보인다. 재미있는 것은 삼성전자가 1월 2일 135만원 고점으로 123만원까지 하락한 후 2월 7일 127.5만원까지 하락패턴을 보이는 과정에서 SK하이닉스-LG디스플레이가 외국인 순매수 상위종목에 올라있다는 점이다.

여기서 외국인투자가의 IT대장주에 대한 매수의지를 읽을 수 있는데 '왜 삼성전자는 하락하는 과정에서 SK하이닉스와 LG디스플레이는 상승하고 외국인 순매수 에너지가 지속되는 것인가?' '기관은 왜 순매도로 일관하는가?' 하는 의문이 든다. 따라서 이 부분이 2014년 상반기 장세를 읽는 데 중요한 기준잣대가 된다는 것을 알 수 있다. 이럴 때 개인적으로 경제학의 대체재-보완재를 공부할 때 쓰는 X-Y축 기법을 사용해서 판단할 수 있다고 생각한다. 삼성전자-SK하이닉스-LG디스플레이는 IT를 대표하는 종목으로 정상적인 상황이면 상승-하락에너지에는 오차가 생길지언정 방향은 같은 경제학의 보완재 개념으로 함께 움직이는 게 합리적이라 보는 데서 출발한다.

IT 1등 대장주인 삼성전자는 분석 기간 종가 기준으로 1월 2일 135만원에서 2월 7일 127.5만원으로 5.5% 하락했고, 실제 그 구간에 저점인 123만원을 기준으로 하면 8.8%나 하락했는데 2등주 SK하이닉스는 10.5%나 상승했다. 삼성전자 주가 흐름을 좀더 길게 보면 2013년 120~125만원 영역에서 쌍바닥 패턴을 보인 후 상 승해 2013년 11~12월 150만원 부근에서 쌍봉 패턴을 완성했다. 그 이후 2014년 연초까지 지속적으로 하락추세패턴을 보이는 가운데 보완재에 가까운 SK하이닉스 는 상승했다.

그렇다면 롱숏전략으로 '삼성전자 매도-SK하이닉스 매수'가 이루어진다는 것인 데, 왜 그런 투자행위를 하는지 의심하고 추적해보기 위해 여기서 다시 아래 그림 처럼 X-Y축 기법으로 삼성전자-SK하이닉스를 비교해볼 필요가 있다. 한편 프로파 일링기법으로 생각해보면 IT의 대장주인 삼성전자는 고점에서 하락하는 과정에서 KODEX레버리지가 동반 하락하는 가운데 외국인투자가 중심으로 SK하이닉스를 집중매수하는 차별화전략을 구사하고 있음을 알 수 있다.

그 다음으로 외국인 순매수 상위 2종목인 SK하이닉스와 LG디스플레이를 비교

도표 6-2 SK하이닉스 - LG디스플레이

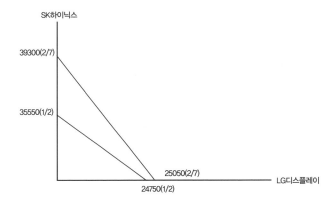

해보자. 〈도표 6-2〉를 보면 SK하이닉스는 분석기간 동안에 외국인이 900만주 가량 매수하면서 1월 2일 35,550원에서 2월 7일 39,300원으로 10.5%의 상승률을 보인 반면, LG디스플레이는 분석기간동안 외국인이 690만주 매수했음에도 불구하고 주가는 거의 보합수준이었음을 알 수 있다. 외국인투자가 순매수 상위종목에 SK하이닉스와 LG디스플레이가 동시에 나타나는데, 주가 흐름을 보면 SK하이닉스는 지속적으로 우상향한 반면, LG디스플레이는 큰 흐름에서는 우하향패턴을 보이면서 2013년 11월 11일 21,800원까지 하락, 1월 22일 27,200원까지 상승, 2월 7일 기준 25,000원대로 조정을 받았지만 하락추세는 벗어나려는 움직임이 진행 중이었다.

　순매수 종목 간에도 왜 이런 차별화가 생기는지 또 의문이 생긴다. 여기서 다시 X-Y축 기법으로 SK하이닉스-LG디스플레이를 비교해볼 필요가 있다. 이번에는 삼성전자-SK하이닉스-LG디스플레이를 같이 비교해보자.

도표 6-3 **삼성전자**

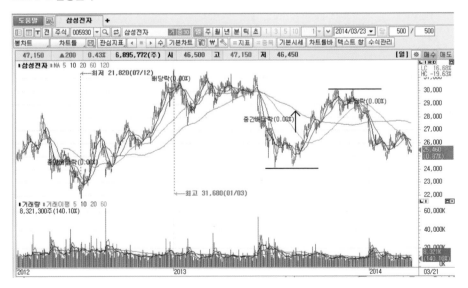

도표 6-4 SK하이닉스

도표 6-5 LG디스플레이

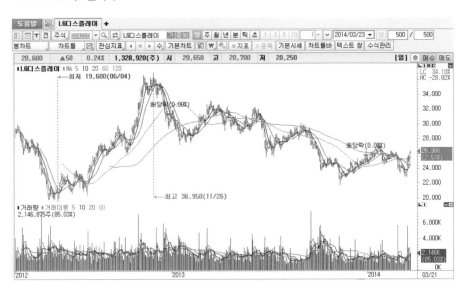

위의 사례 분석을 통해 IT섹터 내에서 상승종목과 하락종목 간 차별화 현상, 상승종목 간 차별화 현상이 전개 중인데 이런 패턴은 IT업종 전반에 대한 추세상승을 예상한 투자전략보다는 헷지펀드의 롱숏전략이 시장에 더 강하게 영향을 미치고 있기 때문임을 짐작할 수 있었다.

따라서 IT의 핵심구성종목인 삼성전자-SK하이닉스-LG디스플레이의 분기별 실적추이, 월간 단위 고저가의 진폭, 고저가의 50%중심가격의 우상향/우하향 여부를 동태적으로 체크해가면서 시장의 흐름을 읽다보면, 매매주체의 중심인 외국인이 IT구성종목을 롱-숏으로 구분해서 실행한다면 방향성보다는 변동성 전략이 가동된다는 것을 알 수 있고, 이 전략이 가동되는 종목은 주도주가 되기보다는 변동성에 이용당하는 종목으로 분류해둬야 한다.

삼성전자-애플을 같이 보면 비슷한 패턴을 읽어낼 수 있다. 삼성전자-애플이 같이 움직이는 시기와 반대로 움직이는 시기를 체크해가면서 현재 IT업황의 호/불황에 따라 같은 방향으로 움직이는지, 헷지펀드의 롱숏전략이 시장을 지배하는지 파악하는 것이 중요하다.

〈도표 6-6〉에서 보듯 2014년 연초장세에서 삼성전자-애플의 흐름은 같이 하락

도표 6-6 **삼성전자-애플 주가 추이**

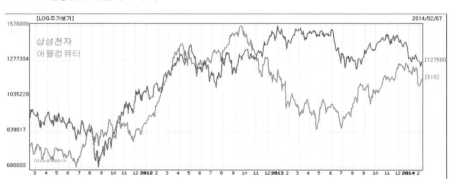

도표 6-7 **한국전력**

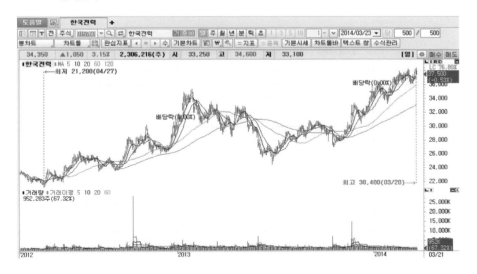

조정하는 모습을 보이고 있다. 2014년 2월 24일 스페인에서 모바일콩글레스라는 빅 이벤트가 열린 시점에서 삼성전자의 갤럭시S5 신제품이 발표되고 그것에 대한 시장의 반응이 애플의 시장점유율을 감소로 이어질지 아닐지에 따라 두 종목의 주가 동행성과 시장 전체의 흐름이 결정될 것이라 예상할 수 있다.

다음으로 2014년 연초부터 외국인 순매수상위 종목에서 한국전력-삼성엔지니어링-대우조선해양이라는 종목이 관찰되는데 각 종목의 방향성과 120일 이동평균선의 위치를 파악하고 시장의 에너지를 측정해보자.

〈도표 6-7〉에서 보듯 한국전력은 아주 강한 우상향 에너지를 보이고 있다. IT대장주인 삼성전자-SK하이닉스는 경기민감주로, 한국전력은 경기 방어주로 분류하는데, 특이한 점은 외국인이 경기민감주와 경기방어주를 동시에 같이 매수하는 패턴을 보이고 있다는 것이다. 120일이평선 수준이 31,000원인데 현재 주가 수준은 36,850원으로 외국인 매수세에 힘입어 IT의 SK하이닉스와 함께 시장을 주도하고

도표 6-8 삼성엔지니어링 주가 추이

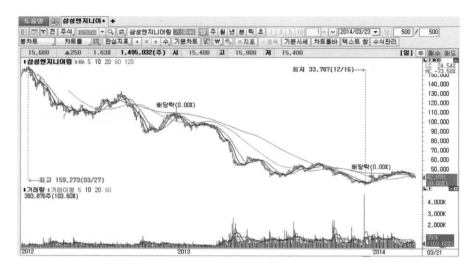

도표 6-9 대우조선해양 주가 추이

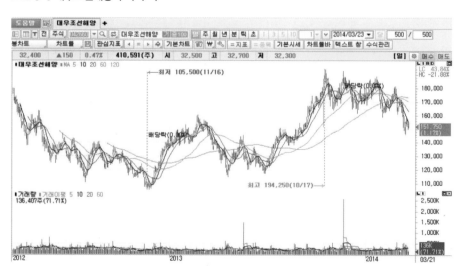

도표 6-10 대우조선해양

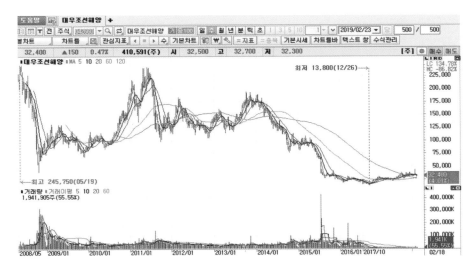

있는 핵심종목이라는 것을 체크할 수 있지만, 하나는 경기방어주이고 하나는 경기민감주이니 '포트폴리오 구성에 헷지전략이 가동되었나' 의심해봐야 한다.

따라서 시장과 외국인의 투자심리를 읽는 데 가장 중요한 기준이 되는 종목으로 SK하이닉스-한국전력-LG디스플레이를 선정하고 판단해보자. 월간 단위 고저가의 50%중심가격이 중심이 우상향인지 우하향인지 어떻게 전개되는가 갖고 체크해보면 그 흐름을 읽을 수 있다고 본다.

외국인 매수종목에서 삼성엔지니어링-대우조선해양도 관찰되는데, 그래프 모양은 사뭇 달라보인다. 〈도표 6-8〉에서 보듯 삼성엔지니어링은 지속적으로 우하향 패턴을 보이다가 2013년 12월 16일 37,000원에 저점형성 후 5만원대로 재반등 중이고, 〈도표 6-9〉와 〈도표 6-10〉에서 보듯 대우조선해양은 2013년 12월 26일 하단 13,800원에서 2013년 10월 17일 38,850원을 고점으로 120일 이동평균선을 하향하는 하락패턴을 보이고 있다.

도표 6-11 현대중공업

도표 6-12 삼성중공업

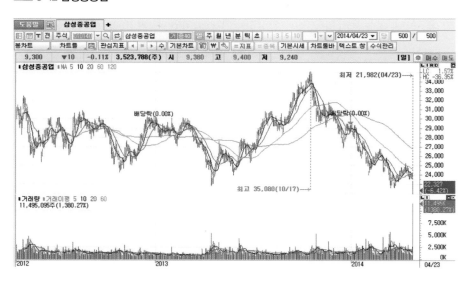

도표 6-13 GS건설

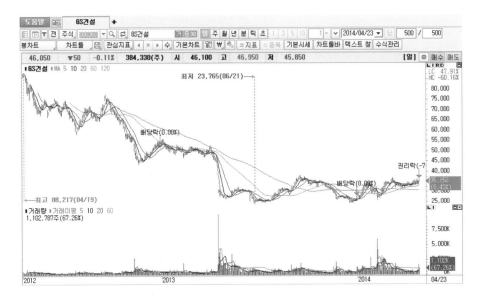

도표 6-14 대림산업

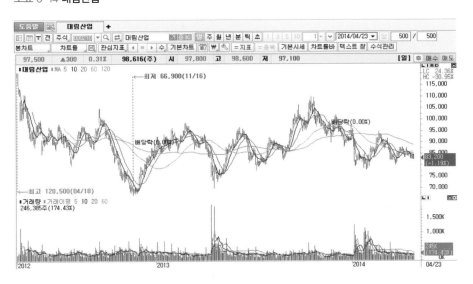

비즈니스 프로파일링 기법으로 판단해보면 건설-조선주에서 대표종목 중심으로 상승보다는 하락 에너지가 그래프 상으로 느껴지는데 외국인 순매수가 보이는 상황에서 조선업종에 속한 종목은 분기실적 악화흐름이 시장을 지배하면서 하락패턴을 보이고 있고, 건설업종에 속한 대표종목은 낙폭 과다에 따른 기술적 반등이 형성되고는 있지만 건설업종 전체적으로 매기가 확산되기 보다는 개별적 움직임 정도로 판단된다.

여기서 연결고리가 같은 종목을 찾아서 비교분석해보는데 조선업종에서 현대중공업-삼성중공업, 건설업종에서 GS건설-대림산업 주가를 같이 보면 그 흐름을 판단할 수 있다.

SK하이닉스-한국전력에서 보이는 상방 에너지와 현대중공업-삼성중공업에서 보이는 하방 에너지에서 2014년이 헷지펀드의 롱숏전략이 확실하게 나타나는 차별화 장세임을 알 수 있다. 2014년 주식시장에서 외국인이 순매수하는 종목에 더

도표 6-15 SK하이닉스

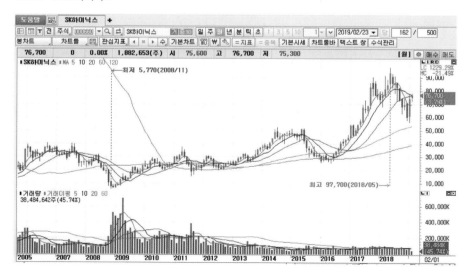

도표 6-16 한국전력

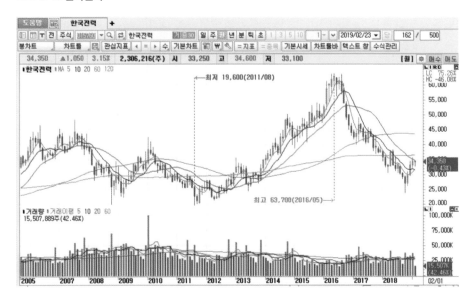

도표 6-17 LG디스플레이

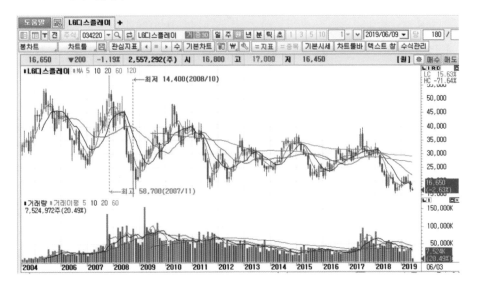

강한 순매수 추세를 지속하는지, 차익물량을 어느 시점에서 노출시키는지 동태적으로 추적해가는 것이 중요한 반면, 조선-건설업종의 대표종목은 우하향패턴을 보이지만 어느 시점에서 역발상 전략으로 매수 전환해야하는지 추적할 필요가 있다.

실제로 위 샘플링 종목의 분석기간 이후 패턴을 보면 다음과 같다. SK하이닉스는 2014년 7월 52,400원까지 추가 상승하는 양상을 보였다. 그러나 코스피지수가 2014년 5월 2,093부터 2015년 6월 2,189까지 상승한 기간 동안 해당 종목은 5만원대는 거의 1년 동안 저항대로 작동했고, 결국 2016년 6월 25,000원까지 급락하는 패턴을 보였다.

반면 한국전력은 2016년 6월 63,000원까지 추세적 상승을 보이면서 경기방어주-원화강세수혜주로서 시장의 주도주임을 입증했다.

LG디스플레이도 35,000원 영역만 가면 상승 에너지가 막히면서 저항대로 작동했고, '20,000원 하단-35,000원' 상단의 박스패턴이 형성되었다. 이후 2017년 39,000원대 고점을 찍고 2018년 10월 15,600원까지 급락한 후 2019년 6월 현재는 17,000원 수준에서 움직이고 있는데 기존 박스패턴에서 하락추세로 전환된 것을 체크할 수 있다.

중국관련 경기민감주인 현대중공업-현대차도 중국 상해지수 급등구간에 하락패턴을 보였다. 당시 달러 대비 위안화-원화 강세국면이 연출되었을 때, 중국관련 내수주 및 제약주, 중소형 가치주 중심으로 시장 주도주가 재편된 반면, 중국 연결고리의 경기민감주 중심으로는 박스 혹은 하락 패턴이 주도적 흐름이었음을 알 수 있다.

도표 6-18 **중국 위안/달러**

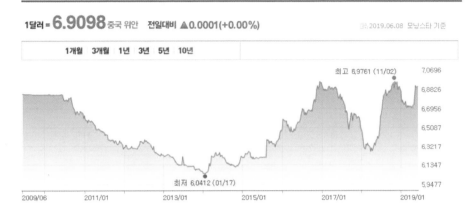

중국 위안/달러 USDCNY 환율·

1달러 = **6.9098** 중국 위안　전일대비 ▲0.0001(+0.00%)　　　　　　출처 2019.06.08 모닝스타 기준

| 1개월 | 3개월 | 1년 | 3년 | 5년 | 10년 |

최고 6.9761 (11/02)　7.0696

6.8826

6.6956

6.5087

6.3217

6.1347

최저 6.0412 (01/17)　5.9477

2009/06　　2011/01　　2013/01　　2015/01　　2017/01　　2019/01

도표 6-19 **달러원 환율**

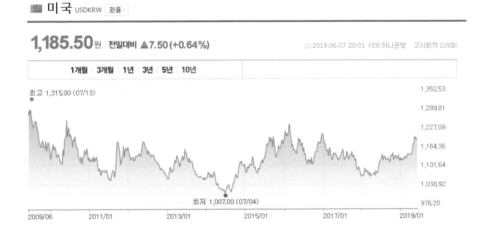

🇺🇸 **미국** USDKRW 환율·

1,185.50원　전일대비 ▲7.50 (+0.64%)　　　출처 2019.06.07 20:01 KEB 하나은행　고시회차 226회

| 1개월 | 3개월 | 1년 | 3년 | 5년 | 10년 |

최고 1,315.00 (07/13)　1,352.53

1,289.81

1,227.09

1,164.36

1,101.64

1,038.92

최저 1,007.00 (07/04)　976.20

2009/06　　2011/01　　2013/01　　2015/01　　2017/01　　2019/01

지금부터는 같은 분석 구간에 외국인 순매도 상위종목은 무엇인지 다음 자료를 통해 살펴보자.

도표 6-20 **외국인 순매도 상위종목**

종목명	현재가	대비		외국인 순매도	외국인 보유	외국인 취득가능	한도소진	기관 순매수
TIGER 200	25,300	▲	190	-22,423,617	28,900,716	61,449,284	31.99	-831,964
현대하이스코	43,800	▲	1,600	-12,997,334	4,139,042	18,668,908	18.15	670,886
삼성중공업	32,100	▼	100	-11,170,180	61,400,611	169,474,775	26.59	2,626,535
기아차	54,000	▲	300	-5,476,695	138,912,580	266,450,767	34.27	2,740,673
LG유플러스	10,400	▼	200	-4,953,560	114,221,823	99,717,743	26.16	4,819,788
신한지주	44,300	▲	500	-4,537,117	301,244,078	172,955,509	63.53	2,824,262
KT	30,100	▲	100	-4,518,600	100,144,202	27,800,583	38.35	2,463,951
BS금융지주	15,250	▲	400	-4,172,045	110,200,821	83,179,078	56.99	3,754,724
우리금융	11,700	▼	300	-4,168,358	165,521,017	640,494,323	20.54	1,408,085
두산인프라코	11,750	▼	250	-3,504,527	45,555,028	161,900,286	21.96	1,822,687
# 팬오션	4,220	▼	175	-3,471,464	1,076,922	119,810,619	0.89	-8,994,440
KB금융	37,100	▲	250	-2,926,664	242,477,818	143,873,875	62.76	-750,961
NICE평가정보	3,100	▲	115	-2,831,992	12,281,644	48,433,176	20.23	485,505
대우건설	7,380	▲	230	-2,769,136	24,653,930	390,968,708	5.93	2,378,027
대림산업	87,100	▲	1,200	-2,658,845	11,255,826	23,544,174	32.34	1,665,325
현대산업	26,650	▲	1,000	-2,474,040	38,407,384	36,976,796	50.95	2,813,495
현대차	230,500	▲	4,000	-2,417,402	97,058,817	123,217,662	44.06	1,842,868
성광밴드	21,850	▼	300	-2,105,332	7,159,792	21,440,208	25.03	58,338
KINDEX200	25,280	▲	165	-2,063,658	1,250,489	31,949,511	3.77	86,966

프로파일링 기법으로 데이터를 추적해가고 조사해보면 TIGER200-현대하이스코-삼성중공업-기아차-신한지주-KT-두산인프라코어-대림산업-현대차 등의 종목을 중심으로 순매도하고 있음을 알 수 있다. 여기서 시간기준을 이동시켜서 프로파일링 기법으로 구성종목의 변화를 읽어보는 방법을 써보겠다.

〈도표 6-21〉의 코스피지수 흐름을 보면 2013년 10월 23일 2,063, 12월 2일 2,052로 고점이 형성되었고, 삼성전자 고점 궤적도 보면 11월 5일 150.2만, 12월 2일 150.3만으로 쌍봉패턴을 보였는데 개인적으로 첫 번째 고점이 확인된 10~11월보다 12월 2일 두 번째 고점이 확인된 시점이 비즈니스 프로파일링 기준으로 보면 더 중요하게 생각해야 하는 변화일로 판단했다.

도표 6-21 종합지수

도표 6-22 외국인 순매수 상위종목

| 종목명 | 현재가 | 대비 | 외국인 | | | | 기관 |
			순매수	보유	취득가능	한도소진	순매수
두산인프라코	11,750	▼ 250	17,670,397	45,555,028	161,900,286	21.96	10,444,828
SK하이닉스	39,300	▲ 700	17,128,496	314,195,998	396,004,893	44.24	-6,164,057
TIGER 200	25,300	▲ 190	15,592,325	28,900,716	61,449,284	31.99	4,571,366
알서포트	3,465	▲ 130	15,050,724	15,057,788	36,829,295	29.02	-44,198
원익IPS	9,600	▼ 110	7,305,201	15,238,219	65,262,407	18.93	-1,803,597
현대제철	75,100	▲ 200	6,448,867	22,232,148	94,317,636	19.08	-565,284
KODEX 200	25,240	▲ 215	5,283,798	18,622,449	165,077,551	10.14	24,608,412
LG디스플레이	25,050	▲ 200	5,211,837	99,925,606	257,890,094	27.93	2,838,678
인터파크	13,000	▼ 500	5,162,770	13,922,804	46,919,289	22.88	-7,203,499
동서	15,500	▲ 50	4,759,705	10,899,243	88,800,757	10.93	-1,347,280
루멘스	11,400	▲ 400	3,675,207	9,746,028	35,267,440	21.65	1,024,355
SK네트웍스	8,050	▲ 130	3,189,124	37,823,796	210,363,851	15.24	1,513,347
SK브로드밴드	4,850	▼ 65	3,176,655	15,504,488	129,515,464	5.24	-63,566
한전KPS	56,100	▲ 300	2,469,941	8,230,462	36,769,538	18.29	1,141,353
JB금융지주	7,100	▲ 50	2,289,922	13,272,391	81,751,971	13.97	2,343,270
메리츠종금증	1,735	▲ 5	2,289,158	30,377,090	279,110,289	9.82	2,453,095
대동전자	3,060	0	2,118,318	3,089,268	7,401,179	29.45	-58,256
GS리테일	25,600	▲ 2,000	1,872,204	15,209,743	61,790,257	19.75	-2,713,121
삼익악기	2,105	▲ 45	1,824,542	3,860,354	66,670,563	5.47	-1,058,433

시장 전체 기간 2013-12-02 ~ 2014-02-08 · 외국인 · 기관 · 순매수 · 순매도

외국인 순매수 구성종목을 찾아내는 기준을 12월 2일로 이동해서 〈도표 6-22〉의 데이터를 조사해보자.

여기서 두산인프라코어가 특이종목으로 떠오른다. SK하이닉스-현대제철-LG디스플레이는 1월 2일을 기준점으로 분석한 데이터에서도 나오지만, 두산인프라코어는 12월 2일을 기준점으로 했을 때는 순매수 상위에서 보였는데, 1월 2일이 기준일 때는 순매도 상위에서 보이고 있기 때문이다.

한편 한국전력은 1월 2일을 기준 순매수 상위에서 확인되었으나 12월 2일을 기준점으로 삼으면 순매수 상위 목록에서 보이지 않는다는 점도 프로파일링 기법에서 체크해야 할 변수로 판단된다.

다음은 기준점이 12월 2일인 외국인 순매도 데이터(〈도표 6-23〉)다.

순매도종목은 큰 흐름에 변화가 없다. 건설-조선-철강-금융주 중심으로 매도세가 지속되는 것을 체크할 수 있다. 이런 식으로 범죄심리분석가가 범죄자의 행동을 추적하고 나오는 증거갖고 심리를 추적해가듯이, 시장참여자 중에 시장영향력

도표 6-23 **외국인 순매도 상위종목**

시장 전체 ▼ 기간 2013-12-02 ~ 2014-02-08			○외국인 ○기관		○순매수 ●순매도		
종목명	현재가	대비	외국인				기관
			순매도	보유	취득가능	한도소진	순매수
현대하이스코	43,800 ▲ 1,600		-14,258,296	4,139,042	18,668,908	18.15	1,236,395
KT	30,100 ▼ 100		-10,946,302	100,144,202	27,800,583	38.35	1,014,023
삼성중공업	32,100 ▲ 100		-10,898,382	61,400,611	169,474,775	26.59	702,511
기아차	54,000 ▲ 300		-7,814,467	138,912,580	266,450,767	34.27	2,828,153
LG유플러스	10,400 ▼ 200		-7,688,454	114,221,823	99,717,743	26.16	8,239,119
BS금융지주	15,250 ▲ 400		-7,339,558	110,200,821	83,179,078	56.99	6,480,384
우리금융	11,700 ▼ 300		-5,769,076	165,521,017	640,494,323	20.54	5,166,309
KB금융	37,100 ▲ 250		-5,496,147	242,477,818	143,873,875	62.76	2,773,663
현대차	230,500 ▲ 4,000		-5,111,310	97,058,817	123,217,662	44.06	3,594,888
신한지주	44,300 ▲ 500		-4,945,743	301,244,078	172,955,509	63.53	3,610,233
대우건설	7,380 ▲ 230		-4,836,343	24,653,930	390,968,708	5.93	791,806
# 팬오션	4,220 ▲ 175		-3,471,464	1,076,922	119,810,619	0.89	-8,994,440
NICE평가정보	3,100 ▲ 115		-2,963,524	12,281,644	48,433,176	20.23	485,579
성광밴드	21,850 ▼ 300		-2,960,375	7,159,792	21,440,208	25.03	577,518
대림산업	87,100 ▲ 1,200		-2,944,644	11,255,826	23,544,174	32.34	1,573,267
현대상선	14,100 ▲ 150		-2,926,723	24,512,278	144,760,951	14.48	-2,575,220
기업은행	12,100 ▼ 100		-2,822,207	76,291,292	476,223,847	13.81	8,938,978
두산중공업	34,450 ▲ 100		-2,812,922	10,429,592	95,728,664	9.82	8,778,683
강원랜드	33,450 ▼ 50		-2,714,639	59,488,980	154,451,520	27.81	3,372,317

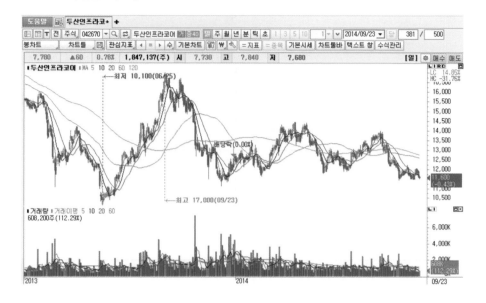

이 큰 외국인의 매매패턴을 동태적으로 추적해가면서 변화의 흐름을 찾아내는 것이 시장심리분석가 – 비즈니스 프로파일러라고 생각한다.

　가령 두산인프라코어의 외국인 매매 패턴을 보면 순매수에서 2014년 연초 순매도로 전환했는데, 무슨 이유로 이런 패턴의 변화를 보이고 있는지 하나씩 추적해보는 것이다. 〈도표 6-24〉의 두산인프라코어 주가흐름을 보면 2013년 9월 23일 17,000원에서 12월 10일 11,150원까지 지속적으로 하락하다가 외국인 매수세가 들어온 데 힘입어 2014년 1월 23일 13,500원까지 되반등이 형성되었지만 120일 이동평균선을 돌파하지 못했다. 2014년 1월 2일 기준으로 분석한 외국인 매매흐름에서는 매도대상으로 관찰되어 외국인의 흐름이 순매수에서 순매도로 전환된 것으로 체크할 수 있었다.

　왜 이런 변화를 보이는지 동태적으로 체크하고, 이것이 두산그룹 전체로 확산되

도표 6-25 **두산인프라코어 영구채**

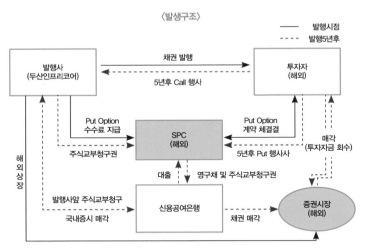

〈발생구조〉

출처: KDB산업은행 홍보실, "KDB산업은행, 두산인프라코어의 국내기업 최초 영구채발행 성공 지원 – 자본으로 인정받는 신종자본증권 발행으로 재무구조 새건 –", 「산업은행 보도자료」(2012), 4면.

도표 6-26 **영구채 발행조건**

구분	주요 조건
만기	• 30년 revolving(발행자 선택에 따라 매년 30년 revolving)
발행자 중도상환	• 발행자가 발행 5년 시점 및 이후 매 이자지급일에 중도상환가능 (발행자 콜옵션)
보유자 매수청구	• 발행자가 발행 5년 경과시점에 중도상환하지 않는 경우 보유자(투자자)가 '독립된' 제3자인 SPC에게 발행증권의 매수청구 가능(투자자 풋옵션) • 발행자는 SPC에게 이에 대한 대가로 주식교부청구권을 부여하고 일정한 프리미엄을 지급

는지, 개별적인 주가의 흐름인지, 확인하는 것이 필요했다. 따라서 두산중공업-두산건설-두산엔진 등 두산그룹 관련주를 클러스터화시켜서 일정한 구간에서 매매 흐름의 변화를 체크하는 것이 필요하다고 권고했고, 여기서 이상 징후를 발견해서

이 시점부터 매매대상에서 두산그룹은 제외시키는 의사결정을 했던 것이다. 특히 2012년 두산인프라코어의 영구채발행이 5년마다 발행자중도상환과정에서 문제가 발생하는지 추적하자고 강조해드렸던 것이다.

영구채가 기본적으로 돈을 빌리는 채무적 성격인데, 이것을 '영구적'이라는 개념 때문인지 국제재무학연구회에서 자본으로 인정하면서 영구채를 발행하면 재무구조가 개선되고 빚을 갚으면 부채비율이 높아지는 기형적 상황이 전개되고 영구채를 발행할 정도로 재무적으로 문제가 있는 기업은 5년마다 계열사까지 문제가 확산되어 알짜자산을 매각하거나 유상증자를 통해서 문제를 해결해야하는 상황이 발행할 수 있기 때문에 영구채발행한 기업은 투자에서 제외시키는 전략을 수립해 드린 것이다. 그런데 아니나 다를까, 2019년 현재 두산그룹 주가를 보면 이런 우려가 현실로 작동하는 것을 검증할 수 있다. 개인적으로 이렇게 영구채를 발행한 종목은 '영구채의 저자'라고 표현하면서 매매대상에서 제외시킨다.

도표 6-27 **두산인프라코어**

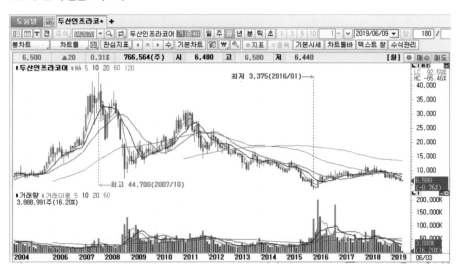

도표 6-28 두산중공업

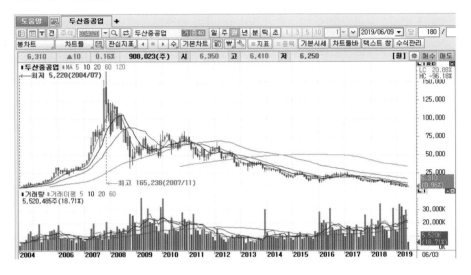

결론

비즈니스 프로파일링 기법은 하나의 징후나 증거도 놓치지 않고 추적해가는 동태적 관찰이 가장 핵심이다. 초기 조건의 미세한 변화가 두산인프라코어에만 나타나는 것인지, 6월말 만기도래하는 기업어음 때문에 부채비율이 높은 그룹-기업과 함께 나타나는 것인지 추적해가는 직관도 생기게 된 것이다.

즉 부정적 징후나 주가 패턴을 보이고, 그 흐름에 영향을 주는 변수가 시장에서 아직 제거되지 않아 순환적 패턴으로 영향을 주고받는 종목은 일단 매도한다. 재매수 여부 결정은 불확실성이 제거된 상황에서 판단하는 것이 바람직하고, 앞에서 배운 피드백순환구조를 만들어서 추적해보길 권한다.

외국인 매매동향을 비즈니스 프로파일링 기법으로 판단해보니 조선-건설-은행 등이 그런 관찰대상이 되는 업종으로 여기서 찾아낼 수 있는 징후가 많았으니 여러분들도 한번 시도해보기 바란다. 요약하면, 비즈니스 프로파일링 기법의 사고훈련을 다음과 같은 절차로 수행해가면 시장의 흐름을 읽는 데 직관을 얻을 수 있다고 생각한다.

- 1단계 : 분석하고자 하는 대상에 대한 모든 자료를 수집한다.
- 2단계 : 수집한 정보를 집중적으로 관찰하고 연관과정과 구성성분에서 나타나는, 시장이 말해주려고 하는 징후를 포착해내고 시스템적으로 연관시켜 하나의 도식을 만들어간다.
- 3단계 : 작성한 연관흐름을 토대로 시장참여자의 시스템적 패턴을 찾아내고, 그 구성성분에서 변화의 흐름을 보여주는 대상을 발견해 동태적으로 추적해가면서 부분이 전체에 어떻게 영향을 미치는지 현재 상황에서 구조화시키고, 그 구조가 미래에는 어떻게 변화될 것인지 시나리오식으로 접근해가면서 '미래지도 미리 그려보기'로 시장의 변화를 추적해간다.

2014~2015년 빅데이터 조사를 통해 매트릭스 분석을 한 결과, 중국 상해지수 급등 속에 코스피지수도 같이 동반 상승했지만, 그 내부를 보면 '위안화-원화 강세 구도' 속에 외국인이 롱숏전략이나 순매도전략으로 일관성 있게 대응해 경기민감주와 수출주 중심으로는 하락추세 에너지를 보였음을 발견할 수 있었고, 중국 소비주, 화장품주, 제약주 및 내수주 중에서 중소형 가치주 중심으로 급등장세가 연출되는 것을 추적할 수 있었다.

2019년 현재도 이런 기준으로 빅데이터를 추적해가면서 달러 대비 위안화-원화가 강세 혹은 약세 구도로 가는지 파악해가는 것이 중요하고, 동시에 일정 구획 별로 매트릭스 분석을 하면서 구성종목에 무엇이 나타나고 그 흐름이 어떻게 변화되어가는지 추적해보는 것이 필요하다.

궁극적으로 시스템사고를 통해서 미래지도 그리기 과정을 진행해갈 생각이

고, 그 과정에서 현재 노출되는 수많은 변수가 미래에 어떤 변화의 과정을 거

치면서 세상을 변화시키고, 그 변화에 자산가치의 변화는 어떻게 움직일 것

인지 추적해가면서 투자전략을 수립하는 데 기준을 삼을 생각이다.

7장

다양한 철학적 생각훈련과 방법을 찾자

개인적으로 미래학을 공부하는 데 많은 도움을 받은 책으로 세계미래협회회장인 에드워드 코니시가 지은 책 『미래진단법』과 미래학자 최윤식 교수의 책 『생각이 미래다』를 추천한다. 개인적으로 시스템사고를 통해서 미래에 어떤 흐름이 나타날 것인지 훈련하는 과정에서 이 책들을 기본서로 정해서 사고훈련을 했는데, 주식시장에서 나타나는 징후를 초기조건의 민감성으로 찾아내는 능력을 키울 수 있었다.

궁극적으로 시스템사고를 통해서 미래지도 그리기 과정을 진행해갈 생각이고, 그 과정에서 현재 노출되는 수많은 변수가 미래에 어떤 변화의 과정을 거치면서 세상을 변화시키고, 그 변화에 자산가치의 변화는 어떻게 움직일 것인지 추적해가면서 투자전략을 수립하는 데 기준을 삼을 생각이다.

생각의 연결고리

  먼저 공부한 선배들의 시각을 정리하고 앞으로 배울 분들이 길을 헤매지 않고 공부할 수 있는 방법을 여기서 나름대로 정리해보겠다. 그 후 현재 상황에서 가장 이슈화되고 있는 변수를 분석하고, 소개하는 여러 가지 방식의 사고훈련과정을 이용해서 앞으로 어떻게 전개될 것인지 미래지도를 그려보려 한다.

  우선 마이클 미칼코의 『생각을 바꾸는 생각』이라는 책을 읽어주기 바란다. 시장 근본주의자에게 기술적 분석과 가치분석은 기본 중의 기본이고 이것들은 매매기준을 잡는 데 중요한 단서를 제공하지만, 미래지도를 그리는 데는 크게 직관을 주지 않는다. 오히려 시나리오 작가가 되어서 미래를 연구하는 방법론을 이용해 '시장의 미래에 영향을 미치는 변수가 무엇이고 그것이 만들어내는 세상은 어떤 것일까' 하는 시나리오를 만들어보길 권한다. 마이클 미칼코가 이야기하는 '창의적 천재의 생각하는 방법'은 다음과 같다.

  - 문제를 다양한 방법으로 살펴보기
  - 생각을 시각화하기
  - 많이 만들어보면서 체험적으로 느끼기
  - 새로운 방법으로 결합해 보기
  - 관계를 지어서 연결시키고 생각해보기
  - 반대로 생각해보기
  - 은유적으로 생각해보기
  - 우연이 가져오는 이점을 버리지 말고 놓치지 말기

4가지 우상

창의적으로 생각하는 데 걸림돌이 되는 고정관념이 있는데, 일반적으로 우리가 범하기 쉬운 것들을 정리해보면 다음과 같다.

1. 종족의 우상

종족의 우상은 인간성 그 자체에, 인간이라는 종족 그 자체에 뿌리박고 있는 것이다. "인간의 감각이 만물의 척도다"라는 주장을 생각해보면 쉽게 이해가 갈 것이다. 이것은 물론 그릇된 주장이지만, 인간의 모든 지각은 감각이든 정신이든 우주를 준거로 삼는 것이 아니라 인간 자신을 준거로 삼기 쉽다는 것을 여실히 보여주는 말이다. 표면이 고르지 못한 거울은 사물을 그 본 모습대로 비추는 것이 아니라 사물에서 나오는 반사 광선을 왜곡하고 굴절시키는데, 인간의 지성이 꼭 그와 같다.

여기서 떠오르는 직관은, 아는 것만 갖고 판단하지 말고 모르는 것은 무엇인지 생각해보는 훈련을 해보자는 것이다.

2. 동굴의 우상

종족의 우상이 모든 인간에게 있는 한계라면, 동굴의 우상은 각 개인마다 다양하게 나타나는 문제점을 가리키는 비유적인 표현이라고 할 수 있다. 베이컨의 이런 비유는 플라톤의 동굴의 비유를 떠올릴 수 있다. 플라톤의 비유에 따르면 동굴에 갇힌 인간은 동굴 속에 켜진 촛불로 인해 벽에 비춰진 그림자를, 즉 실재 세계의 가상을 진리로 여긴다는 것이다. 베이컨의 논의는 동굴 속에 갇힌 인간은 자신들이 본 그림자만을 진리라고 여기면서 오류를 저지른다는 것이다.

이런 의미에서 베이컨에 따르면 모든 인간은 각자의 우상, 즉 동굴의 우상을 가진다. 동굴의 우상은 각 개인이 가지고 있는 우상이다. 즉 각 개인은 (모든 인류에게 공통적인 오류와는 달리) 자연의 빛light of nature을 차단하거나 약화시키는 동굴 같은 것을 제 나름으로 가지고 있다. 그것은 개인 고유의 특수한 본성에 의한 것일 수도 있고, 그가 받은 교육이나 다른 사람에게 들은 이야기에 의한 것일 수도 있고, 그가 읽은 책이나 존경하고 찬양하는 사람의 권위에 의한 것일 수도 있고, 첫인상의 차이(마음이 평온한 상태에서 생겼는지, 아니면 선입관이나 편견에 사로잡힌 상태에서 생겼는지)에 의한 것일 수도 있다. 그러므로 인간의 정신은 (각자의 기질에 따라) 변덕이 심하고, 동요하고, 말하자면 우연에 좌우되는 것이다.

이런 동굴의 우상은 여러 가지이다. 이것은 각 개인들이 가지는 성향에 따라 다르게 나타날 수 있기 때문이다. 동굴의 우상은 개개인의 정신과 육체의 고유한 본성에서 생기는 것으로서 교육이나 습관, 우연에서 생기는 경우도 있다.

여기서 떠오르는 직관은, 보이는 것만 갖고 판단하지 말고 '보이지 않는 것이 무엇이 있을까' 생각하는 훈련을 해보자는 것이다.

3. 시장의 우상

시장의 우상은 사람들 간의 접촉에서 일어난다. 특히 사람들 간의 교류는 언어를 이용해서 나타나기 때문에, 이 우상은 언어에 의한 오류라고 할 수 있다. 특히 우리가 언어를 사용하는 과정에서 나타나는 문제점들 때문에 발생하므로, 언어가 가지는 불완전성에 기인한다고 볼 수 있다. 시장의 우상은 다른 우상과 달리 약간씩 성격을 달리하는 많은 종류를 들 수 있다. 또한 인간 상호 간의 교류와 접촉에서 생기는 우상이 있다. 그것은 인간 상호 간의 의사소통과 모임에서 생기는 것이므로 '시장의 우상'이라고 부를 수 있겠다.

인간은 언어로써 의사소통을 하는데, 그 언어는 일반인들의 이해 수준에 맞추어 정해진다. 여기에서 어떤 말이 잘못 만들어졌을 때 지성은 실로 엄청난 방해를 받는다. 어떤 경우에는 학자들이 자신을 방어하고 보호할 목적으로 새로운 정의나 설명을 만들기도 하지만, 사태를 개선하지는 못한다. 언어는 여전히 지성에 폭력을 가하고, 모든 것을 혼란 속으로 몰아넣고, 인간으로 하여금 공허한 논쟁이나 일삼게 하고, 수많은 오류를 범하게 한다. 시장의 우상은 모든 우상 중 가장 성가신 우상으로, 이른바 언어와 명칭이 사물과 결합해 지성을 혼란스럽게 만드는 것이다.

사람들은 자신의 이성이 언어를 지배한다고 믿고 있지만, 실상 언어가 지성에 반작용해 지성을 움직이는 일도 있다. 이런 일이 생기면, 철학이나 다른 여러 학문들이 완전히 궤변으로 변해서 완전히 쓸모없는 것이 되고 만다. 언어는 대체로 일반인의 이해 수준에 맞추어 형성되는 것이고, 일반인의 지성으로 구별이 가능한 선에서 사물을 정의한다. 그런데 더욱 예리한 지성이나 더욱 독실한 관찰이 그러한 상식적인 구별을 자연에 더욱 잘 합치하도록 바꾸려고 하는 경우에 언어는 그에 저항한다. 그러므로 학자들의 거창하고 엄숙한 논의들이 언어와 명칭에 관한 논쟁으로 끝나고 마는 일이 종종 발생하는 것이다

여기서 떠오르는 직관은, 유명한 시장전략가나 애널리스트의 분석을 맹목적으로 신봉하지 말고 그렇게 보는 기준은 무엇인데 실제 시장은 어떻게 움직이는지 관찰하고 '시장이 정답이다'라는 시장근본주의적 사고로 시장이 움직이는 대로 전략을 수립하는 데 집중해보자는 것이다.

4. 극장의 우상

극장의 우상은 학자들이 만들어놓은 기존의 학문적 체계를 맹신하면서 발생한다. 학자들 사이에서 받아들여지고 있는 학문적 체계란 많은 학자들에 의해서, 어느 정도의 시간이 흐르면서 형성되고 인정된 것이라고 할 수 있다. 따라서 이런 학문 체계에 대한 믿음은 자연스럽다고 볼 수 있기도 하다. 그러나 극장의 우상은 이와 같은 학문체계에 대한 무작정의 무비판적인 믿음에 따라 생겨난 것이다.

베이컨이 극장의 우상을 통해서 말하려는 것은 기존의 학문 체계를 따르더라도 이에 대한 충분한 검토와 심사숙고를 통해서 이루어져야 한다는 것이다. 지금까지 받아들여지고 있거나 고안된 철학 체계들은, 생각건대 무대에서 환상적이고 연극적인 세계를 만들어내는 각본과 같은 것이다. 현재의 철학 체계 혹은 고대의 철학 체계나 학파만 그런 것이 아니다. 그와 같은 각본은 수없이 만들어져 상연되고 있는데, 오류의 종류는 전혀 다르지만 그 원인은 대체로 같다. 철학만 그런 것이 아니다. 철학 이외에 구태의연한 관습과 경솔함과 태만이 만성화되어 있는 여러 분야의 많은 요소들과 공리들도 마찬가지다.

극장의 우상은 종족의 우상처럼 인간이 태생적으로 가지고 있는 것도 아니고, 시장의 우상처럼 부지불식간에 인간의 지성에 스며드는 것도 아니다. 이 우상은 여러 가지 학설로 만들어진 각본에 의해 혹은 그릇된 논증의 규칙에 의해 공공연하게 주입되고, 신봉된다. 그러나 우리가 이런 우상들을 논박하려고 하면, 앞에서 우리 자신이 선언한 내용과 앞뒤가 안 맞게 된다. 머리말 원리에 대해서도, 논증에 대해서도 의견이 일치하지 않는 경우에는 논쟁 자체가 성립할 수 없다.

극장의 우상은 학문적 체계에 대한 맹신에서 나타나기 때문에 '학설의 우상'이라고도 부른다. 우리 주변에서 보면 같은 주제에 대해서도 여러 가지의 학설이 가능하다. 그렇다면 학설의 수만큼이나 우상이 있고, 또 새로운 학설이 생겨나면서 우상이 생겨난다고 할 수 있다. 베이컨의 가르침은 학설들이 우상에 머물러서는 안 된다는 것을 말한다.

극장의 우상 혹은 학설의 우상에는 여러 가지가 있는데 더 많을 수도 있고, 아마 더 많을 것이다. 왜냐하면 지금까지 수백 년 동안 인간의 정신이 종교나 신학의 연구에 몰두하지 않았더라면, 그리고 국가(특히 군주국가)가 새로운 학설들을 단속하지 않았더라면, (사람들은 그 새로운 학설들에 빠져들었을 것이고, 그런 학설들이 자신의 운명에 아무 득 될 일이 없다는 것을 안 후에야 망상을 버렸을 것이므로) 틀림없이 지금보다 훨씬 더 많은 분파의 철학이나 학설들이 생겼을 것이다. 옛날 그리스가 바로 그런 백가쟁명의 천국이었다. 하늘을 놓고 각양각색의 천문 이론이 나올 수 있는 것과 같이, 철학에서도 각양각색의 학설들이 아주 쉽게 성립할 수 있다.

여기서 떠오르는 직관은, 선인들이 만든 수많은 투자철학과 투자이론을 공부하고 숙지하지만 그것이 현재 시장에도 접목되고 그대로 진행된다는 맹신을 갖지 말자는 것이고, 자신의 투자 호흡이나 자산의 규모를 생각하지 못하고 따라갈 수 없는 투자 철학이나 이론은 실전에서 오히려 귀중한 각자의 자산을 망가트리는 상황을 만들 수 있으므로 유의하자는 것이다. 따라서 자신의 투자에 집중하고, 시장과 전쟁을 하려고 하지 말고 나만의 전투에 집중하면서 생존하는 데 집중해야 한다는 것이다.

실전에서 가장 중요한 것이 투자자의 멘탈인데, 그것을 수립하고 다듬는 것이 실전투자에서 시장의 다양한 변동성에도 생존력을 키우면서 기회를 포착하는 능력을 준다. 언뜻 '주식 관련 책에 무슨 철학적 사고가 필요한가' 하는 의문이 들 수도 있으나 실제 30년 이상 시장과 싸워보니 나만의 투자호흡과 정신력을 담금질하는 것이 가장 중요하다는 것을 체득했다.

비판적 사고

매일 매일 노출되는 변수 속에 우리가 항상 범하기 쉬운 4가지 우상을 비판적 사고로 생각해보고 질문을 하면서 사고훈련을 해 보는 것이 중요하다. 이 부분은 M. 닐 브라운, 슈튜어트 M 킬리가 지은 『11가지 질문도구』라는 책에서 더 많은 공부를 해주길 바란다. 간단하게 정리해보면 다음과 같다.

– 이슈와 결론은 무엇인가? 상대방의 의견이나 혹은 내가 수집한 정보 속에 있는 논쟁의 핵심은 무엇인가?

– 이유는 무엇인가? 그들이 왜 그런 독특한 판단을 하거나 개인적 견해를 갖게 되었을까? 다른 방식이 아니고 굳이 왜 그렇게 생각했을까? : 이런 이유들을 좀더 자세하게 확인하기 전에 그들이 내린 결론의 가치를 판단하는 것은 위험하다.

– 어떤 단어나 어구가 애매한 것인가? : 그들이 제시한 생각을 받아들이거나 다른 의견을 제시하는 반응을 하려면 먼저 결론과 이유를 구성하고 있는 어구나 단어들의 의미를 좀 더 정확하게 알아야 한다. 특히 핵심 용어나 어구가 적절하게 정의되어 있는지를 살펴야 한다. 같은 단어나 어구를 사용하지만 서로 다른 의미와 정의로 사용하고 있는 경우가 많다. 그럼에도 불구하고 서로 다르게 사용하고 있음을 모르는 데서 대부분의 오해가 생긴다.

– 가치 갈등과 가치 가정은 무엇인가? : 겉으로 말하지는 않지만 이면에 숨어 있거나 진술되지 않은 믿음이 있는가? 특히 가치는 사람들이 여러 선택 대안들 중에서 객관적인 최상의 것을 선택하기보다는 특정한 것을 선택하게 만드는 아주 중요한 요인이다. 이를 파악하기 위해서는 그 사람의 배경을 탐구하거나, 역할을 바꾸거나, 비슷한 사회적 논쟁을 찾아보면 된다.

– 그 서술의 가정은 무엇인가? : 서술의 가정은 세계가 과거에 어떠했는지, 현재는 어떠한지, 미래에 어떻게 될 것인지에 대해 각자 확신하고 있는 믿음이다. (가치의 가정은 현실과는 상관없이 세계는 반드시 어떠해야 하다는 것에 대한 믿음이다.) 문제는 실제 투자시 '시장이 틀리고 내가 맞아'라고 고집하면서 '내가 믿는 세상은 이렇게 되어야 해' 하는 구간에서 몸에 힘이 들어가 투자에 실패하고 시장에서 아웃되는 경험을 하기 쉽다는 점이다.

– 추론에 오류가 있는가? : 추론이란 미루어 생각해 논하는 것인데, 혹시 상대가 주장하는 추론 속에 속임수는 없는지 비판적으로 검토해봐야 한다. 흔히 있을 수 있는 3가지 추론상의 속임수는 다음과 같다. '① 잘못된 혹은 부정확한 가정을 강요하는 추론을 제시하는 것 ② 정보가 결론과 관련이 없는데도 관련이 있는 듯 보이게 만들어서 속이는 것 ③ 결론이

이미 참이라는 것을 그 결론의 근거로 제시할 때'인데, 거부하는 것이 좋다. 한 사람의 가정, 이론 혹은 생각을 공격하는 것이 아니라 그의 인격이나 배경을 공격할 때, 완벽한 해결책을 찾으라고 강요할 때, 허수아비를 공격할 때, 잘못된 딜레마를 제시할 때, 소망적 사고를 이용할 때, 겉만 번지르르한 일반화로 주의를 분산시킬 때 등이다.

- 증거는 얼마나 훌륭한가? : 상대가 자신의 추론이나 주장이 맞다고 제시하는 증거의 질적 수준이 높은가? 아주 미약한 증거나 실험에도 불구하고 성급하게 일반화해서 자신의 주장을 강요하지는 않는가? 고의적이든 그렇지 않든 누락된 중요한 증거는 없는가?

- 경쟁하는 또 다른 원인이 있는가? : 논쟁을 진행하면서 잘 드러나지 않거나 혹은 숨겨진 경쟁 관계에 있는 다른 원인을 발견하게 되면 증거의 적합성을 판단하는 데 도움이 된다. 예를 들어 'A는 OO에는 효과가 있지만, 반대로 XX의 부작용이 있다'는 식의 경쟁 원인을 찾아보는 것이다. 자신들의 의견이나 혹은 제품의 가치를 극대화하기 위해 의도적으로 경쟁 원인을 말하지 않거나 숨기는 경우가 종종 있다.

- 통계에 속임수가 있지는 않은가? : 본래 통계숫자로 제시된 증거들은 듣는 이로 하여금 마치 사실이거나 혹은 과학적이라는 착각을 일으킬 수 있다. 비판적 사고를 잘하기 위해서는 통계도 얼마든지 거짓말을 할 수 있다는 것을 염두에 두어야 한다. 또한 통계 자체는 사실이지만 논리를 증명하기에는 부족하거나, 적합하지 않은 샘플이거나, 적절하지 않은 해석일 수도 있다. 일부 통계정보를 고의적으로 빠뜨려 속일 수도 있다.

- 중요한 정보가 빠져 있지는 않은가? : 필요한 최소한의 정보는 잘 수집이 되어 있는지, 특히 상대가 주장하는 것에 반대되는 편에서 중요한 정보들도 잘 수집을 한 후 의견을 개진하고 있는지를 살펴보아야 한다.

- 어떤 또 다른 합당한 결론이 가능한가? : 하나의 결론만이 합당하게 추론되는 상황이란 거의 존재하지 않는다. 다양한 결론에 대한 탐색이 필요하다. 이를 통해 새로운 대안적 결론을 도출할 수 있다.

앞에서 제시한 '비판적 사고를 위한 질문도구'를 사용하면서 시장에 영향을 미치는 변수가 등장 시 하나 하나 접목시키면서 생각해본다. 여기서 논리적 사고기술이 필요한데, 연역법과 귀납법을 사용하는 것이 바람직하다. 개인적으로는 귀납법을 선호하는데 '통계적 조사-노출된 변수'에서 도출되는 상황을 분석하면서 앞으로 변화되는 과정을 체크해가고, 그 흐름에서 패턴과 법칙을 찾으려고 노력한다.

이것에 대한 생각의 훈련방법을 2019년 현재 이슈화가 되는 '미중 무역전쟁'에 대해서 적용해보자. 위 사고의 과정을 열거하고 스스로 적어보는 작업을 해보는 것이다. '금리 인상 이벤트-대차대조표축소 이벤트-북미회담 진행과정과 미국 중국의 북한정책에 대한 시나리오' 등 이슈를 정하고 그것에 만들어낼 수 있는 시나리오와 생각의 과정을 위 방식으로 동태적으로 추적하고 체크해보는 생각의 훈련을 하다보면 생각이 확장되고 진행해가는 과정에서 오차를 축소하고, 시장이 말해주는 징후를 빨리 파악할 수 있게 되는 것이다.

이런 생각의 훈련에 도움이 되는 재정리 사고를 요약하면 다음과 같다.

재정리사고

재정리사고는 분류사고라고도 하는데, 이미 일어난 일에 대해 이미 알고 있는 것을 재정리하는 것을 말한다. 이 사고방식에는 패턴인식사고, 매트릭스사고, 로직트리사고, 맥킨지식분류사고 등이 있는데 하나하나 소개하면 다음과 같다.

1. 패턴인식사고

사건, 사물, 세상이 움직이는 숨은 패턴을 알 수 있다면 그 패턴이 지속될 경우 미래에 무슨 일이 일어날지 예측할 수 있다. 인간의 뇌도 지식을 패턴화해서 저장하는 것을 선호한다. 패턴화된 지식을 근거로 새로운 창조를 시도하는 방식으로 복잡하고 무질서하게 보이는 사회현상을 일정한 패턴이나 프랙탈 구조를 찾아서 현상을 설명하고 미래를 예측해가는 방식이다. 토마스 쿤이 세상의 변화를 설명하는 데 사용했던 패러다임이라는 것도 패턴인식사고에서 나온 것이다.

2. 매트릭스사고

알렉스 로위가 지은 『2×2 매트릭스』라는 책을 읽어보면 많은 직관을 얻을 수 있다. 개인적으로 이 기법을 많이 사용하는데, 비판적 사고를 통해 논리적 분석을 마친 상황에서 정보를 매트릭스로 조직화하고 정리하는 방향으로 생각을 집중해 보는 데 많은 직관을 준다. 아주 간단하지만 미래의사결정에 아주 탁월한 능력을 제공해주는 방식이다. 2×2 매트릭스사고는 역설적인 상황을 낳은 대립하는 양측면의 상황, 지식, 정보를 비판적 사고를 통해 한번 점검한 후에 이를 직관적으로 재정리해줌으로써 추후에 아이디어 확정적 시각을 가능케 해주는 유용한 사고기술이다. 다음은 개인적으로 그동안 이용했던 2×2 매트릭스구조들이다.

도표 7-1 2×2 매트릭스

	KNOWN	UNKNOWN
SEEN	보이는 것 아는 것	보이는 것 모르는 것 정보격차
UNSEEN	보이지 않는 것 아는 것 시간격차	보이지 않는 것 모르는 것

도표 7-2 원달러 - 3년 국고채

원달러

		강세	약세
3년 국고채	상승	원화강세 3년 국고채 상승 그레이트로테이션 안전자산에서 위험자산선호	원화약세 3년 국고채 급등 최악의 시나리오
	하락	원화강세 3년 국고채 하락 최고의 시나리오 한국자산저평가에 대한 외국인 매수세 집중	원화약세 주식시장에서 외국인매도 그러나 채권시장에서 국고채매수하는 상황

도표 7-3 삼성전자 - 삼성바이오로직스

삼성전자

		매수	매도
삼성바이오로직스	매수	+ + 삼성전자 매수 삼성바이오로직스 매수	– + 삼성전자 매수 삼성바이오로직스 매수
	매도	+ – 삼성전자 매수 삼성바이오로직스 매도	– – 삼성전자 매도 삼성바이오로직스 매도

미결제약정

	증가	감소
종합지수 **상승**	종합지수 상승 미결제약정 증가	종합지수 상승 미결제약정 감소
하락	종합지수 하락 미결제약정 증가	종합지수 하락 미결제약정 감소

3. 맥킨지식분류사고

맥킨지식분류사고는 유명한 사고방식으로 MECE사고방식이라고도 하는데, 경영학 공부한 분들은 많이 접해본 내용이다. MECE는 Mutually Exclusive Collectively Exhaustive의 약자로 중복되지 않으면서, 빠진 것도 없는 상태로 재정리하는 사고를 말한다. 다음 정리한 내용을 읽어보고 앞으로 문제가 발생했을 때 이 방식을 통해서 '미래지도 그리기'를 해보길 바란다.

다음 내용은 틈틈이 찾아가서 공부하는 이명헌 경영스쿨에서 발췌해온 내용이다. 해결책 구축은 크게 3가지를 지키며 진행하는데, 그것은 바로 'Fact-based, Rigidly structured, Hypothesis-driven'이다.

해결책 구축의 첫 번째 단계는 역시 '정확한 현실 인식'이다. 책에는 이렇게 써놓았다. 'Don't fear the facts.' '사실'은 외면한다고 덮어지지 않는다. 하지만 사실을 있는 그대로 받아들이는 것은 매우 두렵다. 컨설팅 회사라는 제3자를 회사 내부에까지 끌어들여서 문제를 해결하는 가장 큰 이유는 객관적 사실을 있는 그대로 보기가 힘들기 때문이다. 전임 맥킨지 매니저는 이렇게 얘기했다.

"맥킨지의 문제 해결 과정은, 자세히 살펴보면 사실을 공격적으로 모으고 문제점의 구성요소를 매우 신중하고 수준 높은 방식으로 분석하는 것이다. 여기서 중요한 부분은 '공격적으로 사실을 모은다'이다. 문제 해결에 있어서 첫걸음은 있는 그대로의 팩트를 정확히 파악하려는 적극적 마음가짐이다. 복잡계투자분석에서도 개인적으로 이 부분을 가장 중요하게 강조하고 있다. 빅데이터를 집중적으로 모아서 수치분석하고 그것이 이야기하는 내용을 보이는 부분과 보이지 않는 부분에 대해서 열거해보는 것이다."

"사냥꾼이 사냥감을 쫓듯 팩트를 찾아내야 한다. 팩트를 두려워할 필요가 없다. 모든 문제점은 해결책이 있기 때문이다."

다음으로 해결책 구축에서 중요한 것은 '엄격한 구조^{rigidly structured} 속에서 사고'하는 것이다. 맥킨지는 'MECE'라는 독특한 용어로 구조적 사고방식을 설명한다. MECE를 지키면 최대의 명확성과 최고의 완결성을 갖고 사고할 수 있다. 'Mutually Exclusive'는 서로 중복되지 않는, 상호 배타적인 것을 찾아낸다는 의미다. 'Collectively Exhaustive'는 찾아낸 것들을 다 합치면 문제점 전체가 커버가 되어야 한다는 의미다. 특히 MECE의 원칙을 지키면서 가급적이면 항목 수가 3개를 넘지 않으면 더욱 좋다. 각각은 분명하게 분리되어 있고 명확하면서도 문제점과 관련된 모든 이슈가 다 포함되게 3가지 핵심 항목을 찾아내는 것이 'MECE'다. MECE라는 구조를 이용해 파악한 내용과 일차적 팩트의 조합에서 초기가설^{Initial Hypothesis}을 세운다. 초기가설은 문제점의 구조적 분할에서 시작한다. MECE 형태로 문제를 구조적으로 분석해 들어가면서 어떤 것이 핵심요인^{key driver}인지 파악하는 것이다. 이렇게 파악된 핵심요인에 대해 '실행 가능한^{actionable}' 행동지침을 만들어낸다.

실행 가능한 것을 찾는다는 것이 중요하다. 실전투자자에게도 실행 가능한 투자전략을 찾아내는 것이 중요하다. 맥킨지 방식은 '지금 할 수 있는 일은 무엇인가'

를 꾸준히 묻는 방식이다. 현재 상황에서 적합도가 높은 실행 가능한 투자전략이 무엇인지 찾아내야 한다. 그 이유는 완벽한 것을 추구하면서 실행을 늦게 하다가는 실전투자에서는 큰 낭패를 볼 수 있기 때문이다. 따라서 완벽한 해결책이 아닌 현 상태에서 할 수 있는 최선의 실행 가능한 해결책을 제시해야 한다.

4. 로직트리사고

로직트리사고(의사결정나무사고, 이슈나무사고)는 복잡한 과제나 이슈를 한눈에 파악할 수 있도록 중요한 요인을 논점별로 MECE사고를 이용해 빠진 것 없고 중복도 없도록 분해해 나가면서 계층별로 구조화하는 사고방식이다.

예를 들어 "우리 회사의 A 제품 판매가 부족합니다. 어떻게 매출을 늘릴 수 있을까요?"라고 의뢰했다면 다음과 같이 MECE 프레임을 이용해서 초기가설을 세운 다음, 각각의 이슈에 대해 계속 MECE 방식으로 사고하며 가지를 쳐나가는 것이다. 그 결과는 'issue tree'라 불리는 다음과 같은 도표다.

도표 7-5 **의사결정나무**

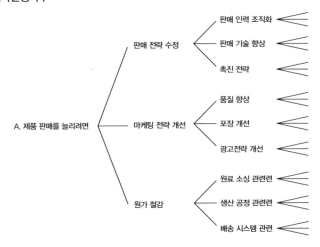

앞의 구조를 응용해 A종목을 투자해서 수익률을 극대화하려면 이런 질문으로 의사결정나무를 만들어보든지, 아니면 A종목을 투자해서 손실을 최소화시키면서 수익을 만들어보려면 접근하는 질문의 흐름을 설정하고 그것에 따라 예상되는 세부전략을 나열해보는 것이다. 처음에는 두서없고 막연해 보이고 생각도 잘 안 나겠지만 꾸준히 생각해보고 조언도 들어보고 전문가에게 질문도 해보고 해서 나오는 대안을 나열해보는 것이다. 막연히 생각되던 매우 복잡해보이는 문제도 이처럼 어떤 구조structure를 적용해서 분석해 들어가면 해결 가능한 작은 덩어리들로 쪼개어지면서 문제점 전체를 정확하게 파악할 수 있고, 해결책도 쉽게 떠오른다.

실전투자에서 최고의 방법을 찾다가 몸에 힘이 들어가거나 타이밍을 놓치는 실수를 해서 치명적인 타격을 받을 수 있다. 그래서 'best'보다는 'better'를 찾는 태도, 즉 최선은 아닐지라도 즉시 실행 가능한 사항을 찾아내야 한다.

확장사고

확장사고는 비판적 사고와 재정리 사고를 거친 후 마지막 과정에서 여러 가지 아이디어를 접목해서 생각을 확대시켜 보고 그것에서 얻어지는 아이디어를 다시 정리해보는 작업을 해보는 것이다. 미래학자 최윤식 교수는 확장사고에 필요한 아이디어를 '이중표상과 다차원적 형상화, 상상, 추상, 유추, 구상, 구성, 가추, 콘셉트사고'로 정리했다.

1. 이중표상

인간은 누구나 4살이 되면 하나의 사물에서 동시에 2개 이상의 다른 것을 떠올릴 수 있게 된다고 하는데 이를 이중표상이라고 한다. 사람은 이중표상 능력을 토

비트켄슈타인, 〈오리-토끼〉, in: Philosophical
Investigations(Cambridge, Mass: Blackwell
Publishers, 1958)

대로 실제로 존재하는 사물이나 상징들을 결합해서 다양한 의미를 만들어낼 수 있
다. 이것을 상징추론Symbolic Reasoning 능력이라고 한다. 여기서 너무나도 유명한 비트
켄슈타인의 오리-토끼 그림을 보기 바란다. 여러분들은 무엇이 먼저 보이는가?

2. 다차원적 형상화

형상화 능력이란 어떤 특정한 생각이 떠오를 때 그것을 머릿속에 이미지로 형상
화시켜보거나 혹은 실제로 종이 위에 이미지로 그려보는 것으로, 상상추론 능력을
통해서 이미지를 형상화시키는 것이 중요하다.

개인적으로 현재 이 방식을 통해서 북한의 미래는 어떻게 형상화될 것인지 미래
지도를 그려보고 있다. 북한의 정책구조를 형상화시키고 그 구조의 의사결정 구성
원이 어떻게 형성되고 중국-미국-일본-한국의 대북정책의 흐름이 진행되는 과정
에서 어떤 이미지가 나타날 것인지 생각해보면서 그려보고 있다.

이런 과정을 통해서 실현가능성과 법적규제 및 글로벌 이해당사자들의 이해충
돌로 인해 전개될 시간 오차와 정보 격차는 어떤 것이 있을지 상상해보는 것이다.
이중표상과 형상화 사고를 기초로 해서 상상, 추상, 유추 사고기술이 가능해진다
고 한다.

3. 상상

상상의 사전적 의미를 살펴보면, 실제로 경험하지 않은 현상이나 사물에 대해 마음속으로 그려보는 정신작용을 말한다. 외부자극에 의하지 않고 과거의 경험으로 뇌에 기억된 생각을 떠올리는 정신 작용, 이를 재생적 상상이라고 한다. 뇌에 기억된 과거의 경험으로 얻어진 심상을 새로운 형태로 재구성하는 정신작용, 이를 창조적 상상이라고 한다.

상상사고를 잘하기 위해서는 반드시 연결연상이나 융합연상 훈련을 해야 한다. 연결연상은 크게 논리적 연결연상과 비논리적 연결연상의 2가지가 있다. 논리적 연결연상은 의식적 상태에서 작동하고, 비논리적 연결연상은 무의식적 상태에서 작동한다. 특히 무의식 속에서는 이성에 의해 거부되었던 독창적이고 특이한 연결관계를 발견하는 기회가 만들어지니, 의식적 상태에서 연결연상과 무의식적 상태에서 연결연상하는 훈련을 같이해야 새로운 미래를 읽는 직관이 생길 것이다.

개인적으로 "투자 직관 혹은 촉이 좋아야 시장에서 생존하는 확률이 높아진다"는 말을 자주 하는데, 이런 훈련을 통해서 상상하는 능력을 키우기 바란다. 오죽하면 꿈속에서도 생각하라고 하고, 말도 안 되는 상황과도 수없이 연결시켜서 생각해보라고 발명왕 에디슨과 애플의 스티브 잡스가 그토록 강조했을까?

융합연상에도 2가지 종류가 있다. 동양과 서양 음식을 합하는 것처럼 같은 장르 안에서 일어나는 융합은 퓨전^{Fusion}이라 하고, 인문학과 경영학이 만나고 인문학과 공학이 만나는 것처럼 서로 다른 장르들이 합쳐져서 새로운 차원의 창조가 이루어지는 것을 통섭이라고 한다. 통섭에 대해서는 시간 날 때 최재천 교수가 지은 『통섭의 식탁』과 『지식의 통섭』, 에드워드 윌슨이 지은 『통섭』, 주식투자와 연계해서는 마이클 모부신이 지은 『통섭과 투자』라는 책을 읽어두길 바란다.

전문가들은 최고의 융합연상으로 데페이즈망^{Displacement}을 꼽는데, 아무런 관계가 없는 2개 이상의 것들이 상식에 맞지 않게 순서를 뒤집거나 어울리지 않게 버무려져 있는 상태를 말하는 것이다. 여기서 나타나는 화학현상이 우리를 아무도 상상하지 못한 세상으로 이끌고 새로운 창조의 세상을 만들어주기 때문이다.

북한의 미래지도를 연결연상과 융합연상의 방식으로 접근하는 이유도 같은 한민족이라는 동족성향을 갖고 있지만 체재의 분단에서 나타나는 이질감이 융합되었을 때 어떤 화학반응이 나타나는지, 생각할 수 있는 부분과 전혀 생각지도 못한부분으로 진행될 수 있기 때문에 상상사고 방식으로 접근해서 분석해보는 시도를해야 우리가 놓치는 부분과 생각하지 못하는 부분을 찾아낼 수 있기 때문이다.

4. 추상

복잡한 것들에서 불필요한 것들을 과감하게 버리고 아주 단순한 몇 가지의 본질적 요소들로만 줄여서 놀라운 본질이 드러나도록 특징화하는 것이다. 추상의 사전적 의미는 다음과 같다. '어떤 생각이나 모양을 뽑아내는 것을 뜻함.' 조형본능에는 대상의 객관성을 합리적으로 거부하려는 본능과 함께 자연과는 떨어진 추상 충동이 있다. 추상표현에는 자연을 단순화 또는 변형해 뽑아낸 것과 자연과는 아무런 관계없이 순수하고 합리적이며 상상력에 의해 생겨난 것들이 있다. 추상 미술은 근대 과학 기술의 발달에 따른 합리주의의 반영으로 나타났으나 제 1차, 제 2차 세계대전을 거치는 동안 기하학적·구상적 미술이 중심을 이루며 전개해나갔다. 오르피즘, 순수주의, 절대주의, 구성주의, 신조형주의 등이 그것인데 건축이나 디자인과도 강하게 결부되었다.

한편 미래주의 일부에서는 감정 표출의 곡선 및 색채가 자유로이 구사되었고, 칸딘스키와 같이 독자적인 내성적 추상주의로 생겨났다. 제2차 세계대전 후에는 기하학적 추상보다는 감정 표출적인 면을 추구하고, 그림을 그리는 행위 자체를 중요시하는 추상 표현주의가 생겨났다. 오늘날 이처럼 보편화된 '추상'이라는 용어는 특정한 양식만을 가리킬 수 없는 것이 되었다.

그런데 "추상과 주식투자가 무슨 상관이 있나요?"라는 질문을 할 것이다. 개인적으로 미술학과 앞서간 선인들의 그림 작품을 자주 보고 그 속에 느껴지는 추상적 생각을 적어나가는 훈련을 하다 보면 시장이 만들어내는 추상적 현상을 읽어내는 능력이 자연스럽게 증가한다는 점을 강조하고 싶다.

5. 유추

2개의 사물이 몇몇 성질이나 관계를 공통으로 가지며, 또 한쪽의 사물이 어떤 성질 또는 관계를 가질 경우, 다른 사물도 그와 같은 성질 또는 관계를 가질 것이라고 추리하는 일을 유추라고 한다. 이를 유비추리類比推理라고도 하는데, 하나의 유類에 속하는 종種이나 개체個體에 적용할 수 있는 명제命題는 같은 유에 속하는 다른 종이나 개체에도 적용할 수 있다는 것이 유추, 즉 '유에 의한 추론推論'의 내용이다.

요컨대 유추는 복수複數 성질의 상관 관계에 관한 추리라고 할 수 있으며, 우리들은 일상생활에서 무수한 유추를 무의식적으로 행하고 있다. 인생살이에서 성공할 수 있는 길은 이러한 유추를 올바르게 행할 수 있는 능력에 달렸다고 할 수도 있다. 제너가 우두독牛痘毒을 이용해 종두種痘를 발견한 것도 유추를 이용한 좋은 본보기라고 할 수 있다.

유추법은 또한 법률학이나 언어학에서도 흔히 이용되는데, 법률학에서는 어떤 사항을 직접적으로 규정하는 법규法規가 없을 경우 그것과 비슷한 사항을 규정하는 법규를 원용援用하는 것을 유추라고 한다. 언어학에서는 말하는 이話者의 마음속에 서로 관계가 깊은 일군一群의 언어형식을 하나로 통일하려는 움직임을 유추라 하는데, 언어의 변천과정을 설명하는 원리로서 유추를 이용한다. 예컨대 고대 그리스의 'hemera(낮)'는 원래 어두語頭에 'h'가 없었으나 'hespera(저녁)'의 유추에 의해 'h'가 붙게 되었으며, 영어의 음운변화 법칙에 따르면 'book'의 복수는 'beech(고대 영어 bōc)'가 되어야 하지만 많은 명사가 '단수형+s'로써 복수형을 만들기 때문에 이것의 유추에 의해 'books'로 바뀌게 되었다.

주식투자에서도 유추법을 이용해서 이것이 있으면 저것이 연결되는 상황과 그것을 기반으로 '같은 성질, 다른 성질의 종목'을 찾아내고, 실제 시장의 움직임을 추적해보는 데 사용할 수 있다.

6. 치환사고

간단하게 설명하면 '입장 바꿔 생각해봐'이다. 내 입장과 상대방의 입장을 서로 왔다 갔다 치환하면서 상상–유추–추상을 시도하는 사고작용을 말한다. 입장을 바꿔 생각하는 것만으로도 동일한 현상 속에서 새로운 의미를 찾거나 고정관념을 깨는 새로운 시각을 얻을 수 있는 것이다.

7. 가추사고

개연적으로 참인 결론으로 사고를 확장해보는 방법이다. 100% 맞다고 할 수는 없지만 맞을 가능성이 상당히 높은 새로운 가정을 만들거나 새롭게 추측하거나 혹은 생각을 확장시킬 수 있는 주장을 도출하는 방법이 바로 가추사고다. 새로운 지식은 연역이나 귀납에 의해서가 아니라 추측과 가정에 의해 얻어지는 것이다. 주의할 점은 가추사고로 얻은 결론은 반드시 참이 아니라 참일 개연성이 높다는 것으로, 실험이나 관찰을 통해 가추에 대해 추가로 검증해야 할 것이다. 즉 동태적 추적의 검증 과정이 실전에서 중요하다.

가설사고에서 '가설Hypothesis'은 그리스어로 '밑에 놓는다'는 뜻이다. 가설은 어떤 사실을 설명하거나 어떤 이론체계를 연역하기 위해 '만일~라면, ~이다'라는 식으로 임의로 설정하는 것을 말한다. 하지만 아무리 임의로 설정한다고 해도 몽상이나 환상처럼 허무맹랑하게 설정해서는 안 된다. 이 부분에서 가추사고가 중요해진다. 가추사고를 통해서 이미 알고 있는 진리나 개념으로부터 새로운 명제와 개

넘을 만들어내기 시작해야 수준 높고 생산적인 가설사고를 할 수 있다.

가설사고를 잘하려면 3가지 중요한 조건이 필요하다. 첫째는 정보가 적으면 적은 대로 가설을 세우려는 적극적이고 용기 있는 태도이고, 둘째는 가추사고를 통해 논리적인 추상을 도출할 수 있는 사고력이고, 셋째는 시한을 정해 일단 결론을 내리는 훈련이다.

실전에서 이런 흐름을 중요하게 여겨 시한을 정해 일단 결론을 내리고 실행하는 결정력이 필요하다. '맞고 틀리고'의 문제보다 시장근본주의적사고로 시장에 적합도를 찾아내는 과정이 중요하다.

아주 일반적으로 말하자면, 과학의 법칙은 본질적으로 "모든 A는 B다"라는 형식으로 표현된다. 한편 베이컨 이래로 우리가 관찰이나 실험에 의해 확인할 수 있는 것은 어디까지나 "어떤 A는 B다"의 집적에 다름 아니며, 보편적인 법칙이 획득되는 것은 이러한 언명의 귀납적 일반화를 통해서라고 생각되어 왔다. 그러나 이론적인 근대 과학의 형성과 구조를 상세하게 점검해보면 사태가 반드시 그런 것은 아니다. 근대 물리학을 필두로 하는 이론과학에서는 관찰이나 실험에 의해 입수된 데이터라 하더라도 이미 이론언어를 포함하고 있기 때문이다.

예를 들어 물리학에서 가속도, 에너지, 주파수 등이라고 불리는 관측 가능한 양은 이론구성의 개요 가운데서 그 의미가 결정되어 있다. 게다가 이러한 이론언어는 관찰이나 실험의 집적을 통한 일반화로서 획득되는 것이 아니라 가설로서의 이론을 구성하는 가운데 제안된다. 과학이론은 대체로 제안된 가설로부터 연역적으로 예상되는 사태를 실험이나 관찰에 의해 검토하고, 그 시련을 견뎌낸 것을 법칙으로서 확인하는 절차를 밟는 것이다.

이와 관련해 말하자면, 현대의 과학론에서 '가설'의 중요성이 인식된 것은 아인슈타인의 이론형성 방법에 대한 반성에 기반하고 있다. 아인슈타인은 특수상대성이론을 만들어낼 때 이른바 운동의 상대성과 진공 속에서의 광속도의 불변성을 가설(요청)로서 제안하고 그것을 이후의 추론의 전제로 해 고찰을 진전시켰다. 가설을 설정해 문제를 고찰하는 방법은 기하학의 방법에서 배워 『메논』에서 소크라테스가 사용한 방법이었는데, 나아가 플라톤은 『파이돈』과 『국가』에서 이데아론과의 관련 하에 그것에 좀더 적극적인 의의와 역할을 부여했다.

개인적으로 실전투자에서 기하학적 사고를 많이 이용하는데, 미리 이런 흐름으로 진행될 것이라는 가설을 설정하고, 그것을 이미지화시켜 실제 시장이 진행되는 과정과 비교해가면서 오차를 조절하는 과정이 시장근본주의자에게 필요하다.

근대 과학의 출발점이 된 코페르니쿠스와 케플러의 태양중심설(지동설)은 신플라톤주의의 영향 하에 이루어진 대담한 가설 설정의 성과이지 베이컨 류의 귀납법의 결과가 아니었다. 그러나 근대 과학을 완성한 뉴턴은 "나는 가설을 만들지 않는다"고 말하며 가설에 대한 경계를 토로하고 있다. 이것은 중력의 성질의 원인에 관한 맥락에서의 발언인데, 뉴턴의 용법에서의 '가설'이란 현대의 그것과는 달리 미지의 '신비로운 성질occult qualities'을 지시하는 말이었다. 중력의 원인을 상정하는 가설은 물리적이기는 하지만 형이상학적이기도 한 것으로서, 뉴턴과 마찬가지로 칸트에 있어서도 결국 가능한 경험의 저편에 원인을 설정하는 사고방식이었다.

중력이라는 현상이 자연과학에서 정당화되고 있다고 해서 그 (형이상학적인) 원인을 가설에 의해 상정하는 것은 칸트에 의해서도 인정되지 않는다. 또한 생명 있는 유기체의 인식을 위해 필요한 자연목적의 개념 등에 대해서도 그 원인으로서 상정되는 예지적 기체는 (초월론적인) 가설 이상의 의미를 가질 수 없게 된다. 칸트에 따르면 경험의 기반을 떠난 개념은 모순하고 있지 않더라도 대상을 결여하고 있는 것으로서 '이념', 즉 대상의 구성원리가 아닌 현상의 통일을 위한 규제적 원리이기 때문이다. 칸트에 의하면 이성의 사변적 사용을 위한 초월론적 가설이 용인되는 것은 (과학)이론이나 학설에 의해 사용될 때가 아니라 오로지 주장의 주제넘은 월권을 저지하기 위한 '논쟁적인 사용'의 경우뿐이다.

시장근본주의적 실전투자를 설명하는데 칸트의 철학이나 무슨 이상한 소리 같은 철학적 사고 언어가 필요한지 의아스러울 것이다. 하지만 개인적으로 이런 사고의 훈련이 기술적 분석이나 가치분석보다 실전에서는 더 월등하게 생존능력을 키워준다고 생각하고, 실제로도 경험하고 있다.

가설사고는 시나리오를 작성하는 데 아주 중요한 이론적 기반을 제공해준다. 이어 가설스토리를 구성하는 작업을 해가는 과정에서 미래지도 그리기 시나리오의 수준이 결정된다고 본다.

'한정된 정보를 가지고 현장분석을 하면 〔이런 분석결과〕를 얻을 수 있을 것이다. 그 중에서도 이 문제의 〔진짜 원인은 이것〕이며 그 결과로서 〔몇 가지 이러이러한 전략을 생각해 볼 수〕 있으나 〔가장 효과적인 것이 바로 이 전략〕이다' 같이 가설스토리 구성 과정을 정리하면 다음과 같다.

- 1단계 : 문제가설과 해답가설을 가지고 가설 스토리 구성
- 2단계 : 내가 세운 가설을 증명하기 위한 정보 수집
- 3단계 : 정보 분석(혁신적으로 생각하기)
- 4단계 : 실제적 해답 도출

8. 콘셉트사고

콘셉트를 사전에서 찾아보면 다음과 같다. '사물 현상에 대한 일반적인 관념이나 지식.' 다시 말해서 개개의 사물로부터 공통적·일반적 성질을 뽑아내서 이루어진 표상表象을 개념이라 한다. 어떤 학문에서나 '개념'이라는 말을 많이 쓴다. 행정학에서도 공익성의 개념이니 관료제의 개념이니 하며 '개념'이라는 말을 사용한다. 그러나 개념 그 자체에 대해 정확하게 정의하기는 사실상 쉽지는 않다.

개념은 감각에 의한 인상印象·지각知覺 또는 상당히 복잡한 경험에서 창조된 논

리적인 구성이며, 어디까지나 진술된 준거틀 안에서만 의미를 갖는 것이지 실제로 현상으로서 존재하는 것이 아니기 때문이다. 예를 들면 나무로 만든 책상 형태의 물건이 있다고 하자. 학생이 그것을 공부하는 도구로 이용할 때에는 '책상'이라 말할 수 있다. 그러나 추워서 떨고 있는 사람에게는 아마도 '땔감'으로 보일 수도 있고, 데모하는 학생에게는 '몽둥이'의 재료로 보일 수도 있다. 이와 같이 책상이라는 용어는 특정의 용도와 성질만을 가진 것이지 그 물건이 가지고 있는 본질(本質)을 말한 것이 아니므로 준거틀을 달리하면 그 개념도 달라질 수 있는 것이다.

그러나 어떤 특정 사물의 본질을 준거틀로 했을 경우에는 개념은 정립된다. 즉 개개의 사물로부터 비본질적인 것을 버리고 본질적인 것만을 추출해내는 사유의 표현을 개념이라 정의할 수 있다. 이를테면 가을 시냇물에 발을 담갔을 때, 눈이나 얼음을 만졌을 때, 겨울에 쇠붙이에 손을 대었을 때의 촉감 등에서 공통된 감각적 느낌이 총괄되어 '차다' 또는 '차가움'과 같은 개념이 구성되는 것이 그 예이다.

내가 읽어봐도 참 어렵게 설명한다는 생각이 든다. 여하튼 여기서 콘셉트사고는 새로운 가치와 시장을 창출하는 사고라고 생각해주기 바란다. 어떤 개념에 묶이지 말고 개념에서 창출되는 이미지를 생각해보고, 그 이미지도 고정관념 하에 떠오르는 것이 아닌 완전히 새로운 가치를 창출시키는 이미지를 형상화시키는 노력을 해보는 것이다.

콘셉트사고로 사례분석에서 자주 인용되는 것이 아시히야마동물원이다. 기존 동물원의 콘셉트는 '동물을 아프지 않게 보호하고 건강하게 하면 사람들이 동물들을 보러 올 것이다'였다. 여기에 '능력전시'라는 새로운 콘셉트를 부여해서 관객을 불러모았다. '능력전시'에서 '하늘을 나는 펭귄'이라는 콘셉트를 부여해서 펭귄이 하늘을 날아다닌 것 같이 수족관을 만든 것과 같이, 사람들이 동물에게서 잘 못 봤던 부분을 볼 수 있게 콘셉트를 설정하면서 새로운 수요를 창조하고 일본에서 가장 유명한 동물원이 되었다.

이것을 경제현상이나 주식시장에서 접목시켜보자. 현재는 보이지 않는 부분이지만 여러 가지 새로운 개념 형태로 등장할 수 있고, 그 과정에서 기업의 가치가 현재보다 새로운 상황으로 전개될 수 있는지 생각해본다. 실제로 그렇게 될 경우 기업의 가치가 현재보다 커질 가능성이 높아지면 그 대상종목에 투자하는 결정을 할수 있다. 경제현상도 현재 노출 또는 진행 되는 일반적인 상황에서 새로운 변수나환경이 조성되면서 생각지도 못했던 상황으로 전개될 수 있는지 콘셉트 사고방식으로 접근해보는 것이다.

콘셉트사고는 다음과 같은 7단계 과정을 거친다. 1단계, 문제의식이나 새로운목적의식을 품는다. 2단계, 논리적 사고기술을 통해 특정영역의 본질을 탐구한다. 3단계, 이 영역의 현재와 미래 변화 흐름을 예측한다. 4단계, 현재와 미래 속에 숨어 있는 문제, 욕구, 결핍에 둘러싸여 있는 사람들의 마음을 감동시키고 움직일 수있는 새로운 가치를 찾는다. 5단계, 새로운 가치의 특성을 말이나 이미지로 매력적이게 응축·응집·승화해 표현한다. 6단계, 새로운 가치가 설정되면 다양한 사고기술을 통해 확산과 수렴을 반복하면서 그 콘셉트를 현실로 만들어주는 아이디어를꺼낸다. 이때 우선 선택된 콘셉트에서 다양한 관련 아이디어로 가지를 뻗어나가면서 콘셉트를 현실로 만들 수 있는 많은 대안을 생각해내는 확산을 시도한다. 그런후에 도출된 수많은 아이디어와 대안들 중에서 문제에 가장 적절한 답으로 수렴하도록 그 대상을 점차적으로 줄여나간다. 여기서 수렴이란 단지 대상을 줄여가는것이 아니라 후보군을 줄여가는 동시에 여러 아이디어들을 조합하면서 핵심으로근접해가는 것이 중요하다. 마지막 7단계, 이 모든 것을 새로운 시장과 연결한다.

콘셉트사고를 거시경제 변수에 의해 변화되는 새로운 세상 또는 기업의 가치의변화를 읽어보는 데 사용하면 큰 도움이 될 것이다. 주식시장에서 테마장세가 전개될 경우, 그 테마와 연계되는 콘셉트를 생각해보고 위의 방식을 응용해서 실전에서 사용해보기 바란다.

시나리오 사고

이제부터 우리가 본격적으로 사용할 시나리오 사고방식에 대해서 공부해보자. 시나리오 기법 역시 랜드연구소에서 처음 고안되었지만 이후 많은 미래학자나 미래예측 전문가들에 의해 정교해졌다. 허먼칸이 시나리오 기법의 선구자이지만 피에르 왁, 피터 슈워츠 등은 이를 더욱더 발전시키면서 기업경영에 적용해 성과를 거두었다. 이 기법은 '미래에는 어떤 일들이 일어날 것인가?', '이러이러한 일이 발생하면 어떻게 될 것인가?'에 대해 시나리오를 작성해 미래에 대비하는 방법이다.

마이클 포터Michael Porter에 의하면 시나리오는 예측forecast이 아니라 하나의 가능한 미래, 즉 미래가 어떻게 될 것인가에 대한 견해를 말하는 것이다. 피에르 왁은 시나리오가 '① 현실에 대한 명확한 분석을 통해 불확실성을 구조화하고, ② 세계가 어떻게 움직이는가에 대한 의사 결정자의 가정을 변화시킨다'고 설명한다.

시나리오는 대략 2가지로 구별된다. 하나는 '탐색적 시나리오'로, 목표를 정하지 않고 현재의 변화 흐름과 환경의 추세 분석을 통해 인과관계를 중심으로 작성하는 시나리오다. 또 하나는 '규범적 시나리오'로, 목표점을 정하고 거기에 도달하는 방법의 과정을 그린 시나리오이다. 보통은 탐색적 시나리오를 기본으로 하고, 여기에 규범적 시나리오를 대입하는 방식으로 시나리오를 작성한다.

시나리오 기법의 최대 장점은 가능한 복수의 미래를 가정해 대비함으로써 미래의 리스크를 줄여나갈 수 있다는 것인데, 3~4개의 시나리오를 준비하는 것이 일반적이다. 반면 시나리오 기법의 약점은 가장 가능성이 높거나 중요한 시나리오는 아니지만 미래에 있어서 중요할 수도 있는 시나리오들이 무시될 수도 있다는 점이다.

미래학자 에릭 갈랜드는 충격/확률 매트릭스를 통해 4개의 잠재 시나리오를 구성하는 것이 바람직하다고 설명한다. 시나리오가 2개면 이분법적 태도를 초래하고, 3개는 그릇되게 중간을 택하게 하는 경향이 있으며, 5개 이상은 혼란만 일으키지만 4개면 중간이라는 선택 안이 없어 폭넓은 가능성을 제시할 수 있다는 것이다.

여기서 빅데이터를 이용한 케이스 스터디를 통해서 시나리오 전략을 수립하거나, 다층적 복잡계 시스템을 구성하고 다층적 시스템 시나리오를 작성해서 시장의 변화흐름을 통찰하거나 국제정세를 예측하고 미래의 거시적 변화흐름을 미리 생각하고 통찰하는 사고훈련을 하면서 그것에 의한 대응 전략을 미리 수립함으로써, 실제 그런 상황이 나타날 경우 당황하지 않고 준비된 시나리오대로 대응하면서 실제 진행 과정의 오차를 수정해가며 최적안을 찾는 노력을 해야 한다.

참고로 다층적 시스템 시나리오 사고기법은 현재 혹은 미래의 어떤 사건이나 현상을 맥락 속에 넣어 이해하는 맥락적 모형Constructual Model, 사회구조 혹은 경제구조를 살아 있는 시스템들의 연결망 모형으로 바라보는 연결망 모형Network Model, 데카르트적 확실성보다는 과감한 가추사고에 근거한 근사적 미래예측Approximate Foresight, 전체로서는 열린 시스템이지만 부분으로서는 조직적으로 닫힌 시스템의 속성을 반영한 조직된 복잡성Organized Complexity 개념, 서로 다른 수준의 시스템들은 서로 다른 수준의 복잡성을 가지며 각각의 특정한 복잡성의 수준에서만 존재하는 창발적 특성을 반영하는 창발적 개념, 여기서 발생되는 비선형적 행동양식 등을 종합적으로 함축시켜서 세상을 바라보고 이해해보는 사고기법이다. 즉 다층적 시스템 시나리오 사고기법은 전체를 연결된 생태계로 이해하고, 그 부분과 전체가 서로 연결되고 영향을 미치면서 동태적으로 변화해가는 과정을 시나리오식으로 접근해서 파악해가는 방법이다.

이번 장에서는 주식시장과 다소 동떨어진 내용이라고 생각하는 의사결정방법에 대해 공부했는데, 실전에서의 투자는 불확실한 상황에서 선택을 해야 하는 투자행위가 제일 중요하기 때문에 '생각하는 방법'에 대해 집중적으로 공부하기 바란다.

양적완화를 사전적으로 정의하면, 중앙은행의 비전통적 통화정책수단으로 금리 인하를 통한 경기부양 효과가 한계에 부딪쳤을 때 중앙은행이 국채 등의 자산을 매입해 시중에 직접 유동성을 공급하는 정책으로, 제로금리 목표 하에서 정책금리를 0%로 유지하는 데 필요한 규모 이상으로 중앙은행의 대차대조표 규모를 확대한다. 그 반대가 대차대조표 축소인데, 2019년 현재는 대차대조표 축소과정에 있다.

8장

사례분석 : 지난 양적완화정책에서
교훈을 얻자

2008년 금융위기가 발생하고 전 세계 주식시장이 붕괴하는 상황에서 당시 버냉키 연준 의장의 진두지휘 아래 양적완화정책이 실행되었다. 그 이후 자넷 옐런 연준 의장 시대를 거치고 2019년 현재 제롬 파월 연준 의장 시대가 되면서 출구전략이 진행중이다.

이런 흐름을 시나리오 접근법으로 미래지도 그리기 작업을 해보자. 그러기 위해서는 양적완화정책이 무엇이고 과거에 어떻게 전개되었는지 투자역사를 먼저 공부하고, 그 다음으로 미래에 대한 판단을 해보도록 한다.

양적완화란 무엇인가?

경제 뉴스에서는 언제나 상위권을 차지하는 매우 중요한 사건이지만, '양적완화 Quantitative Easing'란 단어를 들어만봤지 자세한 의미에 대해서는 생소한 사람도 있을 것이다. '양적으로 완화를 한다는 것은 말 그대로 양으로 승부한다는 것이다. 시장에 돈이 말라서 경제가 침체되어 있을 때, 돈을 양껏 풀어서 시장에 꽉 막혀있는 돈줄을 풀어주는 것이다. 헬리콥터를 타고 하늘에서 돈을 무한대로 뿌리는 것과 비슷하다고 해서 '헬리콥터 벤(버냉키) 정책'이라고도 불렸다. 2013년 초, 일본의 아베 신조 총리가 "윤전기를 돌려서라도 돈을 찍어내겠다"라고 과감한 발언을 한 것도 양적완화를 단적으로 보여주는 예다.

양적완화를 사전적으로 정의하면, 중앙은행의 비전통적 통화정책수단으로 금리인하를 통한 경기부양 효과가 한계에 부딪쳤을 때 중앙은행이 국채 등의 자산을 매입해 시중에 직접 유동성을 공급하는 정책으로, 제로금리 목표 하에서 정책금리를 0%로 유지하는 데 필요한 규모 이상으로 중앙은행의 대차대조표 규모를 확대한다. 그 반대가 대차대조표 축소인데, 2019년 현재는 대차대조표 축소과정에 있다.

그렇다면 2008년 금융위기 이후 미국 연준은 왜 양적완화정책을 결정했는지, 성공적으로 작동한 만큼 그 진행 과정은 시기별로 어땠는지 등을 숙지해놓는 것이 미래를 예측하는 데 도움이 될 것이다. 마치 태엽을 어떻게 풀었는지 추적해야 태엽을 감는 과정에서 무슨 상황이 전개될지 그 연결고리를 추적할 수 있는 것과 마찬가지처럼 말이다.

위의 사전적 정의를 보면 양적완화정책을 중앙은행의 비전통적 통화정책이라고 설명하고 있다. 그렇다면 전통적 통화정책이란 무엇일까? 시장에서 돈의 균형이 깨지게 되면 정부에서는 통화정책이나 재정정책을 쓰게 된다. 통화정책은 시장에서의 돈의 양을 조절하기 위해서 돈을 더 많이 발행하기도 하고, 이자율을 높이기도 한다. 재정정책도 결국엔 시장에서의 돈의 양을 조절하게 되는데, 정부의 지출이나 세금이란 수단으로 경제에 영향을 미친다. 시장에서 돈이 모자라면 정부가 공공사업을 통해서 돈을 더 쓰거나 세금을 줄일 수가 있고. 반대로 시장에 돈이 남아돌면 정부가 허리띠를 졸라매고, 세금을 더 거둬들인다. 하지만 일반적인 통화정책과 재정정책을 쓰지 못할 수 있는 상황이 발생하면 어떤 정책을 선택해야 하는가? 시장에 돈이 부족해서 이미 기준금리를 제로에 가깝게 내린 상태에서는 금리를 조정하는 통화정책은 쓰기 힘들어지는데, 세금을 무작정 더 걷거나 정부에서도 돈이 없는데 공공정책을 더 확장시키는 재정정책도 힘들어질 수가 있다. 이럴 때 양적완화라는 비장의 무기를 꺼내게 되는 것이다.

그렇다면 양적완화는 중앙은행이 직접 시장에 개입해서 금융조절을 하는 '공개시장정책'과는 뭐가 다른 걸까? '공개시장정책'에는 구매조작과 판매조작이 있다. 구매조작은 중앙은행이 증권을 현금으로 사들이므로 증권을 판매한 거래은행은 그만큼 현금이 증가한다.

반대로 판매조작은 증권을 팔아서 현금으로 받기 때문에 은행의 현금이 줄어든다. 즉 공개시장조작은 중앙은행이 공개시장에서 민간투자자들을 상대로 특정 증권을 매매하면서 은행의 현금량이나 통화량, 금리 등을 조절하는 수단이다. 하지만 양적완화는 중앙은행이 공개시장의 증권을 매입하는 게 아니라 국가가 신규로 발행하는 채권을 직접 매입해주는 방법이다. 즉 공개시장조작은 통화량을 조절하는 정책이고, 양적완화는 통화 공급의 한 방법이라고 볼 수 있다.

그런데 도대체 왜 신규 발행 채권을 매입해주는가? 정부가 발행한 국채를 시중에 매각하면 시장에 풀린 돈이 정부로 들어와서 돈이 더 말라버리는 구축효과가 발생하기 때문이다. 양적완화란 이렇듯 초저금리 상태에서 경기부양을 위해 중앙은행이 시중에 돈을 푸는 정책이다.

그렇다면 왜 초저금리 상태에서 양적완화가 시행될까? 우선 시장을 부양하기 위해서 처음으로 꺼내게 되는 카드가 금리 인하정책이기 때문이다. 금리가 인하되면 저렴한 이자를 내고도 돈을 빌릴 수 있으니까, 기업들이나 개인들도 돈을 빌려서 투자를 늘리게 된다. 이렇게 시장에 돈이 많이 풀리게 되면 경제는 숨통이 트이게 된다. 그러나 금리정책을 사용할 만큼 사용을 다 해서 더 이상 건드릴 수 없을 때(가령 기준금리가 0%에 도달 등) 양적완화 카드를 꺼내게 되는데, 양적완화를 시행하는 방법은 연준이 나서서 정부의 국채나 여타 다양한 금융자산을 사주는 것이다. 이렇게 국채나 금융자산 등을 사주면서 시장에 돈을 공급하는 것이다.

즉 중앙은행이 기준금리를 조절해 간접적으로 유동성을 조절하던 기존 방식과 달리, 국채나 다른 자산을 사들이는 직접적인 방법으로 시장에 통화량 자체를 늘리므로 양적완화정책은 비전통적 통화정책이다. 중앙은행이 채권 등의 다른 자산을 사들임으로써 이율을 더 낮추지 않고도 돈의 흐름을 늘리게 된다는 측면에서 금융억압정책의 한 파트라고도 볼 수 있다.

금융억압Financial Repression정책의 사전적 의미는 '정부가 금융자금을 정책 목표 달성을 위해 사용하도록 금융시장에 개입하는 것 등을 이르는 말'이다. 중앙은행과 정부가 금융시장에 개입해 시장을 억압하고 왜곡하는 것을 말한다. 즉 시장이 자유롭게 작동되도록 두었다면 다른 곳에 쓰였을 자금을 정부가 정책 수단을 동원, 정부의 목표 달성을 위해 끌어오는 경우를 가리키는 용어다. 미국 스탠퍼드대학의 로널드 매키넌 교수와 로널스 쇼 교수가 1973년 처음 사용한 것으로 전해진다.

금융정책이란 말은 본래 과거 신흥국의 낙후된 금융시스템이나 자본통제 등을 문제 삼을 때 주로 사용했으나, 최근에는 선진국 정부의 통화정책을 비판할 때 더 많이 사용되고 있다. 금융위기 이후 주요국의 중앙은행이 기준금리를 사상 최저수준으로 떨어뜨리고 채권 매입을 통해 시중에 자금을 푸는 대규모 양적완화에 나선 것이 대표적 예이다. 이와 같은 정부 개입에 따른 시장 왜곡이 지속될 경우 시장의 불안을 키울 수 있고, 특히 저조한 수익률을 탈퇴하기 위해 투자자들이 주식과 회사채 등 위험자산으로 몰릴 수 있어 문제가 된다.

우선 양적완화를 시행하면 자국의 통화를 시장에 넘치게끔 한다. 이렇게 되면 자국 통화의 가치가 하락한다. 우리나라 통화가 다른 나라 통화보다 가치가 떨어진다면, 결국 우리나라 물건을 다른 나라 통화로 살 경우 더 저렴하다는 것이며 이로써 수출경쟁력이 높아지게 된다. 또한 시장에 돈이 흔해지면 시중 유동성이 증가한다. 그 결과로 부동산경기도 회복될 가능성이 크다. 건설경기가 회복되려면 낮은 이자율와 함께 풍부한 시중유동성이 부동산 시장으로 흘러들어가야 한다. 만약 건설경기가 회복되면 더 많은 건설을 시작할 것이고, 이는 더 많은 일자리 수요로 이어지고, 결국엔 실업률도 낮아진다. 어느 세상이든 정부 입장에서는 높은 고용률과 낮은 실업률만큼 좋은 게 없다. 이는 소비와 지출의 확대를 가져오는 동시에 세수의 증가와 복지비용 지출의 감소를 가능케 하기 때문이다. 말 그대로 경제성장의 선순환이다. 이렇게 양적완화정책으로 국내 유동성이 풍부해지면 궁극적으로는 그 돈이 세계로 퍼져나가 글로벌 유동성을 풍부하게 한다.

글로벌 유동성은 전 세계에 전반적으로 돈이 얼마나 풀려있는지를 말하는데 이것을 측정하려면 통화 공급량, 정책금리 수준, 신용 여건 등 많은 요인을 고려해야 한다. 문제는 글로벌 유동성이 지나치면 인플레이션 압력과 자산시장 거품 가능성이 커질 수 있다는 점이다.

그런데 양적완화는 좋은 점만 가지고 있을까? 그럼 너도나도 양적완화 정책을 남발한다면 세계 경제가 과연 호황을 누릴까? 세상에 그 어떤 좋은 약도 남용하면 부작용이 나타나기 마련이다. 양적완화도 이와 마찬가지다. 경제가 너무 침체돼 더 이상의 금리 인하정책으로 살릴 수가 없을 때는 어느 정도 경제에 도움이 될 수도 있지만 그 부작용 역시 존재한다.

우선 양적완화의 가장 큰 부작용으로, 시장에 돈이 많이 풀리면 그 통화가치가 낮아져서 해당 통화로 거래되는 재화 가격에 인플레이션이 생긴다. 여기서 양적완화정책의 뒷면으로 국제정치학적 갈등 구조 및 군사적 분쟁을 유도하는 전략이 사용되기도 한다. 가령 미국달러는 기축통화인데, 만일 양적완화로 인해 달러의 가치가 하락하면 미국뿐만이 아니라 세계거래에서 발생하는 모든 재화의 가격에 인플레이션을 발생시킬 수 있다. 그래서 양적완화정책이 실시되는 기간 동안에는 인플레이션 후유증과 달러약세가 야기시키는 문제들에 대해서 수많은 노이즈와 예측이 난무하게 되는 것이다.

우선 달러가 약세를 보이면 안전자산으로 달러를 사들이던 시장에 있는 돈들이 오일이나 곡물 등 원자재 시장으로 흘러들어가 원자재 가격상승을 부채질하게 된다. 모든 제품의 원재료가 되는 원자재 가격이 상승하면 대부분 재화들의 가격도 올라갈 가능성이 크다. 심지어 시장에 달러 총량이 증가하면서 마치 수레바퀴처럼 달러 약세로 다시 이어지고, 이는 또 인플레이션을 유발한다.

한편 통화적 측면이 아닌 군사적 측면이나 다른 정책수단을 동원해서 안전자산 달러로 회귀시키는 시기를 만들어서 달러약세가 가속화되는 것을 막아내는 경우도 비일비재하게 전개된다. 양적완화정책을 끝내거나, 양적완화축소정책을 실시할 경우 글로벌 유동성이 다시 축소되는 과정에서 유동성이 공급되었던 나라 중심으로 외자유출에 따른 자산가치 폭락이 전개될 수 있고, 외자유출을 막기 위한 고육지책으로 금리 인상을 하면서 혼란스러운 경제에 또 한번 찬물을 끼얹는 상황이 전개될 수 있다. 따라서 양적완화정책 종료, 양적완화축소 또는 금리 인상정책 시작 등이 가동되는 구간에 원자재 연결고리 나라들이 위기 또는 부도를 맞거나, 원자재 관련 상품이나 주식이 급락하는 등의 상황이 발생하게 된다. 과거 베네수엘라-아르헨티나-브라질 사태 등의 일련의 연결고리와 중국시장 급락 등이 이런 흐름과 연결되었던 것으로 파악할 수 있다.

양적완화정책이 진행되는 과정에서도 부작용이 발생하는데, 2010년에서 2011년 중동 지역에서 친미 정권들이 무너졌던 '중동의 봄'이 대표적이다. 2010년 12월 튀니지에서 노점상을 하던 20대 청년이 경찰의 단속에 항의해 분신자살을 했던 사건이 발단이 되어 극심한 생활고와 장기집권으로 인한 억압통치, 집권층의 부정부패 등에 대해 불만이 쌓여 있던 시민들이 들고일어났다. 시민들은 "독재 타도"를 외쳤고, 전국적인 민주화 시위로 확산되었다. 이렇게 2010년 말 튀니지에서 '재스민 혁명'이란 반정부 시위가 시작되었고, 알제리, 바레인, 이집트, 이란, 요르단, 모로코, 튀니지, 예멘 등의 아랍국가과 북아프리카로까지 확산되었다. 도대체 이 독재정권에 반발해서 일어난 민주화 운동이 왜 미국의 양적완화와 연관이 있을까?

'재스민 혁명'의 직접적인 원인은 장기간의 독재정권의 탄압이지만 그 속을 들여다보면 미국도 크게 한몫 했던 것을 알 수 있다. 미국의 2차 양적완화로 풀린 돈들이 원자재 시장으로 유입되었다고 언급했는데, 이것이 옥수수와 밀과 같은 식량 자원의 가격 상승을 부채질했다. 이렇게 식량 원자재 가격이 급등하면서 중동지역 국민들의 생활고도 더 극심해질 수밖에 없었다.

사실 이런 단점들이 아무리 많아도 양적완화의 장점들만 제대로 작용해준다면 양적완화를 쓴 보람이 있을 것이다. 그러나 가장 무서운 점은 아무리 돈을 풀고 금리를 낮춰도 효과가 없을 수 있다는 점이다. 이렇게 되면 장점이 없어지면서 단점만 더 부각될 수가 있는데, 이는 한 남자가 한 여자의 사랑을 얻으려고 각종 선물공세를 펼쳤는데 그 여자는 사랑을 받아들이기는커녕 오히려 그 남자의 이런 행태를 집착으로 받아들여 더 싫어하게 되는 것과 같은 이치다. 경기를 부양시키려고 돈을 왕창 풀어댔지만, 투자와 소비가 늘지 않아 경기 활성화가 이뤄지지 않는 소위 '유동성함정Liquidity Trap'에 빠지는 것이 최악의 경우다. 최고로 좋은 약을 남용해서까지 써봤지만, 아무 효과를 거두지 못하고 오히려 약에 내성만 생기는 부작용이 벌어지는 상황이다.

이런 상황에서 경제주체들이 돈을 움켜쥐고 시장에 내놓지 않고 투자를 축소하게 되면 빈부 격차와 차별화가 더 극심해질 수밖에 없다. 제로금리까지 유지하고 시장에 돈을 풀어서 현금이 흘러 넘쳐 구하기 쉬운데도 그 돈을 이용하지 않는다. 기업은 생산과 투자를 늘리지 않고, 가계는 소비를 늘리지 않아서 경기가 나아지지 않는 상황이 생기게 되어 마치 경제가 함정에 빠진 것처럼 보인다고 해서 유동성 함정이라고 불리게 된다.

양적완화에 따른 달러약세의 또 다른 문제점은 세계적인 환율전쟁을 유발할 수 있다는 것이다. 한 나라가 양적완화를 하면 다른 나라 경제에도 영향을 미칠 수 있다. 예를 들면 미국에서 양적완화로 달러유동성이 증가하면 달러가치가 하락해 미국 상품의 수출경쟁력은 강화되지만, 우리나라 입장에서는 원자재 가격이 상승해 물가가 올라가고, 원화가치가 올라가 수출경쟁력을 잃게 된다. 환율은 상대 가격이므로 원화가치는 그대로인데, 기축통화인 달러가치가 떨어지면 저절로 원화가치는 강해질 수밖에 없다.

이렇게 자국의 수출을 증가와 수입 감소를 독려해 국내의 경기나 고용상태를 개선하는 국제수지개선책이 결국엔 다른 국가에게는 실업 증가와 경기 악화를 야기하는 자국만 생각하는 이기적인 경제정책을 '근린궁핍Beggar-my-neighbor화정책'이라고 한다. 미국의 양적완화 기간 동안 '근린궁핍화정책'에 대한 비판의 목소리가 끊이지 않았던 이유가 여기에 있다.

여기서 근린궁핍화정책의 사전적 의미를 알아보자. 근린궁핍화정책近隣窮乏化政策, beggar my neighbor policy이란 다른 국가의 경제를 궁핍하게 만들면서 자국의 경기 회복을 꾀하고자 하는 정책이다. 즉 다른 국가의 경제를 희생, 즉 궁핍하게 만들면서 자국의 경기회복을 도모하려는 경제정책으로, 영국의 경제학자 J. V 로빈슨이 명명한 용어다. '베거 마이 네이버Beggar-my-neighbor'란 '상대방의 카드를 전부 빼앗아온다'는 트럼프 용어에서 유래된 것으로, 세계경제가 전체적으로 침체돼 어려움을 겪을 때 흔히 행해진다.

예컨대 이 정책을 시행하는 국가는 무역상대국으로부터의 수입을 줄이고 대신 자국의 수출량을 늘림으로써 자국의 경기를 부흥시키고자 한다. 이를 위해 환율인상·임금 인하·수출보조금지급·관세율 인상 등을 대표적 수단으로 사용한다. 그러나 경제학자들은 근린궁핍화정책의 효과는 그리 길지 않다고 주장한다. 왜냐하면 이 정책을 실시한 결과 무역상대국의 수출이 줄어들면 그 국가의 소득도 자연히 감소하고, 이는 곧 수입량의 감소 및 근린궁핍화정책을 시행한 국가의 수출 감소로 이어진다. 또 무역상대국 역시 같은 형태의 보복조치를 실시할 수 있으며, 이로 인해 국제경제는 더욱 악화될 수 있다.

양적완화의 역사

지금부터는 양적완화정책의 역사를 공부해보자. 양적완화는 2001년 3월 일본은행이 장기간의 침체를 벗어나기 위해 처음으로 도입했다. 1990년대 동안 '잃어버린 10년'으로 유명했던 일본이 극심한 디플레이션을 벗어나기 위해서 마지막 한 수를 놓은 건데, 일본 중앙은행의 정책금리가 0%수준까지 낮춰진 상황에서 더 이상의 정책이 효과를 발휘하지 못하자 2001년부터 2006년 동안 약 40조엔 규모로 장기국채를 매입하는 '양적완화'를 실시했다. 이는 크게 3개 부분으로 구성되었다.

- 일본은행의 목표를 콜 금리에서 경상계정으로 바꿔서 시장에 초과 유동성을 공급한다.
- 소비자 물가 상승률이 제로 수준 이상으로 상승할 때까지 이 정책을 유지한다.
- 장기 국채를 매입해 목표 경상계정 수준에 부합할 수 있게 노력한다.

일본의 2001년 실시한 양적완화정책은 꽤 효과가 있었던 것으로 평가되었다. 〈도표 8-1〉에서 보듯 니케이지수가 1989년 12월 최고가였던 38,957이후 꾸준하게 하락해서 2003년 4월 7,603까지 80% 이상 급락했지만 양적완화 시행 1년 후인 2003년부터 상승세로 전환해 2007년 2월에 고점인 18,300까지 60%가량 회복을 하게 된다. 또한 양적완화 덕분에 장기금리는 안정되고, 단기금리도 하락했다. 특히나 양적완화를 통한 단기금리 인하 효과는 미래 통화정책에 대한 기대를 보여주

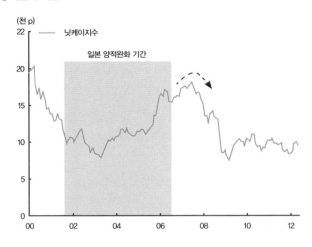

는 단기금리 선물 등을 통해 확인됐다. 그리고 수익률 곡선이 평탄화되었다.

　양적완화의 최대 효과는 단기금리의 미래 기대에 대한 영향 부분이었는데, 중앙
은행이 정책금리를 제로 수준으로 떨어뜨리는 것이 개인 부문에게 정책의 효과를
공개적으로 알렸다는 점에서도 긍정적인 효과를 거뒀다. 일본의 국채 매입의 효과
는 단기국채금리의 미래 기대 변화인 '신호효과'와 '포트폴리오변경효과'로 나눠
서 측정됐는데, 미래의 장기적인 기대 변화는 그리 크지 않았지만 인플레이션 프리
미엄을 단기적으로 상승시킨 것은 분명하다. 거시경제적 충격에 대해서는 금융기관
이 부실여신을 털어내고 등급이 하락한 채권들의 연장을 멈추는 역할을 했다.

　특히 양적완화는 금융시스템의 안정에 기여했는데, 기업들이 미래 자금 차입에
대한 불안을 해소하면서 기업 활동을 개선시키는 데 큰 기여를 했다. 금융기관이
나 기업들이 미래 금리 상승에 대한 불안감도 느끼지 않고 경영하면서 부실여신도
정리되고, 기업투자도 늘어나게 되었다. 더 나아가 자산가격이 반등했음에도 불구
하고 '인플레이션' 우려가 크게 불거지지 않고 물가가 안정되는 등 양적완화는 꽤

성공을 거두었다.

결국 일본의 양적완화는 그냥 콜금리를 제로 수준으로 인하한 것보다 더 큰 효과를 발휘했고, 특히 총수요 증가에도 불구하고 물가불안은 최소화되었다. 더 나아가 자산가격 상승과 자본 훼손 저지 등의 효과도 가져온 것으로 판단되었다.

일본의 양적완화정책 성공사례가 2008년 미국의 금융위기 후 그것을 벗어나려는 오바마정부에서 버냉키 연준의장에 의해 다시 역사에 나타난다. 미국에서 양적완화를 왜 시행했는지를 살펴보려면, 서브프라임 사태의 진행과정을 알아야 한다.

참고로 미국은 이미 대공황이라는 큰 풍랑을 헤쳐온 적이 있다. 대공황의 가장 큰 이유로 상업은행의 방만한 경영과 이에 대한 규제장치가 없었다는 점이 지적되었다. 다시는 그 고행의 길을 걷지 않으려고 1929년 대공황을 교훈 삼아 1933년 '글라스-스티걸 법Glass-Steagall Act'을 제정했다. 바로 상업은행과 투자은행의 엄격한 분리를 규정했던 은행법인데, 상업은행은 돈을 빌려주고 받는 일만 하게 하고, 투자은행은 증권 업무만 하도록 줄을 명확히 그어버린 것이다.

글라스-스티걸 법은 1933년 미국에서 은행개혁과 투기규제를 목적으로 제정한 법으로, 핵심 내용은 상업은행과 투자은행의 업무를 엄격하게 분리하는 것이다. 1933년 재무장관 출신의 민주당 상원의원 카터 글라스Carter Glass와 민주당 하원의원으로 은행·통화위원장을 맡았던 헨리 B. 스티걸Henry B. Steagall이 공동으로 제안한 법으로, 두 사람의 이름을 따서 '글라스-스티걸 법'이라 불렀다. 공식 명칭은 '1933년 은행법Banking Act of 1933'이다. 1999년 폐지되었다.

1929년 발생한 주가폭락과 그에 이은 대공황의 원인 중 하나가 상업은행이 고객의 자산을 이용해 일삼은 무분별한 투기 행위였다는 판단에서 '은행개혁'과 '투기규제'를 목적으로 법이 제정되었다. 이 법의 핵심 내용은 상업은행은 여·수신 업무만 하고, 투자은행은 증권 업무만 하도록 업무를 분리해 상업은행이 고객의 예금으로 주식투자를 할 수 없도록 만든 것이다. 이 법을 통해 연방예금보험공사FDIC:

Federal Deposit Insurance Corp.를 설립해 은행예금을 보장하는 연방예금보험제도를 창설하고, 금융에 대한연방준비제도의 통제를 강화했으며, 저축예금 이자상한제를 실시하고, 연방공개시장위원회를 설립했다.

이때부터 미국에서는 상업은행과 투자은행의 영역이 엄격히 분리되어 골드만삭스·리먼브러더스 등은 투자은행의 선두주자로, 뱅크오브아메리카·시티뱅크 등은 상업은행의 선두주자로 성장했다. 1999년 11월 금융산업 경쟁력을 명분으로 내세운 클린턴 행정부의 정책과 월스트리트 상업은행들의 로비력이 맞물리면서 상업은행의 주식투자를 허용하는 것을 주요 내용으로 하는 그램-리치-블라일리 법 Gramm-Leach-Bliley Act이 제정됨으로써 글라스-스티걸 법은 폐지되었다.

이 법은 뉴딜정책의 일부로써 금융개혁을 위해서 도입됐는데 재무장관 출신 민주당 상원의원 카터 글라스, 민주당 하원의원이자 은행·통화위원장을 맡았던 헨리 스티걸이 공동 제의했다. 하지만 화장실 들어갈 때와 나올 때의 마음가짐이 다르다고, 글라스-스티걸 법을 1999년 은행 현대화 법인 그램-리치-브릴리법으로 대체해버렸다. 당시 세계적인 금융 흐름이 은행·증권·보험 업무를 겸업하는 추세를 보이고 있었는데, 미국의 금융 업계는 강한 규제로 인해 상대적으로 뒤처지게 되었기 때문이었다.

결국 상업은행과 투자은행간 장벽이 사라졌고, 은행·증권·보험 등의 모든 금융 업무를 하나의 회사가 운영할 수 있게 되었는데 이것이 바로 2008년 금융위기를 태동하게 된 계기가 되었다. 가령 은행이 사내에서 증권 업무를 겸영할 수는 없지만, 별도의 자회사를 두고 운영하는 데는 아무런 제약이 없었으므로 이 과정에서 인수합병을 통해 대형은행과 투자은행이 잇따라 탄생할 수 있었다. 이른바 '투자은행 전성시대'의 막이 오른 것이다.

하지만 그램-리치-브릴리 법에는 금융기관의 도덕성을 감독할 제어수단이 미비했기 때문에 투기적으로 위험한 곳에 돈을 마구 쏟아 붓는 일이 비일비재해진다.

새로 생겨난 대형 지주회사를 통합적으로 감독할 수 있는 기관도 없었다. 참고로 한 조사에서 미국의 금융 위기 책임자 1위에 '필 그램'이 선정된 적이 있는데, 그는 1995~2000년까지 상원 금융위원장을 지내며 금융 규제를 없애는 데 앞장선 대표적인 인물이었기 때문이다. 클린턴 행정부 시절인 1999년 60여년간 지속된 은행과 투신업무를 엄격히 분리한 글라스-스티걸 법을 사실상 유명무실하게 만든 장본인이다. 금융위기의 원흉으로는 글라스 스티걸 법의 폐지가, 금융위기의 장본인으로는 그 법을 폐기한 '필 그램'이 각기 선정되었다는 사실은 금융시장의 과욕을 잡아줄 적절한 규제가 얼마나 중요한지를 깨닫게 한다.

다시 글라스 스티걸 법이 폐기된 후의 이야기를 이어가보겠다. 미국은 위기를 벗어나기 위해서 2001년부터 기준금리를 1%대로 대폭 인하했는데, 이 때문에 너도나도 저금리로 대출을 받아서 집을 사게 된다. 내 돈 안들이고 번듯한 정원이 있는 주택을 살 수 있다는데 누가 이를 마다할까?

이때 상업은행은 사람들에게 저금리로 대출을 해주고, 집을 담보로 투자은행에 파는 '서로 돌리기 거래'를 한다. 당시 은행들은 매출을 올리고자 신용등급이 낮은 사람에게도 묻지도 따지지도 않고 대출을 해줬다. 심지어 주택가격의 100%를 넘는 액수를 대출해주면서 사람들은 대출금으로 허황된 소비를 하기 시작한다.

이렇게 대출금이 집값을 넘는 상태를 '언더 워터'라고 하는데, 투자 은행들은 대출자의 이자상환능력은 고려하지도 않은 채 무서류 대출을 남발했다. 주택구입가격의 거의 100~120%정도의 대출을 쉽게 내줬던 것이다. 전통적인 주택대출 방법을 보자면, 은행은 통해서 대출을 해서 집을 구입하고 대출금을 은행에 상환한다. 그런데 투자은행에서 채택한 대출방식인 '서브프라임모기지'는 자산을 유동화해서 주택저당증권MBS로 전환해서 그 자금을 회수하고, 투자은행이 이를 다시 부채담보부증권CDO로 만들어서 헷지펀드나 다른 투자은행에 판매하는 것이다.

이렇게 몇 단계를 거치다 보면 실제로는 1억 정도였던 대출액이 3억~4억원 규모의 신용으로 또다시 창출된다. 집값이 오를 때야 부동산을 팔아서 대출금을 갚으면 되지만 집값이 떨어지면 1억만 못 갚고 끝나는 게 아니라 최소한 3~4배로 부실규모가 확산되는 상황이 되고야 말았다. 여기서 서브프라임모기지가 파산하는 사태가 발생한다.

'서브프라임 사태'라고 많이 들어봤을 텐데 도대체 서브프라임은 무슨 말일까? 미국에서는 주택담보대출을 신용등급에 따라서 프라임Prime, 알트에이Alt-A, 서브프라임Subprime으로 구분하는데, 서브프라임은 신용등급이 낮은 개인에게 제공되는 비우량 주택담보대출이다. 그런 만큼 대출금리도 프라임모기지에 비해서 2~4%p가량 높다. 장기적으로 돈을 빌리는 대신 부동산을 저당 잡히는 대출을 '모기지mortgage'라고 하는데, 어찌 보면 위험도가 높은 '서브프라임모기지'는 오히려 증권화돼서 다양한 금융상품으로도 인기리에 판매되었다. 모기지채권이 이렇게 다양한 펀드로 재구성돼서 유통되는 만큼 '서브프라임 모기지'의 대출금을 갚지 못할 경우 주택시장뿐만 아니라 금융시장, 자본시장에까지 충격을 받게 될 수밖에 없는 구조이다.

여기서 '서브프라임 사태'를 이해하는 데는 MBS, CDO, CDS라는 상품에 대한 이해가 먼저 필요하다. 복잡한 용어들을 차근히 설명해보겠다. 우선 유동성이 낮은 자산을 매매가 가능한 증권형태로 만드는 것을 유동화라고 한다. 투자은행들은 처음에는 주택저당증권 혹은 MBSMortgage Backed Security라는 자산유동화증권을 만들어서 투자자들에게 판매했는데 주택을 담보로 한 대출 자체를 기초자산으로 해 채권을 발행한 것으로, 대출이란 존재를 거래가 가능한 증권 형태로 유동화한 것이다. 하지만 서브프라임을 기초자산으로 하는 MBS는 투자자들의 수요가 적었고, 더 많은 증권 판매에 혈안이 된 투자은행들은 해당 MBS를 이용해 부채담보부증권 혹은 CDOCollateralized Debt Obligation을 내놓는다. CDO는 다양한 등급의 MBS들을 기초자산으로 하는 새로운 등급의 증권이었다. 채권시장의 투자자들은 별 위험성을 느끼지 못한채 막대한 양의 자산유동화증권을 구입하기 시작했고, 여기에 판매하는 규모에 연동된 성과급제까지 도입되면서 그 판매행위는 도덕적 해이 이상의 상황까지 이르렀다.

여기서 그치지 않고 투자은행은 '대출금을 못 갚는 차주가 나타나거나 대출을 유동화해서 파생상품을 만든 투자은행들까지 이걸 변제 못하는 손실이 발생하면 어떻게 해야 할까?'라는 아이디어를 내기에 이르렀고, 남아 있는 리스크에 대비하기 위해서 채권보증기관인 일종의 보험회사와 연계해 신용부도교환 또는 CDS^{Credit Default Swap}를 만들어낸다. CDS는 일종의 보험 성격의 파생상품으로, 채권투자 금융회사들이 위험을 회피하려고 채권보증기관에 보험료 성격의 수수료를 지불하고, 만약에 자신이 보유하고 있는 채권이 부도가 날 경우에 원금을 보전받는 구조다. 사람들은 돈을 버는 것이라면 두뇌가 참 잘 돌아간다. 시작할 땐 부동산을 구입할 대출금이 전부였는데, 거기에서 다양한 파생상품들을 탄생시켜냈다.

한편 대출 상품의 부흥을 주도했던 투자은행에는 당시 5대 투자은행인 골드만삭스, 모건스탠리, 메릴린치, 리먼브라더스, 베어스턴스가 있었고, 준정부기관 모기지업체인 패니메이와 프레디맥이 있었다. 저금리 대출로 집을 쉽게 살 수 있다보니, 누구나 집 장만을 하게 되었고, 집값은 천정부지로 치솟게 되었다. 이렇게 부동산 시장이 과열되자 미국 정부는 2004년 6월부터 기준금리를 인상했다.

기준금리 인상에도 제동이 걸리지 않고 계속 상승하던 부동산 가격은 2006년 기준금리가 5.25%까지 인상돼서야 멈칫거리기 시작하게 된다. 모두가 집값보다 많은 대출은 한 상황에서 금리가 높아지니까 이자 부담이 커지게 되고, 이자를 갚지 못하는 사람이 속출하게 된다. 대출이자가 연체되면서 담보로 잡혀있던 주택을 압류당하기 시작하는데, 그러자 집값도 빠른 속도로 떨어지게 된다.

사람들은 이자 내기에도 급급하니 원금을 상환할 여력이 없어지게 되고, 은행은 순식간에 값이 떨어져버린 주택들은 담보로 떠안게 되었다. 주택가격이 폭락하자은행도 파산위험에 내몰렸다. 주택 가격의 거품이 모두 꺼지자 그 유명한 '서브프라임 금융위기'가 닥치게 되었고, 결국 전 세계 금융시장으로 위기가 퍼져나갔다. 콧대 높고 잘 나가던 투자은행들이 점차 흔들리기 시작했다.

먼저 월가의 5대 투자은행 중에서도 가장 부실자산이 많고 현금이 부족했던 베어스턴스가 2008년 3월 16일 전격적으로 파산 신청을 했다. 정부가 베어스턴스 인수에 300억달러를 지원하는 구제안을 마련했고, 미국의 첫 번째 부호인 JP모건체이스가 이를 헐값에 인수했다. 하지만 이때만 하더라도 시장에서는 그저 서브프라임 사태쯤으로 생각하며, 글로벌 경제 전체를 한번에 냉각시킬 위기의 전조로 여기는 사람은 많지 않았다.

베어스턴스 다음 타자는 그 다음으로 규모가 컸던 리먼 브라더스였다. 모두가 예상치 못하던 사태였다. 불과 몇 시간 전만해도 리먼 브라더스는 회사가 문을 닫는 상황은 절대로 없을 것이라고 호언장담했었다. 여러 투자은행들이 리먼의 인수에 관심을 보였지만, 악성 부실 자산이 많았기 때문에 인수가 성립이 안됐다. 재무부에서도 리먼에게 정부의 돈을 투자하지 않을 것이라고 입장을 밝히며, 결국 2008년 9월 15일 새벽 1시 45분 미국 4위의 투자은행 리먼 브라더스가 파산보호신청을 발표했다. 무려 6,000억달러, 한화로는 655조 6,000억원이 넘는 부채를 껴안고 허망하게 파산했다. 1930년대 미국의 대공황 이후 최악의 경제위기로 기록됐는데 일자리가 880만개가 사라졌고, 부동산 거품과 투자 손실에 따라 가계 자산도 19조 2,000억달러가 증발했다.

전 세계에 충격을 안긴 글로벌 금융위기의 서막이었다. 값싼 모기지에 천정부지 치솟던 부동산, 대출을 해서라도 흥청망청 소비한 경제의 버블이 한꺼번에 터졌다. 그야말로 돈이 정말 꽉 막혀버린 것이다. 리먼 브라더스에 이어 메릴린치 등 투자은행들이 나가 떨어지더니 글로벌 금융시스템 전체가 마비되는 최악의 사태로 번지기 시작했다.

이런 금융권의 마비는 곧 실물경제도 마르게 했다. 신용경색 등 금융 불안이 심화되자, 소비와 투자가 모두 감소하게 되었다. 이른바 월스트리트의 불길이 메인스트리트로 퍼진 것이다. 게다가 이 사태는 미국에만 국한되지 않고, 미국의 추락하는 금융자산을 들고 있던 유럽은행에도 큰 영향을 미쳤고, 곧 전 세계 경제를 강타하게 되었다. 한편 당시 최대 보험회사였던 AIG도 현금이 바닥이 났는데 파산 직전의 상황까지 내몰렸다. 전 세계 은행 중 50%가 AIG와 거래를 하고 있었으므로 AIG의 파산은 곧 세계 금융 시스템의 몰락을 의미했다.

이에 따라 연준은 AIG 구제를 위해서 850억달러를 일시 대출해주었다. AIG는 정부로부터 총 1,825억달러의 구제금융 자금을 지원받았는데, 단일 금융업체로는 최대 규모의 지원자금이었다. 이후 AIG는 자산매각을 통해서 구제금융 자금 일부를 상환했다.

미국 정부는 월가의 금융위기를 달래기 위해 가히 역사적인 수준의 구제금융을 투입하기로 하는데, 긴급경제안정화법EESA, Emergency Economic Stabilization Act of 2008을 제정해 개별적인 대형투자은행의 구제에서 전반적인 투자은행의 구제로 방침을 바꿨다. 총 7,000억달러에 달하는 부실자산구제계획TARP를 추진해 대출 채권과 부실 자산매입을 결정했다. 하지만 재정 적자의 심각화를 예방해야 한다는 당시 공화당의 주장에 따라 EESA는 부실기업의 채권을 직접 매입하는 대신, 그에 상응하는 기업의 지분을 갖게 됐다. 나중에 부실기업이 정상화된 뒤, 정부 채권을 다시 시장에 매각해서 그 돈으로 재정적자를 메우겠다는 나름대로 야심에 찬 계획이었다. 그럼에도 불구하고, 과연 7,000억달러로 부실자산을 모두 정상화시킬 수 있는지에 대한 의문마저 나왔다.

금융위기의 근원이었던 주택담보대출 시장과 부동산 시장의 안정에는 한계가 있었다. 당시 일명 '대마불사'라는 말이 유행을 하게 되었는데, 대형투자은행이 파산을 하기엔 경제 전반이 통째로 흔들릴 수 있기 때문에 정부가 어쩔 수 없이 살려야 하는 상황을 빗댄 말이었다. 한편 그해 11월 미국의 대통령 선거를 앞두고, 정권 교체기의 리더십 공백도 금융위기를 조기진압 하지 못하고 확산시켰던 요인으로 꼽힌다. 근본적으로 문제를 처리하지 못한 채, 임기응변식의 위기 대처만 했던 것이다.

결국 2008년 11월 미국 대통령 선거를 통해서, 부시 행정부에서 오바마 행정부로 정권이 교체되었다. 그러면서 큰 틀의 금융위기 대응책이 마련되는데, 미국 월가를 살려내라는 중차대한 사명이 벤 버냉키 연준 의장에게 주어지게 된 것이다. 구원투수로 나선 버냉키 의장의 전략은 단순했다. 바로 돈을 시장에 뿌리기로 했는데, 큰 산불이 난 곳에 불을 제압하려고 헬리콥터로 물을 퍼다 나르기 시작한 것이다. 버냉키 의장이 마치 하늘에서 헬리콥터로 돈을 마구 뿌리는 것과 비슷하다고 해서 '헬리콥터 벤'이란 별명을 얻게 되었다. 바로 여기에서 '미국판 양적완화'가 드디어 탄생하게 된 것이다.

2008년 리먼브라더스 파산 사태 이후, 오바마 대통령이 당선되고 2009년 3월부터 1차 양적완화가 시행됐는데, 총 1조 7천억달러가 투입됐던 대규모 프로젝트였다. 3차례의 양적완화, 그 규모와 시행시기부터 살펴보자.

- 2008년 11월 25일~2010년 3월 31일 : 1차 양적완화(1조 7,000억달러)
- 2010년 11월 3일~2011년 6월 30일 : 2차 양적완화(6,000억달러)
- 2012년 9월 13일~ : 3차 양적완화(매달 850억달러)

1. 1차 양적완화

2008년 11월 25일, 연준은 1,000억달러 규모의 정부보증 모기지채권$^{GSE\ direct\ obligation}$과 5,000억달러 규모의 모기지유동화증권^{MBS}을 매입하고 TALF라는 새로운 대출프로그램에 2,000억달러를 투입했다. 이후 금리를 낮추고 국채와 모기지 채권을 대규모로 매입해 통화공급량을 늘렸다.

2008년 12월 16일, 선언문을 통해 연방기금금리를 종전 1.00%에서 0~0.25%로 낮추고, 국채와 모기지채권을 대규모로 매입해 통화공급량 자체를 늘리는 양적완화로의 전환을 공식 선언한다. 2009년 1월 28일, 연준은 장기채 매입을 통한 양적완화정책을 본격 추진하겠다고 발표했다. 2009년 3월 18일, 연준은 앞으로 6개월 동안 3,000억달러 규모의 장기국채를 직접 매입하겠다고 발표했다. 1차 양적완화는 2010년 1분기에 끝났으며, 총 1조 7,000억달러가 투입되었다.

2. 2차 양적완화

2010년 11월 3일, 연준은 6개월간 6,000억달러 규모의 추가 양적완화를 시행한다고 발표했다. 2차 양적완화는 2011년 6월 30일 종료되었다.

3. 오퍼레이션 트위스트

1·2차에 이은 양적완화로 연준의 대차대조표는 급격히 불어나 이 당시 연준의 자산은 3조 7천억달러에 달했는데, 이는 양적완화 시행 이전이었던 1조 달러에서 크게 증가한 것이었다. 한편 2차례의 양적완화는 실물 경기 회복에는 기대만큼 영향을 미치지 못했다. 이에 연준은 2011년에 오퍼레이션 트위스트[OT]를 통해 장기 자산에 집중하기 시작했다. 즉 장기 국채는 사들이고, 단기 국채는 파는 정책을 실행한 것이었다.

오퍼레이션 트위스트Operation Twist는 중앙은행이 장기 채권을 사들이는 동시에 단기 채권을 파는 식으로 시중금리를 조절하는 것을 말한다. 중앙은행이 장기 국채를 사고 단기 국채를 팔아, 장기 금리 인하를 유도하는 공개시장조작의 일종이다. 장기 채권 매입과 단기 채권 판매를 동시에 시행하는데, 장기 채권을 매입하면 시중의 장기 금리가 떨어지고, 단기 채권을 팔면 단기 금리가 오르는 효과가 있다. 일반적으로 장기 금리가 내려가면 기업은 투자를 늘리고 가계는 새로 주택을 매입하는 등 투자가 활성화되는 효과가 있다.

오퍼레이션 트위스트는 1961년 존 F. 케네디 행정부 시절에 처음 실시된 정책이다. 장·단기 채권에 대해 엇갈리는 스텝(대응)을 밟는 모습이 1960년대 당시 유행한 트위스트와 닮았다고 해서 이런 명칭이 붙었다.

한편 벤 버냉키 연방준비제도^{Fed} 의장이 2011년 9월 21일 미국 경기부양을 위해 만기가 3년 미만인 국채 4,000억달러를 팔고, 그 자금으로 2012년 6월말까지 6~30년 만기의 장기 국채를 매입하는 오퍼레이션 트위스트를 시행한다고 발표했다. 연방준비제도이사회가 오퍼레이션 트위스트정책을 다시 제안한 것은 케네디 정부 때인 1960년대 이후 50여 년 만이다.

4. 3차 양적완화

미국은 이후에도 경제 불안이 계속되자 2012년 9월 13일 연준은 매달 400억달러 규모의 주택담보부증권^{MBS}을 사들이기로 결정했고, 아울러 2014년 말로 예정된 0% 수준의 초저금리 기조도 2015년 중반까지 6개월 연장하기로 했다. 하지만 이렇게 모든 수를 써도 시장에서는 더블딥의 우려가 제기되자 2012년 12월 연준은 3차 양적완화 확대 정책을 다시 발표했다. 단기 국채를 팔면서 장기 국채를 매입하는 오퍼레이션 트위스트^{OT}가 2012년 말에 종료되기 때문에 그에 대한 충격을 최소화하고자 했는데, 2013년 1월부터 OT 규모와 동일하게 매달 450억달러의 국채를 추가 매입하기로 결정한 것이다.

이에 따라 연준은 매달 MBS 400억달러와 함께 매달 OT로 국채 450억달러를 사들여 총합 매달 850억달러의 자금을 시장에 풀기로 했다. 종료 시한이 딱 정해져 있지는 않지만, 그렇다고 완전 무제한적인 정책은 아니었다. 실업률이 6.5% 이하로 떨어지거나 인플레이션이 2.5% 이상 오를 때까지는 무기한 시행하는 것이 조건이었다. 그러다 3차 양적완화는 2013년 하반기부터 축소하기 시작해 2014년에 종료하겠다고 밝혔다.

양적완화가 긍정적인 영향만 미칠까?

한 번 불이 나면 아무리 불이 났던 곳을 깨끗이 닦아내고 덮어도 그 화마의 자국은 남게 된다. 이렇게 양적 완화로 돈을 들이 붓지만 경기가 완전히 회복되는 게 쉽지 않자 근본적인 해결을 보려는 움직임이 일어났는데 그것이 바로 오바마의 금융개혁이었다. 2008년 리먼 브라더스 사태로 촉발된 금융위기의 재발을 막기 위해 '도드-프랭크 법'을 마련한 것이다.

이 법은 2010년 7월 발표한 광범위한 금융개혁법안으로 3,500쪽에 걸쳐 400개의 법안을 담고 있었다. '대공황 이후 최대의 금융개혁법안'으로 불리는 도드-프랭크 법은 상업은행과 투자은행 사이에 다시 칸막이를 치기 위해 등장했는데, 고객예금과 자기자본을 활용한 과도한 레버리지 투자를 제한하는 등 감독을 강화하겠다는 게 주요 내용이었다. 그램-리치-브릴리 법을 보완하기 위해 마련됐는데 이전의 '글라스-스티걸 법'에는 못 미치는 것으로 평가되었다.

도드-프랭크법은 상업은행과 투자은행의 업무를 엄격히 제한한 1930년대 글래스-스티걸 법의 부활이라는 평가를 받고 있다. 왜냐하면 이 법안에는 금융지주회사에 대한 감독 강화방안의 하나로 상업은행과 투자은행의 역할을 분리한 볼커룰 Volcker Rule이 포함되어 있기 때문이다. 그러나 2012년 기준 공화당과 금융권의 반대로 하부 규정 마련이 늦어지면서 실제 시행에 들어간 것은 급여에 대한 주주 발언권과 은행 예금보험금 상향 조정 등 100개에도 미치지 못하고 있다.

'금융위기 이후 세계에서 가장 힘이 막강한 사람' 하면 떠오르게 되는 게 바로 오바마 미국 대통령과 프란치스코 교황 정도를 꼽을 텐데, 경제적으로 더 막강한 인물은 바로 벤 버냉키Ben Shalom Bernanke 연준 의장이다. 경제뉴스에 조금만 귀 기울였다면 벤 버냉키 의장의 이름을 수도 없이 들어봤을 것이다. 그가 바로 지금 중점적으로 다루고 있는 양적완화를 적극 주도해 시행한 인물이기도 하다.

그렇다면 양적완화를 왜 쓰게 되었는지에 본격적으로 들어가기에 앞서, 우선 세계 경제 대통령인 벤 버냉키는 누구인지, 양적완화를 시행하는 주체인 연방준비제도이사회는 어떤 기구인지에 대해 이야기해보도록 하겠다.

연준의 정책 목표는 크게 딱 2가지로 요약할 수 있다. 바로 실업률과 인플레이션이다. 연준은 이 2가지를 위해서 기축통화인 달러를 찍어내서 통화량도 조절하지만, 무엇보다도 금리정책을 펴면서 세계경제에 막강한 영향력을 행사하는 곳이다. 해당 기관은 오로지 금리 하나 만으로 미국의 실업률과 인플레이션 사이를 미세하게 조정하면서 경제를 안정적으로 유지하기 위해서 안간힘을 쓴다. 어떻게 보면 연준의 역할과 수단은 꽤 제한적이라 볼 수도 있지만, 그들이 찍어내는 달러의 양과 조절하는 금리 수준은 세계 경제를 아우를 만큼 큰 영향력을 지니고 있음을 간과해선 안된다..

연준을 미국 정부 소속 기관으로 오해하는 경우가 꽤 많다. 그만큼 연준의 영향력이 크기도 하고 정치인들이 끊임없이 연준에 정책 공조를 요구하기 때문인데, 사실 연준은 미국정부에 소속된 기업이 아닌 민간이 운영하는 사설은행이다. 연준은 과거 수십년 동안 정치로부터 독립성을 확보하기 위해 투쟁해왔다. 정치인들은 자신들이 대중으로부터 인기를 얻기 위해서 연준에 끊임없이 금리 인하를 요구해왔기 때문이다. 금리를 인하하면 경기가 부양될 수가 있어서 정치인의 인기도 높아지고, 다음 선거에서 또 당선될 확률도 높아지는 것이 사실이다.

흥미로운 사실은 미국 정부는 연준의 20% 지분만 갖고 있고, 스스로 연준에게 천문학적인 금액의 채무자라는 점이다. 따라서 연준 의장을 미국 대통령이 임명한다고 해도 연준의 의사 결정은 미국 정부의 영향을 받기는 어렵다고 볼 수 있다.

이처럼 강력한 기관인 연준은 의장인 벤 버냉키의 정책에 따라 세계경제에 크게 다음의 2가지 방법으로 큰 영향력을 행사해왔다. 첫째, 양적완화는 앞에서도 자세하게 언급했다시피 한 마디로 달러를 찍어내어 직접 시장에 공급하는 것을 말한다. 이러한 양적완화정책을 시행하는 주된 이유는 연준이 주무를 수 있는 기준금리가 제로에 근접해 이것의 조정만으로는 경기부양이 어렵기 때문이다. 둘째, 출구전략은 양적완화와는 반대되는 정책으로, 시장에서 그동안 공급한 달러를 거둬들이는 조치를 말한다.

양적완화정책을 시행하는 데 중심적인 역할을 한 미연방공개시장위원회 또는 FOMCFederal Open Market Committee는 연준 산하에 있는 공개시장 조작정책의 수립과 집행을 담당하는 기구로, 우리나라로 따지면 한국은행의 정책결정기구인 금융통화위원회(금통위)와 유사한 조직이다. 금융 상황에 대한 종합적인 분석과 연준이 추진해야 할 금융정책의 기본방향을 제시한다. 이 위원회는 매월 공개시장조작에 대한 정책보고서를 발표하는데, 통화량 추이에 따라 공개시장조작정책을 정한다. 위원회는 총 12명의 위원으로 구성되는데 7명은 연준 이사들이, 5명은 각 지역 연방은행의 총재들이 맡는다. 위원회 의장은 연준 의장이 겸임하고, 부의장은 뉴욕연방은행 총재가 맡는다.

연준 의장은 양적완화정책이 실행되던 시기에 벤 버냉키, 그 다음으로 자넷 옐런, 2019년 2월 현재는 제롬 파월이 맡고 있다. 연준 의장은 우리나라로 치면 한국은행 총재와도 같다. 통화정책의 방향을 결정한다는 점에서 비슷한 점이 있지만, 세계적으로 영향력을 가진다는 점에서 파워는 훨씬 막강하다고 볼 수 있다. 특히나 미국의 금융위기 이후 미국의 경제가 휘청일 때마다 세계 경제는 더 크게 회오리를 치는 바람에 연준 의장의 말 한마디에 세계의 이목이 집중되고 있다.

사실 연준은 복잡한 의사결정과정과 과거 의장들의 애매모호한 발언들로 인해서 세계경제를 주무르는 암흑가의 조직처럼 묘사되기도 했었는데, 전임자였던 앨런 그린스펀이 특히나 암호해독기가 필요할 만큼 알쏭달쏭하고 무미건조한 메시지를 던지면서 시장의 혼란을 초래한 적이 종종 있었다. 반면에 벤 버냉키는 굉장히 직설적인 화법을 던지는 걸로 유명하다. 버냉키는 거짓 없고 솔직한 커뮤니케이션 방식으로 투명한 연준을 만들어냈다.

특히 버냉키는 연준의 비밀주의를 깨기 위해 노력해왔다. 대표적인 게 2011년 4월 FOMC 정례회의 이후부터 시작한 기자회견이다. 1914년 연준이 출범한 이래, 의장이 직접 FOMC 회의 결과를 언론에 직접 브리핑하기는 처음이었다. 이전까지는 FOMC 회의 결과 성명을 통해 금리 조정 여부와 통화정책 방향을 제시하는 게 전부였다. 하지만 월가에서는 "버냉키 의장의 잦은 직설화법이 오히려 시장의 혼란을 부추기는 게 아니냐"는 비판도 만만찮았다.

버냉키 의장을 비롯한 연준 이사들의 발언이 과거에 비해서는 꽤 많이 나오고 있는 것은 사실이고, 이에 대한 시장의 다양한 해석과 과잉 반응이 부작용을 초래한다는 지적은 여전히 과제로 남아 있다. 참고로 스티븐 킹 HSBC 수석 이코노미스트는 "버냉키 의장은 투명성을 추구하고 있지만 현실적으로 중앙은행은 불확실성의 영역에 있다"고 지적했다. 또한 "불확실성의 영역에 있는 연준을 국민들에게 친절하게 알려주려는 벤 버냉키의 노력을 가상하게 여겨야 할지, 오히려 너무나 잦은 발언들로 인해서 시장에 혼란만 가중시키는 건지는 결국엔 시장의 판단에 달려 있다"고 했다.

벤 버냉키는 앨런 그린스펀의 후임자로 2006년 2월부터 연준 의장을 맡게 된다. 그는 하버드 대학교 경제학 학사를 최우등 졸업했고, MIT에서 경제학박사를 취득한 이후 스탠포드와 프린스턴대학교에서 경제학 교수로 20년 넘게 재직했다. 2002년부터 연준 이사회 이사로서 활동을 시작했고, 2005년에는 백악관에서 대통령 경제자문위원회 의장을 역임했다. 2006년 2월부터 연준 이사회 의장 자리에 오른 그는 이후 2010년 재임 임준 안에서 찬성 70표, 반대 30표로 연임이 결정되어 또 한 번 4년의 임기를 시작했고, 2014년 1월 그 임기가 만료되었다. 버락 오바마 미국 대통령은 그의 후임자로 자넷 옐런을 지명했다.

벤 버냉키는 1930년대 대공황, 1970년대 디플레이션, 1990년대 발생한 일본의 '잃어버린 10년' 등 경기불황에 대한 연구로 학문적 일생 전부를 바친 인물이다. 그는 "지질학을 이해하려면 지진을 연구해야 하듯, 경제학을 이해하려면 경제역사상 최악의 재앙이었던 대공황을 연구해야 한다"며 자신을 스스로 '대공황 마니아'라고 불렀다. 이 덕에 1930년대 대공황 이후 2009년 최악의 경제위기를 맞아서 적극적인 시장 개입으로 금융시스템의 붕괴를 막았다는 평가를 받고 있다.

이렇듯 큰 위기에 강한 대공황 전문가인 버냉키는 이번 2009년 금융위기가 실물위기로 전이되자 제로금리와 양적완화정책 등 과감하고 파격적인 통화정책을 시행했다. 하지만 금리정책에 있어서는 대표적인 온건파로 꼽히기도 한다. 금리정책에 대해서는 비둘기파 컨센서스를 지속했다. 일단 버냉키의 양적완화정책은 경제가 불황에 빠지는 것을 막았고, 덕분에 급한 불은 꺼진 듯했다. 하지만 일부에서는 "버냉키 의장이 금융위기 수습과정에서 대형 금융회사들만을 위한 정책을 편 것이 아니냐"는 비판도 나왔다. 큰 금융회사들이 도미노처럼 쓰러지는 걸 막기 위해서 미국 국민들의 혈세를 대규모로 투입했기 때문이다. 당시 비판론자를 중심으로 'We Are The 99 Percent'라는 운동도 크게 일어나 "99% 국민들이 어렵게 모은 세금으로 1% 부자 은행들의 잘못을 메워줬다"는 혹평을 듣기도 했다.

앞에서도 살펴봤다시피, 양적완화 정책은 미국 국민들뿐만이 아니라 전 세계 국가들로부터도 질타를 받았는데, 그것은 바로 미국 달러가치 절하로 인해서 미국의 수출에만 도움이 되고, 상대적으로 다른 나라의 통화가치는 비싸 보이게 하는 효과로 타국 수출 경쟁력을 약화시켰기 때문이다. 하지만 이렇게 혹평을 받고 있는 양적완화정책에 대해서 벤 버냉키 의장은 무한한 믿음을 갖고 있는 듯한데, 그는 "선진국의 양적완화 정책은 통화를 절하시켜 주변국에 피해를 주는 정책이 아니며 오히려 글로벌 경제 전체에 득이 된다"고 말했다. 연준이 실시하는 적극적인 금융완화의 목적이 미국 경기 회복을 위한 부양책이기는 하지만 다른 나라에 도움을 주고 있다는 것이다. 그는 "각각의 국가에서 강력한 경제성장은 무역 상대국에도 긍정적인 영향을 주기 때문에 인근 궁핍화정책이 아니라 오히려 인근 부유화정책이 되고 있다"고 강조했다. 환율 전쟁이란 지적에 대해서도 "주요 7개국 산업국가들은 대부분 비슷한 통화정책 스탠스를 유지하고 있다"며 "이로 인해 이들 국가의 실질 환율은 크게 변하지 않았다"고 반박했다. 이 부분에 대해서는 미래의 평가가 어떻게 나올지 궁금해지는 부분이기도 하다. 이어서 그는 "만일 선진국 양적완화로 신흥국의 통화가 절상된다 하더라도 이는 선진국의 경제수요 증가로 상쇄할 수 있을 것"이라고 강조하기도 했는데, 실제로 양적완화가 이렇게 긍정적인 영향만 미칠지는 출구전략이 마무리되는 시기에 판가름이 날 것으로 보인다.

몇 년 전에 개봉했던 영화 〈써니〉로 옛 학창시절의 향수를 떠올린 사람들이 많을 것이다. 학교에서도 예쁘고 잘 나가는 친구들이 '7공주파'를 결성했는데, 그 친구들이 커서 어른이 돼 다시 만나게 되는 추억 속의 이야기를 담아낸 영화다. 이렇게 자기 뜻이 맞고 친한 사람들끼리 '7공주파' 등 모임 이름을 짓고 계파를 형성하는데, 연준 내에서도 이런 여러 파들이 결성되어 있다. 우선 동물의 특성에 빗대어 '비둘기파 Doves'와 '매파 Hawks'로 나누는 것이 일반적이다.

비둘기는 평화의 상징인 만큼, 비둘기파는 정책을 추진하는 면에서 성향이 상대적으로 부드러운 평화주의자들의 모임이다. 그 유래는 베트남 전쟁에서 시작되는데, 미국에서 전쟁을 더 이상 확대시키지 않고 한정된 범위 안에서 해결할 것을 주장한 사람들을 비둘기파라고 부르기 시작했다.

이와 반대로 매파는 급진적으로 강력하게 정책을 펼치는 강경주의자들의 모임이다. 매는 원래 공격적인 조류로 자기보다 작은 새들은 잡아먹는다. 그래서 비둘기파는 온건파로 분류되고, 매파는 강경파로 분류된다.

　대체로 비둘기파는 성장을 중시하기 때문에 경기 부양책에 적극적인 쪽이다. 금리를 동결하거나 하락시켜서 시장이 살아나는 데 중점을 둔다. 그래서 시장을 살릴 수만 있다면 양적완화에 대해서도 관대한 편이다. 양적완화의 부정적 효과인 인플레이션에 대해서도 대체로 심각하게 우려하지는 않는다. 오히려 실업률을 낮추는 것을 훨씬 중요하게 여긴다.

　반면에 매파는 물가의 안정을 중시하게 된다. 주로 금리를 상승시켜서 시장의 인플레이션을 적극적으로 억제하려고 한다. 그러다 보니 양적완화에 대해서도 조기 축소하자는 목소리를 높이고 있다.

　이미 짐작했다시피, 양적완화정책을 진두지휘한 버냉키 의장은 아무래도 비둘기파에 더 가까운 것으로 여겨지는데, 사실 그도 처음 선임될 당시에는 시장에서 비둘기파로 인식하지 않았던 것이 사실이다. 버냉키 의장은 출구전략의 기준선인 실업률이 6.5%까지 하락하더라도 상당기간 동안은 기준금리를 인상하지 않겠다고 발언했다. 이는 점진적으로 출구전략을 단행하겠다는 의미로, 시장이 충분히 살아났는지를 꼼꼼하게 확인하겠다는 대표적인 비둘기파의 면모를 보여주었다고 평가받고 있다.

　2014년 2월 벤 버냉키 후임으로 자넷 옐런이 연준 의장으로 선임되었다. 옐런은 연준 100년 역사상 최초의 여성 의장이자, 1979년 취임했던 '폴 볼커' 전 의장 이후 처음으로 민주당원 의장이며, 부의장이 '승진'하는 첫 의장이라는 기록을 세웠다. 옐런은 브라운대학교에서 경제학을 전공하고 예일대학교에서 경제학 박사를 받았다. 하버드대학교 조교수, 미국경제학회 부회장, 연준 이사를 거쳤다. 캘리포니아대학교 버클리 캠퍼스 교수 출신인 옐런은 이후 2004년부터 2010년까지 샌프란시스코 연방은행 총재, 2014년까지 연준 부의장으로 근무하며 무려 10년간 통화와 금융 정책을 다루었다. 정말 경제에 한 평생 바친 사람이다. 게다가 '정보 비대칭 이론의 창시자'로 불리는 2001년 노벨경제학상 수상자 조지 애커로프 교수가 옐런의 남편이고, 워릭대학교에서 경제학을 가르치는 로버트 애커로프 교수가 옐런의 아들이다. 뼛속까지 경제학 집안이다.

특히 옐런은 2010년 10월 연준 부의장에 임명된 후 버냉키 의장과 함께 양적완화 시행에 큰 역할을 해왔다. 그렇기 때문에 버냉키 의장의 정책이 이어지리라는 시장의 기대가 있었다. 그런데 시장에서 더 파격적으로 인식한 것은 옐런이 버냉키 의장보다도 상당한 비둘기파로 알려져 있다는 점이다.

옐런은 인플레이션이 연준 목표인 2%를 넘더라도 제로 금리를 유지해서 실업률을 떨어뜨려야 한다고 주장해왔다. 할 수만 있다면 금리를 마이너스로 떨어뜨리고 싶다고 말하기도 했었다. 오바마 대통령은 자넷 옐런을 차기 의장으로 지명하면서 "옐런은 검증된 지도자이자 터프하다는 평가를 받았고, 정책 추진력의 부분에서 모범을 보여줬다. 그녀는 경제와 시장의 작동원리를 잘 알고 있고, 상원이 조속히 인준을 해주기를 희망한다"고 밝혔었다. 옐런도 "양적완화 축소를 서두르지 않을 것이며, 아직 경제 회복세를 강화하기 위해서 해야 할 것들이 많다. 아직 많은 미국인들이 직업을 찾지 못하고 있으며, 부채를 어떻게 갚을지를 고민하고 있다"고 연준 의장 취임 이후 속내를 이렇게 표현했다. 여전히 양적완화에 따른 인플레이션이란 부작용보다는 고용을 더 중요시하고 있다고 해석되었던 것이다.

2014년 연준은 미국 연준 의장뿐 아니라 주요 연준 이사들이 대거 교체된다는 점이 불확실성으로 예상되었던 시기였다. 앞에서 연준은 의장과 부의장을 포함한 이사 7명과 지역 연방준비은행 총재 5명이 합쳐져 총 12명으로 구성된다고 했는데, 그중에서 투표권은 모두가 갖는건 아니다. 뉴욕 연은 총재는 당연히 투표권에 포함되지만, 나머지 11명의 연은 총재 중 4명이 매년 돌아가면서 FOMC에서 투표권을 갖게 된다. 이렇듯 교체가능한 연준 구성원이 투표권을 갖고 있는지, 그들의 성향이 어떤지 파악하는 것이 아주 중요하다.

2019년 2월 현재, 연준 의장은 제롬 파월이다. 제롬 파월 시대의 연준 정책에 대해서는 차후에 분석해야겠지만 그 중에서 앞으로 테이퍼링정책이 발생시킬 변화가 중요하고 그 부분에 대해서 미리 생각하는 훈련이 필요하다.

먼저 테이퍼링에 대해서 알아보면 다음과 같다. 테이퍼링^{Tapering}은 정부가 경제위기에 대처하기 위해 취했던 양적완화의 규모를 점진적으로 축소해나가는 것을 말한다. 즉 테이퍼링은 출구전략의 일종이다.

사전적 의미에서 테이퍼링은 '점점 가늘어지다' '끝이 뾰족해지다'라는 뜻이다. 테이퍼링이라는 용어는 2013년 5월 23일 벤 버냉키 미국 연방 준비 제도 의장이 의회 증언 도중에 언급하면서 유명한 말이 되었다. 당국은 경제 위기에 대처하기 위해 이자율을 낮추고 채권을 매입하는 등의 방법으로 시장에 통화량을 증가시키는 정책을 취한다. 이러한 양적완화정책이 어느 정도 효과를 달성해 경제가 회복되기 시작할 때, 정부는 출구전략의 일환으로서 그동안 매입하던 채권의 규모를 점진적으로 축소하는 정책을 취하는데, 이것이 바로 테이퍼링이었다. 그런 점에서 테이퍼링은 '양적완화 축소'라고 해석할 수 있다.

테이퍼링은 출구전략의 일종이긴 하지만 그렇다고 해서 출구전략과 동일한 의미는 아니다. 당국은 출구전략을 시행하기 위해 채권 매입 규모를 축소하는 테이퍼링 정책 외에도 은행 이자율을 올리는 등 다른 방법으로도 통화량을 축소할 수 있다.

1차 양적완화와 미국 주가 추이

양적완화정책이 Q1-Q2-Q3 진행되는 구간에서 다우지수-S&P지수-나스닥지수의 흐름을 파악해두는 것이 필요하다.

우선 다우지수의 흐름부터 살펴보자.

- 2008년 11월 25일(8,479.47)~2010년 3월 31일(10,856.63) 28% / 4월 30일(11,258.01)
  32% : 1차 양적완화
- 2010년 11월 3일(11,215.13)~2011년 6월 30일 / 7월 1일(12,582.77) 12% : 2차 양적완화
- 2011년 9월 22일(10,597.14)~2012년 5월 1일(13,338.66) 25% : 오퍼레이션 트위스트
- 2012년 9월 13일(13,539.86)~ : 3차 양적완화

S&P500지수의 흐름은 다음과 같다.

- 2008년 11월 25일(952.77)~2010년 3월 31일(1,169.43) 22% / 4월 30일(1,219.80) 27% :
  1차 양적완화
- 2010년 11월 3일(1,197.96)~2011년 6월 30일 / 7월 1일(1,339.67) 11% : 2차 양적완화
- 2011년 9월 22일(1,114.22)~2012년 5월 1일 장중 고점(1,415.32) 27% : 오퍼레이션 트위
  스트

나스닥지수의 흐름은 다음과 같다.

- 2008년 11월 25일(1,464.77)~2010년 3월 31일(2,397.96) 63% : 1차 양적완화
- 2010년 11월 3일(2,540.27)~2011년 6월 30일 / 7월 1일(2,816.03) 10% : 2차 양적완화
- 2011년 9월 22일(2,455.67)~2012년 5월 1일 장중 고점(3,085.40) 25% : 오퍼레이션 트위
  스트
- 2012년 9월 13일(3,155.83)~ : 3차 양적완화

다우지수는 2007년 10월 12일 14,198.1p 고점을 형성한 이후에 2009년 3월 6일 6,469.95p까지 반토막이 났다. S&P500지수도 2007년 10월 11일 1,576.06p의 고점을 형성하고 나서 2009년 3월 6일 666.79p로 최저수준을 기록했다. 나스닥도 비슷한 흐름을 보였다. 2007년 10월 31일 2,861.51p의 고점 이후 2009년 3월 9일 1,265.52p까지 역시나 반이나 꺾였다. 2006년부터 기준금리가 5.25%까지 인상되자 부동산시장이 빠르게 냉각되어 주택 가격의 거품이 꺼지는 것을 트리거로 미국 경제를 받쳐주던 거인 같은 몸집의 투자은행들이 흔들릴 때마다 주식시장도 휘청거리며 대대적인 금융위기가 발발한 이후의 참혹한 결과다.

2008년 3월 11일 미국 연준이 5대 투자은행에 2,000억달러 규모의 유동성 공급을 대대적으로 발표하자 증시는 폭등했다. 새로운 경매 방식으로 한 달 만기로 2,000억달러를 대출해주는 것인데, MBS를 담보로 한다는 점에서 자금난에 시달리는 금융회사들에게 직접적인 구제정책이 될 것으로 기대하면서 다우지수는 416.66p(3.55%) 상승한 12156.81로 단숨에 12,000레벨도 회복하는 듯했다. 나스닥지수도 86.42 오른 2,255.76로 마감했다.

하지만 2008년 3월 16일 베이스턴스가 파산 신청을 하면서 2007년 3월만 해도 140달러까지 올랐었던 베이스턴스 주가는 1년 만에 폭락해 결국 주당 단 2달러에 JP모건에 인수되었다. 그런데도 시장은 '올 것이 왔다'는 반응을 보이며 크게 동요하지 않았다. 심지어 시장에서는 이보다 더 큰 악재는 없다고 여기고 은행주 이외에는 저가매수가 들어와서 3월 18일 다우지수는 3.5%, S&P500지수는 4.24%, 나스닥지수도 4.19%나 상승 마감했다.

베어스턴스의 파산 때까지만 하더라도 사람들은 세상이 흔들릴 거라곤 생각하지 못했다. 하지만 2008년 9월 15일 리먼 브라더스가 파산을 하자 시장은 엄청난 카오스에 빠졌다. 다우지수는 바로 그날 개장하자마자 4.42%가 뚝 떨어진 11,019.69p를 기록했다. 하지만 이건 말 그대로 시작에 불과했다.

그 이후 2008년 10월 초에도 미국, EU, 영국, 중국 등의 중앙은행에서 나서서 위기를 해결하겠다고 금리 인하 조치를 했음에도 불구하고 10월 초 2주일 동안에만 다우지수는 20%가 넘게 급락하며 결국 10,000을 내주고 말았다. S&P500지수도 1,000을 내주고 800선까지 뚝 떨어졌다. 나스닥지수도 2,000을 깨고 1,000대로 내려왔다. 하지만 뉴욕 3대 지수가 이렇게 앞 자리수를 바꿔가며 지지선마저 깨고 내려갔음에도 불구하고 추가 하락해 2008년 11월 21일에 연간 최저지수를 기록(다우지수는 7,449.38, S&P500지수는 741.02, 나스닥지수는 1,295.48)했다.

시장은 2008년 11월 25일 양적완화를 시행하겠다고 발표하면서 분위기 반전을 모색했다. 다우지수는 11월 말에 일주일간 10% 가깝게 반등했다. 2008년 12월 16일에는 미 연준이 연방기금금리를 기존의 1%에서 0~0.25%로 낮추었다. 이 소식에 다우지수도 화답하며 4.2% 올라 8,924.14로 9,000선에 바짝 다가섰다. S&P500지수는 5.14% 상승하며 1,000선 회복을 다시 눈앞에 두었고, 나스닥지수는 5.41%나 상승하며 1,500선에서 거래되었다. 하지만 시장은 2008년 연말과 2009년 연초까지 리먼 브라더스 사태가 여전히 확산되는 걸 지켜보고 다시 힘을 잃어 다우지수는 9,000선, S&P지수는 1,000선을 회복하지 못하고 지지부진한 흐름을 보였다.

2009년 1월 28일 연준은 장기채 매입을 하며 양적완화를 본격 추진하겠다고 발표한다. 다우지수도 2.46% 상승하고, S&P500지수는 3.36%, 나스닥지수도 3.55% 상승했다. 하지만 뉴욕 3대 지수는 2009년 봄까지 꾸준히 하락해서 2009년 3월 6일 장중 다우지수는 6,469.95p까지 내려갔고, 3월 9일엔 종가 6,547.05기준으로 리먼 브라더스 파산 후 저점을 확인했다. S&P500지수도 666.79라는 최저가를 기록하고, 나스닥지수는 3월 5일부터 사흘간 급락해 1,265.52까지 내주었다.

리먼 브라더스가 파산을 선언하기 바로 전주의 다우지수 종가였던 11,421.99와 비교하면 6개월 만에 42.7%나 내려갔다. S&P500지수도 2007년 10월부터 2009년 3월까지 1년 반 만에 57%가 꺾였고, 같은 기간 나스닥지수도 55%나 급락했다. 뉴욕 3대 지수 모두 근 10년 역사상 최저수준까지 곤두박칠 친 것이다. 1930년 대공황 이후 가장 큰 위기라고 평가될 수밖에 없었다..

　그런데 시장은 어떻게 2009년 3월 저점 확인 이후에 반등하기 시작했을까? 그 이유는 바로 양적완화에 있었다. 1차 양적완화가 시작된 2009년 3월 18일 이후 3월 말까지 다우지수는 22%가량 반등하며 4월 초에 8,000을 다시금 터치했고, 666까지 급락했던 S&P500지수는 5월 초까지 1,000에 바짝 다가서며 26%의 급등세를 보였다. 나스닥지수도 바로 급반등하기 시작해서 5월초까지 28%나 반등해서 1,700선까지 올라왔다.

　뉴욕 3대 지수들은 급하게 떨어졌던 만큼 양적완화에 대한 반응도 화끈했다. 총 1조 7,000억달러가 시중에 풀렸던 1차 양적완화는 2010년 3월 31일 끝나게 되는데, 양적완화 시작 전 다우지수는 2009년 3월 6일의 최저수준 6,469.95대비 양적완화 종료 후 2010년 4월 30일 11,258.01까지 74%나 주가가 회복을 했다. S&P500지수는 2009년 3월 6일 666.79에서 2010년 4월 26일 1,219.80까지 거의 2배에 가까운 83%의 반등을 보였다. 나스닥지수도 거의 동일한 움직임을 보여 2009년 3월 9일 1,265.52에서 2010년 4월 26일 2,535.28까지 100%의 가장 극적인 상승세를 보여주었다. 1차 양적완화를 시행하기 전과 후의 주가 수준 차이가 확연하게 눈에 들어오는데, 오바마 대통령과 벤 버냉키 의장의 '신의 한 수'였던 양적완화는 미국 주식시장에 효자노릇을 톡톡히 했던 것이다.

　이렇게 2010년 봄까지 급하게 랠리하는 와중에도 몇 번의 조정 시점이 있었다. 우선 2009년 10월, 연준이 정책 방향을 결정하는 데 가장 중요한 지표 중 하나인 실업률이 최악으로 나왔다. 실업률이 무려 10%를 돌파해 역사적으로 1982년 12월 10.8%의 실업률 이후 26년래 최고치를 기록했다. 특히나 구직 단념자나 파트타임 근로자 등까지 포함한 실질실업률을 따지면 17.5%로 가히 놀라울 정도의 수준이어서 서브프라임발 위기는 대공황 이후의 최악임을 입증했다.

또 한 번 휘청거렸던 때를 뽑으라면 바로 2010년 1월, 버락 오바마 대통령이 은행 규제안을 발표한 때였다. 대규모 투자은행들이 무절제한 대출과 상품 남발로 인해 촉발된 금융위기를 극복하기 위해 정부가 국민들의 세금을 거둬 다시 투자은행들을 살려주는 꼴이 되니 '대마불사'란 말이 절로 생기면서 상당한 비판에 직면했다. 시장의 반응도 냉정했다. 1차 양적완화가 2010년 3월 31일에 끝나고 4월까지는 쌩쌩하게 살아 있다가, 4월 말을 기점으로 급격하게 흔들리기 시작했다. 때이른 출구전략의 폐해가 나타난 것이었다.

경기가 완전히 회복되지 않은 상태에서 출구전략을 펼치자 2010년 4월 26일 다우지수는 11,258.01에서 2010년 7월 2일 9,614.32까지 10,000을 다시 깨고 내려갔다. S&P500지수 역시 2010년 4월 26일 1,219.80에서 2010년 7월 1일 1,010.91까지 하락하며 1,000을 위협받기도 했다. 나스닥지수도 4월 6일 2,535.28에서 7월 1일 2,061까지 내려가며 2,000이 위태로웠다. 이렇게 1차 양적완화를 거둬들인 이후 다시 흔들리자 시장은 2차 양적완화에 대해 목말라하기 시작했다.

2차 양적완화의 효과

글로벌 금융위기가 발생한지 2년이 지났지만 미국의 경제 위기는 끝나지 않았다. 더블딥(경기의 일시 반등 후 재차 하락하는 국면)과 디플레이션 우려도 불거졌다. 미국의 2010년 11월 경제지표들 (GDP성장률, ISM제조업지수, 개인소비지출 등)이 악화될 가능성이 높은 가운데, FOMC 회의에서 2차 양적완화가 나오리라는 기대감이 커졌다.

2010년 2분기 미국GDP는 전 분기 대비 1.6% 성장한 것으로 나타났고, 실업률도 9~10%대에서 호전되지 않고 있었다. 1조 7천억달러를 1차 양적완화에 쏟아

부었지만, 생산과 고용의 회복이 너무나 더뎠고, 주택 경기도 침체된 상태를 벗어나지 못하고 있었다. 게다가 디플레이션까진 아니지만 정상적인 물가보다는 낮은 인플레이션 수준도 2차 양적완화에 대한 기대감을 불러일으키기 충분했고, 이것을 기반으로 해서 7월 초를 기점으로 뉴욕 3대 지수 모두 반등에 나섰다. 다우지수는 11월 5일 고점인 11,451.53까지 20% 올랐고, S&P500지수는 11월 5일 1,227.08까지 21% 올랐고, 나스닥지수는 11월 고점인 2,592.94까지 25% 올랐다.

실제로 연준은 2010년 11월 2~3일에 열렸던 FOMC회의에서 2차 양적완화를 발표했다. 기준금리는 기존의 0~0.25%로 유지했고, 2011년 6월까지 매월 750억 달러, 총 6,000억달러의 국채를 사들이겠다고 발표했다. 시장의 예상치였던 '최소 5,000억달러~최대 1조달러'에 부합하는 수치였지만, 연준이 매입하는 채권에 MBS같은 민간부문의 채권을 포함하지 않은 채 국채만을 대상으로 했다는 점 때문에 다소 실망스럽다는 반응도 있었다.

2차 양적완화가 경기부양효과를 나타내려면 기업으로 돈이 흘러 들어가서 투자와 고용이 확대되어야 했는데, 미진한 점이 많았다. 하지만 금융시장의 유동성이 부족한 문제점도 여전했다. 그럼에도 불구하고 FOMC 불확실성이 사라지자 시장은 환호했다. 2차 양적완화가 발표된 후 2011년 11월 4일 뉴욕 3대 지수는 일제히 1.5~2%씩 상승했다. 하지만 11월 초반 고점을 기록한 이후 11월 말까지 하락세를 보이기 시작했다. 이는 양적완화 실망감은 아니었고, 당시에 유로존 이슈가 불거졌기 때문이었다.

미국의 양적완화 불확실성이 해결되면, 시장은 안도하고 편히 앉아서 쉴까? 아니다. 바로 다음 이슈로 눈을 돌리는 것이 시장의 생리다. 시장의 관심이 미국 외에 다른 지역의 경제상황으로 쏠리기 시작했다. 양적완화로 인해 달러화 가치가 떨어지면서 미국의 수출 경쟁력에는 도움이 되었지만 미국 이외 지역들의 경기 침체는 막을 수 없었기 때문이다.

그중에서도 통화가치가 문제가 생긴 곳이 바로 유로화 강세현상이 나타난 유럽이었다. 유럽국가 재정위기 때문에 한때 급락했던 유로달러 환율은 유럽지역의 수출경쟁력을 회복하는 계기로 작용하면서, 2010년 상반기까지만 하더라도 유럽 국가들은 재정위기 우려가 일부 해소되었고, EU와 IMF가 그리스의 구제금융을 승인해주면서 사태가 일단락되는 듯했다. 하지만 미국이 적극적인 양적완화를 통해서 달러를 시중에 쏟아 붓자, 유로화는 다시 가치가 상승하게 됐다.

이로 인해 유럽 국가들은 환율에 따른 수출경쟁력 저하를 우려하는 상황에 처했고, 특히 유럽 지역의 경기회복세를 홀로 견인하던 독일마저도 제조업 수주가 2011년 9월을 기점으로 전월대비 하락하면서 '경기회복세가 둔화된 것 아니냐'는 우려가 커지기 시작했다. 향후 독일 수출경기 둔화가 지속될 경우 유럽지역은 예상보다 빠른 경기하락세가 진행될 수밖에 없었다.

하지만 독일 경기보다 더 큰 복병은 PIIGS국가들의 강도 높은 재정긴축 결정이었다. PIIGS국가들이 재정건전성 확보를 위해 허리띠를 졸라매자, 경기가 침체되면서 오히려 재정적자비율이 높아지는 역효과가 발생했던 것이다. 한동안 '미국이 양적완화를 하느냐 마느냐'에 온 신경을 쏟느라 유럽은 잠시 뒷전이었는데, 유로존 이슈가 재차 부각이 되면서 시장이 11월 말까지 조정을 받았다.

이후 경제지표들이 우호적으로 나오면서 2011년 12월 1일 2% 상승을 시작으로 다시금 상승 쪽으로 힘을 내기 시작했지만, 지수 상승세만 놓고 본다면 2차 양적완화 이후는 가파른 상승이라기보다는 점진적인 완만한 상승세에 가까웠다. 효과가 그렇게 크지 못했다는 의미다.

다우지수는 2차 양적완화가 시작된 2010년 11월 3일 11,215.13에서 2차 양적완화 종료 시점인 2011년 7월 1일 12,582.77까지 12% 상승했고, S&P500지수는 2010년 11월 3일 1,197.96에서 2011년 7월 1일 1,339.67까지 11% 상승했다. 나스닥지수의 상승폭은 가장 적었는데 2010년 11월 3일 2,540.27에서 2011년 7월 1일

2,816.03까지 10% 상승했다. 물론 2차 양적완화 기간 중의 고점 기준으로 따지면 이보다는 상승률이 높았다. 다우지수는 2011년 5월 2일 12,876.00이 고점으로 14% 상승했고, S&P500지수도 5월 2일 1,370.58까지 14% 상승했다. 나스닥지수도 2011년 5월 2일 2,887.75까지 13% 상승했다. 1차 양적완화 때는 최저점 대비 고점까지 상승폭이 74~100%가량인 것에 비하면, 2차 양적완화는 13~14%대로 상대적으로 폭이 미미했다.

  물론 2차 양적완화로 인해서 미국경제가 악영향을 받은 건 아니었다. 미국의 경제지표는 어느 정도 개선되었다. 시중에 돈이 풀리면서 주택부문이 조금씩 개선되었고, 전미부동산중개인협회NAR는 10월 기존주택판매지수가 10.4% 증가한 89.3을 나타냈다고 발표하기도 했다. 하지만 지수의 움직임에서도 알 수 있듯이 2차 양적완화 정책의 효과는 거의 무시해도 좋을 정도로 미미했다는 평가가 지배적이었다. 이것은 시장의 평가뿐만 아니라 연준 내부의 분석에서도 마찬가지였다. 2차 양적완화가 끝난 지 2년 뒤 바스코 쿠르디아 샌프란시스코 연준 이코노미스트와 안드레아 페레로 뉴욕 연준 이코노미스트는 그 효과를 분석한 보고서를 공개했는데, 이들은 보고서에서 "2차 양적완화 정책이 미국 성장률과 인플레이션에 기껏해야 미미한moderate 영향을 줬을 뿐"이라고 주장했다.

  이전에 2차 양적완화가 미국 GDP를 3%포인트, 인플레이션을 1%포인트 높일 것이라는 예상이 나왔지만 실제로는 2차 양적완화가 미국의 실질 GDP를 0.13%포인트, 인플레이션을 0.03%포인트 밖에 끌어올리지 못한 것으로 추산되었다. 이 정도의 경제성장 효과는 기준금리를 0.25%포인트 인하했을 때 실질 GDP가 늘어나는 효과의 절반 수준에 불과하다고 지적하면서, 따라서 과도한 양적완화보다는 현재 0~0.25%인 제로금리 정책을 장기간 유지하는 것이 경제에 훨씬 더 긍정적인 영향을 줄 것이란 조언까지 나왔다.

  그 당시 연준은 물가 상승률이 2.5%를 넘지 않는 한 실업률이 6.5%로 하락할 때까지 제로금리를 유지할 계획이었는데, 양적완화 정책이 끝나고 출구전략이 시행되면 시장은 금방 차가워질 수밖에 없었다. 1차 양적완화 종료 후 출구전략 때도 시장은 출렁였는데, 2차 양적완화 종료 이후의 분위기는 더욱 심각했다. 마침 2011년 8월 5일 금요일, 신용평가사 S&P가 2008년 시작된 글로벌 금융위기로 인한 상당한 부채를 미국 정부가 떠맡으면서 부실화 우려가 높고 재정적자가 우려스럽다며 국가신용등급을 기존의 'AAA'에서 'AA+'로 한 단계 강등했다.

S&P가 미국의 최고 신용등급 AAA를 박탈한 것은 정부 부실의 위험을 경고한 일종의 퍼펙스 스톰 같은 쇼크였다. 그간 문제아 막내아들 같던 투자은행들이 말썽을 마음 놓고 부렸던 이유는 미국이란 든든한 아버지의 지원을 믿었기 때문인데 아버지 역시도 건강이 쇠약해져서 더이상 막내아들이 사고를 쳐도 수습해줄 수 없을지도 모른다는 사실을 시장이 깨닫게 되었기 때문이었다.

해당 발표 후, 시장은 일제히 급락했고 200조원에 육박하는 규모의 미국 시가총액이 일순간에 증발했다. 미국뿐만 아니라 유럽은 물론이고 아시아 증시도 일제히 폭락했다. 또 하루의 '검은 월요일'로 기록된 이날 다우지수는 5.55% 급락하며 10,809.85P에 장을 마쳐 2차 양적완화 종료 후 최고치인 2011년 7월 7일 12,753.89 대비 8월 9일 장중 저점 10,604.07까지 한 달 만에 20%나 급락했다. 2차 양적완화 기간이었던 7개월간 지수가 겨우 12% 상승했던 것과 비교하면 얼마나 큰 쇼크였는지 알 수 있다. S&P500지수와 나스닥지수도 흐름은 같아서 S&P500지수는 2011년 7월 7일 1,356.48에서 8월 9일 장중 저점인 1,101.54p까지 23% 하락했고, 나스닥지수는 2011년 7월 7일 2,878.94 이후 8월 9일 장중 저점 2,331.65까지 역시나 23% 하락했다.

시장은 9월에도 여전히 사경을 헤맸다. 이번에는 미국 국민들이 들고 일어나기 시작했다. 2011년 9월 17일부터 뉴욕 월가의 주코티 공원에서 시작된 '월가를 점령하라Occupy Wall Street'는 시위는 2011년 가을에 시작되었고 '미국의 가을'이라고 불리기도 했다. 첫 날은 1,000명밖에 모이지 않았지만 점점 국민들의 관심이 높아지며 뉴욕뿐만 아니라 보스턴, 시애틀, LA, 워싱턴 등 다른 도시로 번져나갔다. 이 시위의 취지는 '최고부자 1%에 저항하는 99% 미국인의 입장을 대변한다'는 구호에서 충분히 읽을 수 있다. 기본적으로는 빈부 격차에 대한 반발 때문에 생긴 시위인데, 2008년 글로벌 금융위기 이후 국민들에게 상대적 박탈감이 누적됐다가 한 번에 폭발한 것이었다.

그렇다면 당시 대형투자은행부터 국민까지 모두가 금융위기의 피해를 입었을까? 미국 정부가 금융회사들은 살리기 위해서 미국 국민들의 천문학적인 세금을 금융회사에 투입했는데, 얌전히 반성의 시간을 가지며 그 돈으로 회사를 복구시키는 작업을 했어야 했던 금융회사들이 그 돈으로 되려 보너스만으로 200억달러를 나눠가지는 등 '돈 파티'를 벌인 것이 화근이었다.

반면에 금융위기를 거치며 집도 돈도 빼앗긴 국민들의 삶은 갈수록 피폐해졌다. 20011년 8월 말 기준으로, 미국에서 압류주택 통보를 받은 주택이 9개월 연속 증가했던 것만 봐도 알 수 있었다. 월가 점령 시위는 그해 11월 30일 뉴욕 경찰이 시위대를 강제 해산하면서 73일 만에 일단락되었지만 가진 자들인 대형 금융회사가 사고를 치면 오히려 보너스를 받고, 못 가진 국민들은 사고를 안쳐도 집과 돈을 빼앗기는 불합리한 상황을 겪고 있음을 일깨워준 계기가 되었다.

오퍼레이션 트위스트 실시 이후

그 이후 시장의 누구나 그랬듯 연준도 2차 양적완화 효과가 미미했다는 걸 인지하고 2011년 9월 21일부터 오퍼레이션 트위스트를 실시하기 시작했다. 일종의 공개시장 조작 정책이었다. 오퍼레이션 트위스트는 1961년 존 F. 케네디 행정부 시절에 처음으로 실시된 정책인데, 거의 반세기 만에 재개되어 화제에 올랐다.

해당 정책은 1960년대를 휩쓴 '트위스트라'는 춤 장르에서 명명의 아이디어를 얻었다. '트위스트'는 '비틀다, 꼬다, 교차하다' 등의 뜻이 있는데 '단기 채권 매도와 장기 채권 매수'와 같이 각각 엇갈리는 트위스트 스텝을 밟았다고 해서 지어진 이름이다. 어찌 보면 무미건조한 양적완화정책보다는 정책에 이름이 꼭 맞는다고 할 수 있었다.

연준은 만기가 3년 미만인 단기 국채를 4천억달러 매도한 대금으로 2012년 6월 말까지 5~30년 만기 장기 국채를 매입하는 정책을 실시했다. 일반적으로 장기 국채의 금리는 단기 국채의 금리보다 높은데, 장기 국채는 오래 보유하는 만큼 위험성이 더 높기 때문에 위험에 대한 프리미엄이 붙기 때문이다.

한편 단기 국채를 팔면 시중에는 공급이 많아지면서 가격이 낮아진다. 채권 가격이 낮아지면 그만큼 인기가 없어지므로 더 높은 수익률을 제시하면서 단기 국채를 팔아야 한다. 반대로 장기 국채는 시장에서 사들이면 수요가 많아지면서 가격이 높아진다. 가격이 높아지면 그만큼 인기가 많아지므로 더 낮은 수익률을 제시하면서 장기 국채를 사야한다.

일반적으로 장기 금리가 내려가면 이에 연동된 주택담보대출 금리가 낮아지면서 가계의 주택 구입 욕구를 자극하게 된다. 또한 기업도 저금리로 차입해 투자하고자 하는 유인이 생긴다. 오퍼레이션 트위스트는 양적완화처럼 돈을 무한정 찍어낼 필요가 없어 정부 입장에서도 꽤 유용한 정책이다. 단기 국채를 매도한 대금으로 장기 국채을 사들이기 때문이다. 연준 입장에서는 보유채권규모는 동일하되 채권만기 구성만 달라지게 된다.

무조건적인 양적완화보다는 상대적으로 부작용이 적은 유용한 제도로 역시나 오퍼레이션 트위스트는 효과가 꽤 있었다. 오히려 2차 양적완화 때보다도 더 큰 효과를 낸 것으로 보인다. 다우지수는 2011년 9월 22일 장중저점 10.597.14부터 2012년

6월 오퍼레이션 트위스트가 끝나기 직전 2012년 5월 1일 기록한 13,338.66까지 상승하며 25%나 반등했다. 2차 양적완화가 해당 지수를 12%밖에 못 끌어올렸던 것과는 상당히 비교된다. S&P500지수도 2011년 9월 22일 장중 저점 1,114.22에서 2012년 5월 1일 장중 고점 1,415.32p까지 27% 상승해 역시나 2차 양적완화 기간 동안 11% 상승했던 것보다 2배 이상의 효과를 거뒀다. 나스닥지수도 2011년 9월 22일 장중 저점 2,455.67에서 2012년 5월 1일 장중 고점 3,085.40p까지 25% 상승하며 2차 양적완화 때의 상승률 10%에 비해 월등한 성과를 보여줬다.

사실 오퍼레이션 트위스트가 발표된 2011년 9월 말부터 시장이 드라마틱하게 상승한 것은 아니다. 그 이후 10월 달에도 방향을 잡지 못하고 헤매던 시장은 11월 들면서 다시금 힘을 내기 시작했는데, 이는 유럽에서 들려온 호재 덕분이었다. 유럽중앙은행 신임 총재인 마리오 드라기 ECB 총재가 취임 이후 처음으로 금융통화 정책회의를 갖고 기준금리를 1.5%에서 1.25%로 0.25%포인트 인하했던 것이다. 유로존 경제 침체가 우려스러운 상황에서 금리 인하가 만장일치 결정이었다는 점이 추가 인하 가능성을 열어두었다고 해석되면서 같은 날 발표된 미국의 부진한 ISM 서비스 지표 우려를 희석시키며 시장은 반등, 2011년 11월 4일 하루에만 다우지수는 1.44%, S&P500지수는 2.25%, 나스닥지수는 2.95%나 상승했다.

11월 중반부터 유로존 이슈들이 미국의 금융 불안 우려와 겹치면서 다시 시장은 흔들리기도 했으나 2011년 11월 30일부터 달러가 시장에서 유통되지 못하고 꽉 막혀 있는 것을 풀기 위해 세계 주요 중앙은행들이 달러 유동성 공급에 대해 합의하면서 분위기가 반전되어 시장이 추세적으로 상승세를 보이기 시작했다. 미국 연준은 유럽중앙은행, 영란은행, 일본은행, 스위스중앙은행, 캐나다중앙은행 등 5개국 중앙은행과 맺고 있던 달러스왑금리를 절반수준으로 낮췄고, 이를 통해서 5개국 중앙은행들은 3개월 만기인 달러 유동성 대출을 무제한으로 공급하기로 했으며, 통화스왑 계약도 저금리로 2013년 2월 1일까지 연장하기로 했다.

한편 중국 인민은행은 지급준비율을 0.5%포인트 인하했고, 2011년 11월 중 미국의 민간 순고용이 11개월 만에 최대 증가폭을 기록했으며 잠정주택매매지수도 1년 만에 가장 큰 폭으로 상승하는 등 미국의 경제지표까지도 시장의 상승을 돕기 시작했다. 다우지수는 11월 30일 4.24% 급등하며 12,000을 단숨에 회복했고, S&P500지수는 4.33%, 나스닥지수는 4.17% 급등했다. 종목별로 살펴보면 금융주들이 돋보였는데 JP모간체이스가 8.4% 급등했고, 뱅크오브아메리카와 씨티그룹, 웰스파고, 모간스탠리, 골드만삭스 등도 모두 7% 이상 급등세를 나타냈다. 이외 아메리칸익스프레스, 보잉, 시스코, 세브론, 듀폰, 월트 디즈니, GE, 인텔 등의 대형주도 5% 이상 급등 마감하는 등 대단한 하루였다. 그 이후로도 시장은 상승쪽으로 방향을 잡고 오퍼레이션 트위스트 종료 전까지 상승세를 보였다.

한편 오퍼레이션 트위스트가 시장에 힘을 불어넣는 사이에 시장에 하나의 호재가 더 들려왔다. 바로 2012년 1월 26일, 연준은 2008년 12월부터 시행하고 있는 기준금리의 0~0.25% 수준을 최소한 2014년 말까지 이어가겠다고 밝혔다. 초저금리 유지 시한을 2013년 중반으로 설정했었다가 1년 이상 연장한 것이다.

오퍼레이션 트위스트가 시장에 긍정적인 효과를 미쳤던 것만큼 해당 정책의 종료시점인 2012년 6월이 다가오기 시작하면서 6개월 가까이 꾸준히 상승하나 했던 뉴욕 3대 지수들은 2012년 5월에 급락하기 시작했다. 다우지수는 5월 한 달간 6.21% 하락해 13,000을 하회했고, S&P500지수도 6.27%, 나스닥지수도 7.19% 급락했다. 게다가 미국의 2011년 물가상승률은 1.45%, 경제성장률은 2.15%로 전망치가 하향 조정되어 '잠재성장률 3%대는 물 건너갔다'는 인식이 퍼지고, 실업률도 8%대로 높은 수준을 유지하면서 이의 개선도 굉장히 더딜 것으로 전망되는 등 경기둔화 우려가 재차 불거지기 시작했다.

이에 연준은 2차 양적완화보다도 크게 효과를 봤던 오퍼레이션 트위스트를 연장하기로 결정하기에 이른다. 2011년 9월부터 시작된 오퍼레이션 트위스트 규모는 4,000억달러였는데, 2012년 6월 21일 연준은 2012년 연말까지 2,670억달러 규모의 오퍼레이션 트위스트를 연장하기로 했다. 직접적으로 유동성을 확대하는 양적완화가 인플레이션에 부담을 줄 수 있기 때문에, 통화 팽창 규모를 억제할 수 있는 정책인 오퍼레이션 트위스트를 재차 꺼내들어 민간 소비와 기업 투자를 활성화시키면서 궁극적으로 실업률을 낮추고자 했다.

하지만 이번에는 연준이 달랜다고 시장은 착한 아이처럼 바로 울음을 뚝 그치진 않았다. 시장은 왜 더 적극적인 조치를 내놓지 않았냐며, 기대치에 못 미쳤다는 반응을 보였고 뉴욕 3대 지수는 2012년 6월 21일 정책 재개 발표 이후 6월 말까지 오히려 하락세를 보였다. 그래도 그림을 좀 더 크게 본다면 오퍼레이션 트위스트의 연장이 전혀 효과가 없었던 것은 아니다. 시장은 못 이기는 척 아주 적은 폭의 상승세를 보였다. 다우지수는 2012년 6월 4일 저점 12,035.09를 기록한 후 지지부진하긴 했지만 2개월 만인 8월까지 13,000를 회복했다. S&P500지수도 6월 4일 1,266.74 수준에서 8월 1,400까지, 나스닥 지수도 6월 4일 저점 2,726.68에서 8월 3,000 부근까지 상승했다.

하지만 단지 오퍼레이션 트위스트가 연장됐기 때문에 시장이 탄력을 받았던 건 아니었다. 시장이 정책 발표 이후에 6~7월 동안 헤매다가 갑자기 8~9월에 상승세를 보인 이유는 8월부터 슬슬 연준의 추가적인 양적완화에 대해 기대감을 키워나갔기 때문이었다. 주식시장과 채권시장 모두 3차 양적완화가 실제로 발표되는 날까지 동반 강세를 보여줬다.

시장이 눈을 초롱초롱 뜨고 연준만을 바라보기도 했고, 연준 역시 기대하던 수준의 단단한 회복세가 시장에서 나타나지 않자, 드디어 마지막 핵폭탄급의 무기를 꺼내드는데 그것은 바로 2012년 9월 13일에 발표된 3차 양적완화정책이었다. 연준은 매달 400억달러 규모의 MBS를 사들이기로 하면서 오퍼레이션 트위스트로 사들이는 월 450억달러 상당의 장기 국채까지 더하면 매달 850억달러라는 엄청난 규모의 유동성을 시장에 공급하기 시작한 것이다.

연준의 '마이다스의 손'은 유동성 공급에만 그치지 않았다. 기준금리를 0~0.25%의 초저금리 수준으로 유지하는 시점을 2014년 말까지에서 2015년 중반까지로 연기해 최소한 6개월을 더 보장해주었다. 이대로는 성에 안 찼던 걸까? 연준은 2012년 12월 12일 크리스마스 2주일 전에 산타클로스보다도 큰 선물보따리를 풀어놓았다. FOMC에서 기존 QE3하에서는 MBS만 월 400억달러를 매입했었는데, 2013년 1월부터는 미국채 450억달러를 추가로 매입해 2012년 6월부터 시행됐던 오퍼레이션 트위스트가 종료되는 것을 보완하겠다고 발표했다.

이에 따라 채권 매입을 통해 매달 850억달러 규모의 유동성을 시장에 공급하는 3차 양적완화의 틀이 완성되었다. 물론 무제한적인 QE3였지만, 인플레이션을 억제하기 위해 실업률 6.5%와 연간 물가상승률 2%라는 정책 목표치를 조건으로 정해놓고 이에 맞춰서 유동적으로 금리와 유동성을 조절하기로 했다. 이 발표는 시장에 크게 영향을 미쳤다.

양적완화로 세계 각국이 얻고 잃은 것들

여기서 통화정책에 대한 기대감이 주식과 채권 시장을 동시에 강세를 이끄는 원동력으로 작용했음을 알 수 있다. 그렇다면 양적완화를 시행한 미국은 어떤 이득을 봤는지 한번 살펴보겠다.

우선 미국 증시는 QE1때 38% 정도 상승했고, QE2 때는 시행 이전부터 기대감에 상승하기 시작했는데, 실제 시행기간 동안에는 8.2% 정도 올랐다. QE3는 시행 이후 S&P500지수와 다우지수는 지속적으로 최고치를 경신해왔음을 알 수 있다.

도표 8-2 다우산업지수

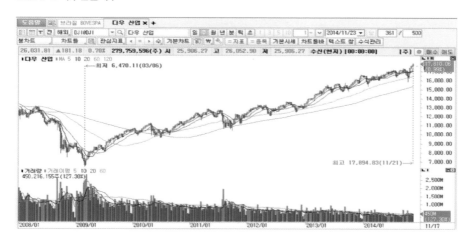

2008년 11월 25일~2010년 3월 31일 : 1차 양적완화(1조 7,000억달러)

2010년 11월 3일~2011년 6월 30일 : 2차 양적완화(6,000억달러)

2012년 9월 13일~ : 3차 양적완화(매달 850억달러)

도표 8-3 독일 - 영국 - 프랑스

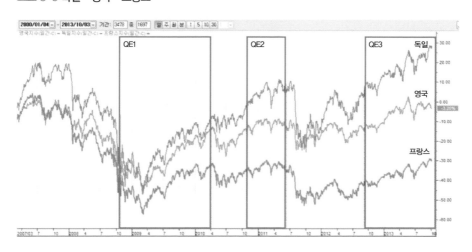

한편 미국의 Q1-Q2-Q3정책이 실행되는 과정에서 전 세계금융시장에는 어떤 변화가 형성되었을까? 이를 하나씩 체크해보자.

우선 유럽 경제는 여타 글로벌 경제와 같이 2000년대 초중반까지 호황기를 누렸다. 하지만 그 이후부터 가장 암흑기를 보냈다고 해도 과언이 아니다. 2008년 미국의 금융위기로 인한 영국 금융기관의 손실도 만만치가 않았는데, 이는 주로 영국 내 모기지대출과 미국의 MBS 투자 손실에서 비롯되었다. 서브프라임 부실로 인한 유럽 금융기관들의 손실은 2008년 9월말 모두 2,500억달러 정도였으며, 영국이 보유한 미국 ABS 규모는 전체 유럽 보유자산 중 1/4 정도를 차지해 더 큰 충격에 휩싸였다.

1. 그리스에서 시작된 재정위기

유럽이 미국 금융위기로부터 큰 피해를 입은 것도 사실이지만, 유럽은 자체적인 문제로 세계 경제를 힘들게 하기도 했다. 2000년대로 거슬러 올라가보자.

우선 경제 상태가 불량했던 그리스가 2000년 유로존으로부터 자격을 받고 2001년에 유로존에 정식 가입했다. 이후 부채가 넘쳐나 유로존 가입 기준인 재정적자 3% 수준을 훨씬 넘어섰던 그리스는 골드만삭스와 함께 짜고 치는 도박 한판을 벌였다. 그리스가 골드만삭스로부터 28억유로 상당의 대출을 받고, 그 대출액만큼 신규 국채를 발행한 것인데, 발행한 신규 국채는 골드만삭스에게 넘기며 스왑거래를 완성시켰다. 한편 2001년 미국에서 9·11테러가 발생하면서 그리스의 대출금은 51억유로로 거의 2배가 되었다.

이렇게 자기 몸에 맞지도 않는 유로존이라는 옷을 억지로 껴입은 그리스는 재정 문제가 더 심각해지면서 위기가 증폭되었고, 그리스는 모라토리엄 또는 디폴트 선언 밖에 선택의 폭이 남지 않는 상황까지 몰렸다. 모라토리엄Moratorium은 국가가 빌렸던 돈을 정해진 기간보다 늦게 갚는 것이다. 디폴트Default는 '채무불이행'을 뜻하며 모라토리엄보다 더 심각한 상황이다.

그리스도 진퇴양난이었던 게, 모라토리엄을 선택하기엔 이미 디폴트 직전인 나라에 돈을 더 빌려줄 채권자를 찾기가 사실상 불가능했고, 그렇다고 디폴트를 선언하면 그리스가 발행했던 모든 국채가 휴지조각이 되면서 자국뿐만 아니라 그리스 국채를 갖고 있던 다른 유로존 국가와 세계 각국들에 상상을 초월하는 경제 위기가 닥칠 것이 뻔하기 때문이었다. 결국 그리스의 국채는 2010년 4월, 원리금 회수가 불투명한 수준의 정크본드로 평가받게 되었다.

참고로 경제 위기가 퍼지는 이런 도미노 현상을 놓고 '전염효과contagion effect'라고 부른다. 한편 그리스와 비슷하게 위태위태하던 국가들을 묶어 PIIGS(포르투갈, 아일랜드, 이탈리아, 그리스, 스페인)라고 불렀는데, 이 PIIGS 국가들은 서로서로 국채를 보유하고 있는 얽히고설킨 관계인만큼 한 배를 탄 운명공동체나 다름없었다.

2. 아일랜드가 두 번째 구제금융 신청국이 되다

구제금융을 두 번째로 신청하게 된 아일랜드의 절박했던 상황을 살펴보자. 우선 아일랜드는 1999년 1월부터 유로존 11개 가입국에 속해 있었는데, 가입 이후부터 득보단 실을 더 많이 겪게 된다. 아일랜드로 투자하는 외국 자본이 급격히 줄어들었기 때문이다. 게다가 2008년 리먼 사태 이후 미국자본도 아일랜드에서 등을 돌리면서 아일랜드는 크게 휘청이게 된다. 겨우 유로존의 그늘 속에서 자신의 재정위기를 감추고 지냈던 국가들에게 미국의 금융위기는 그 민낯을 드러내게 해주었다.

3. 예상되던 포르투갈 재정위기

포르투갈 역시도 그리스나 아일랜드와 마찬가지의 어려움을 겪는다. 공공부분과 민간의 부채 규모가 굉장히 높은 상태에서 경제 성장까지 저하되자 2010년 GDP대비 민간부채비율이 239%까지 치솟게 된다. 포르투갈은 산업생산 시설이

낙후되면서 국가 경쟁력도 매년 하락하고, 2000년대 들어서면서 경제가 침체되기 시작했다. 실업률도 10%대까지 치솟으면서 정부의 실업수당 지출 부담까지 가중되자 포르투갈 정부는 2010년 3월 고강도 긴축재정정책을 발표한 뒤 국가 재정정상화에 나서기도 했다. 그러나 이후 포르투갈의 재정안정성에 대해 세계시장의 불신은 더욱 깊어지면서 국채수익률(10년 만기 국채수익률 기준 2010년초 4%대에서 2011년 4월 5일 8.767%까지 2배가량 급등)과 CDS프리미엄(5년 만기 CDS 프리미엄이 2010년 초 91.66에서 2011년 4월 5일 584.685까지 6배가량 폭등)이 솟구치자 정부의 자금조달 여건이 더욱 어려워지게 되었다. 국채수익률이 상승한다는 것은 그만큼 국채가 믿을 만하지 못해서 더 큰 이자를 줘야만 사간다는 것을 의미한다.

　그렇다면 CDS^{Credit Default Swap}란 무엇일까? 부도가능성이라는 위험을 교환하는 것으로, 한 기업이나 국가가 부도날 경우 해당 계약을 체결한 금융회사가 해당 채권의 원리금을 대신 갚아주는 상품이다. 채권자는 채무자의 부도 시 원리금을 보전받기 위해서, 계약을 체결한 금융회사에게 보험료 성격의 일정한 수수료를 지불하게 된다. 이런 CDS가 높아진다는 의미는 그만큼 부도의 가능성이 높아진 위험한 상황이라고 볼 수가 있다.

4. 그리스발 재정위기의 불똥이 가장 먼저 튄 스페인

　이번에는 스페인의 재정위기를 살펴보도록 하자. 남부 유럽 국가들의 재정위기가 대두되던 2010년 초에는 포르투갈이 구제금융을 신청하면 스페인이 그 뒤를 이을 것이란 불안감이 이미 팽배했다. 하지만 2011년 초 이후 스페인 주식시장^{IBEX35}는 회복세를 보여 2011년 초 10,000을 하회하던 IBEX35지수는 2011년 4월 10,000을 넘었고, 이 때문에 2011년 이후 본격적으로 스페인의 경제가 회복국면을 보일 것으로 평가받기도 했다. 그러나 스페인은 그리스발 재정위기의 불똥이 가장 먼저 튄 국가가 되었는데, 스페인의 재정위기에는 부동산이라는 큰 복병이 숨어있었기 때문이다.

　스페인 국민들은 부동산 호황기 때 대출을 이용해 레버리지를 일으켜 투자를 한 경우가 많았는데, 미국발 금융위기 충격파로 2010년 즈음에 부동산 거품이 꺼지면서 경기가 급랭하기 시작했고, 이는 결국 GDP 대비 정부부채 비율 증가로 이어져 2010년 말 66%에서 2012년 90.3%로 급증하게 되었다. 경기 방어를 위한 국채 발행은 다시 재정적자 비율의 악화를 가져왔는데, 마침 2012년 6월 7일 영국 신용평가사인 피치가 스페인의 국가신용등급을 종전 A등급에서 3단계를 추락시킨 BBB 수준으로 강등시키면서 문제가 심각해졌다. 그리고 이는 유럽중앙은행이 전면에 나서게 되는 하나의 계기로 작용했다.

　유럽중앙은행의 정책일지를 정리하면 다음과 같다.

- 2010년 5월 9일 EFSF(유럽재정안정기금)
- 2010년 5월~2012년 8월 SMP(증권시장프로그램)
- 2011년 12월 9일 신재정협약
- 2011년 12월 21일 LTRO(장기대출프로그램)
- 2012년 9월 6일 OMT(전면적통화거래)
- 2012년 10월 8일 ESM(유럽안정화기구)

　여기서 일종의 장기대출프로그램인 LTRO^{Long Term Refinancing Operation}에 대해 짚고 넘어가보자. 2011년 8월에 미국의 신용등급 강등과 맞물려서 유로존은 상당한 어려움에 직면하고 있었다. 유럽 각국뿐만 아니라 유럽의 주요 은행까지 PIIGS 국가들의 국채 대량 보유에 따른 유동성 위기를 겪게 되면서 양쪽 모두 구제의 손이 절실한 상황이었다.

　결국 2011년 12월 21일 ECB가 전면에 나서기 시작했고, 2011년 12월 장기 유동성 주입 프로그램인 LTRO가 등장한다. 사르코지 대통령이 나서서 위험에 빠질 수 있는 자국 프랑스의 은행들을 살리기 위해 LTRO를 기획한 만큼 일명 '사르코지 트레이드'라고도 불리는데, ECB는 무려 523개 유럽 은행들에게 3년 만기로 4,890억 유로를 1%라는 초저금리로 대출을 해주었다.

굉장히 파격적인 조건임에도 불구하고 LTRO 1차 때까지는 시장에서 별로 반응이 없었다. 은행들이 ECB에서 LTRO로 돈을 받아서, 대부분을 0.25% 금리로 ECB에 다시 예치하는 웃지못할 상황도 벌어졌다. 물론 그 중에서도 일부는 수익을 내기 위해서 자국 은행채와 국채에 투자를 하기 시작하면서 이 덕에 1차 LTRO는 유럽의 금융시장 전반을 조금씩 안정시켰다.

이어 2차 LTRO는 2012년 2월 29일 5,300억유로의 자금을 유럽 은행들에게 저리로 대출해주는 형태로 실시되었다. LTRO는 과연 성공했을까? 일단 재정위기에 빠져있던 이탈리아와 스페인 은행들이 가장 크게 혜택을 받았다. 그들은 LTRO로 대출받은 금액으로 다시 자국의 채권을 매수해 국채가격을 안정화시켰고, 이 덕에 이들의 국채의 익스포저가 상당했던 프랑스 은행들도 한숨을 덜게 되었다. 유동성 해결책인 LTRO는 양적완화 해결책인 SMP, EFSF, ESM과 함께 시너지 효과를 창출한 셈이었다.

총 1조유로 정도가 대출된 LTRO는 양적완화와 비슷한 정책이지만 정확한 의미에서 양적완화 방법과는 차이가 있었다. 왜 그럼 ECB는 미국의 연준처럼 양적완화를 직접 쓰지 않았을까? 이에 대한 답을 찾으려면 과거로 거슬러 올라가야 한다.

2007년 10월 포르투갈의 수도 리스본에서 열린 정상회담에서 유럽연합 27개국 회원국 정상들이 최종 합의한 뒤 2007년 12월 공식 서명한 것이 바로 리스본조약인데, 2009년 12월 1일부터 발효된 이 조약에는 엄청난 비밀이 있다. 그 중에서도 125조 '구제금융 금지조항'에 주목을 해봐야 하는데, 이것이 바로 양적완화를 못하게 된 이유이기도 하다. 해당 조항은 구제금융을 목적으로는 유럽중앙은행이 회원국들의 국채를 1차 시장인 경매시장에서 직접적으로 매입할 수 없도록 금지시켰다. 이 때문에 ECB는 양적완화 대신 거의 비슷한 효과를 내는 정책들을 위해 다양한 우회 경로를 만들게 되는데, 유로존 은행들에게 돈을 직접 제공할 수 있는 LTRO 역시 그중 하나였다.

그 다음으로 ECB는 국채 발행시장인 1차 시장에서는 직접 국채를 못 사기 때문에 국채 매입만을 전담할 독립기구를 신설하게 되는데, 그것이 바로 유럽연합이 재정위기에 처한 회원국들을 지원하기 위해서 설립한 비상기금인 유럽재정안정기금 또는 EFSF^{European Financial Stability Facility}였다. 기금 규모는 4,400억유로이고, 독일과 프랑스의 분담 비율이 절반에 달했으나 EFSF가 단기적인 임시기구였던 만큼 한계가 있어서 2012년 10월 8일, 더 장기적으로 국채를 매입해 줄 수 있는 전담기구인 유럽안정화기구 또는 ESM^{European Stability Mechanism}으로 발전시켰다.

ESM은 거의 만능에 가까운 기구로 재정위기국의 국채 매입, 재정위기국에 자금 대출, 은행권의 자본확충 조력 등의 역할을 담당했다. 유럽연합의 예산을 담보로 총 600억유로의 규모로 조성되었고, 유럽연합에서 조성한 것인 만큼 유럽중앙은행과는 독립적인 기구였다. 3대 신용평가사로부터 최상위 신용등급인 AAA등급을 받고 출범했으나 지난 2012년 11월 30일 무디스가 ESM의 장기 신용등급을 'Aa1'로 한 단계 하향조정했고, EFSF의 등급을 '잠정적 Aa1'로 한 단계 하향조정했다. 프랑스의 신용등급 하락에 따른 것인데, 앞으로의 전망도 부정적이면 이후 신용등급이 재차 강등될 수도 있다는 경고도 덧붙였다.

마지막으로 ECB가 유럽판 무제한 양적완화에 거의 가까운 해결책을 내놓는데, 바로 2012년 9월부터 시작된 전면적 통화거래 혹은 OMT^{Outright Monetary Transaction}이다. 말 그대로 PIIGS 국가들을 포함한 유로존 국가들의 국채를 무제한으로 매입하겠다는 선언이었다. 재정이 취약한 PIIGS 국가 입장에서는 단기 국채의 만기가 대규모로 돌아오면 상황에 부담이 될 수밖에 없었다. 이 때문에 ECB가 OMT를 통해서 만기 1~3년의 단기 국채 매입에 집중하기 시작했고, 통화정책의 단일성을 확보하면서 재정위기의 확산을 효과적으로 저지하고자 했다.

물론 일부에서는 ECB의 행위가 손실을 볼 수도 있고 유로존 통합이 강화되는데 방해가 될 수 있다고 지적하기도 했다. 무제한적 국채매입인OMT를 받으려면 희망 국가들은 먼저 유럽안정화기구^{ESM}과 유럽재정안정기금^{EFSF}에 구제 금융을 요청해야 하고, 이후 긴축과 구조 개혁 요구를 수용해야 하는 엄격한 조건이 있었다. 이렇게 엄격한 조건 덕분에 국채 매입시 발생할 수 있는 도덕적 해이 현상을 방지 가능하단 장점이 있었다.

그렇다면 OMT는 기존에 시행했었던 국채 매입 프로그램인 증권시장프로그램 또는 SMP^{Securities Market Program}과는 어떤 차이가 있을까? 2010년 5월 ECB는 재정위기국 국채 매입 프로그램인 SMP를 시행했지만 시장 안정에 기여하지 못했다는 비판을 받으며 2012년 2월에 중단했다.

우선 OMT와 SMP의 가장 큰 차이는 매입하는 국채의 만기에 있다. SMP는 만기에 상관없이 국채를 매입해주지만, OMT는 국채 금리의 빠른 안정을 중시하기 때문에 만기 1~3년 단기 국채만 매입했다. SMP는 신청하는 조건이 OMT보다 수월해서 국채 금리가 마의 노선인 7%로 급등 시 ECB가 자체 판단해서 SMP를 가동시키곤 했다. 게다가 규모에도 차이가 있어서 SMP의 국채 매입의 규모가 제한적이었다면, OMT는 무제한이었다.

이렇게 훌륭한 정책으로 보이는 OMT도 우려의 목소리가 없었던 것은 아니다. 유로존의 경기 침체를 근본적으로 막기에는 역부족이라는 평가에서부터 어느 정도 대처는 되겠지만 경기를 부양시키지는 못할 것 같다는 의견이 제기되었고, 유로존의 높은 실업률, 기업과 소비자의 낮은 신뢰지수, 하향되는 유럽 국가들의 성장 전망으로 인해 우려감이 높아질 수밖에 없었다.

한편 OMT에 대해 적법성 논란까지 나왔으며 실제로 독일 헌법재판소는 2012년

9월 유럽안정기금(ESM)은 합헌 판결을 내렸지만, ESM이 각국에 직접 자금을 지원하는 것은 기본법인 헌법을 위반하는 것이라며 헌재 판결을 요청하기도 했다. ECB는 독립성이 보장된 기관이기 때문에 판결이 통화정책에 직접적인 영향을 주진 않겠지만, 헌법위반이라는 판결이 나오면 그렇지 않아도 자국의 돈을 써서 유로존 위기국들에게 구제금융을 지원하는 데 부정적인 독일 국민들의 여론은 더 나빠질 수밖에 없었다. 이 와중에 독일 헌법재판소가 OMT에 대한 결정은 연기한 상황이어서 비상한 관심을 끌기도 했다.

한편 2014년 말부터 3년 만기인 LTRO의 만기가 처음으로 다가옴에도 불구하고 유럽 은행들이 아직 ECB에 원금을 갚을 능력이 되지 않는 상황이었기 때문에 자금절벽에 대한 우려가 깊어졌고, 특히나 중소 은행들에게는 LTRO가 절실했기 때문에 2013년 연말 쯤부터 3차 LTRO가 시행되지 않을지 시장은 기대하기 시작했다.

5. 신재정협약

이렇게 유럽 국가들이 도미노처럼 재정위기에 처하자 2011년 12월 9일 유럽정상회의에서 '신재정협약'을 체결하게 되는데 유로존 초기에 가입조건이었던 '안정·성장성 협약'을 개량한 버전이었다.

이는 궁극적으로 유로존 회원국들의 재정적자 규모를 줄이기 위해서 만들어진 것으로 주요 내용을 요약하면 'GDP 대비 재정적자 비율을 3%로 준수, GDP 대비 정부부채 비율 60%로 제한, ESM의 신속한 출범과 위기 시 IMF와 공동 대응' 등을 꼽을 수 있다. 신재정협약에 가입을 안하면 ESM의 지원을 받을 수 없었기 때문에 유럽연합 회원국 중 25개국이 신속히 가입을 완료 했다. 하지만 신재정협상 자체가 긴축정책이기 때문에 이미 벼랑 끝에 내몰려 있던 PIIGS 국가들은 울며 겨자 먹기로 긴축정책을 시행하면서 상황만 더 악화되었다.

2011년 말 당시의 유럽국가들의 재정 상황을 잠시 살펴보자. GDP 대비 재정적자 비율이 그리스는 12.2%, 프랑스는 8.7%, 이탈리아는 5%, 포르투갈은 8%에 달해서 이미 신재정협약의 3%를 한창 넘는 상황이었다. 협약을 준수하려면 추가 긴축을 실시할 수밖에 없었고 이는 경제 성장률 급락, 실업률 상승 등으로 이어져 경기가 더 침체 국면으로 진입하게 되었다. 대부분 위기 국가들이 10년 만기 국채 수익률이 7%가 될 때 모라토리엄을 선언했었기 때문에 7%가 국채 수익률의 마지 노선으로 불리곤 했다. 신재정협약 이후 2011년 스페인의 10년 만기 국채 수익률 은 결국 마의 7%를 넘기게 되었다.

6. 부담 떠안은 프랑스 민간은행

그리스에서 시작된 재정위기의 불씨가 스페인을 거쳐서 프랑스에까지 옮겨붙 게 되었다. 프랑스 민간 은행들이 그리스와 이탈리아의 국채를 대거 보유(2011년 말 기준 그리스 국채의 32%, 이탈리아 국채의 50%)하고 있었기 때문이다. 결국 프랑스 은 행들은 그리스가 자국채를 헤어컷 하면서 원금의 절반에 달하는 손실을 입게 되었 다. 그리스가 도저히 빚을 다 갚을 여력이 되지 않자, 뒤에 설명할 유로존 트로이카 는 무려 53.5%의 그리스 부채를 탕감해줬고 이 때문에 유로존의 많은 은행만 피해 를 본 것이다. 이로 인해 2011년 7월 프랑스와 벨기에의 합작은행인 덱시아를 시 작으로 소시에테제네랄, 크레디아그리콜 등이 위태롭게 흔들렸고, 동시에 그리스 의 도덕적 해이 문제도 부각되기 시작했다.

7. 가장 큰 규모의 정부부채를 기록한 이탈리아

2011년이 되자 재정위기의 불씨가 유로존 전역으로 산불처럼 퍼지게 되는데, 그중 이탈리아도 본격적으로 재정위기가 부각되기 시작했다. 2011년 8~9월에만 714억유로의 국채 만기를 맞이하면서 큰 부담을 앞두고 있었는데, 미국이 2011년 8월 신용평가사 스탠다드앤드푸어스(S&P)에 의해서 신용등급을 강등당하자 상황은 더욱 심각해졌다. 당시의 이탈리아 정부부채 규모가 그리스, 스페인, 포르투갈, 아일랜드의 정부부채를 모두 합친 것보다도 클 정도로 어마어마했다. 게다가 2011년 9월과 10월, 이탈리아도 신용평가사 S&P와 무디스에 의해 신용등급을 강등당했고, 10년 만기 국채 수익률이 마의 7%를 돌파하면서 스페인과 함께 최대 위기국으로 떠올랐다.

8. 유로존 트로이카가 위기국들에 긴급 자금 수혈

2010년 위기의 전염효과를 우려했던 유로존 트로이카는 그리스에 긴급 자금 수혈을 시작으로 유로존 위기국들에게 차례로 도움을 주게 된다. PIIGS국가 같은 위기국을 쥐락펴락하는 유로존의 트로이카는 '유럽연합, 유럽중앙은행, 국제통화기금'을 아울러 일컫는 말로서, 유로존의 생명줄을 쥐고 흔들 수 있는 영향력 큰 존재들이었다. 당시의 자세한 구제금융 내용은 다음과 같다.

9. 유로존 트로이카의 그리스 구제금융

그리스는 경제적인 주권을 거의 포기하면서 유로존 트로이카로부터 긴급 구제금융을 받게 된다. 트로이카는 2010년 5월 그리스에 1차 구제금융을 시작해서 2013년 6월까지 1,100억유로를 총 6번에 걸쳐서 지원해주기로 했다. 하지만 그리스의 재정위기를 막기는 쉽지 않아서 2011년 10월 1,300억유로 규모의 2차 구제금융을 그리스에 제공하게 된다. 물론 구제금융에는 조건이 있었다.

1차 구제금융 때는 2015년까지 정부 자산 500억 유로 규모를 매각해서 정부 부채를 최대한 줄이는 등 재정적자를 감축하려는 노력을 요구했다. 2차 구제금융 때는 2020년 말까지 그리스의 GDP대비 재정적자비율을 120.5%로 낮추는 것이 조건이었는데, 2012년 당시 그리스의 GDP 대비 재정적자비율이 170%에 육박했던 만큼 상당한 고통이 따르는 일이었다.

한편 2010년 5월 그리스를 시작으로 2010년 11월엔 아일랜드, 2011년 4월에는 포르투갈, 2012년 6월엔 스페인이 차례로 구제금융을 신청했다.

10. 유로존 트로이카의 아일랜드 구제금융

2010년 11월엔 그리스에 이어 두 번째로 아일랜드가 850억유로의 구제금융을 받게 되었다. 절반에 해당하는 450억유로를 유럽 국가들로부터 받고, IMF는 225억유로를 지원하고 아일랜드 국민연금에서 175억유로를 내놓았다. 아일랜드 구제금융과 관련된 이자율은 평균 5.8%로, 그리스 구제금융 이자율인 5.2%보다는 다소 높은 수준이었다. 그래도 다행히 아일랜드는 2012년 말 구제금융 후 처음으로 10년 만기 국채를 성공적으로 발행했다. 아일랜드가 2010년 후 2년여만에 금융시장에 복귀했다는 신호탄을 터뜨린 것이다. 최대 위기 시 15%를 넘어서던 10년 만기 국채 수익률을 4.15% 수준까지 낮출 수 있었다.

이어 2013년 7월에는 신용평가사 스탠더드앤드푸어스S&P가 아일랜드의 재무구조 개선 노력을 높이 평가하며, 신용등급 전망으로 '안정적'에서 '긍정적'으로 높였다. 게다가 엔다 케니 아일랜드 총리가 "2013년 12월 15일 아일랜드가 구제금융 졸업을 선언할 것"이라고 밝히면서, 경제 비상사태는 이제 끝났고 다시는 구제금융으로 돌아가지 않을 것이라고 강조했다. 아일랜드는 국제통화기금과 유럽연합 등으로부터 구제금융을 받은 유로존 내 4개국(아일랜드, 그리스, 포르투갈, 키프로스) 가운데 가장 먼저 자력으로 구제금융 체제에서 벗어나게 되었다.

11. 유로존 트로이카의 포르투갈 구제금융

포르투갈은 그동안 '구제금융의 모범생'이라는 수식어를 달고 다녔는데 왜 구제금융을 받게 되었는지 내용부터 살펴보겠다. 금융위기가 닥치면서 포르투갈 국가 경제는 40년 만의 최악이라는 평가를 받았고 결국 2011년 3월 6일 그리스와 아일랜드에 이어서 유로존에서 세 번째로 유럽연합에 구제금융을 신청했다. 구제금융 규모는 그리스(1,100억유로)나 아일랜드(850억유로)보다 적은 750억유로로, 그중 유럽연합은 500억유로를, 국제통화기금은 250억유로를 지원했다.

사실 세계 금융시장이 포르투갈의 구제금융을 이미 예상하고 있어서 그런지 막상 구제금융 신청이라는 악재가 나와도 별다른 반응은 보이지 않았다. 오히려 구제금융 발표 하루 뒤인 2011년 4월 7일 포르투갈의 주가지수는 1.18% 상승했다. 게다가 포르투갈은 채권국이 요구한 구제 금융 조건을 순순히 받아들였고, 긴축에도 열심이었다. 다행히 2013년 들어서면서 포르투갈 경제는 조금씩 나아져 2013년 2분기 경제성장률이 전년대비 1.1%를 기록해 2년 6개월 만에 경기침체 상태에서 벗어났다. 실업률도 1분기에 17.7%로 정점을 찍은 뒤 2분기부터는 1.3%포인트 하락한 16.4%로 떨어지기 시작했다. 수치상 그렇게 크게는 안 느껴질 지 몰라도 실업률이 떨어진 것 자체가 2년 만의 일이었고, 40%를 넘어섰던 15~24세 청년실업률도 37.1%로 내려가면서 의미 있었다.

이렇게 2011년 구제금융을 받았던 포르투갈은 2년만인 2013년 5월 처음으로 국채 발행에 성공하게 된다. 10년 만기 국채를 30억유로(한화 약 4조 2,700억원) 정도 발행했는데 수요가 102억유로나 몰렸고, 발행 수익률도 5.67%를 기록했다. 당시 유로존 회원국이 발행한 국채 수익률 가운데서는 가장 높은 수준에 속하지만 지난 2011년 당시 수익률보다는 훨씬 낮은 수준이었다.

하지만 여전히 포르투갈은 무디스와 S&P 등 3개 주요 신용평가사로부터 '투자부적격' 등급을 받고 있었고, 추가구제금융인 780억유로를 받기 위해서 재정적자 목표도 달성하는 것도 쉽지 않았다. 게다가 포르투갈은 고질적으로 정치 리스크가 커서 정치가 경제 발목을 잡고 있단 혹평을 받기로 유명했다. 이와 같은 각종 장애요인 때문에 한때 6% 안팎에서 안정을 보이던 포르투갈 10년 만기 국채금리가 7.46%까지 급등하기도 했다.

12. 유로존 트로이카의 스페인 구제금융

스페인도 결국 부동산 거품 붕괴가 은행권 부실로 연결되면서, 이에 따른 부담으로 EU의 구제금융을 받아들이게 되었다. 2012년 6월 10일 스페인은 최대 1,000억 유로를 구제금융 받았는데, 스페인 입장에서는 구제금융 신청이 결코 손해 본 선택은 아니었다.

1천억유로는 스페인 GDP의 10% 수준이자 외국인투자자들이 매각하고 있는 스페인 자산의 규모였는데, 그동안 스페인 정부는 ECB의 3년만기 1, 2차 LTRO자금으로 이탈된 부분을 메꾸고 있었다. 스페인 구제금융 신청과 승인 과정 중 특이한 점은 스페인 마리아노 라호이 총리가 독일 정부의 구제금융 신청압박과 오바마 행정부의 신속한 구제금융절차 종용에 화답하듯이 재빠르게 구제금융을 신청했다는 사실이다.

도표 8-4 **구제금융**

도표 8-5 **구제금융**

국가	금액	구제금융 시기
그리스(1차)	1,100억유로	2010년 5월
아일랜드	850억유로	2010년 11월
포르투칼	780억유로	2011년 5월
그리스(2차)	1,300억유로	2012년 2월
스페인	1,000억유로	2012년 6월

스페인 내부문제가 아니라 무엇인가 보이지 않게 연결 되어서 독일-미국의 의사결정에 스페인 마리아노 라호이 총재가 따라야 하는 상황이었음을 짐작할 수 있다. 스페인 라호이 총리는 구제금융 신청시 가혹한 긴축조건과 이행부담 때문에 국민들의 질타와 자신의 정치생명에 크나큰 해가 될 수 있다는 부담에서 벗어나지 못한채 ECB의 유동성지원을 포기하고 있다가, 오바마 미국 대통령의 제안에 따라 그리스 재선거 전에 구제금융을 신청하면서 정치적 부담감을 감내하면서 국제적 공조체제를 형성했다.

재정위기와 구제금융이 확산되는 과정을 보면 문제가 각 나라 수준에서 끝나는 것이 아니라 유럽연합이라는 하나의 네트워크 전체로 전염되는 것을 확인할 수 있었다. 그런 관점에서 스페인 구제금융이 일사천리로 진행된 이유 중 하나가 스페인이 구제금융을 받지 않은 상황에서 그리스가 재선거를 맞이하면 자칫 문제가 확산되면서 유럽 전체가 불안과 공포 속에 빠지고 궁극적으로 유로화 체제가 붕괴되는 것 아닌가 하는 우려감이 작용한 것이 아닌가 판단된다. 보이지 않게 유로화체제 붕괴로 확산될 수 있는 나비효과가 스페인에서 발생할 수 있다는 공포감이 독일-미국으로 하여금 이 문제를 급하게 해결해야 한다는 압박을 느끼게 했고, 그로 인해 스페인이 구제금융받는 과정에서 타국과 형평성 문제가 거론되는 상황이 벌어진 것이 아닐까 생각해본다.

해당 시점으로 돌아가보자. 6월 17일 그리스는 유로존 탈퇴와 잔류를 결정한 재선거를 앞두고 있었다. 이를 일주일 남겨놓고 스페인이 전격적으로 구제금융을 수용해 스페인 부실은행의 파장이 유로존으로 전염되는 상황을 막았지만 재선거를 앞둔 그리스에게는 불난 집에 기름을 부은 격이 되었다. 그도 그럴 것이 스페인 라호이 총리는 긴축 이행 시 부담을 덜기 위해 그간 ECB의 무조건적인 유동성 공급을 요구해왔고(이것은 나중에 ECB의 무제한 국채매입과 같은 유동성공급정책으로 현실화됨), 노력이 불발로 끝나자 EU차원의 은행동맹Banking Union을 구성하자는 정책으로 선회하면서 여론몰이를 해왔다. 은행동맹은 예금보험공사 성격의 기관으로 유로존 은행권에 유동성 문제가 발생할 경우 공동의 재원을 이용해 적극적으로 대응하자는 설립 목적을 갖고 있었는데, 궁극적으로 유로존이 정치적통합에서 재정통합으로 나아가는 데 필요한 존재였다.

한편 기존에 구제금융을 받은 전력이 있는 그리스, 아일랜드, 포르투갈은 혹독한 긴축과정을 이행해야 했으나, 스페인에는 긴축이행과정이 없는 구제금융지원이 집행되었기 때문에 형평성문제가 큰 이슈로 부상하면서 나비효과가 발생되기 시작했다. 아일랜드와 포르투갈은 긴축 이행에 대한 재협상을 요구했고, 그리스 재선거 과정에서 그리스급진좌파연합인 시리자당에 표가 몰리는 역효과가 발생하는 등의 부작용이 나타났다.

13. 유로존 구제금융에 방긋 웃는 미국

유로존 트로이카의 구제금융으로 인해서 유로존의 경제 불안이 완전히 해소된 것은 아니었다. 그리스에서 시작된 재정위기로 유로존이 아연실색돼 있는 사이 그걸 즐기는 한 나라가 있었는데, 바로 미국이었다. 미국은 그리스발 재정위기를 무척이나 반겼는데 유로존의 위기가 본인들에겐 기회가 되었기 때문이다.

그렇다면 미국이 어떻게 유로존 재정위기로부터 이득을 얻게 되었는지 살펴보자. 사실 유럽 재정위기는 그 이전에 발생한 미국 금융위기가 일종의 촉매재로 작용한 것이었다. 앞에서 미국의 금융위기가 어떻게 찾아왔는지 자세히 살펴봤는데, 미국 MBS가치가 크게 하락하면서 이 상품의 가장 큰 투자자였던 유로존 금융기관들도 미국 못지 않은 타격을 받았다.

결국 미국 부동산 붕괴 충격이 유로존 부동산으로도 전이되었고, 이는 유로존 재정위기를 촉발시킨 하나의 주요한 요인이었다. 당시 미국은 금융위기를 겪으며 기준금리 인하, 양적완화 실시 등을 통해 부동산을 포함한 자산시장의 회복과 약달러에 힘입은 수출 증가를 도모하고 있었는데, 설상가상으로 2011년 8월에 신용등급까지 강등당하게 된다.

이렇게 벼랑 끝에 몰린 미국에게 유럽이라는 고통을 대신 겪어줄 좋은 친구가 나타났다. 미국 금융위기의 바람이 유로존으로 넘어가 태풍으로 변신한 결과 그렇지 않아도 재정이 취약했던 유럽 국가들이 더 크게 휘청거리자, 상대적으로 안전자산이라 여겨지는 달러화와 미국채가 인기를 끌게 된 것이다. 돈 있는 사람이 계속 돈을 벌게 되듯, 미국도 안전자산이라는 기축통화 달러와 미국채의 파워를 이용해 자신이 만들 회오리 속에서 쏙 빠져나오는 역설적인 상황이 벌어진 것이다.

재정위기 전후의 유로존 증시를 살펴보자. 영국 FTSE 지수는 2009년 3월 3,512까지, 프랑스 CAC지수와 독일 DAX지수 역시도 각각 2,519와 3,666까지 내려가며 2003년 이후 최저수준을 기록했다 미국발 금융위기에서 유럽 역시 자유로울 수 없었기 때문이다. 폭락 이후 2009년 말쯤에 유럽 3대지수 모두 1,000포인트가량의 회복세는 보이긴 했으나, 2012년까지 거의 3년 동안은 유로존의 난항까지 겹치며 지수가 횡보하게 된다. 미국의 양적완화 이슈에도 불구하고 유로존 자체 내의 위기로 인해서 크게 자금이 유입되거나 증시가 큰 폭으로 상승하는 모습은 보이지 못했던 것이다. 그래도 2013년 들어서면서 서서히 회복세를 보인 결과 영국 FTSE지수는 6,000, 프랑스 CAC지수는 4,000선, 독일 DAX지수는 8,600선을 넘는 등 호조를 보였다.

14. 양적완화에 따른 중국의 반응

미국발 금융위기가 세계금융시장을 강타했을 때 중국도 예외는 아니었기 때문에 중국 정부는 특히 2009년 경기침체에 맞서 모든 정책적 역량을 집중시켰다.

4조위안의 경기부양책이 중앙정부의 주도로 빠르게 집행되었고, 전년대비 2배 이상 증가한 신규대출이 경기부양책 효과를 극대화시켰다. 이런 경기부양효과는 투자증가율의 고성장으로 시현되었고, 경제성장에서의 투자기여도를 크게 높이는 계기가 되었다. 2008년 시작된 글로벌 금융위기에서 벗어난 중국 경제는 2009~2010년초까지 빠르게 회복했으나, 부동산 가격 역시 급등하면서 과열억제 정책을 시행하기도 했다.

도표 8-6 상해종합지수

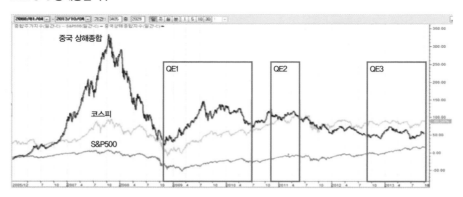

도표 8-7 FISE100 – FTSE China

15. 양적완화에 따른 이머징 마켓의 반응

'이머징 마켓'은 '떠오르는 시장'이라는 뜻이다. 이머징 마켓은 급성장하면서 주목을 받는 시장을 가리키는데, 개발도상국이라고 해서 모두 포함되지는 않고 그 중에서도 경제성장률이 높고 산업화가 빠른 국가들을 일컫는다. 국제 자금은 이런 '이머징 마켓'을 선호하는 편인데 그 이유는 무엇일까? 빠른 성장 덕분에 고수익을 노릴 수 있기 때문이다. 한 번 선진국이 되면 이미 경제 덩치가 커져서 두 자릿수 경제 성장률은 옛 이야기가 되어버리지만 이머징 마켓에서는 가능한 일이다.

이머징 마켓에는 동남아시아, 동유럽, 라틴아메리카 등이 속하는데, 우리나라는 한때 이머징 마켓으로 여겨졌다가 최근에는 선진국 초입에 위치해 있어서 조금 차별화되는 측면이 있다. 최근에는 동남아시아에서 인도, 인도네시아, 말레이시아 등이 주목을 받았고, 자원 부국인 브라질이나 러시아 등도 기대를 한몸에 받았다. 그럼 이들 국가를 대상으로 2008년 미국의 금융위기의 충격을 어떻게 받았는지, 양적완화에는 어떻게 반응했는지, 시장에 풀린 달러가 이 신흥 시장들로 얼마나 유입되었는지 자세히 살펴보겠다.

이머징 마켓은 빠르게 성장하는 만큼 지수의 변동성도 가파른 편이다. 동남아국가 중에서 인도, 인도네시아, 말레이시아의 지수를 비교해보니, 비슷한 흐름을 보이긴 하지만 상대적으로 인도네시아의 변동성의 훨씬 큰 것을 알 수 있다. 동남아시아 3개국도 글로벌 금융시장 활황기였던 2007년까지는 흔들리지 않고 성장세를 보였고, 특히 그때까지 말레이시아의 상승세가 좀더 돋보였다. 하지만 미국의 금융위기 이후 급락하면서 말레이시아 지수는 2008년 1월 14일 1,524.69에서 고점을 찍고 2008년 10월 28일 저점 801.27까지 47%나 하락했다. 인도 지수는 2008년 1월 10일 21,206.77의 고점을 형성한 후 2008년 10월 27일 7,697.39로 63% 폭락했고, 인도네시아 지수는 2008년 1월 14일 2,838.48 고점 이후 2008년 10월 28일 저점 1,089.34까지 61% 급락했다.

도표 8-8 Q1 - Q2 - Q3

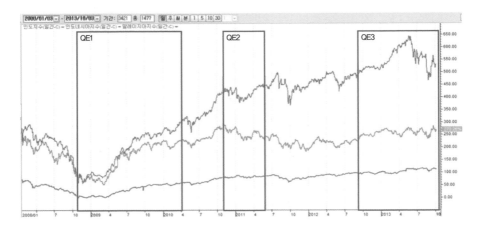

앞에서 살펴봤듯이 미국의 1차 양적완화가 글로벌 금융시장에도 가장 크게 영향을 미쳤는데 이머징 시장도 마찬가지였다. 동남아 증시도 2008년 10월에 일제히 저점을 형성한 이후에, 2008년 11월 25일 1차 양적완화가 시작되자 급격하게 반등하기 시작했다.

위에서 2008년 미국 금융위기가 터지면서 전 세계적으로 어떻게 영향을 미쳤는지 전염효과에 대해서 투자역사를 통해 공부했다.

2008년부터 2014년까지의 급변하는 세계증시의 초기조건에 미국발 금융위기가 있었고, Q1-Q3양적완화정책과 유럽발 LTRO를 통해서 위기를 막아내는 과정에서 각 나라별 주가변동성에 대해서 체크해보았다.

2019년 6월 현재 양적완화가 마감되고 테이퍼링과 대차대조표축소과정이 진행되는 흐름속에 연준위의 금리 인상속도가 시장에 영향을 미치는 중이다.

2008년 이후 10년 이상 세계증시의 변동성을 비교해보면서 2007년 고점과 2008년 저점을 그어놓고 어느 나라가 2007년 고점도 돌파했는지 체크해보고, 어느 나라는 더 하락하거나 아직도 2007년 고점을 돌파하지 못했는지 체크해보는 가운데 앞으로 시장의 변동성과 흐름에 직관을 얻을 수 있다. 이런 과정을 10년 국채를 가지고 같이해보면 미래지도를 그리는 데 좋은 직관을 제공해줄 것이다.

앞으로 2019년에서 2029년 10년은 2008년부터 2018년에 형성된 채권파생상품의 연결고리를 추적하는 것이 제일 중요하고, 그것이 만드는 카오스가 세계시장에 어떤 변동성을 줄 것인지 추적하는 것이 필요하다. 5년 국채-10년 국채를 30-50년 장기국채로 연동시키거나 영구채를 발행하는 나라도 생기고 있다.

두산그룹이 2012년 발행한 영구채의 카오스가 2019년 두산그룹 주가에 치명적인 변동성을 야기시켰듯이, 각 나라별로 2008년 금융위기 해결하기 위한 채권파생상품 연결고리가 앞으로 어떤 변화를 줄지 그것에 기준이 되는 기준금리의 변화를 추적해가면서 체크해봐야 할 것이다.

도표 8-9 채권 파생상품 총액

양적완화 이후 금리 인상까지의 기간

지금부터는 금리에 대해서 자세히 살펴보려고 한다. 우리는 왜 한국에 살면서 미국의 기준금리 움직임까지 각별히 신경 써야 하는 걸까? 사실 미국의 기준금리는 우리나라뿐만이 아니라 세계 경제에 막대한 영향을 미친다. 게다가 앞서 살펴봤던 양적완화정책 역시 제로 수준에 가까운 초저금리 상태에서 시행이 되는 것이 일반적이다.

〈도표 8-10〉은 2000년~2012년 기준금리의 연간 추이다.

미국 기준금리의 역사부터 살펴보자. 미국 기준금리는 1980년대 중반까지만 하더라도 두 자리 수(참고로 1981년 평균 기준금리는 16.39%로 역사상 가장 높은 수준)이다가 1987년을 기점으로 한 자리 수 시대로 접어들어 1990년대 들어서는 기준금리가 4~5% 수준을 유지했다. 2000년 기술주와 나스닥시장의 거품 붕괴 이후 미국은

도표 8-10 **미국 기준금리**

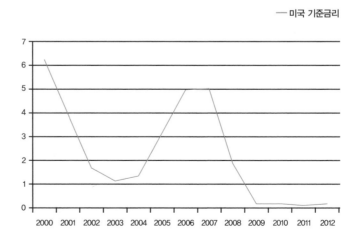

2000	6.24
2001	3.88
2002	1.67
2003	1.13
2004	1.35
2005	3.22
2006	4.97
2007	5.02
2008	1.92
2009	0.16
2010	0.18
2011	0.1
2012	0.14

위기를 벗어나기 위해 2001년 이후 기준금리를 1%대로 대폭 인하했다. 이 덕에 부동산을 중심으로 자산시장에 훈풍이 불어왔고, 연준은 경기 과열을 방지하기 위해 2005년부터 지속적으로 금리를 인상해 재차 5% 기준금리 시대를 열었다. 그러나 그것도 잠시, 2008년 금융위기가 닥치자 연준은 기준금리를 제로 수준까지 공격적으로 인하했고 초저금리를 유지하겠다고 공언했다.

금리가 낮아지면 기업들은 돈을 빌려 투자를 늘리고 가계는 돈을 빌려서 집을 살 것이라고 기대했기 때문인데, 현실은 그렇게 녹록지만은 않았다. 그럼에도 불구하고, 양적완화보다는 기준금리를 낮게 유지하는 게 경기에 오히려 더 긍정적일 수도 있다는 연준의 분석을 앞에서도 살펴봤듯이 그만큼 기준금리가 경제상황에 큰 영향을 미치는 것은 분명했다.

3차 양적완화의 출구전략 논의가 뜨겁게 일면서 시장은 기준금리에 재차 주목하기 시작했다. 연준이 풀던 돈을 점점 축소해서 더 이상 공급하지 않는 것도 문제지만 더 큰 문제는 가계, 기업, 금융시장 모두 생각보다 기준금리에 굉장히 민감하게 반응하기 때문이었다. 출구전략 이후 바로 기준금리가 높아지지는 않겠지만, 최소 1~2년 후부터는 기준금리가 현재의 초저금리에서는 벗어날 것이란 의견이 지배적인 상황에서 매우 중요한 사안이었던 만큼 버냉키 연준 의장도 정책금리에 대한 미래의 입장에 대해서 "자산매입 종료 이후에도 상당기간 통화완화기조가 유지될 것이며, 제로금리는 적어도 '에반스룰'에 의해 지속될 것이다"라고 밝혔다.

여기서 '에반스룰'은 실업률이 6.5%를 웃돌고, 향후 1~2년간 인플레이션이 FOMC의 장기 목표치인 2%보다 0.5%포인트 이상 높아지지 않으며, 장기 인플레이션 기대치가 잘 고정되어 있는 동안까지 제로금리를 유지한다는 방침인데, 버냉키는 "at least as long as"라는 문구까지 쓰면서, 에반스룰은 기준금리 인상을 위한 일정요건일 뿐이지 공식처럼 기계적으로 올리는 요인은 아니라고 강조했다. 다시 말해서 정책금리 인상은 이 요건을 달성했을 때 자동적으로 이뤄질 것이 아니라 고용, 인플레이션, 경제에 대한 전망이 적절한지에 따라 좌우된다는 점을 시장에 밝힌 것이다.

정책금리 인상에 있어서 '에반스룰'보다는 경제 상황이 더 중요하다는 것을 밝힌 것은 자산매입 종료 이후에도 상당기간 제로금리가 지속될 수 있다는 점을 암시했다고 볼 수 있으며, 완전고용 미흡, 물가 및 기대인플레이션 안정 등이 지속되는 한 정책금리 인상은 매우 점진적으로 진행되리라는 발언은 시장 참여자들의 우려를 불식시키려던 목적으로 보인다.

1. 출구전략

한 번 시작되면 지속되는 양적완화, 과연 그 끝은 어디일까? 풀던 돈을 더 이상 풀지 않거나 풀었던 돈을 회수하면 어떻게 될까? 양적완화도 과하게 시행되면 마약 중독과 마찬가지로 그 부작용도 커질 수밖에 없다. 따라서 어느 순간인가부터 양적완화를 중단해야 하는데, 출구전략은 양적완화와 같은 비전통적 통화정책들을 원상태로 되돌리는 과정 혹은 방법이라 볼 수 있다. 따라서 출구전략의 핵심은 경기침체를 회복하기 위해 실행했던 양적완화 덕에 경기가 회복되었다면, 추후 경기 과열이나 침체, 물가 상승 또는 하락 등의 부작용을 최소화하는 방식으로 양적완화정책을 종료하는 데 있다.

출구전략을 시행하면 그동안 풍부했던 글로벌 유동성을 다양한 파급경로를 통해 축소시키는 효과가 있다. 양적완화로 인해 점차 회복세를 보이는 경제로부터 혹여나 자금을 급격하게 회수하면, 경기가 다시 둔화되어 양적완화로 어렵게 얻은 효과까지 잃어버릴 수 있기 때문에 점진적으로 시행하는 것이 일반적이다.

참고로 양적완화 축소 자체가 출구전략과 동의어는 아니다. 자산매입을 축소하는 테이퍼링Tapering과 긴축Tightening은 엄연히 다른 정책이다. 전자가 초과적으로 공급했던 경기부양정책을 거둬들여 비전통적통화정책을 정상화시키는 것인 반면,

후자는 당국이 시장에서 유동성을 흡수하면서 돈의 가치를 올려 소기의 목적을 달성하려는 전통적 통화정책의 일환이다.

전 세계가 미국의 출구전략에 긴장하는 이유는 무엇인가? 아마도 세계 경제의 체력이 완전히 회복되지 않은 시점에서 출구전략을 시행하면 오히려 양적완화의 이전보다 상황이 악화되어 세계 경제가 다시 깊게 불황의 늪으로 빠져버릴 수 있기 때문일 것이다. 연준이 출구전략의 일환으로 국채매입을 중단하거나 보유국채를 매각할 경우 미국채 가격은 하락할 수밖에 없다. 안전자산인 미국채의 주요 고객이 중국, 일본, 한국 등 세계 각국인 만큼 어느 나라도 여기에서 자유로울 수 없게 된다.

또한 전 세계 자산시장에 풀렸던 달러 및 유동성이 회수되면서 자산가격에 부정적 영향을 미치게 된다. 미국이 출구전략을 발표했을 뿐인데, 전 세계 주식과 부동산 가격이 급락하는 엄청난 부작용이 발생하는 것이다.

비전통적 통화정책이었던 자산매입 축소가 끝나면, 그 다음 출구전략으로 전통적 통화정책 수단인 기준금리의 정상화를 고려하게 된다. 사실 금리 인상 자체가 경제가 그것을 견딜 수 있을 만큼 어느 정도 탄탄해졌을 때 가능한 것이므로, 금리 인상을 경제에 대한 자신감으로 해석할 수도 있다. 하지만 경제 전반으로 봤을 때는 금리 인상이 마냥 좋은 소식만은 아닐 수 있다. 개인은 대출을 줄이고, 기업도 투자를 미루며, 대출이나 투자의 비중이 큰 산업이 타격을 받기 쉽다. 또한 위험자산에 대한 매력도를 떨어뜨려서 주가에도 부정적으로 작용할 수 있다.

사실 출구전략은 직접 실행을 하지 않고 언급을 하는 것만으로도 시장에 충분한 영향력을 미친다. 당시 출구전략이 구체적으로 발표되지 않았음에도 불구하고 유력 경제인들이 "출구전략이 다가왔다"고 말하는 것만으로도 시장은 급격히 출렁였다. 2013년 하반기부터 버냉키의 입에 세계 시장의 모든 이목이 집중된 것도 바로 그런 이유 때문이다. 특히 양적완화로 상당량의 유동성이 들어왔던 이머징 마켓은 출구전략에 더 민감하게 반응했고, 더 크게 충격을 받았다. 실제로 인도, 인도네시아 등 이머징 마켓 국가들이 2013년 하반기부터 출구전략에 대한 우려로 하락세를 보이다가 8월 달에 출구전략이 임박했다는 판단이 나오자 급락하는 흐름을 보이기도 했다.

이렇듯 출구전략의 실행 자체가 경기부양을 중단한다는 의미이기 때문에 채권시장과 주식시장에 미치는 영향도 부정적일 가능성이 높다. 실제로 2013년 6월 19일 벤 버냉키 의장은 3차 양적완화 정책의 마침표를 찍겠다는 뜻을 밝히며 양적완화 기대감로 한층 부풀어 있는 시장에 뾰족한 화살을 던졌다.

2013년 6월 19일 FOMC 정례회의 직후 기자회견에서 "올 하반기 채권 매입 규모 축소 시작, 내년 중반 완전 중단"이라는 시간표를 제시했던 것이다. 연준이 채권 매입 규모를 점진적으로 줄이는게 경기 확장적 통화정책을 완전히 포기한다는 뜻도 아니었고, 완만하게 출구전략을 시행하겠다는 스케줄만 언급했음에도 불구하고, 글로벌 주가가 급락하고 금리가 급등하는 등 금융시장이 급속하게 불안정해졌다. 이와 같이 버냉키 연준 의장의 말 한마디로 세계경제가 흔들거리는 현상을 '버냉키 쇼크'라고 불렀는데 '버냉키 랠리'와는 반대되는 의미였다. 이렇게 버냉키 쇼크가 시장을 뒤흔들자 안전자산으로서 미국 달러화는 강세를 보이기 시작했고, 반대로 원자재 및 주요 상품 가격은 하락해 또 다른 우려를 자아냈다.

일반적으로 원자재나 상품 가격은 미국 달러화로 표시되어 달러화가 강세를 보이면 자국통화로 환산한 원자재나 상품 수입가격이 오르게 되고, 이는 수요 위축으로 이어져 거래 가격 자체가 하락하게 된다. 실제로 버냉키 연준 의장이 양적완화 축소 계획을 밝힌 이후 옥수수 가격은 19.4%나 하락하기도 했다.

다시 정리한 양적완화정책 Q1-Q2-Q3 일정이다.

- 2008년 11월 25일(8,479.47)~2010년 3월 31일(10,856.63) 28% / 4월
  30일(11,258.01) 32% : 1차 양적완화(1조 7,000억달러)
- 2010년 11월 3일(11,215.13)~2011년 6월 30일 / 7월 1일(12,582.77) 12% :
  2차 양적완화(6,000억달러)
- 2011년 9월 22일(10.597.14)~2012년 6월 / 2012년 5월 1일(13,338.66)
  25% : 오퍼레이션 트위스트(4,000억달러)
- 2012년 9월 13일(13,539.86)~:3차 양적완화(매달 850억달러)
- 2012년 9월 13일 : FOMC는 매달 400억 달러규모의 MBS를 사들이기로
  결정. 2014년 말로 예정된 초저금리 기조도 2015년 중반까지 6개월 연장
- 2012년 12월 13일 : FOMC는 매달 450억달러 규모의 미국 국채를 추가로
  사들여 매달 채권매입 규모를 850억달러로 확대키로 결정
- 2013년 12월17~18일 : FOMC는 Q3종결하고 양적완화축소의 시대로 진입

사례분석 : 양적완화 종료 이후의 세상을 읽자

앞에서 양적완화정책과 그것이 실행되는 과정에서 전 세계에서 어떤 상황이 전개되었고, 그것을 이해하는 데 필요한 여러 가지 경제적 지식과 투자 역사를 시나리오식으로 나열하면서 공부해보았다.

다시 정리한 양적완화정책 Q1-Q2-Q3 일정이다.

- 2008년 11월 25일(8,479.47)~2010년 3월 31일(10,856.63) 28% / 4월 30일(11,258.01) 32% : 1차 양적완화(1조 7,000억달러)
- 2010년 11월 3일(11,215.13)~2011년 6월 30일 / 7월 1일(12,582.77) 12% : 2차 양적완화(6,000억달러)
- 2011년 9월 22일(10.597.14)~2012년 6월 / 2012년 5월 1일(13,338.66) 25% : 오퍼레이션 트위스트(4,000억달러)
- 2012년 9월 13일(13,539.86)~ :3차 양적완화(매달 850억달러)
- 2012년 9월 13일 : FOMC는 매달 400억달러 규모의 MBS를 사들이기로 결정. 2014년 말

로 예정된 초저금리 기조도 2015년 중반까지 6개월 연장.

- 2012년 12월 13일 : FOMC는 매달 450억달러 규모의 미국 국채를 추가로 사들여 매달 채권매입 규모를 850억달러로 확대키로 결정.

- 2013년 12월17~18일 : FOMC는 Q3으로 종결하고 양적완화축소의 시대로 진입.

이번에는 2014년 자넷 옐런 연준 의장이 선임된 후, 버냉키시대 양적완화정책이 옐런시대 테이퍼링과 타이트닝, 금리 인상정책으로 이동하면서 시장에 어떤 현상이 나타났고, 그 결정적 모멘텀은 무엇인지 체크해보자. 더 나아가 현재 2019년 제롬 파월 연준 의장의 미래전략에 대해서 생각해보고, 그것이 시장에 어떻게 작동할 것인지 복잡계 분석기법을 총동원해서 판단해보기로 하자. 특히 이미지가 주는 직관에 대해서 생각의 훈련을 반드시 가져보자.

시장근본주의자 시각으로 양적완화정책이 실행된 구간에서 다우지수 상승에

도표 9-1 다우산업지수

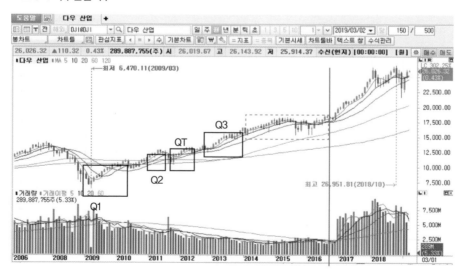

너지를 체크해보면, 〈도표 9-1〉에서 보듯 Q1-Q3가 강하게 작동한 반면, Q2-오퍼레이션 트위스트 정책은 박스 유지 내지는 하락에너지를 막아내는 정도의 역할을 했음을 체크할 수 있다. 그리고 Q3 마감 이후 2014년 1월부터 2016년 10월까지는 15,000을 하단 지지하고, 18,000은 상단 저항을 받는 모습을 보였다. 그러다가 2016년 11월에 있었던 미국 대통령 선거를 분기점으로 다우지수는 45도 우상향의 급등파동을 보이면서 상단 18,000를 돌파했고, 2018년 10월 26,951까지 급등한 것을 체크할 수 있다. 당시 시장은 대통령 선거에서 민주당 힐러리 후보의 당선을 예상했으나, 실제로는 공화당 트럼프 후보가 대통령이 되었다.

이 구간에 미국 연준이 기준금리 인상한 일정을 체크해보자. 〈도표 9-2〉에서 보듯 양적완화정책을 마감하고 긴축정책으로 선회하면서 미국 기준금리는 2015년 12월 16일 최초 인상을 시작으로 0~0.25% 제로금리에서 벗어났고, 2017년까지 6월 14일까지 4번 인상해 기준금리가 금융위기 이후 처음으로 1%를 상회하기 시작한 것을 아래 그림을 통해 확인할 수 있다.

도표 9-2 미국 기준금리 변동 추이

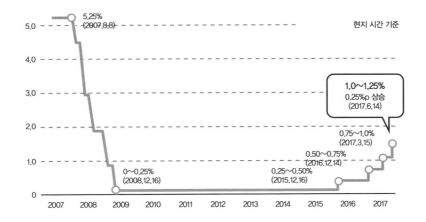

이 당시 한국은행은 기준금리를 2016년 6월 마지막으로 1.25%로 인하한 후 동결기조를 이어오고 있었다. 그러다 2017년 6월 미국 연준에서 기준금리를 인상하면서부터 미국과 한국의 금리역전현상과 그것이 만들 카오스에 대해서 시장이 민감하게 반응하기 시작했고, 미국채와 동일만기 대한민국 국고채에 대한 분석이 러시를 이루는 현상이 나타났다.

한편 미국이 금리를 추세적으로 인상하는 동안, 국내에서는 정치적 목적이 강한 최경환 부총리 시절 때 정부의 요구대로 한국은행이 2016년 6월에 기준금리 인하를 감행하면서 그 후유증이 부동산 시장 급등으로 나타났고, 그 여파가 2019년 현재도 지속되고 있는 실정이다.

시나리오 투자기법에서는 이렇게 의미 있는 정책이나 이슈가 결정된 기준점을 기준으로 데이터를 비교 분석하는 것이 중요하다. 즉 2016년 6월 한국은행의 마지막 기준금리 인하 시점과 인상해서 기준금리가 1.5% 되는 시점의 모든 경제데이터를 비교해보면서 직관을 얻는 것이 궁극적인 목적이다.

한국은행의 2016년 기준금리 인하시점에 미국의 그것은 0.5~0.75%수준이었지만, 2016년 12월 0.75~1.0%로 인상, 2017년 6월 1.0~1.25%로 인상하면서 한국은행과 같은 금리 수준에 진입하기에 이르렀다. 2017년 6월 이후 미국이 기준금리를 추가 인상하면서 한국과 미국의 금리가 같아지자 추후 미국의 추가적인 인상 시 역전현상에 따라 대내외적으로 대한민국에 유입되었던 달러자금이 해외로 유출될 가능성에 대한 우려가 높아지면서 불확실성이 증폭되기 시작했다.

이 시점에 한국은행은 2017년 11월 30일 선제적으로 기준금리를 1.50%로 인상했다. 하지만 미국이 기준금리를 2017년 12월 13일 1.25~1.50%로, 2018년 3월 22일 1.50~1.75%로 연속 인상함으로써 한국과 미국의 금리역전현상이 마침내 현실화되었다.

금리 역전 현상이 현실화되기 직전인 2018년 2월 27일 한국은행 이주열 총재의

도표 9-3-1 **한국—미국 기준금리**

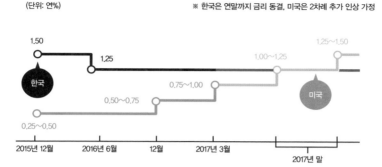

(단위: 연%)　　　　　　　　　　　※ 한국은 연말까지 금리 동결, 미국은 2차례 추가 인상 가정

도표 9-3-2 **한미 기준금리 추이**

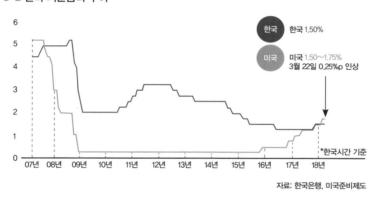

자료: 한국은행, 미국준비제도

기자회견 관련 뉴스를 살펴보자.

　이주열 한국은행 총재는 "한미 금리가 역전된다고 하더라도 당분간은 외국인 증권 자금의 대규모 유출 가능성은 크지 않다"고 밝혔다. 이 총재는 이날 서울 중구 한은 본관에서 금융통화위원회를 연 후 기자간담회에서 한미 금리 역전 후 외국인 자금 유출 가능성에 대해 이같이 밝혔다. 한은은 이날 기준금리를 현재의 연 1.50%로 유지했다. 다음 달 미국 연방준비제도(Fed·연준)가 정책금리를 연

9장 사례분석 : 양적완화 종료 이후의 세상을 읽자 | 253

1.50~1.75%로 인상하면 한미 금리는 10년여 만에 역전한다.

이 총재는 "외화 보유액이 상당하고 경상수지가 상당 폭 흑자가 난다는 점을 감안할 때 대외건전성이 상당히 양호하다"며 "국내 외국인 자금 중 국제기구, 국부펀드 등 공공자금 비중이 높은 점도 큰 폭의 자금 유출 가능성을 줄이는 요인"이라고 밝혔다. 그는 "과거 외국인 자본 유출입은 국제금융시장에 큰 충격이 있거나 일부 신흥국 불안 확대에 주로 발생했다"며 "금리 차만으로 외국인 자금 유출이 확대된 사례는 찾기 힘들다"고 밝혔다.

여기서 금리 역전 현상을 걱정하지 않아도 된다는 논리의 근거를 압축해보면 다음과 같다.

- 4,000억대가 넘는 외환보유고
- 경상수지 상당폭 흑자
- 대외건선성 양호
- 국내 투자한 외국인 자금 대부분이 공공자금이고, 핫머니 비중은 작음

2019년 2월 미국의 금리 수준과 대한민국의 금리 수준을 보면 다음 그림과 같다.

2019년 1월 연준이 금리를 동결하고 향후 금리 인상은 당분간 없다는 기대감을 심어주면서 다우지수는 급등하는 모습을 보였다. 그러나 연준 금리 동결이라는 호재성 모멘텀이 나왔음에도 불구하고 2018년 12월 26일 21,712를 저점부터 상승한 에너지가 25,000대에서는 탄력성이 둔화되면서 2019년 2월 6일 25,469를 고점으로 조정하는 모습을 보이고 있다. 시장의 관심이 미국 추가 금리 인상에서 미중 간의 무역전쟁, 영국의 브렉시트 불확실성, 미국의 트럼프 대통령 탄핵 리스크 등으로 이동하면서 단기급등에 따른 숨고르기 조정양상을 보이고 있는 것이다. 이에 따라 우리나라의 코스피지수도 2019년 1월 31일 2,222를 고점으로 조정하는 모습

도표 9-4 FED 기준금리

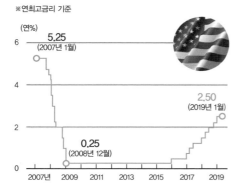

도표 9-5 기준금리-대출금리

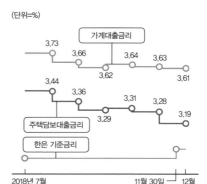

도표 9-6 종합지수

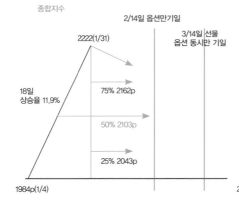

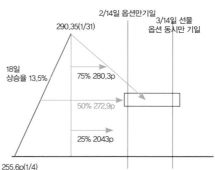

을 보였다.

　여기서 핵심은 한-미 기준금리 역전 현상(미국 기준금리 2.5%, 한국 기준금리 1.75%)이 지속되고 있음에도 불구하고, 외국인의 국내 주식과 채권의 매수세가 유지되면서 2019년 1월 4일 1,984부터 1월 31일 2,222까지 강한 급등장세를 만들었

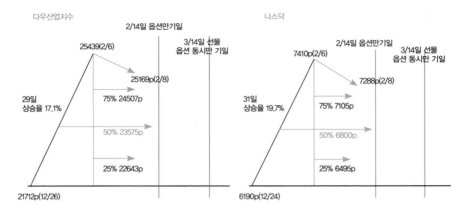

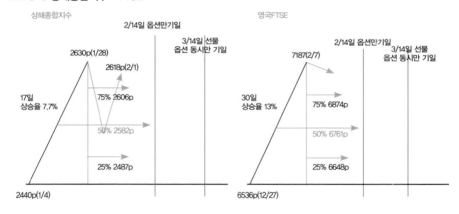

다는 데 있다. 시장을 상대적 탄력성으로 비교해볼 때, 2019년에 1월효과가 얼마나 강하게 나타났는지 미국과 대한민국의 증시를 보면 알 수 있다.

그런데 문제는 그 상승에너지가 IT대장주인 삼성전자-SK하이닉스, KODEX200 ETF-TIGER200 ETF 집중 매수에서 비롯되었다는 점에 있다.

위의 〈도표 9-7〉과 〈도표 9-8〉을 종합해보면 유독 상해지수-코스피지수의 상승

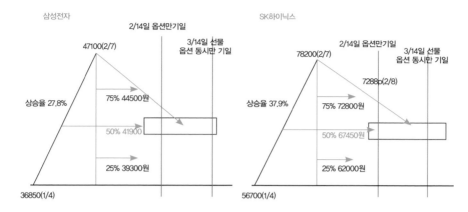

도표 9-9 삼성전자 – SK하이닉스

에너지가 같은 구간에서 제일 약하다는 것을 체크할 수 있다.

한편 종목 관점에서는 미국 연준의 금리 스탠스 변화와 IT섹터 중심의 상승에너지 전개에 힘입어 국내 IT의 대표주자인 삼성전자-SK하이닉스가 코스피지수 상승을 견인하는 모습을 보였다.

위의 〈도표 9-9〉가 주는 직관은 무엇인가? 그것은 바로 같은 구간에 지수와 대표종목의 에너지를 측정하면서 그 흐름과 오차가 어느 정도이고, 앞으로 전개될 이벤트에 어떤 변화가 전개되는지 이미지로 단순화시켜서 시장에게 물어보자는 시장근본주의적 사고에 있다.

가령 2019년 2월 기준으로 보면, 2월에 예정되어 있는 각종 이벤트와 3월 1일을 기준으로 그간 미국과 중국이 시한부로 휴전했던 무역분쟁이 어떤 방향으로 가는지 시장에게 물어보는 것이다. 미리 시나리오를 설정하고, 무엇이 제일 강하게 시장에 영향을 주는 변수로 작동하는지 이론적 접근으로 보는 시각과 실제 시장이 반응하는 방향성과 변동성 에너지를 추적해가면서 비교해보자.

미리 시나리오를 설정하고 무엇이 제일 강하게 시장에 영향을 주는 변수로 작동

도표 9-10 종합지수

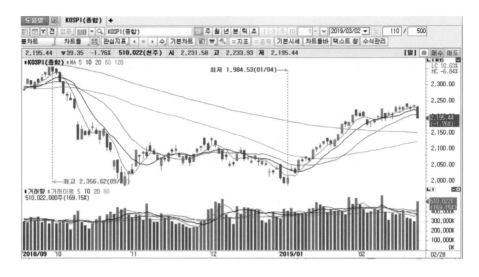

도표 9-11 선물지수

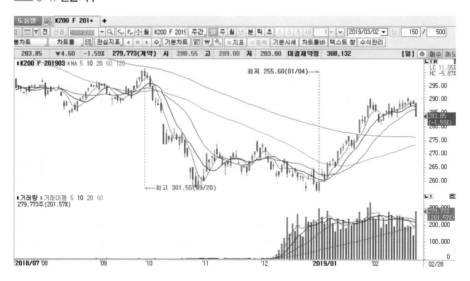

도표 9-12 다우산업지수

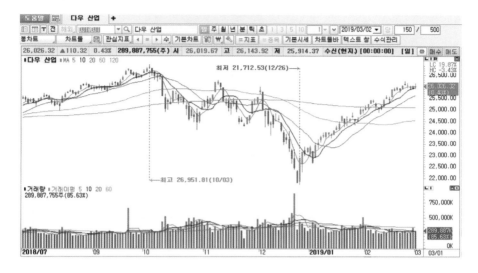

도표 9-13 나스닥종합

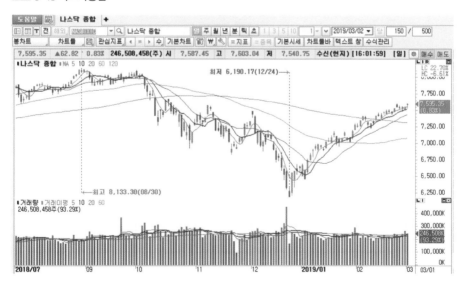

도표 9-14 상해종합지수

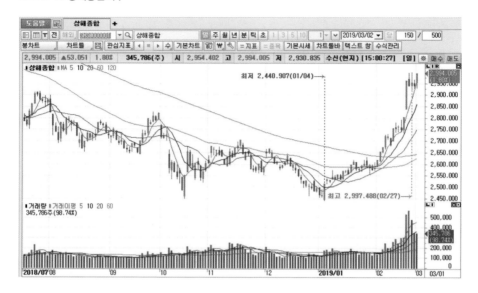

도표 9-15 영국 FTSE

영국 FTSE 100 **LNS@FTSE100** 영국 | 2019.03.01 16:35 현지시간 기준 | 15분 지연제공

7,106.73
전일대비 ▲32.00 (+0.45%)

전일 7,074.73	고가 7,129.72	52주 최고 7,903.50
시가 7,074.73	저가 7,074.73	52주 최저 6,536.53

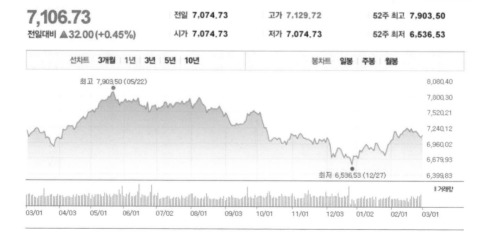

도표 9-16 삼성전자

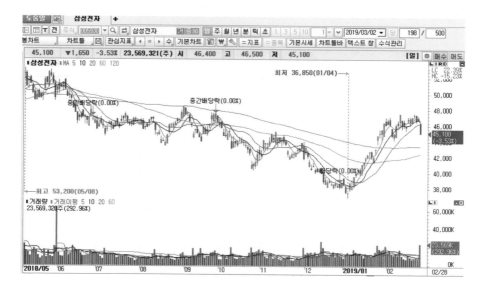

도표 9-17 SK하이닉스

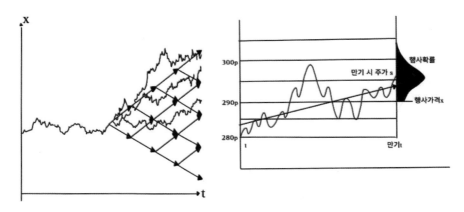

도표 9-18 방향성과 변동성

하는지 이론적 접근으로 보는 시각과 실제 시장이 반응하는 에너지 방향성과 변동성을 추적해가면서 비교해보는 것이다.

각종 경제변수와 이해당사자들의 매매전략이 만든 결과물에서 코스피지수의 흐름을 찾는 일은 마치 미로에서 길을 찾는 것과 같다. 즉 각종 인덱스에서 방향성과 변동성 에너지를 측정하고 그 중심의 궤적은 어떻게 전개되는지 하나씩 추적해가는 것이다.

실제로 지표가 이야기해주는 오차를 추적해보면 다음과 같다. 코스피지수는 2019년 1월 4일 1,984에서 1월 31일 2,222까지 18거래일 동안 11.9% 상승했고, 2019년 3월만기 코스피200선물은 1월 4일 255.6을 기준으로 같은 기간 동안 13.5% 상승해, 코스피지수보다 2019년 3월만기 코스피200선물의 상승률이 더 높은 것을 체크할 수 있다. 그러나 미국증시의 상승에너지와 비교해서 보면 상대적으로 약했다는 것을 확인할 수 있는데, 다우지수는 12월 26일 21,712부터 2월 6일 25,439까지 29거래일 동안 17.1% 상승했고, 나스닥은 12월 24일 6,190을 기준으로 2월 6일 7,410까지 31거래일 동안 19.7% 상승했다.

그러나 미중 무역분쟁에 휘말린 중국 상해지수와 브렉시트 불확실성에 놓여 있는 영국 FTSE지수를 보면 다른 점이 확인된다. 상해지수는 1월 4일 2,440을 기준으로 1월 28일 2,630까지 17거래일 동안 7.7% 정도밖에 상승에너지가 나타나지 않았는데, 미국-중국 간의 무역분쟁에 대한 불확실성이 원인으로 작동했다고 볼 수 있다. 즉 시장은 시한부 휴전 일정이 2019년 3월 1일 종료되기 전에 시진핑 국가주석과 트럼프 대통령의 정상회담 등 미국-중국 간의 고위급회담 성사를 기대했으나, 실제로는 2019년 2월 27-28일 베트남 하노이에서 미국-북한의 정상회담 일정만 잡히고 미국-중국 간의 정상회담은 성사가 안될 듯한 징후가 보이면서 불확실성이 높아진 것이다. 이와 같은 오차가 미래의 시장흐름을 결정하는 결정적 모멘텀이 될 수 있으므로 2019년도 시장의 방향성과 변동성은 미국-중국 간 무역분쟁의 결과물이 어떻게 나오는가에 달려있다.

또한 그것과 연관된 주가 에너지는 불확실성이 해소되기 전까지는 상대적으로 약세(같은 기간 상해지수의 상승률은 미국의 다우지수나 나스닥지수의 상승에너지의 절반 수준)를 유지할 수밖에 없음을 확인 가능하다. 이 부분을 해결해주는 모멘텀이 시장에 강하게 나타나야 그동안 상승하지 못한 부분을 메꾸는 키맞추기 상승장세가 연출되고, 이 덕분에 코스피지수도 추가 상승랠리를 기대할 수 있을 것이다.

반면 영국은 브렉시트 불확실성 때문에 중국과 비슷한 상황에 놓였음에도 불구하고, '브렉시트 문제는 긍정적으로 잘 해결될 것이다'라는 기대감이 작용하면서 영국 FTSE지수도 12월 27일 6,536을 기준으로 2월 7일 7,187까지 30거래일 동안 13% 상승했다. 문제는 3월 29일 브렉시트 시한까지 시장이 이미 기대한대로 긍정적 결과물이 나와야 하는데, 만약 그렇게 안될 때 그동안 상승한 에너지를 깎아먹는 변동성이 전개될 것이라는 점이다.

이렇듯 이미지에서 나타나는 오차를 파악하고 그것에 핵심되는 이벤트를 찾아서 미래의 흐름을 생각해보는 훈련을 하는 것이 복잡계 사고방식을 통해 시장에게 물어보는 시장근본주의자적 시각인 것이다.

그렇다면 미국증시가 상대적으로 강하게 급등한 이유는 무엇일까? 2018년까지만 해도 연준이 2019년 2~3번 금리를 인상할 것이라 보는게 시장의 지배적인 시각이었는데 2019년 들어 그 부분이 급격하게 변화되기 시작했기 때문이다. 2019년 1월 연준은 FOMC에서 금리를 2.5%로 동결하는 동시에 성명서 문구가 크게 바꾸는 등 통화정책의 스탠스 변화를 암시함에 따라 미국증시에 상대적으로 큰 상승에너지의 모멘텀을 제공한 것으로 판단한다.

아래 이미지에 2019년 1월 FOMC에서 나타난 변화가 정리되어 있다.

1월 FOMC에서의 변화

통화정책 결정문	
경기에 대한 판단 '강한(strong)'→'견고한(solid)'으로 후퇴	
'추가적 점진적인 금리인상(further gradual increases)'	삭제
'위험요인들이 균형 잡혀 있다(roughly balanced)'	삭제
'향후 금리 조정에 인내심을 보일 것(will be patient)'	추가

대차대조표 정상화에 관한 문구	
'충분한 지급준비금을 보유한다'	추가
'대차대조표 정상화를 완료하기 위한 세부사항을 조정할 준비가 돼 있다'	추가

개인적으로 즐겨 읽는 〈한국경제〉 김현석 특파원의 FOMC 정리내용 원문을 아래에 첨부하니 읽어보기 바란다.

"미국 중앙은행(Fed)의 긴축적 통화정책은 일시 중단된 게 아니라 끝난 것으로 보인다."

월스트리트저널(WSJ)은 30일(현지 시간) Fed가 연방공개시장위원회(FOMC)를 열어 기준금리 인상을 멈추고 자산 축소 프로그램도 종료할 수 있다고 밝히자 이렇게 보도했다. 제롬 파월 Fed 의장은 △글로벌 경기 둔화 △금융여건 긴축 △미 연방정부 셧다운(일시적 업무정지) △미·중 무역협상 △브렉시트(영국의 유럽연합 탈퇴) 등을 일일이 지적하며 여덟 차례나 "금리 조정에 참을성을 갖겠다"고 말했다. 이날 미 증시는 급등했고, 채권금리와 달러가치는 급락했다. Fed가 긴축정책을 끝내면 주식 등 위험자산 선호 현상이 상대적으로 강화될 것으로 예상되기 때문이다. 美 Fed 제롬 파월 의장은 "금리 인상 근거가 약화됐다"라고 말했다.

Fed는 이날 성명서에서 '추가적, 점진적 금리 인상'이란 문구를 삭제했다. Fed는 2015년 12월 글로벌 금융위기 이후 처음으로 기준금리를 올리면서 '점진적 조정'이란 문구를 집어넣었다. 이후 2016년 한 차례, 2017년 세 차례 금리를 올렸다. 지난해 1월 Fed는 여기에 '추가적'이란 단어를 추가했고 6월엔 '조정'을 '인상'으로 바꿨다. 지난해 Fed는 네 차례나 금리를 더 올렸다. 그렇게 지난 3년간 아홉 차례 금리를 높이면서 집어넣었던 통화긴축 시사 문구를 모두 없앤 것이다. 또 금리 인상을 가속화하던 2016년 9월 처음 삽입한 '경기 관련 위험요인이 대략 균형잡혔다'란 문구를 뺐다. 대신 "금리 조정에 참을성을 갖겠다"는 말을 성명서에 반영했다. '참을성'이란 단어가 성명서에 있었던 2014년 Fed는 1년간 금리를 동결했다.

미 금융시장은 이 같은 Fed 성명서 변화를 '당분간 기준금리 인상이 없다'는 신호로 해석하고 있다. 뱅크오브아메리카(BoA)메릴린치는 "Fed는 정책금리 방향과 조정 시기를 시사하는 문구를 전부 삭제했다"며 FOMC 결과를 통화 완화를 뜻하는 '비둘기파적' 결정으로 해석했다. 기자회견에 나선 파월 의장은 "최근 몇 달간 경제에서 몇몇 역류가 목격됐다"며 "금리 인상의 근거가 약화됐다"고 말했다. 그는 인플레이션에 대해서도 크게 우려하지 않았다. 심지어는 Fed 자산 축소도 마무리단계에 진입했다고 했다. 이 부분은 앞으로 더 확인과정이 필요하지만 대차대조표 축소정책이 마무리 단계에 진입했다는 것은 다시 어느 시간이 지나면 금리 인하정책도 가능하다는 시장의 기대감을 유도할 수 있게 된다.

Fed는 통화정책성명 외에 '대차대조표 정상화에 관한 성명'을 별도로 내놨다. 이 성명에서 Fed는 "경제 및 금융 발전에 비춰 대차대조표 정상화를 완료하기 위한 세부 사항을 조정할 준비가 됐다"고 밝혔다. 또 "금리 통제를 위해 충분한 준비금을 보유하겠다"고 했다. 파월 의장은 "자산 축소를 끝낼 적절한 종료 시점을 평가하고 있다"며 "예상보다 큰 자산을 보유한 채 끝낼 수 있다"고 설명했다. Fed의 보유자산 축소는 시장 유동성 감소를 의미한다. Fed의 자산은 2008년 금융위기 이전엔 1조달러 미만이었지만 세 차례의 양적완화(QE : Quantitative Easing)를 거쳐 4조 5,000억달러까지 불어났다. Fed는 2017년 10월부터 만기 채권을 상환하는 방식으로 자산 축소에 들어갔다. 이른바 양적긴축(QT : Quantitative Tightening)이다. 이 프로그램을 곧 끝내겠다는 것이다. 다만 파월 의장은 정확한 시점과 방식은 정해진 바가 없다고 밝혔다.

파월 의장은 경기침체가 온다면 4차 QE에 나설 수 있다는 뜻까지 나타냈다. 그는 "침체가 오지 않길 기대하지만 통화정책도 있고, 금리로 안 된다면 온갖 도구를 쓸 수 있다"며 "대차대조표에도 충분한 공간이 있다"고 말했다. 골드만삭스는 "Fed는 단지 QT를 중단하겠다는 게 아니라 잠재적으로 QE로 돌아갈 수 있다고 말하는 것"이라고 분석했다. 이런 흐름에 미국시장은 환호했던 것이다. 1월연준 발표날 Fed가 예상을 뛰어넘는 금융정책 완화를 언급하자 시장은 즉각 반응했다. 뉴욕증시에서 다우지수는 오름세를 가속화해 434.90포인트(1.77%) 상승한 채 마감했다. 또 뉴욕 채권시장에선 기준금리 영향을 크게 받는 2년물 미 국채 수익률이 0.06%포인트 내린 2.51% 선에 거래됐다. 현재 기준금리 2.25~2.5%와 거의 같은 수준이다. 달러화는 소폭 강세를 보이다 회의 결과가 발표된 뒤 약세로 돌아섰다. CNBC 방송은 "금융시장으로서는 원했던 걸 모두 얻었다"고 평가했다.

여기서 미래지도를 그리는 데 있어 중요한 핵심 변수가 등장한다. 무엇보다도 향후 연준의 금리결정이 가장 중요하고, 이것이 영향을 미치는 안전자산인 미국채와 기축통화인 달러의 향방, 그리고 이 둘에 연결되어 있는 위안화-유로화-파운드화-엔화-원화 등의 환율 변동성이 미래 시장의 방향성과 변동성을 결정할 것이다. 따라서 2019년엔 미국이 금리 인상을 1~2회 더 할 수 있는지, 금리 인상 재개

도표 9-19 2019년 FOMC 일정

January	29-30
March	19-20
April/May	30-1
June	18-19
July	30-31
September	17-18
October	29-30
December	10-11

는 언제 가능한지, 아니면 정반대로 금리 인하로 돌아서는지, 미국채와 달러인덱스 흐름을 지속적으로 추적하면서 그 변화의 숨소리를 파악하는 것이 필수라고 할수 있다.

큰 이벤트가 있는 시기를 전후해서 그것을 이용하려는 전략이 보이지 않는 설계자들에 의해서 가동될 수 있다. 그렇기 때문에 향후 미국 FOMC뿐만 아니라 한국 금통위 일정도 미리 미리 체크해야 한다.

2019년 미국 FOMC 일정으로 현재 기준 5월까지는 연준이 금리를 동결할 가능성이 높게 나타나는데, 2019년 6월 이후 1~2회 추가적인 금리 인상이 단행되는지 반드시 체크해야 한다. 왜냐하면 연준은 미국-중국 간 무역분쟁, 영국 브렉시트 등큰 매크로 변수가 전개되는 양상과 이런 흐름이 미국 및 글로벌 경제지표와 금융시장에 미친 영향을 확인 과정을 몇 개월 거친 후 새로운 의사결정을 할 것으로 판단되기 때문이다.

도표 9-20 2019년 금융통화위원회 정기회의 개최 예정일

1월		2월		3월	
1.17(목)	1.24(목)	2.14(목)	2.28(목)	3월.14(목)	3.28(목)
4월		5월		6월	
4.18(목)	4.25(목)	5.9(목)	5.31(금)	6.5(수)	6.20(목)
7월		8월		9월	
7.18(목)	7.25(목)	8.8(목)	8.30(목)	9.19(목)	9.26(목)
10월		11월		12월	
10.17(목)	10.24(목)	11.7(목)	11.29(목)	12.12(목)	12.26(목)

FOMC에 이어 2019년 한국 금통위 일정도 같이 체크해야 한다.

항상 강조하듯이 시장근본주의자는 '이래서 하락합니다' 또는 '이래서 상승합니다' 같은 시장의 설명을 맹신하면 안된다. 이러한 시장의 설명을 의심 없이 받아들이는 순간, 이미 실전에서 당할 가능성이 높다. 대신에 그전에 미리 생각의 훈련을 통해서, '이런 변수가 이렇게 전개되면 이런 상황이 나타날 것이다'라고 이론적으로 접근한 시나리오와 실제 시장에 작동하는 현실과 비교하고, 이론대로 흘러가지 않더라도 시장에 맞춰서 매매전략을 수립하고 대응하는 감각이 중요하다.

예를 들어, 시장의 기대와 달리 2019년 연준이 금리를 1~2회 인상하면 그 다음 금통위에서 바로 따라서 금리를 인상할 가능성이 높아진다는 점을 미리 생각해보고, 만약 그전에 달러원 환율이 급등하는 상황이 나오면 예상보다 더 앞당겨서 선제적으로 인상할 수 있다는 점도 생각해둬야 실전에서 제대로 대응 가능해진다.

이처럼 '미리 생각하기'가 중요한 이유는 시장의 보이지 않는 설계자들이 자신들의 탐욕을 위해 순진하거나 무지한 투자가들을 악용하는 어떤 전략도 시장에 심어놓을 수 있기 때문이다. 개인적으로 30년 이상 시장과 싸워오면서 경험한 바에

의하면 시장은 합리적인 부분도 있고 그것이 정상적으로 작동하는 때도 있지만, 어느 구간에서는 극단적으로 비합리적이고 비이성적으로 작동하기도 한다.

또한 시장에는 자신들이 원하는 방향으로 만들기 위해 다양한 시스템과 정치적 도구 등을 이용해서 조작하려는 보이지 않는 설계자들도 많다. '시장은 사악하다'라고 생각할 수밖에 없는 이유다. 이 덕에 시장에서 공포와 탐욕을 만드는 화두가 난무하면 오히려 그 뒤에 숨겨진 그림자를 추적하고 생각하는 습관이 생겼고, 항상 시장에 뭔가 작동하면 다음 2가지 기준으로 조사하고 추적하려고 노력한다. 그것은 바로 'Follow the man'와 'Follow the money'이다.

하나의 사례를 살펴보자. 2018년은 미국 국고채 10년물에 대한 시장전략가들의 공포마케팅이 극에 달했던 시절이다. 2018년 5월 10일에 미국 국고채 10년물이 3.00%를 넘어서자 "매직넘버를 찾아라, 미국 10년 국고채가 3.5%까지 상승한다"고 난리치고, 이것 때문에 주식시장이 급락한다는 위기론을 퍼트리고, "주식에서 채권으로 자금이 이동할 것이다"라는 논리가 지배했던 때다.

도표 9-21 **미국채 10년**

즉 2018년 5월과 2018년 8월에 안전자산인 미국 국고채 10년물이 3.00%을 돌파할 때마다, '3.00% 넘는 무위험수익률이라면 주가 움직임을 제외한 미국 주식의 평균 배당수익률인 1.90% 수준보다 높기 때문에 스트레스를 받아가면서까지 위험을 감수할 필요가 없으므로 위험자산 주식 매도-안전자산 채권 매수 전략을 가동하라'는 시장전략가들의 리포트나 공포마케팅이 시장에 유행했던 것이다.

그러나 미국 다우지수-나스닥지수 흐름을 보면 미국 국고채 10년물이 3.00% 돌파하는 시점에서 다우지수 또는 나스닥지수 관련 인덱스를 매수하면 수익이 나는 상황이었던 반면, 오히려 이머징 마켓 국가가 위험자산 매도현상에 지배당하면서 '이머징 주식 매도-선진국 채권 매수'의 흐름이 전개된 것을 확인할 수 있었다. 우리나라 역시 위험자산 주식 매도 분위기에서 자유롭지 못하면서 코스피지수 및 달러원 약세가 전개되는 상황이 나타났다.

처음 미국 국고채 10년물이 3.11% 형성한 5월에 달러원은 1,050~1,060 수준

도표 9-22 종합지수

도표 9-23 원-달러 일봉

도표 9-24 중국 위안/달러

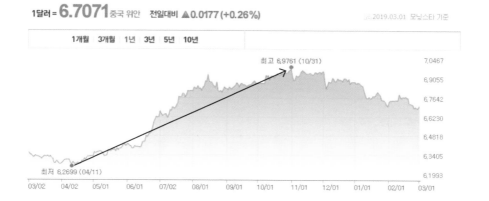

으로 원화강세 구간 내에 있었지만, 2번째 3.00%을 돌파하는 8월 11일 이후는 달러원이 1,130~1,150 구간까지 상승해 원화약세가 극에 달했고, 심지어 달러원이 1,200을 돌파해서 1,500까지 갈 가능성도 높다는 분석도 나오기 시작했던 것이다.

참고로 이 구간은 미국-중국 간 무역분쟁이 극에 달하면서 미국이 중국에게 2,500억달러 규모의 관세를 부과하는 공격을 집중하던 때였다. 반대로 중국은 위안화 약세전략으로 미국의 관세공격에 대응하는 전략을 펴나가면서 시장에서는 마의 1달러당 7.00위안이 뚫릴지도 모른다는 공포를 유발하는 리포트가 난무했던 시점이었다. 그러나 결과적으로는 달러위안이 6.97 수준을 고점으로 기록하고 달러 대비 위안화 강세로 전환되는 상황이 전개되었다.

2018년 10월 31일 달러위안이 6.97로 고점 형성하는 구간에 이머징 마켓 국가 대부분은 주가지수 급락 상황을 맞이했지만, 그 시점이 결국 52주 최저점을 확인하는 구간이었다. 코스피지수는 2018년 10월 30일 저점 1,987을 기록했고, 상해지수는 10월 19일 2,449로 저점을 형성했다. 특이한 점은 그 구간에 외국인은 주식

도표 9-25 **국고채 3년**

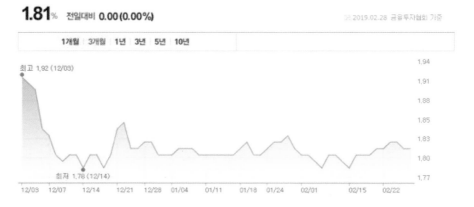

페이지 하단

시장에서 IT대표주자인 삼성전자를 집중적으로 매도하면서 셀코리아 양상을 보인 반면, 한국 3년 국고채 시장에서는 강력한 매수에너지를 보였다는 사실이다.

〈도표 9-25〉에서 보듯 한국 3년 국고채 금리 기준으로 보면 2018년 2월과 5월 2.30%대에서 쌍봉 패턴의 고점을 형성하면서 지속적으로 우하향하는 모습을 보였다. 그 사이 미국 연준의 지속적인 기준금리 인상과 한국 금통위의 기준금리 인상(2018년 11월 30일 1.75%로 1년 만에 25bp 인상)이 있었음에도 불구하고, 한국 3년 국고채에 대한 외국인의 매수에너지는 더 강화되는 상황이 전개된 것이다.

2019년 1월은 어느해 보다도 '1월 효과' 또는 '연초 효과'가 강력했다. 사실 외국인은 2018년까지만 삼성전자를 지속적으로 집중적으로 매도해왔다. 그러다가 2019년 1월 3일 애플의 실적쇼크로 인해 애플 및 삼성전자가 동반 급락하자 시장에서는 조금씩 정반대 현상이 나타나기 시작했다. 외국인이 그 이후부터 삼성전자-SK하이닉스 중심으로 강력한 집중 매수 에너지를 보여주면서 시장을 급등시켰던 것이다. 이에 코스피지수도 2019년 1월 4일 1,987로 저점을 형성한 후 2,222까지 급등했다. 즉 2019년 1월 4일부터 시장 바람의 방향이 작년과는 180도 반대로 전개되었고, 이것은 연준의 금리스탠스 변화와 달러약세 기대감이 그 강력한 모멘텀을 제공해주었기 때문이다.

2019년 1월 7일부터 30일 동안 수량 기준 외국인 순매수 상위 종목을 살펴보자. 〈도표 9-26〉을 보면 2019년 연초 급등장세를 만든 것은 4개의 종목임을 파악할 수 있다. 이머징 마켓 국가 중에 대한민국의 IT대표주자인 삼성전자-SK하이닉스, 패시브 전략 구사에 대표적인KODEX200 ETF-TIGER200 ETF 중심으로 외국인의 강력한 집중매수가 이어졌고, 2019년 1월에 삼성전자는 27%, SK하이닉스는 37% 급등하는 파동이 나타났다.

여기서 유념할 사항은 KODEX200 ETF-TIGER200 ETF를 매수하면 해당 ETF 구성비중 1~2등을 차지하는 삼성전자-SK하이닉스를 그 구성비중만큼 자동적으

도표 9-26 외국인 순매수 상위종목(1/7~2/6)

종목명	2019/01/07		2019/02/06		변동주식수	변동소진율(%)
	보유 주식수	소진율(%)	보유 주식수	소진율(%)		
삼성전자	3,320,817,503	55.63	3,382,827,656	56.67	62,010,153	2조6044억 .04
KODEX 200	47,275,103	19.55	64,204,581	21.75	16,929,478	2.21
TIGER 200	13,460,814	10.69	30,148,546	19.64	16,687,732	8.95
SK하이닉스	351,665,885	48.31	365,659,613	50.23	13,993,728	9235억 1.92
메리츠종금증권	51,811,327	8.55	61,961,939	10.23	10,150,612	1.68
SK증권	27,014,699	7.58	36,300,777	7.68	9,286,078	0.10
넥스트아이	38,493,423	56.21	47,265,707	61.29	8,772,284	5.08
삼성중공업	111,412,919	17.68	119,972,110	19.04	8,559,191	1.36
LG디스플레이	81,766,426	22.85	89,409,574	24.99	7,643,148	2.14
한국전력	177,380,077	69.08	183,459,275	71.44	6,079,198	2.37
KD건설	12,624,328	3.55	18,283,440	4.72	5,659,112	1.17
미래에셋대우	79,499,885	12.08	84,905,419	12.90	5,405,534	0.82
웅진씽크빅	6,040,445	17.45	11,147,296	14.55	5,106,851	-2.90
삼성전자우	760,356,232	92.40	765,073,516	92.97	4,717,284	0.57
차이나그레이트	27,669,575	21.98	31,461,809	25.00	3,792,234	3.01
SK네트웍스	29,343,294	11.82	32,839,742	13.23	3,496,448	1.41
기아차	164,541,456	40.59	167,863,811	41.41	3,322,355	0.82
쌍용양회	17,103,134	3.39	20,334,367	4.04	3,231,233	0.64

로 매수하는 것이나 마찬가지라는 점이다. 표면상으로는 4개 종목에 매수 에너지가 분산된 것으로 보이지만, 이를 자세히 살펴보면 실질적으로 삼성전자-SK하이닉스의 2개 종목으로 집중된 매수 에너지가 상상외로 큰 것을 알 수 있다.

문제는 바로 이 부분에 있다. 외국인들이 대한민국 IT섹터에 대한 바닥 확인 및 추세 상승을 예상하고 집중매수한 것인지, 아니면 보이지 않는 설계자들이 다음 변동성을 유도하기 위해 집중매수한 것인지, 2월 옵션만기일과 3월 선물-옵션 동시만기일 기준으로 반드시 확인해야 한다.

특히 2019년 2월말로 예정되어 있는 중국 상해A주시장에 대한 MSCI EM지수 편입비율이 중요하다. 실제로 어느 수준으로 확정되는가에 따라 중국 롱-한국 숏처럼 패시브전략의 롱숏 대상이 전환되거나, 그 시점에 미국-중국 간 무역분쟁의 흐름, 4월 초에 발표되는 삼성전자 1/4분기 실적과 맞물려 대한민국 시장의 미래

흐름을 결정하는 데 중요한 변수로 작동할 것이기 때문이다.

2019년 2월 28일엔 역사적인 미국-북한 2차 정상회담이 베트남 하노이에서 개최된다. 만약 그날 중국 상해A주시장에 대한 MSCI EM지수 편입 비율이 5%에서 20%로 증가한다고 발표될 경우, 중국이 증가하는 부분만큼 한국 비중이 줄어들

도표 9-27 **2월 주요 이벤트**

설 연휴 이후 2월 주요 이벤트	
날짜	이벤트
7일	중국 외환보유액
13일	중국 1월 수출입 동향
14일	옵션 만기일
15일	중국 1월 생산자물가지수
16일	미국 상무부 수입차 관세 보고서 제출기한
20일	FOMC 의사록 공개
20일	갤럭시S10 공개
25~28일	모바일월드콩그레스(MWC) 2019
28일	중국 A주 MSCI EM 편입 관련 심의 결과 발표

도표 9-28 **MSCI 중국 편입**

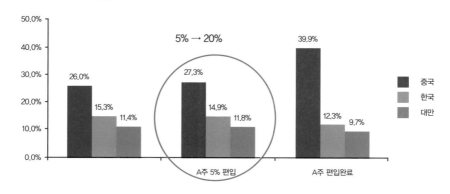

수밖에 없다.

보이지 않는 설계자들이 이것을 이용해 롱숏 변동성을 유도하기 위해 2019년 1월 급등장세 때 지수를 올려놓고 이후 죽이는 머니게임전략을 쓰고 있지 않은지 추적해야 한다. 이런 상황에서 미국-중국 간 무역분쟁이 해결되는지 아니면 심화되는지 여부와, 3월 29일 브렉시트 결과가 어떻게 나오는지 여부도 반드시 점검해야 한다.

브렉시트 관련해서 살펴보면, 이미 유럽증시 대부분은 브렉시트가 잘될 것이라는 데 베팅했고 그것에 의한 상승에너지가 전개되었는데, 2019년 1월말~2월초 전후로 해서 파운드화가 약세로 전환되고 독일-이태리-프랑스-영국 증시가 고점을 찍고 급락하는 모습을 보이는 등 불확실성이 높아지는 상황이다.

게다가 독일 10년 국고채 동향을 보면 이미 이상 징후가 감지되고 있어서 향후에도 지속적으로 체크해나갈 필요성이 있어 보인다.

앞에서 점검했듯이 2019년 세계증시는 금리와 환율의 흐름에 직간접적으로 막대한 영향을 주는 미국 기준금리 동향과 미국-중국 간 무역분쟁 상황, 그리고 브렉시트 결과 등에 따른 연결고리에 의해 시장의 방향성과 변동성이 결정될 것이다. 마찬가지로 이 3가지 변수는 보이지 않게 상해지수의 흐름에 영향을 주고, 대중국 수출비중이 높은 대한민국의 경제와 주식시장의 방향을 결정할 것이다. 따라서 앞으로 상해지수 흐름과 삼성전자-SK하이닉스 및 KODEX200 ETF-TIGER200 ETF와 연계된 패시브전략의 흐름을 추적하는 것이 필요하다.

개인적으로 이 시점에서 향후 대한민국의 경상수지 추이가 그 어느 때보다 중요한 변수로 작용할 것이라 판단하고 있다. 현재 대한민국 경상수지는 81개월 흑자 행진 중이고, 대단한 기록임을 부인할 수 없다. 그러나 최근에 들어서 지난 몇 년간 경상수지 흑자의 1등 공신이었던 반도체 수출이 급격하게 감소하면서 경상수지 흑자폭 역시 급감하고 있다는 것이 문제다.

도표 9-29 독일-영국

도표 9-30 이탈리아-프랑스

도표 9-31 독일 10년 국고채①   도표 9-32 독일 10년 국고채②

그럼에도 불구하고 시장이나 당국은 이 상황의 위험성에 대해 그리 경각심을 갖고 있지 않는 것 같다. 그러나 시장근본주의자는 이럴 때일수록 경상수지 흑자행진이 멈췄을 때 어떤 일들이 전개될 것인지 시나리오를 생각해보고 미래지도를 그려보는 데 집중해야 한다.

향후 대한민국 주식시장 흐름을 판단할 때 다음 2×2매트릭스를 갖고 최악의 시나리오는 무엇이고, 최고의 시나리오는 무엇인지 미리 체크해두기를 권한다. 일단 최악의 시나리오부터 살펴보자.

최악의 시나리오는 원화약세가 지속되는 동시에 3년 국고채 수익률이 급등하는 모습으로, 외국인이 주식-채권-원화 가리지 않고 동시에 매도하는 셀 코리아Sell Korea 상황이다. 반대로 최상의 시나리오는 원화강세가 지속되는 동시에 3년 국고채 수익률이 하락하는 모습으로, 외국인이 위험자산 주식-안전자산 채권-이머징마켓통화 원화를 동시에 매수하는 바이 코리아Buy Korea 상황이다.

현재까지는 외국인이 바이 코리아를 이어가고 있으나, 2~6월 동안 〈도표 9-33〉 매트릭스 중에 어느 구간으로 이동하는지 동태적으로 추적해보자. 개인적으로는

도표 9-33 원달러 - 3년 국고채

원달러

		강세	약세
3년 국고채	상승	원화강세 3년 국고채 상승 그레이트로테이션 안전자산에서 위험자산선호	원화약세 3년국고채 급등 최악의 시나리오
	하락	원화강세 3년국고채 하락 최고의 시나리오 한국자산저평가에 대한 외국인 매수세 집중	원화약세 주식시장에서 외국인매도 그러나 채권시장에서 국고채매수하는 상황

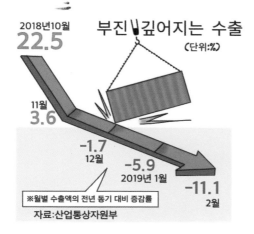

도표 9-34 **월별 수출액 증감률**

부진 깊어지는 수출

(단위:%)

2018년 10월
22.5

11월
3.6

-1.7
12월

-5.9
2019년 1월

-11.1
2월

※월별 수출액의 전년 동기 대비 증감률

자료:산업통상자원부

대한민국 경상수지 흑자의 지속 여부와 경제성장률의 개선 여부가 이것을 결정하리라 보고 있다. 이미 경제지표상으로 이 부분에서 이상현상이 발생중에 있다.

그렇다면 경상수지는 무엇인가? 간단하게 파악해보면 다음과 같다. (경상수지 관련해서 앞에서 설명한 부분과 유사한 점이 많으니 참고하기 바란다.)

국제수지표는 외국과의 거래로 번 수입과 지출을 정리한 표인데 크게 경상수지, 자본·금융계정으로 나눈다. 예전엔 자본수지라고 했지만 공식명칭이 자본·금융계정으로 바뀌었다. 경상수지는 일반적인 상거래, 즉 상품이나 서비스의 수출입의 차이를 말한다. 수출이 3,000억달러, 수입이 2,500억달러이면 500억달러 경상수지 흑자이고, 수입이 더 많으면 경상수지 적자라고 한다.

경상수지에는 상품수지, 서비스수지, 본원소득수지, 이전소득수지가 있다. 첫째, 상품수지는 반도체, 자동차, 배 같은 상품의 수출액과 수입액 차이를 이야기한다. 제조업 중심의 구가는 상품수지가 흑자가 되어야 중요하다. 상품수지가 적자이면 경제가 크게 흔들리게 되어 있다.

둘째, 서비스수지는 비스 수출액과 수입액의 차액을 이야기한다. 운수, 관광, 통신, 교육 등이 들어가는데 서비스 수지는 대부분 적자다. 2019년 구정 연휴기간 동안 사상최대 여행객이 해외로 나갔다는 뉴스를 보았는데 이것은 '서비스수지 적자폭이 크게 확대되겠군'이라고 유추해석할 수 있는 부분이다. 해외로 여행을 가거나 유학을 보내는 것이 대부분 서비스수지로 표시된다.

셋째, 본원소득수지는 노동소득이나 금융소득으로 외국에서 벌어들인 돈과 나간 돈의 차액을 말한다. 노동소득(급료 및 임금수지)은 한국인이 해외에서 벌어온 임금과 외국인이 한국에서 번 임금의 차이이고, 금융소득수지는 투자로 인한 배당금과 이자를 말한다(투자금액 자체는 자본·금융계정으로 잡는다). 이전소득수지는 대가 없이 국제간에 이전된 수지를 말한다. 무상원조, 기부금과 구호물자 등인데 한국의 이전소득수지는 대부분 적자다. 대한민국의 경상수지는 대부분 상품수지와 서비스수지에 따라 결정된다.

자본·금융계정은 국가 간에 상품이나 서비스 같은 것 없이 돈만 왕래되는 거래를 기록한 것이다. 자본·금융계정은 자본수지와 금융계정으로 나눌 수 있다. 자본수지는 자본이 이전한 것이다. 외국의 부동산 매매대금, 해외 이주비, 토지·지하자원·특허권이나 상표권 판매대금 등이 있다. 금융계정에는 먼저 직접투자액의 차액이 들어간다. 한국인이 미국에 직접 공장을 짓거나 미국 기업의 지분을 사기 위해 달러를 해외로 유출시킨 것 등이 있고 요새 해외 펀드나 주식에 투자하는 투자자들이 많은데, 해외의 국채나 주식, 채권, 파생금융상품에 투자한 돈, 외국에 돈을 빌려주거나 빌려오는 것 등이 다 포함된다. 이런 용도로 나간 돈과 들어온 돈의 차이를 체크하는 것이다. 외환보유고도 금융계정에 들어간다. 국제수지에서 외환보유고는 준비자산이라고도 한다.

이와 같은 경상수지 부분이 미국-중국 간 무역분쟁 때문인지 변곡의 조짐을 보이고 있다. 81개월 연속 흑자행진이지만 대한민국의 주력 수출상품에서 이상 징후

도표 9-35 **경상수지 추이**

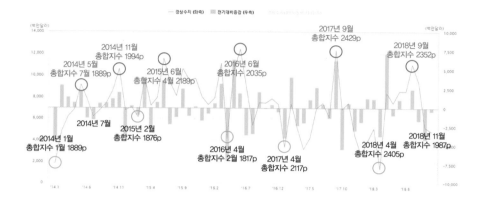

가 보임에 따라 절대규모가 감소하고 있는데 이 부분을 추적하는 것이 필요하다. 지금처럼 연속흑자 폭이 축소되다가 어느 시점에서 경상수지가 적자로 전환되면 달러원 환율 부분에서 위험 징후가 나타날 것이고, 이것이 현실화되는 시점에서는 대응하기엔 이미 늦기 때문이다.

특히 2019년 2~6월의 경상수지 추이를 체크하는 것이 아주 중요하다. 2019년 2월 8일자 뉴스 하나를 읽어보길 바란다.

최근 한국 경제가 고용 등 대내 균형에 심각한 균열이 발생하고 있는 상황에서 수출 등 대외 균형마저 흔들릴 조짐을 보여 경고등이 켜졌다. 우리나라처럼 대외 개방도가 세계 최고 수준인 소규모 개방 경제에서 대외 균형이 무너지면, 경제가 심각한 위기 상황을 맞을 가능성이 커진다. 8일 경제계에 따르면 최근 한국 경제의 대외 균형에 균열이 발생하고 있다는 최초의 시그널(신호)은 수출에서 나오고 있다. 지난해 12월과 올해 1월 우리나라 수출(통관 기준)은 각각 전년 동월 대비 1.3%, 5.8% 감소했다. 이와 관련, 한국은행은 올해 우리나라의 연간 수출이 전년 대비 1.4% 감소할 것으로 내다봤다. 2016년(-5.9%) 이후 3년 만에 다시 마이너스 성장을 기록할 것이라는 얘기다.

도표 9-36 수출 증가율 추이

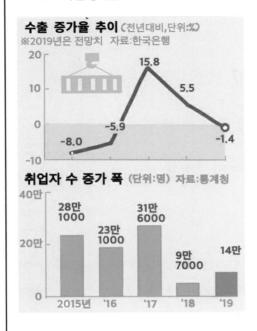

수출 증가율 추이 (전년대비, 단위:%)
※2019년은 전망치   자료:한국은행

-8.0   -5.9   15.8   5.5   -1.4

취업자 수 증가 폭 (단위:명) 자료:통계청

28만 1000   23만 1000   31만 6000   9만 7000   14만

2015년   '16   '17   '18   '19

그동안 우리나라 수출이 마이너스 증가율을 기록해도 위기감이 고조되지 않은 이유는 대외 균형의 '저울' 역할을 하는 경상수지가 막대한 흑자를 기록했기 때문이다. 우리나라 경상수지 흑자는 2017년 785억달러, 지난해와 올해(한은 추정치)는 각각 750억달러, 690억달러에 달할 것으로 전망된다. 그러나 올해 1월의 경우, 수출이 전년 동월 대비 마이너스 성장을 하면서 무역수지 흑자가 13억달러에 그쳤기 때문에, 거의 항상 적자인 서비스 수지 등을 고려한 경상수지 흑자 폭은 지난해 1월(26억 8,000만달러)보다 훨씬 적을 것으로 전망된다. 홍남기 부총리 겸 기획재정부 장관은 "올해 2월 수출은 증가세로 전환할 것"이라고 전망하고 있다. 하지만, 2월 수출도 감소세를 기록하고 경상수지 흑자 폭이 예상보다 크게 줄면 한은과 정부도 연간 경상수지 흑자 폭 전망치를 낮출 수밖에 없을 것으로 보인다. 경제계에서는 "경상수지 흑자는 외환위기 시절 외국인이 한국 경제의 안정성을 판단할 때 가장 먼저 살피던 지표"라며 "일시적으로라도 경상수지가 적자로 돌아설 경우 충격이 상상 이상

으로 클 것"이라는 분석을 내놓고 있다. 정부도 2월 중으로 '수출 활력 회복 방안'을 발표할 예정이지만, '뾰족한 수'가 없어 고민하고 있다.

한국 경제의 대내 균형의 어려움도 이어질 것으로 보인다. 홍 부총리는 "올해 1월 고용이 어려울 것으로 예상된다"고 밝혔다. 세종 관가(官街)에서는 "오는 13일 나올 '2019년 1월 고용동향'에서 취업자 증가 폭이 전년 동월 대비 마이너스를 기록할 가능성도 있다"는 말이 나온다. 주원 현대경제연구원 경제연구실장은 "올해 우리나라 수출은 상반기 내내 어려움을 겪을 것으로 보이고, 1월 경상수지 흑자 폭은 무역수지 흑자 폭을 고려할 때 소폭이 될 가능성이 크다"고 말했다. 그는 "미국의 자동차 관세 부과 등 대외 변수에서 예상치 못한 결과가 나오면 우리나라 수출뿐만 아니라 한국 경제 전체가 심각한 타격을 받을 가능성을 배제할 수 없다"고 말했다.

이 기사가 말하는 것처럼, 경상수지 흑자폭이 축소되는 반면 서비스수지 적자폭은 크게 확대되는 중이다. 이런 상황에서 2019년 2월 28일 상해A주시장의 MSCI EM 지수 편입비율에 따른 패시브전략의 변화 여부와 반도체-조선-자동차-화학 등 주요 기업의 2019년 1월 1/4분기 실적 추이가 대한민국 증시의 미래 방향성을 결정할 것이다.

실제로도 2019년 4~5월에 중요한 변화가 발생했다. 지속적으로 매수에너지를 보이던 외국인이 4월부터 이상징후를 파생시장에서부터 보이기 시작했던 것이다. 5월말 중국 MSCI지수 편입이라는 이벤트를 이용하는 전략이 가동되었고, 파생시장에서 3월물-6월물기준으로 255p 영역을 저점으로 290p까지 급등파동구간에 지속적으로 매수했던 외국인의 변화가 발생한 것이다.

이 부분은 〈머니투데이방송〉에서 강력하게 경고했었는데, 대부분의 시장전문가 및 증권사 마켓뷰가 우상향 일변도로 강화되고 있는 시점에서 실제 시장의 뒷그림자는 하방을 공격하기 위한 폭탄제조가 진행되고 있다는 점을 비차익매수동향과 미결제약정 추이에서 체크했던 것이다.

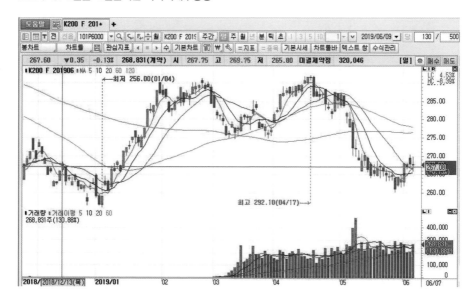

도표 9-37 **3월물–6월물기준 비차익매수동향**

〈도표 9-37〉을 보면 외국인 매수추이가 12월 12일 기점부터 5월 8일 지속적으로 추세매수하면서 12.3조 매수에너지를 보였는데 그 진행되는 과정에서 2월 25일 291.25 고점형성되는 기점에서 외국인 비차익매수 누계가 6조였는데 다시 4월 17일 6월 선물 292p 진입과정에서 직전고점 돌파시도가 실패하고 다시 급락하면서 외국인 매수에너지는 지속되었지만 종합지수 2220~2250p영역이 강하게 저항대로 형성되고 삼성전자가 47,000원대만 진입하면 저항대를 보이는 모습에서 비차익매수에너지는 지속적으로 증가하지만 보이지 않는 파생 차익거래에서는 삼성전자 매수+하방합성 포지션이 더 크게 작동하면서 갈 자리에서 치고 나가지 못한 매물대 에너지를 보여주고 있다고 판단했던 것이다.

이것은 부정적 재료가 노출되거나 눈에 보이는 현물에서 삼성전자 매수한 것을 포지션 청산하는 과정에서 마이너스 공격에 사용하면서 하방포지션을 구축한 선물

도표 9-38 **비차익 수급**

§ 비차익 수급 - 5월 9일 이후 2조 1752억 매도

⊙코스피 ⊙코스닥 ⊙차익 ⊙비차익 ⊙금액 억 원▼ ⊙수량(단위:천주)　　조회일자 2019-06-05 ⊙매도 ⊙매수 ⊙순매수 조회 다

일별동향 / 그래프

일자	지수	등락률	외국인	개인	기관종합	기관								기타
						금융투자	투신	사모	은행	보험	기타금융	연기금등	국가지방	
2019/06/05	2,069.11	0.10	-1,741	4	1,502	6	319	66	-2	-19	0	1,131	0	0
2019/06/04	2,066.96	-0.04	-814	0	2,038	23	197	88	-1	141	0	1,588	0	3
2019/06/03	2,067.85	1.28	3,219	4	2,241	-176	96	-61	-8	322	28	2,040	0	0
2019/05/31	2,041.73	0.14	2,262	1	442	-6	203	-1	-5	321	0	-68	0	0
2019/05/30	2,038.80	0.77	462	-1	1,001	-2	178	154	0	624	0	44	0	0
2019/05/29	2,023.31	-1.25	-2,796	-3	645	-55	77	-36	0	524	0	134	0	0
2019/05/28	2,048.83	0.23	-4,811	16	637	-61	194	49	-6	103	1	355	0	0
2019/05/27	2,044.20	-0.05	-569	-15	612	25	60	194	0	50	0	281	0	0
2019/05/24	2,045.31	-0.69	-2,506	-2	191	-49	0	13	-3	111	0	120	0	10
2019/05/23	2,059.59	-0.26	1,315	0	571	-2	144	62	-6	228	0	144	0	0
2019/05/22	2,064.86	0.18	-578	-8	416	-46	111	152	18	96	37	45	0	0
2019/05/21	2,061.25	0.27	251	0	564	-23	67	202	0	241	0	75	0	0
2019/05/20	2,055.70	-0.00	-703	-2	204	-2	106	60	-10	28	-2	24	0	0
2019/05/17	2,055.80	-0.58	-1,809	-4	361	-16	89	157	12	152	0	-33	0	0
2019/05/16	2,067.68	-1.20	-3,852	0	994	14	255	450	17	249	0	6	0	0
2019/05/15	2,092.78	0.53	-1,178	-6	1,038	132	417	287	4	208	0	-10	0	0
2019/05/14	2,081.84	0.14	-2,182	26	681	130	237	153	-26	153	12	20	0	-10
2019/05/13	2,079.01	-1.38	-1,253	1	-746	-229	-228	-176	7	-10	-26	-82	0	0
2019/05/10	2,108.04	0.29	-2,082	-2	19	-6	-217	251	49	198	-168	-87	0	0
2019/05/09	2,102.01	-3.04	-2,387	-11	-4,667	-4,070	-62	-179	72	-16	-1	-410	0	0

매도 하방 풋옵션에너지에서 수익을 극대화시키는 변동성전략이 가동된 것이다.

실제로 그 이후 시장은 292p에서 260p까지 급락시키고 종합지수도 2250p에서 2016p까지 급락시키면서 하방포지션에서 엄청난 수익이 나는 급락장세가 연출된 것이다.

〈도표 9-38〉의 데이터를 보면 5월 옵션만기일 5/9일 기준으로 비차익매매흐름이 바뀐 것을 체크할 수 있다.

앞으로 어느 시점에서 비차익의 흐름이 변화되는지 동태적으로 추적하고 그것과 연관되어 시가상위 10종목의 위치파악과 현물-선물매매에서 외국인-기관의 매매동향을 동태적으로 추적하는 것이 중요하다.

비차익매매란 현·선물간 가격차를 이용한 거래가 아니라 선물과 무관하게 코스피200 구성종목 중 15개 종목 이상으로 바스켓을 구성해 바스켓 전체를 일시에 매

매하는 거래를 말하는 것인데 이 부분에 대해서는 이 책 마지막 부분에서 자세하게 설명하겠다.

 패시브시장이 지배하는 시장에서는 눈에 보이는 현물에서 매수 매도흐름만 판단하지 말고 합성차익거래가 어떻게 구성되고 시가상위종목이 이벤트에 어떻게 이용당하는지도 체크해야 할 것이다.

개인적으로는 파생상품의 투자역사의 물줄기와 파생상품의 수학적 구조부터 반드시 공부하길 권한다. 파생 매매를 본격적으로 시작하기 전에 그 뿌리를 이해하고, 그것이 자본시장에서 어떻게 발전되어 왔으며, 현재 우리나라 파생시장에서 어떻게 작동하고 있는지 이해하는 것이 실전 싸움에서 생존하기 위해선 너무나도 필수적이기 때문이다.

10장

파생시장을 읽어야
시장의 그림자를 볼 수 있다

파생상품은 어렵다. 파생상품이라고 하면 골치가 아파진다. 그럼에도 불구하고 실전투자에 있어서 파생상품에 대한 이해는 필수적이다. 물론 시가총액 1~50위 종목 중심으로 매매하는 분들 중에 "파생상품은 내 우량주 매매하고는 전혀 상관없고 다른 세상 이야기다"라고 주장하는 분들도 의외로 많다. 그러나 이것은 위험한 착각이다. 앞으로 이 책을 공부하다 보면, 시장 전문가들의 파생상품을 이용한 보이지 않는 포지션과 전략에 의해서 대표적인 시가총액 상위 종목(삼성전자-SK하이닉스-현대차-POSCO 등)의 상승-하락 진폭과 주가 변동성이 영향을 받는다는 것을 확실하게 알게 될 것이다.

개인적으로는 파생상품의 투자역사의 물줄기와 파생상품의 수학적 구조부터 반드시 공부하길 권한다. 파생 매매를 본격적으로 시작하기 전에 그 뿌리를 이해하고, 그것이 자본시장에서 어떻게 발전되어 왔으며, 현재 우리나라 파생시장에서 어떻게 작동하고 있는지 이해하는 것이 실전 싸움에서 생존하기 위해선 너무나도 필수적이기 때문이다.

물론 파생상품과 관련된 수학적 개념이 어려워서 대부분 그냥 지나치는 경향이 강한 것이 사실이다. 이는 분명 하루 아침에 이해할 수도 소화할 수도 없는 부분이긴 하지만 파생상품 및 파생시장의 본질을 꾸준히 연구하면 반드시 투자 활동에 도움이 될 것이라 믿는다.

시중에 나와 있는 파생상품 관련 서적을 보면, 수학적 개념이나 이론이 교수 수준으로 뛰어난 분들이 많았다. 그러나 그분들의 책을 보면 수학적으로 난해한 공식으로 도배가 되어 지레 겁먹고 공부를 포기하게 만들거나, 이론적으로는 뛰어나나 실전경험이 없다는 느낌 받은 적이 적지 않았다. 파생상품을 공부 또는 연구하는 목적은 결국 이론의 기반 하에 실전 머니 게임에서 돈을 벌고 생존하기 위한 기술을 습득하는 데 있다고 생각한다.

따라서 필자는 이 책을 통해 그러한 점들을 염두에 두고 이론과 실전이 같이 어우러질 수 있게 시도해보았으니 투자자 여러분들이 앞으로 이 책을 기반으로 더 발전해 외국계 헷지펀드들의 전략에 당하지 말고, 귀중한 자산을 지키고 키우는 데 정진해주길 바란다.

선물거래의 기본원리

이제부터 파생상품의 가장 기본이 되는 선물거래에 대해서 공부해볼 것인데, 선물과 옵션이라는 상품이 어떻게 연결되어 있고, 이것이 만들어내는 다양한 방향성과 변동성에 시가상위 종목군들이 어떻게 사용되는지 집중해서 생각의 훈련을 해보길 바란다.

일반적으로 선물-옵션 책을 공부하다 보면 선물거래에 대해서 기본적인 사고를 설명할 때 현재가치와 미래가치의 개념과 실생활에서 이뤄지는 밭떼기 사례를 들

어 설명하는데, 여기서는 수학적 개념을 갖고 설명하도록 노력해보겠다.

　일반적으로 통용되는 밭떼기 사례를 설명하는 부분은 2개의 그림을 보면 이해가 될 것이다.

　선물거래의 사전적 의미는 네이버를 검색해 보면 다음과 같이 설명이 나오니 한번 읽어보기 바란다.

선물(Futures)거래란 장래 일정 시점에 미리 정한 가격으로 매매할 것을 현재 시점에서 약정하는 거래로, 미래의 가치를 사고 파는 것이다. 장래 일정 시점에 미리 정한 가격으로 매매할 것을 현재 시점에서 약정하는 거래로 여기서 미래를 보는 시각과 투자자의 이해관계가 서로 다르기 때문에 예상되는 미래의 가치가 다르게 작동되는 것이다. 선물은 그 가치가 현물시장에서 운용되는 기초자산(채권, 외환, 주식 등)의 가격 변동에 의해 파생적으로 결정되는 파생상품(Derivatives) 거래의 일종이다. 미리 정한 가격으로 매매를 약속한 것이기 때문에 가격변동 위험의 회피가 가능하다는 특징이 있다. 위험회피를 목적으로 출발했으나, 고도의 첨단금융기법을 이용, 위험을 능동적으로 받아들임으로써 오히려 고수익·고위험 투자상품으로 발전했다. 1848년에 미국의 시카고에서 82명의 회원으로 시작된 세계 최초의 선물거래소인 시카고상품거래소(CBOT : Chicago Board of Trade)가 설립되어, 콩, 밀, 옥수수 등의 주요 농산물에 대해 선물계약을 거래하기 시작했다. 이때 거래된 농산물은 당시 세계 농산물 선물거래의 80%를 차지할 정도였다. 1960년대 이후 세계경제환경이 급변하면서 금융변수들에 대한 효율적인 관리수단의 필요성이 제기되어 1970년대 금융선물이 등장했다. 1972년 미국의 시카고상업거래소(CME : Chicago Mercantile Exchange)에서 밀턴 프리드만 등 경제학자들의 자문을 통해 통화선물이 도입되었다. 그 후 1973년에 개별주식옵션, 76년에 채권선물 등 각종 선물 관련 금융상품이 개발되기 시작했다. 우리나라도 1996년 5월 주가지수 선물시장을 개설한 데 이어 1999년 4월 23일 선물거래소가 부산에서 개장되었다.

이렇게 시작된 선물과 선물관련 다양한 파생상품이 전 세계적으로 연결되어 있고, 그것이 보이지 않게 우리 실생활에 필요한 모든 것의 현재가치와 미래가치에 영향을 미치기 때문에 현재의 자산을 지키고 키우려는 투자자는 반드시 알아야 하는 부분이다. 그렇다면 선물을 이론적 접근하기 전에 〈도표 10-2〉를 갖고 생각의 훈련을 해보자.

도표 10-2 **선물구조**

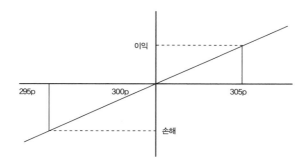

예를 들어 2018년 9월 27일 선물매매를 하면서 다음과 같은 결정을 해본다. 10월 5일 삼성전자 3월 1/4분기 실적 발표를 앞두고, 외국인이 9월 13일부터 추세적으로 삼성전자를 매수해주면서 선물도 상승추세라 개인적으로 상승시 수익 나는 선물 '매수' 전략을 수립하고, 현재 시점에 12월물을 300에 1계약을 매수한다. 반대로 선물이 이미 291대에서 303대까지 상승했고, 삼성전자는 매수하는 반면에 SK하이닉스는 집중적으로 매도하고 있어서 10월 5일 삼성전자 실적이 노출되면 외국인은 삼성전자 매도로 전환할 것으로 예상하고, 개인적으로 하락시 수익 나는 선물 '매도' 전략을 수립하고 12월물을 300에 1계약 매도한다. 이렇게 현재 상황에서 기초자산의 미래의 흐름이 상승 또는 하락할 것인지 선형적으로 판단해서 선물 매수 또는 매도할 것인지 결정하는 것이 바로 선물거래다.

매수-매도의 방향성을 결정했다면, 그 다음으로 해당 포지션을 만기일까지 갖고 갈지, 아니면 그전에 청산할지 결정해야 한다. 우리나라에 상장된 주가지수선물은 기초자산 코스피200지수이고, 3월-6월-9월-12월 만기 선물이 상장되어 거래되고 있으며, 만기일은 해당월 두 번째 목요일에 있어 해당 월물이 만기시 결제 및 청산하게 된다.

롤오버라는 개념도 있는데, 이것은 기존보유 포지션을 해당월물 만기까지 청산하고, 다른월물로 이월시키는 것을 의미한다.

그렇다면 이렇게 단순하게 상승-하락을 맞추는 홀짝 같은 게임이 왜 어렵지 할 것이다. 개인적으로 선물의 방향성을 맞추는 것이 옵션의 변동성 게임보다 더 어렵다고 생각하는데, 그 이유는 이 책을 읽어가다 보면 자연스럽게 체득할 수 있으리라 생각한다.

선물은 방향성에 의한 수익-손실의 선형적 구조를 갖고 있어서 개념의 이해가 그렇게 어렵진 않다. 하지만 투자자가 실제로 매매하며 방향성을 맞추려고 지나치게 애쓰는 과정에서 자신이 수립한 매매 구조 또는 전략이 자칫 본인 자산의 손익에 변동성 지옥을 가져다줄 수 있다는 점을 항상 숙지하기 바란다.

〈도표 10-3〉을 보고 생각의 훈련을 해보자.

왼쪽 그림에는 선물의 손익구조가 45도 기울기의 직선으로 단순하게 그려진 반면, 오른쪽 그림에서는 선물의 손익구조가 45도 와는 다른 기울기의 직선들로 그려져 있다.

도표 10-3 **선물의 구조**

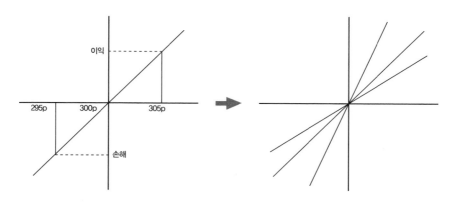

선물 이론과 달리 45도 기울기가 아닌 직선들로 손익 구조를 그린 데에는 2가지 이유가 있다. 첫째, 현재 시점에서 각 월물의 만기까지 남아 있는 시간이라는 기준에 의한 상승-하락시 2018년 12월물과 2019년 3월물 간 탄력성의 오차를 감각적으로 생각해보라는 의미가 있다. 둘째, 내가 베팅하는 자산의 총액 중에 선물투자금액의 비중이 어느 정도가 되는가 따라 코스피200이 1포인트 움직일 때 내가 보유한 자산의 가치가 어떻게 움직이는지 체크해보라는 의미가 있다.

실전투자는 이론처럼 선물 매수-매도 중에 방향성만 맞추면 끝나는 간단한 문제가 아니다. 선물 포지션을 구축한 후 실제로 만기 전에 내가 생각했던 방향 또는 기준으로 시장이 흘러갔다 하더라도, 상승 베팅시 시세가 급락 후 상승 전환하거나, 하락 베팅시 시세가 급등 후 하락 전환하면 내가 진입한 포지션의 규모나 레버리지의 정도에 따라 중간에 강제로 청산되는 상황이 발생할 수 있기 때문이다. 혹은 그렇게 크게 레버리지를 일으키지 않고 적절한 한도 내에서 투자했다 하더라도, 시장에 대한 믿음이 두려움으로 전환되거나, 시장의 공포감이 매일 전개되어 손실폭의 확대를 심리적으로 견디지 못하는 상황에 이르러, 만기까지 갖고가면 수익날 수 있는 포지션을 그전에 청산하는 경우가 발생할 가능성이 높은 게 사실이다.

이렇게 홀짝게임처럼 시스템 구조는 단순하지만 오히려 세상에서 제일 어려운 게임이 되어버린다는 점이 앞에서 "개인적으로 선물의 방향성 맞추는 것보다 옵션의 변동성 게임보다 더 어렵다"고 말한 이유이기도 하다. 시장의 방향성 예측과 그것을 진행하는 투자자의 마음이 요동을 치고 흔들리고 변화하면서 궁극적으로 미래에 대한 방향성에 대한 믿음이 직선으로 보이지 않고 나에게 불리한 곡선으로 보일 경우가 많은 것이 투자세계의 냉정한 현실임을 잊지 말자.

이런 상황이 왜 나오는지 앞으로 하나 하나씩 점검해갈 것인데, 다시 기본으로 돌아가서 우선 선물거래에서 필요한 기초적인 단어부터 숙지해주기 바란다. 선물계약을 이해하기 위해서는 다음과 같은 주요 용어들을 명확히 이해할 필요가 있다.

- 매입측(long position) : 선물계약에서 사기로 약속한 측을 뜻하며, 선물계약의 만기시 기초자산을 인수해야 할 의무를 가진다.

- 매도측(short position) : 선물계약에서 팔기로 약속한 측을 뜻하며, 선물계약의 만기시 기초자산을 인도해야 할 의무를 가진다. 선물거래시 '롱이다' 혹은 '숏이다'라는 말이나, 패시브전략 중 하나인 '롱숏'전략에서 롱숏이란 단어가 바로 여기서 나온다.

- 기초자산(underlying asset) : 매입측과 매도측이 사고 팔기로 약속한 특정 대상으로 선물계약의 인수·인도 대상이 된다.

- 인도가(delivery price) : 선물계약에서 매입측과 매도측이 특정 대상을 사고 팔기로 약정한 가격을 말한다.

- 인도일(delivery date) : 선물계약에서 매입측과 매도측이 특정 물품을 인수·인도하기로 약속한 장래의 일정 시점을 말하며, 다른 말로 결제일이라고도 한다.

선물계약에 참여하는 불특정다수의 사람들은 조직화된 시장인 선물거래소와 거래를 하게 되므로 서로 상대방을 알 수가 없다. 계약상대방을 모르므로 상대방의 신용상태 또한 알 수가 없다. 즉 선물계약이 당초 계약대로 이행될 수 있는지 여부를 알 수가 없는 것이다. 그러므로 선물계약에 참여하는 사람들이 계약을 확실히 이행할 수 있다는 것을 보증할 수 있는 제도적 장치가 필요하며, 따라서 선물거래는 증거금 거래margin trading를 원칙으로 한다. 이에 따라 선물계약을 체결하려는 사람들은 '계약의 이행을 보증한다'는 의미로 선물계약금액의 일정비율을 초기증거금initial margin으로 납부하고 거래에 참여하게 된다.

초기증거금의 수준은 선물계약의 종류나 선물거래소별로 차이가 있고, 시장상황에 따라서도 유연하게 변동하게 된다. 여기에서는 우리나라에서 가장 많이 거래되는 코스피200지수선물을 예로 들어 설명해보기로 한다. 코스피200지수선물 1계약을 지수선물가격 300에 매입·매도하기로 계약할 경우, 만일 초기증거금이 계약

금액의 7.5%라고 하면 매입자나 매도자는 각각 초기증거금으로 계약금액인 '300 × 1계약 × 계약승수 25만원 × 7.5% = 562.5만원'을 납부해야 한다.

선물거래 참여자들이 납부하는 초기증거금은 선물거래의 이행을 약속하는 보증금에 해당하지만, 선물거래 이후 선물가격이 수시로 변동함에 따라 이러한 고객의 증거금이 더 이상 선물거래의 이행을 보증할 수 없게 될 수도 있다.

예를 들어 앞서 코스피200지수선물 1계약을 300에 매수해서 562.5만원을 납입했는데, 얼마 후 지수선물가격이 300에서 270로 30이 하락했다고 가정해보자. 이런 경우 선물 매입자는 '30 × 25만원 = 750만원'의 손해를 보게 되는데, 이 손실금액은 초기증거금 562만원을 초과하게 된다. 이렇게 되면 투자자는 선물계약을 이행함에 따라 입게 되는 손실금액이 선물계약을 이행하지 않아 잃게 되는 증거금을 초과하게 되어 선물계약의 이행을 포기하는 것이 오히려 이득이 된다. 이렇게 되면 증거금은 '선물계약의 이행을 보증한다'는 본래의 의의를 상실케 된다.

이러한 상황을 방지하기 위해 선물거래에서는 계약자가 거래를 청산하기 이전이라도 매일매일 선물가격의 종가로 선물거래의 손익을 계산해 이를 증거금에서 차감 또는 가산하게 되는데 이를 일일정산daily settlement이라고 한다. 즉 선물가격이 상승하게 되면 매입측에 이익이 발생하지만 매도측에 손실이 발생하고, 반대로 선물가격이 하락하게 되면 매도측에 이익이 발생하지만 매입측에 손실이 발생하게 되는데, 발생한 이익 또는 손실액이 매일 선물계좌에 가산 또는 차감된다.

선물거래는 실제로 매매를 하지 않더라도 매일매일의 가격변동에 따라 당일 손익이 현금흐름으로 발생한다는 점에서 실제로 매매가 일어나는 경우에만 손익이 현금흐름으로 발생하는 주식현물거래와 차이가 있다. 따라서 선물거래에서는 일일정산에 의해 어느 투자자의 초기증거금이 일정금액 이하로 떨어졌을 경우, 거래소는 선물계약의 신용성을 회복하기 위해 거래자로 하여금 그동안의 손실을 보전해 초기증거금 수준을 유지하도록 한다. 이때 미리 정해놓은 초기증거금의 일정금액을 유지증거금^{maintenance margin}이라 하며, 손실을 본 거래자로 하여금 초기증거금 수준으로 보전케 하는 행위를 마진콜^{margin call}이라 한다. 마진콜은 증거금 대비 일정비율 손실이 나게되면, 해당 포지션이 자동으로 청산되는 최소한의 안정장치인 것이다.

코스피200지수선물 거래시 매일매일의 선물가격 변화에 따라 발생하는 손익을 매일 재계산해 일일정산하게 되는데, 일일정산결과 증거금이 유지증거금 미만(현재는 당일 기초자산 기준가격의 5%)으로 떨어지게 되면 보증수단으로 기능을 상실하게 되므로 개시증거금 수준으로 추가증거금을 납입하도록 요청하게 된다. 불응시 해당금액만큼 익영업일 12시에 반대매매해 충당하게 된다.

현재 개시증거금율은 7.5%가 일반적인 경우이고 코스피200선물을 300이라고 보았을 때 5,625,000원이 있으면 선물1계약 거래가 가능하다. 마진콜 기준은 5%로 3,750,000원이 되는 것이며, 즉 '5,625,000-3,750,000=1,875,000원'의 손실이 발생했을 때 마진콜이 발동된다. 마진콜 발생 시 당일에 개시증거금만큼 입금해야 하며, 입금을 안하게 되면 강제로 반대매매가 되는 것이다.

이것을 일중 코스피 200종목의 변동성을 고려해서 판단해보자. 선물승수가 25만원이니 1포인트 단위당 25만원이 증감이 되는데, 위 수치 187만원이 손실이 발생하려면 하루변동성이 7.5이상 한 방향으로 움직여야 가능하다. 그런데 실전매매를 해본 분들은 코스피지수가 40~50 급등하거나 급락하는 경우에 선물이 하루에 7~8씩 급등락하는 것을 종종 경험했을 것이다. 즉 선물은 어느 날 하루 만에 마진콜 상황이 발생할 수 있는 상품임을 잊지 말자.

또한 앞에서도 강조했듯이 선물거래 손익의 선형적 구조가 내 총자산대비 투자한 금액이나 레버리지 상황에 따라 비선형적 구조로 전환될 수 있다는 점을 직관적으로 숙지해야 한다. 이것을 그림으로 정리하면 〈도표 10-4〉와 같다.

도표 10-4 증거금

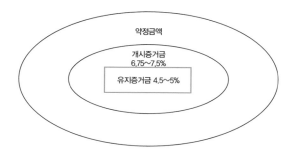

약정금액

개시증거금
6.75~7.5%

유지증거금 4.5~5%

개시증거금

고객이 선물포지션을 취할 때 요구되는 증거금으로 일반적으로 하루 최대한의 가격변동폭을 커버할 수 있는 정도의 금액이 요구된다. 최소한의 개시증거금 수준은 선물거래소에서 책정하지만 중개회사는 일반적으로 이보다 높은 수준의 증거금을 요구한다. 이러한 개시증거금은 선물거래소에 따라 다르지만 일반적으로 현금 이외에 유가증권 등으로도 예치가 가능하다. 파생계좌를 개설하려면 각 해당 증권사에 문의해서 선물과 옵션 거래시 필요한 금액을 확인하고, 필수로 이수해야 하는 교육을 받아야 한다.

유지증거금

선물 거래를 하는 데 필요한 최소한의 증거금을 말한다. 선물거래에서는 시장가격변동에 따라 발생하는 손익이 매일 일일정산되어 고객의 증거금에 반영된다. 만일 선물 가격이 크게 등락해 손실금액이 고객의 증거금을 초과하게 되면, 증거금은 그 기능을 상실한다. 따라서 증거금이 일정 수준 이하로 떨어지게 되면 중개회사는 고객에게 증거금을 당초의 개시증거금 수준까지 충당하도록 요구하는데 이 수준을 유지증거금이라 해 개시증거금, 유지증거금으로 구분한다.

만일 고객이 요구된 증거금(추가증거금)을 충당하지 않는 경우, 중개회사는 당해 고객의 포지션을 반대매매해 계약불이행 위험을 제거한다.

추가증거금

개시증거금 납입 후 새로운 포지션을 취한 경우 이날부터 매일 해당 선물의 종장 가격변화에 따라 요구되는 증거금수준이 변동된다. 만일 해당 가격이 고객의 포지션에 불리한 방향으로 움직일 경우, 고객의 개시증거금이 감소하게 되어 마침내는 유지증거금 이하로 떨어질 수 있다. 이때 유지증거금 이하로 떨어진 금액만큼을 추가증거금이라 해 바로 증거금 추가 적립이 요구된다. 이 추가증거금을 요구하는 것을 마진 콜^{Margin Call}이라 한다. 〈도표 10-5〉는 2018년 9월 3일자로 키움증권이 개시 및 유지 증거금률을 조정했다는 내용인데, 이렇게 자주 변화되니 실전 매매시 해당 증권사 홈페이지에서 계속 체크해야 한다.

도표 10-5 **증거금율**

상품명	변경전		변경후		변경률(%p)	
	위탁 증거금률 (%)	유지 증거금률 (%)	위탁 증거금률 (%)	유지 증거금률 (%)	위탁	유지
코스피 200 선물/옵션	7.50	5.00	6.75	4.50	-0.75	-0.50
미니코스피 200 선물/옵션	7.50	5.00	6.75	4.50	-0.75	-0.50
KRX300 선물	7.50	5.00	6.75	4.50	-0.75	-0.50
유로스톡스 50 선물	4.95	3.30	4.80	3.20	-0.15	-0.10
코스피 200 변동성지수 선물	46.05	30.70	40.65	27.10	-5.40	-3.60
코스피 200 정보기술선물	8.55	5.70	7.50	5.00	-1.05	-0.70
코스피 200 건설선물	22.80	15.20	16.20	10.80	-6.60	-4.40
코스피 200 중공업선물	16.65	11.10	14.25	9.50	-2.40	-1.60
코스피 200 헬스케어선물	18.30	12.20	12.00	8.00	-6.30	-4.20
코스피 200 철강소재선물	14.55	9.70	13.95	9.30	-0.60	-0.40
코스피 200 산업재선물	10.05	6.70	9.30	6.20	-0.75	-0.50
코스피 고배당 50 선물	6.75	4.50	6.45	4.30	-0.30	-0.20
3 년국채 선물	0.60	0.40	0.525	0.35	-0.08	-0.05
5 년국채 선물	0.84	0.56	0.675	0.45	-0.17	-0.11
10 년국채 선물	1.95	1.30	1.65	1.10	-0.30	-0.20
미국달러 선물/옵션	4.20	2.80	3.90	2.60	-0.30	-0.20
유로 선물	3.525	2.35	3.15	2.10	-0.38	-0.25
금 선물	3.30	2.20	3.00	2.00	-0.30	-0.20

여기서는 실전매매에서 가용자산 대비 선물 투자 규모에 대해서 생각하는 시간을 가져보자. 일반적으로 일중 선물 변동폭은 2~3포인트 내에서 움직이는 경향이 있지만, 시간이 지나면서 진입시점 기준 위 아래 10포인트 오차는 며칠 만에도 발생할 수 있기 때문에 항상 마진콜 당하는 위치가 어느 구간인지 미리 체크하고 대응해야 한다. 그런데 문제는 여기서 발생한다.

마진콜 상황일 때, 자금이 여유로워서 추가납입이 문제없는 구좌 수준이면 괜찮지만, 그렇지 않고 이미 투자자금이 내가 보유한 현금의 70~80% 수준에 달해 남은 현금이 부족한 경우가 항상 문제다. 이것을 살리려고 신용이나 주식을 담보로 대출받아 생명을 연장하는 결정은 절대 하지 않는 것이 중요하고, 사전에 이런 마진콜을 당하지 않도록 선물거래의 경우는 투자자금 규모를 절대 가용자산 중에 50% 이상 쓰지 않는 것을 권해드린다. 그리고 대출을 받아 생명을 연장하고 싶은 유혹이 들어도 될 수 있는 한 그렇게 하지 말고, 현재에서 손실을 확정하고 잠시 매매휴식기간을 설정하고 나의 매매가 어디서 어긋났는지 복기하는 구간을 반드시 갖는 것을 권해드린다.

길면 길고 짧으면 짧은 매매경험으로 이야기하는데, 물론 어떤 방법으로든 생명 연장시킨 포지션이 살아날 때가 있지만 반대로 그 결정이 내 전체자산을 회복 불가능한 수준으로 망가트리는 경우도 비일비재하기 때문에 무모한 생명연장의 포지션을 무리하게 갖고가는 경우는 결과가 항상 좋지 않았다는 점을 다시 한번 상기시켜 드린다. 그럴 경우 손실을 두려워하지 말고 잠시 휴식시간을 가지면서 그 이후 실제 시장이 어떻게 전개되는지 동태적으로 추적하다가, '만약에 이 포지션을 연장했다면 치명적으로 큰 손실이 났겠구나'라는 생각이 드는 구간에 진입하면 오히려 그동안 쉬었던 것이 에너지가 집중되면서 아주 큰 수익을 주는 경험을 할 수도 있다.

따라서 선물거래시 방향성을 맞추는 것이 중요하지만, 내 가용자산의 한도를 어

떻게 조절하고 배분하는지 기준을 세우는 것이 더 중요하다. 내가 진입한 위치에서 변동성이 위아래 10 포인트 안에서 모든 에너지를 쏟는 우를 범하지 말고, 10포인트 진폭을 위 아래 3번 설정해놓고 시장은 항상 이렇게 크게 추세적으로 변동할 수 있다는 점을 숙지하기 바란다.

예를 들어 〈도표 10-6〉은 2018년 9월 29일 기준 12월물 그래프다. 2018년 8월 16일 286.3을 저점으로 상승추세 진행 중인데, 장중고점 303.7을 형성하고 9월 29일 종가 301.6을 기록했다.

한편 코스피 200현물지수와 12월물 선물의 종가가 같을 수도 다를 수도 있는데, 이 둘의 오차를 베이시스라고 한다. 〈도표 10-7〉에 있는 이론베이시스와 시장베이시스는 추후에 공부해보자. 12월물 최종거래일은 2018년 12월 13일이고, 그때까지 잔존만기가 77일 남았다. 실시간으로 선물 상한가는 327.4, 하한가는 278.9로 하루 동안 위 혹은 아래 최대 움직일 수 있는 변동폭을 보여준다. 즉 현재 위치에서

정보	정보II	시간별	일자별	투자자	투자자시간	프로그램
종합지수			2,343.07 ▼		12.36	-0.52%
K200지수			300.51 ▼		2.08	-0.69%
이론가			301.56	괴리도		0.04
이론BASIS			1.05	괴리율(%)		0.01
시장BASIS			1.09	거래대금		137,220
상한가			327.40	실시간 상		327.40
하한가			278.90	실시간 하		278.90
기준가			303.15	최종거래일		2018/12/13
CD금리			1.65	잔존만기		77
상장최저			244.05		57.55	2016/03/31
상장최고			352.95		-51.35	2018/01/22

위 아래 합쳐서 거의 50포인트의 변동성이 가능하다는 것이다.

아래 〈도표 10-8〉을 기준으로 설정해서 선물 투자시 자금배분 전략을 수립해보자.

개인적으로 운용할 때 삼은 기준인데, 참고하는 차원에서 설명하면 다음과 같

도표 10-8 기본 운용구조

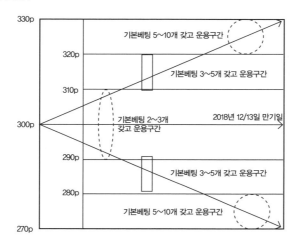

다. 개인적으로 역추세 포지션은 내가 진입하는 위치에서 20~30포인트 오차가 발생했을 경우, 그 위치에서 운용규모를 늘려서 5~10계약 정도 매수-매도 전략을 수립한다. 물론 이미 저점에서 급등한 위치나 고점에서 급락한 위치에서 반대 포지션을 더 많이 실리게 하는 것이다. 반면 추세포지션에는 손절단가를 정하고 반대포지션 진입수준의 절반 정도를 투입한다.

여기서 10계약 풀베팅 감각은 내 가용자산의 50%수준에 한정해서 나온 숫자이지, 개인투자가가 10계약 이상 매매 포지션을 늘리는 것은 권하지 않는다. 심지어는 가용자산이 10억원 이상 되어도 권하지 않는다. 10~20계약 운용에너지는 그 변동성이 장난이 아니고, 아무리 부자라고 해도 일중 변동성이 몇천만원에서 몇억원이 변하는 것을 감당하는 내공은 쌓기도 쉽지도 않으며, 잘못하면 심장마비에 걸릴 수도 있으니 건강을 위해서 적당한 수준에서 조절하되 개인적으로는 최대 10계약까지만 권장해드린다.

예를 들어 현재 수준 300에 10계약을 매수-매도한다면 개시증거금 개념으로 접근하지 말고 '300×1계약×25만원=7,500만원'이니 10계약이면 총약정대금이 7.5억원이 된다.

도표 10-9 **선물 정보**

정보	정보II	시간별	일자별	투자자	투자자시간	프로그램
기초자산			300.51	거래승수		250,000
이론가			301.56	1틱Value		12,500
이론BASIS			1.05	증거금률(%)		6.75
시장BASIS			1.09	1계약증거금		5,071,106
미결제수량			287,777	전일체결수량		213,274
(전일비)		▼	-3,855	상한가		327.40
기준가			303.15	실시간상		327.40
예상체결가			301.60	실시간하		278.90
시가			303.30	하한가		278.90
고가			303.60	잔존일수		77
저가			301.20	만기년월		2018/12

여기에 각 증권사마다 개시증거금이 오차가 있으니 레버리지비율이 달라지겠지만 하루 변동성이 몇천만원이 플러스 마이너스 나는 것은 건강상 좋지 않고, 돈이 돈같지 않게 느껴지는 카지노 징후군이 생기기 쉽다.

〈도표 10-9〉의 화면은 하나금융투자 HTS에서 캡처해왔는데 여기는 개시증거금률이 6.75%로 1계약 증거금이 507만원 드는 것을 알 수 있다. 이것을 10계약 매수한다면 실제 들어가는 자금은 5,070만원이 소요되고, 레버리지비율은 15배(=1/0.0675)로, 5,000만원이 투자자금이라면 총 7.5억의 포지션을 운용하는 것과 같다. 여기서 총운용포지션 대비 5%인 3,750만원이 손실날 경우 투자자금 5,000만원 대비 75%정도가 날라가는 상황이 발생하는 것이다.

즉 과거에는 선물승수가 50만원이었을 때 개시증거금은 15%로 레버리지비율이 6.67배정도였는데, 승수와 개시증거금율이 과거보다 반수준 이상으로 낮아진 이후 실제로 레버리지비율이 15배 정도인 게임하는 것이라서 상당히 투기적 거래가 이루어지고 있다는 점을 숙지해야 한다. 적은 돈이 들어간다고 마냥 좋아할 일이 결코 아니라는 것이다. 그러므로 레버리지 비율이 높아진 상황에서 선물 매수-매도 포지션을 가용자산 대비 어느 정도로 할당하느냐가 실전에서는 제일 중요하다.

보통 투자자가 매번 마진콜을 당할 때마다 추가로 자금을 납입하는 것이 상당히 번거로운 일이므로 초기증거금을 납입할 때 추가로 일정금액을 미리 예치시켜 놓는 것이 일반적이다. 만약 투자자가 마진콜에 응하지 못할 경우에는 다음 거래일 12시 가격에 계약중개자(우리나라 주가지수선물의 경우는 증권회사)가 계약을 청산할 수 있다.

따라서 가용자산 대비 투자규모를 위 변동진폭 기준으로 한정해서 진입하는 것을 권해드리고, 당초 저점 고점기준으로 20~30포인트 상승했거나 하락했을 경우, 그간의 경험상으로 보면 해당 위치가 고점이거나 진바닥의 영역일 가능성이 많기 때문에 투자규모를 늘려서 승부 보는 위치로 설정해드리고 있다. 즉 2018년 9월

300기준 만약에 12월물이 270부근으로 가거나 330부근으로 가면 270영역에서는 진바닥 가능성을 노리고 상방 포지션으로 투자규모를 늘리고, 330영역에 가면 상투 가능성을 노리고 하방 포지션에 투자규모를 늘린다는 전략이다.

이처럼 선물거래는 방향성을 고려한 선형적 구조를 갖고 있지만 본인이 가용자산 대비 투자하는 규모와 비중에 따라 비선형적 상황에 직면할 수 있다는 점을 숙지하고, 항상 방향을 맞추는 것뿐만 아니라 그 위치에서 어느 정도의 비중을 조절해야 하는지 그 당시 투자 수익률 상황도 참고하면서 자신의 투자호흡에 맞추어 대응해야 한다.

한편 현재 상황에서 미래를 보는 시각에 따라 선물을 매수-매도해서 오버나잇을 하는데, 이렇게 청산하지 않고 미결제된 상태로 넘어가는 포지션을 미결제 물량 혹은 약정이라고 한다.

선물계약은 만기 전이라도 동일한 선물계약의 반대포지션을 취하는 반대매매를 통해서 청산할 수 있다. 즉 매입 포지션을 취한 투자자는 매도(전매도) 주문을 통해, 매도 포지션을 취한 투자자는 매입(환매수) 주문을 통해 계약을 종료시킬 수 있다. 이때 기존의 포지션과 반대포지션을 각각 당일 시장이 마감되기 전에 시장가로 청산하면 매매 단가를 기준으로 일일정산되고 손익실현과정을 거쳐 비로소 결제가 끝난다.

만일 최종거래일까지 종결되지 않은 미청산계약은 선물 기초자산이 원자재 같은 상품은 실물을 인수·인도하거나 현금으로 결제함으로써 최종결제되지만 우리가 집중하는 코스피200상품은 다른 월물로 롤오버할 것인지, 마감결제일 안에 시장가 또는 최종결제가로 청산할 것인지 결정해야 한다.

이론적으로 그 시점에 거래되는 코스피200선물 3-6-9-12월물은 만기일에 기초자산가격인 최종 코스피200현물지수로 수렴하게 된다.

여기서 시장베이시스, 이론베이시스, 전매도, 환매수, 미결제약정이 무엇을 의

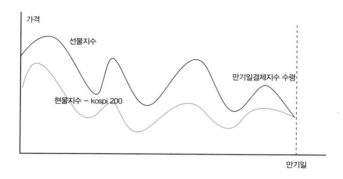

도표 10-10 **선물지수 – 현물지수**

가격

선물지수

현물지수 – kospi 200

만기일결제지수 수령

만기일

미하는지 알아보자.

우선 가장 기본이 되는 개념이 베이시스인데, 간단하게 설명하면 '베이시스=선물 가격-현물의 가격'이다. 선물거래란 미래 일정시점에 일정 가격으로 실물을 인도하는 계약을 말한다. 이 경우 선물가격은 현물가격에다 현물을 미래의 일정시점까지 보유하는 데 들어가는 비용을 포함해 결정되어야 하므로, 선물과 현물 간에 가격 차이가 발생하게 되는데 이것을 베이시스라 한다. 정상적인 시장에서는 현물가격이 선물가격보다 낮게 형성되므로 베이시스는 양(+)의 값을 갖게 된다.

선물시장에서 베이시스가 중요한 이유는 일반적으로 선물계약 만기일에 다가갈수록 선물가격은 현물가격에 접근하게 되지만, 선물시장과 현물시장 간 수급관계에 따라서 실제 모습은 다르게 나타날 수 있기 때문이다. 따라서 베이시스는 가격변동 위험을 회피하려는 헤저^{Hedger}와, 비정상적인 순간을 포착해 매매차익을 노리는 재정거래자^{Arbitrager} 양쪽에 중요한 판단 기준이 된다.

베이시스는 만기일에 다가갈수록 0(Zero)에 가까워지다가, 결국 만기일에 0이 되는 것이 정상적이다. 실무에서는 베이시스가 양(+)인 시장을 정상시장 또는 콘탱고^{Contango}, 음(-)인 시장을 역조시장 또는 백워데이션^{Back-wardation}이라 부른다.

- 콘탱고(Contango) : 시장이 정상적이라면 선물가격은 현물가격보다 높고, 결제월이 멀수록 가격이 더 높게 형성되며, 이를 콘탱고(Contango)라고 한다. 선물의 만기가 현물상품보다 늦기 때문에 그 기간 동안 보관료·보험료·투자금액에 대한 이자비용 등이 반영되기 때문이다. 따라서 콘탱고 상황에서 베이시스는 양(+)의 값을 갖는다.

- 백워데이션(Backwardation) : 반면 비정상적인 시장에서는 일시적인 공급 부족 등 수급불균형에 의해 현물가격이 선물가격보다 오히려 높은 현상도 발생한다. 이 같은 현상을 백워데이션(Backwardation)이라고 한다. 이 현상은 주로 현물의 공급이 부족한 시장에서 흔히 보여지며, 다른 말로는 역조시장(Inverted market)이라고 한다. 즉 백워데이션이란 선물시장에 있어서 선물과 현물 간의 가격 역전 현상을 뜻하거나, 만기가 늦은 지수선물 가격이 만기가 임박한 지수선물 가격보다 점차 낮아지는 시장 상황을 일컫는다. 이 경우 베이시스는 음(-)의 값을 갖는다.

여기서 선물이론가격에 대한 유명한 공식이 나온다. 위 모형을 다음과 같이 바꾸면 '순보유비용=선물이론가격-현물가격'이 되는데 이것이 바로 이론베이시스다.

〈주가지수선물 이론가격 계산법〉
보유비용 모형 = 현물가격 + 순보유비용

F(선물이론가격) = S(현물가격) + S × (r−d) × t(잔존만가)/360
r: 시장금리, d: 배당수익률

〈도표 10-11〉을 보면 선물이론가격이 301.56이고 코스피200현물지수가격이 300.51이니 이론베이시스는 1.05(=301.56-300.51)가 된다. 그 다음 시장베이시스는 2018년 9월 29일 기준 12월물 종가 301.60에서 코스피200현물지수가격 300.51을

정보	정보II	시간별	일자별	투자자	투자자시간	프로 ◀ ▶
종합지수	2,343.07 ▼		12.36		-0.52%	
K200지수	300.51 ▼		2.08		-0.69%	
이론가	301.56	괴리도			0.04	
이론BASIS	1.05	괴리율(%)			0.01	
시장BASIS	1.09	거래대금			137,220	
상한가	327.40	실시간 상			327.40	
하한가	278.90	실시간 하			278.90	
기준가	303.15	최종거래일			2018/12/13	
CD금리	1.65	잔존만기			77	
상장최저	244.05		57.55		2016/03/31	
상장최고	352.95		-51.35		2018/01/22	

뺀 것으로 1.09가 나온다. 한편 공식에서 r은 시장금리를 뜻하고, 주가지수선물의 만기가 3개월 단위로 되어 있어서 90일 만기 CD금리를 기준으로 삼아 보유비용을 계산하는데 현재 1.65%임을 알 수 있다.

여기서 베이시스가 확대 또는 축소될 것인가에 대한 예상에 따라 단기적인 이익을 낼 목적으로 다양한 거래 전략을 수립할 수 있다. 첫째, 현물을 매입(또는 매도)하고 동시에 해당현물을 기초자산으로 하는 선물을 매도(또는 매입)하는 형태이다. 둘째, 한 주식을 매입하고 동시에 동일 업종의 타 주식을 매도하는 경우이다. 셋째, 투자자가 특정지수(주식 포트폴리오)를 매입하고 동시에 다른 지수(주식 포트폴리오)를 매도하는 방법도 있다. 어느 전략이든 한쪽 거래에서의 이익이 반대쪽 거래에서의 손실을 상쇄시키고도 충분히 남아야만 전체적으로 이 베이시스 거래로부터 이익을 볼 수 있게 된다. 이처럼 시장참여자들은 각자 생각하는 미래지도가 어떤 그림을 그릴 것인가에 따라 현재 상황에서 현물-현물, 현물-선물, 선물-선물 전략을 수립하는데, 여기서 베이시스가 기준이 되는 것이다.

한편 괴리도는 12월물 현재가격 301.60에서 이론가격 301.56을 뺀 수치로 0.04가 나오고, 괴리율은 괴리도를 이론가격으로 나눠 백분율 형태로 계산한 것으로

0.01(=괴리도 0.04/12월물 이론가격 301.56×100)이 나온다. 파생시장에 연결된 많은 상품 중에 괴리율의 개념을 숙지해두는 것이 좋다. 현재 거래되는 선물가격과 이론 가격 간에 얼마나 이격이 있는지 이야기하는 것으로, 여기서 시세의 멀고 가까움의 감각이 나오고 전환사채나 ELW등 에서도 사용하므로 그 개념을 숙지해야 한다.

괴리율은 다음과 같이 사용되기도 한다. 첫째, 보통주와 우선주 간의 차이를 말 할 때 쓰인다. 둘째, 전환사채의 시장가격과 패리티 간의 비율을 나타내는 것으로 전환사채의 고·저평가 여부를 알려주는 지표로서 역할을 한다. 참고로 패리티란 전환사채를 주식으로 전환할 때 전환가격에 대한 주가의 비율을 말한다. 괴리율이 (+)로 나타나면 전환사채의 시장가격이 높게 형성되어 있어 이 가격으로 전환사 채를 매입해 즉시 주식으로 전환해 매각하면 매매차손이 발생하며, 반대로 (−)로 나타나면 전환사채의 시장가격이 낮게 형성되어 있는 것으로 매매차익을 획득할 수 있다.

$$괴리율 = \frac{전환사채 \ 시장가격}{패리티} \times 100$$

다시 한번 정리해보자. 시장베이시스는 현재선물가격과 현물가격의 차이이고, 이론베이시스 또는 캐리Carry는 이론선물가격과 현물가격의 차이이다.

선물 만기일에는 베이시스가 제로에 수렴한다. 즉 만기일에 만기월물가격이 기 초자산인 코스피200현물가격으로 수렴한다는 의미로, 시장베이시스와 이론베이 시스가 모두 제로가 된다. 따라서 만기일에는 '시장베이시스=이론베이시스=현 재선물가격=이론선물가격=현물가격'이 성립한다.

또한 이론적으로 베이시스가 제로로 수렴한다는 것은 현재선물가격과 이론선물 가격의 이격을 백분율로 나타낸 괴리율이 제로에 수렴한다는 의미이기도 하다. 따

312 |

도표 10-12 **베이시스**

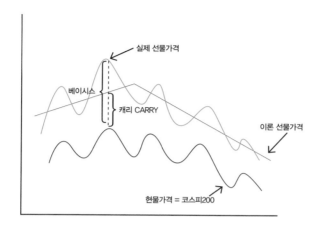

라서 괴리율이 0보다 크다는 것은 '선물 고평가-현물 저평가인 상태'를 의미하므로, 이 오차를 이용하기 위해 고평가 선물을 매도하고 저평가 현물을 매수하는 매매를 진입할 수 있는데 이것을 매수차익거래라고 한다. 반대로 괴리율이 마이너스를 나타내면 '선물 저평가-현물 고평가된 상태'를 의미하므로, 이 경우에는 저평가 선물을 매수하고 고평가 현물을 매도하는 매도차익거래를 전개할 수 있다.

괴리도에 대한 이해를 높이기 위해 다음과 같이 공식을 분리해보자.

• 괴리도 = 시장베이시스 − 이론베이시스 = (현재선물가격 − 현물가격) − (이론선물가격 − 현물가격) = 현재선물가격 − 이론선물가격

프로그램매매라고 들어본 적이 있을 것이다. 일명 바스켓매매라고도 하는데 프로그램매매의 사전적 의미는 다음과 같다. 프로그램매매는 주식을 대량으로 거래하는 기관투자자들이 일정한 전산 프로그램에 따라 수십 종목씩 주식을 묶어서(바

스켓) 거래하는 것을 말한다. 매도나 매수에 대한 의사결정은 매매자가 하지만 나머지 모든 과정은 시스템 혹은 프로그램이 알아서 하는 방식이다.

프로그램매매는 베이시스가 추세적으로 확대 또는 축소되는가, 괴리율이 양 또는 음인가에 따라 영향을 받는데, 세부적으로 차익 거래와 비차익 거래로 구분할 수 있다. 차익 거래는 현물과 선물을 다른 방향으로 동시에 매매함으로써 현물 바스켓과 선물 간에 일시적인 가격 차이가 발생할 경우 위험을 최소화하면서 안정적인 수익을 추구하는 거래이고, 비차익 거래는 선물과 연계하지 않고 현물 바스켓을 매매하는 거래이다.

흔히 기관투자자들은 지수 영향력이 큰 20~30개의 주식묶음을 대량으로 매매하므로 프로그램 매매는 종합주가지수에 큰 영향을 끼친다. 특히 차익거래에 있어서 선물을 매도하고 현물을 매수해놓은 상황에서 일정시점 이후 이익 실현을 위해 선물을 매수하고 현물을 매도할 경우, 집중적인 현물 매도에 의해 종합주가지수가 급락(반대 경우는 급등)하는 경우가 종종 발생한다. 하지만 이는 선물의 만기 도래로

도표 10-13 **프로그램 매매정보**

[7740] 프로그램매매 매매현황

KOSPI KOSDAQ 2018/09/28 - 2018/09/28 단위(백만원, 천주)

구분		전체 합계	전체 위탁	전체 자기	차익 합계	차익 위탁	차익 자기	비차익 합계	비차익 위탁	비차익 자기
순매수	수량	173	188	-15	582	582		-409	-394	-15
	금액	-48,168	-47,683	-485	30,863	30,863		-79,032	-78,546	-485
매수	수량	43,802	43,673	129	4,443	4,443		39,359	39,230	129
	금액	1,617,151	1,610,826	6,325	226,066	226,066		1,391,085	1,384,761	6,325
매도	수량	43,629	43,485	144	3,861	3,861		39,768	39,624	144
	금액	1,665,319	1,658,510	6,810	195,203	195,203		1,470,117	1,463,307	6,810

시간대별 **일자별** 텍스트

일자	KOSPI200	전체금액 순매수	전체금액 매수	전체금액 매도	차익 순매수	차익 매수	차익 매도	비차익 순매수	비차익 매수	비차익 매도
09/28	300.51	-48,168	1,617,151	1,665,319	30,863	226,066	195,203	-79,032	1,391,085	1,470,117
09/27	302.59	147,243	2,266,963	2,119,719	9,315	261,435	252,120	137,928	2,005,528	1,867,599
09/21	300.81	186,275	2,201,627	2,015,352	1,340	209,698	208,358	184,935	1,991,929	1,806,994
09/20	299.04	255,700	1,597,895	1,342,195	30,980	171,048	140,068	224,720	1,426,847	1,202,127
09/19	296.64	42,704	1,350,320	1,307,616	-30,466	154,562	185,028	73,170	1,195,758	1,122,588
09/18	296.10	-131,454	1,215,003	1,346,457	40,421	200,322	159,901	-171,875	1,014,681	1,186,556
09/17	295.23	-55,646	931,609	987,255	-99,948	133,187	233,135	44,302	798,422	754,120
09/14	297.29	301,275	1,302,171	1,000,896	82,616	186,197	103,581	218,659	1,115,974	897,315
09/13	292.42	-11,121	1,534,513	1,545,634	-129,227	225,970	355,197	118,107	1,308,544	1,190,437
09/12	292.35	-181,719	1,208,115	1,389,834	56,694	181,887	125,193	-238,412	1,026,228	1,264,640
09/11	292.46	-90,378	1,150,144	1,240,522	20,882	182,358	161,475	-111,260	967,787	1,079,046
09/10	293.70	-29,347	1,197,595	1,226,942	-67,876	138,357	206,234	38,529	1,059,237	1,020,708

인해 일시적으로 나타나는 현상이 대부분이다.

대부분 기관이나 외국인 투자자들은 미리 매매 조건을 설정해놓고 그 조건이 충족될 경우 자동으로 매매가 이뤄지도록 시스템을 만들어놓는데, 그 매매 규모가 상당하기 때문에 시장에 영향을 주는 정도가 매우 크다. 매매 조건을 결정하는 요인 중에서도 앞에서 살펴본 베이시스 추이가 핵심이다.

일반적으로 베이시스가 확대되면 프로그램 매수차익거래에 진입하고, 여기서 형성되는 현물매수 에너지가 지수를 상승시킨다. 반대로 베이시스가 축소되면 프로그램 매도차익거래에 진입하고 여기서 형성되는 현물매도 에너지가 지수를 하락시킨다.

〈도표 10-13〉을 보면 2018년 9월 28일 차익프로그램 순매수가 +308억, 비차익프로그램 순매수가 -790억으로 전체 프로그램 순매수는 -481억임을 알 수 있다. 프로그램 순매수 에너지가 형성되는 날은 코스피200지수가 상승할 가능성이 높고, 프로그램 순매도 에너지가 형성되는 날은 지수가 조정될 가능성이 있음을 감잡을 수 있다.

2018년 9월 30일 기준 베이시스 차익거래를 괴리율 수준에 따라 세분화해서 보면 아래 〈도표 10-14〉와 같은 결과가 나온다.

도표 10-14 베이시스 차익거래

프로그램종목상위	프로그램사전공시	**베이시스차익거래**
✓괴리율 시장베이시스 ◉금액 ○비중 범위(Pt) -0.50 ~ 0.50 당일 ▼ 2018/09/30 ~ 2018/09/30 텍스트

		순매수(주식:억원)			매수(주식)			매도(주식)		
	합계	미만	범위이내	초과	미만	범위이내	초과	미만	범위이내	초과
금일	309		309			2,261			1,952	
기간누계	0									

괴리율		순매수(주식:백만)		매수(주식)		매도(주식)	
		금일	기간누계	금일	기간누계	금일	기간누계
0.06 ~ 0.10		12,104	12,104	24,054	24,054	11,949	11,949
0.00 ~ 0.05		30,294	30,294	143,459	143,459	113,164	113,164
-0.01 ~ -0.05		-18,506	-18,506	48,881	48,881	67,386	67,386
-0.06 ~ -0.10		5,436	5,436	8,135	8,135	2,701	2,701
-0.11 ~ -0.15		1,536	1,536	1,539	1,539	2	2

차익프로그램 순매수 308억이 괴리율 수준의 변화에 따라 달라짐을 알 수 있다. 대체적으로 괴리율이 마이너스가 되면 매도에너지가 나오거나 매수에너지 규모가 작은 것을 체크할수 있다.

실제 시장도 9월 27일 고점을 형성한 후 10월 30일까지 급락하는 파동을 보여 주었다. 9월 27일까지 외국인중심으로 삼성전자 매수에너지가 추석 연휴 지나서 매도로 스위칭되면서 급락파동이 연결되었던 것이다.

주로 주식시장에서 주가지수선물, 주가지수옵션, 개별주식선물, 개별주식옵

션 등의 파생상품이 만기에 이르면서 주식시장의 변동성이 매우 커지는데,

시장을 분석하는 글을 읽다 보면 그 중에서도 '만기일에 네 마녀가 준동한다'

는 표현을 본 적이 있을 것이다. 주가지수선물, 주가지수옵션, 개별주식선물,

개별주식옵션 만기가 겹치는 날을 뜻한다.

11장

만기일 전후의
시장동향을 체크하자

파생시장에서는 매월 옵션만기일 혹은 매분기 선물-옵션 동시만기일은 평소보다 변동성이 커서 '만기일 마녀들이 춤을 추는 것과 같다'고 표현한다. Witching은 '마녀가 마법을 쓴다'는 뜻의 단어로, 위칭 데이^{Witching day}는 주식관련 파생상품들의 만기가 겹쳐서 마녀가 마법을 쓰는 것처럼 예측하기 힘든 날을 뜻한다.

　주로 주식시장에서 주가지수선물, 주가지수옵션, 개별주식선물, 개별주식옵션 등의 파생상품이 만기에 이르면서 주식시장의 변동성이 매우 커지는데, 시장을 분석하는 글을 읽다 보면 그 중에서도 '만기일에 네 마녀가 준동한다'는 표현을 본 적이 있을 것이다. 주가지수선물, 주가지수옵션, 개별주식선물, 개별주식옵션 만기가 겹치는 날을 뜻한다.

만기일 변동성

본래 미국에서 주가지수선물·주가지수옵션·개별주식옵션의 만기가 겹치는 날을 '트리플 위칭데이'라 불렀다. '3명의 마녀가 빗자루를 타고 동시에 정신 없이 돌아다니는 것 같이 혼란스럽다'는 뜻으로, 이날 주식시장에 어떤 변화가 일어날지 아무도 예측할 수 없다는 의미에서 뜻으로 '트리플 위칭데이'라고 한다. 그러다 2002년 말부터 거래되기 시작한 개별주식선물이 합세하면서 '트리플 위칭데이'가 '쿼드러플 위칭데이'로 바뀌게 되었다. '쿼드러플'이란 '4'란 숫자를 의미하는 것으로, 주가지수선물·주가지수옵션·개별주식선물·개별주식옵션이 동시에 만기를 맞기 때문에 붙여진 이름이다.

한국의 경우 2008년 5월 개별주식선물이 도입되면서 우리나라 역시 트리플 위칭데이에서 쿼드러플 위칭데이로 변경되었다. 참고로 미국은 옵션 만기일이 세 번째 금요일로 정해져 있어 매 분기별 3, 6, 9, 12월 셋째 주 금요일이 쿼드러플 위칭데이며, 우리나라는 매 분기별로 3, 6, 9, 12월 두 번째 목요일이다.

그런데 우리에게 익숙한 것은 더블 위칭데이로 선물과 옵션의 만기일이 겹치는 날이다. '더블double'은 선물과 옵션이라는 2개의 파생상품 만기가 겹쳐 있다는 뜻이다. 매월 두 번째 목요일을 기준으로 옵션 만기일이 도래하면, 이해 당사자들의 탐욕이 시장에 전개되면서 그 결과물이 청산되거나 롤오버되면서 한 게임을 마무리하고 다음 게임으로 넘어가는 상황을 매달 경험할 수 있다. 참고로 선물과 옵션이 동시에 만기되는 달은 3, 6, 9, 12월이고, 옵션만 만기되는 달은 1, 2, 4, 5, 7, 8, 10, 11월이다.

여기서 나타나는 변동성은 그때그때마다 다른데, 그 시점에 글로벌마켓 상황과 외국인-기관의 보유 포지션 등에 의해서 결정되는 것이 일반적이다. 마치 옛날 운동장에서 청군과 백군으로 나눠서 줄다리기 경기를 하는 것처럼 청군은 상승포지션, 백군은 하락포지션에 베팅했다 치고 누가 누가 이기나 자신들의 에너지를 집중하면서 결승전인 만기일을 기준으로 승패를 결정하는 게임을 하는 것과 같다. 여기서 인간의 탐욕이 들어가고 그 탐욕을 극대화시키려는 수단이 시가상위종목 중심으로 구성된 바스켓 매수-매도를 유도하면서 각자 보유포지션의 이익극대화를 위해서 총력을 다하는 것이다.

만기일에 그 동안 자신들이 보유한 포지션을 청산하는 과정에서 대규모 프로그램 매물과 보유포지션 청산매물이 나오게 된다. 앞에서 고평가된 선물을 매도하고 저평가된 현물을 매수하는 행위가 매수차익거래이고, 반대되는 행위가 매도차익거래임을 배웠다. 만기일에는 이런 차익거래를 청산하거나 롤오버할지 결정을 해야 하는데, 만약 청산하기로 정했다면 매수했던 현물을 매도하고 매도했던 선물을 환매수하면서 잔고를 없애게 된다.

특히 만기일의 장 종료 10분 전은 매우 중요한 시간이다. 동시호가 접수를 받아 일반 거래를 마감하는데, 그 시간까지 청산하지 않은 물량을 보유한 투자자라면 그 10분이 가장 긴장되는 순간이 될 것이다. 옵션투자의 경우도 내가 투자한 행사가격이 결제받는지, 결제받지 못하는지, 투자한 돈을 다 날리는지, 결정되는 긴장되는 시간으로 이해당사자들이 인위적 행위를 가장 강하게 실행하는 시간이기도 하다. 즉 현물시장을 이용해서 대규모 물량을 자신의 포지션에 유리한 방향으로 매수 혹은 매도를 감행하면서 시장을 단기간에 왜곡시키고, 이를 통해 선물-옵션 수익을 극대화시키려는 시도가 감행되는 시간이기도 하다.

개인적으로 옵션만기일에 옵션상품은 결제받지 않고 만기 전에 청산하는 습관이 있다. 위에 언급한 인위적인 공격이 내가 투자한 포지션에 큰 수익을 주기도 하지만 큰 손해도 줄 수 있기 때문이다. 따라서 의사결정이 가능한 시간 안에 주관적 판단에 의해서 포지션을 청산하거나, 정 결제받고 싶으면 투자포지션을 크게 줄인 상태에서 받거나, 아니면 그때 수익을 크게 본 시기이면 수익금 중에 일부만 투자해 결제받아보는 결정을 한다. 이것은 경험에서 나오는 의사결정으로 나중에 실전 매매를 하면서 왜 이런 판단을 했을지 생각해보길 바란다.

실전사례 : 옵션말기일에 나타나는 투자행위

실전사례로 2018년 7월 12일 옵션만기일에 위와 같은 투자행위가 나타났다. 이 해당사자의 의도된 탐욕이 발동해 만기일에 문 닫아놓고 시가총액 1-2위인 삼성전자-SK하이닉스 대량 매도로 인위적 하방 공격을 하면서 시세에 영향력을 극대화시키는 작업을 실행한 것이다. 이때 반대되는 매수 에너지도 강했다면 시세는 크게 영향을 받지 않지만, 매수 에너지가 없는 상황에서는 그 의도된 공격이 원하는 방향으로 작동되면서 시세를 왜곡시키는 현상이 만기일에 자주 일어난다.

2018년 7월 옵션만기일에서도 선물-옵션 동시 만기일이 아닌 옵션만 만기일인 상황에서 동시호가 단일가에 삼성전자-SK하이닉스 대량 매도 공격하면서 코스피200지수를 급락시켜 결제 받는 지수를 294.41로 낮추는 행위가 전개된 것이다. 참고로 3, 6, 9, 12월 선물-옵션 동시 만기일에는 만기월물의 최종결제가격으로 정산받지만, 그 외 옵션 만기월에는 코스피200현물지수를 기초로 결제 받는다는 것을 알아둬야 한다.

2018년 7월물은 옵션 만기월이기 때문에 9월 선물의 최종결제가격으로 결제 받지 않고 코스피200현물지수의 종가로 결제 받는 것이다. 이와 같이 코스피200현물지수와 근원물의 변동성을 이용하는 전략이 다양하게 사용되는데, 7월 12일 옵션만기일 코스피200현물지수(《도표 11-1》)와 9월물선물 차트(《도표 11-2》)를 비교해보면 그 오차가 어떻게 작동했는지 체크할 수가 있다.

7월 12일 12시 21분에 장중 고점 296.63을 달성하고 하락하다가 장마감 동시호

도표 11-1 KOSPI 200

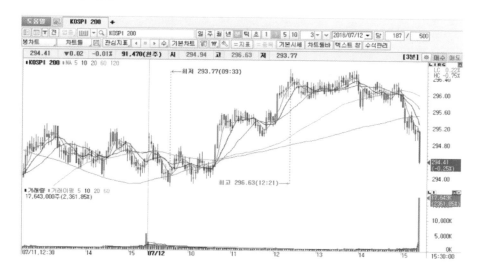

도표 11-2 선물지수

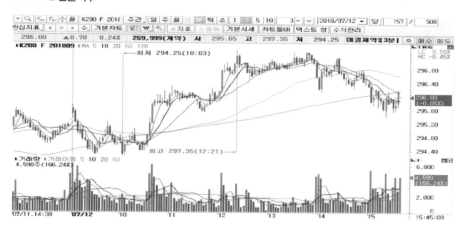

가에 급락시키는 에너지가 나왔다. 현물지수종가는 294.41로 마감했는데, 그 시점에 9월물 선물가격의 시세는 다른 모습을 보여주었다.

도표 11-3 **옵션 시세표**

IV	미결대비	미결제	거래량	매수	매도	전일비	현재가	행사가	환산지수	현재가	전일비	매도	매수	거래량	미결제	미결대비	IV
36.15	-491	85,213	754	0.00	0.01	0.00	**0.01**	312.50	2,425.47	18.05 ▲ 0.10		18.20	17.85	167	5,727	-70	0.00
31.79	-185	57,538	242	0.00	0.01	0.00	**0.01**	310.00	2,406.06	15.30 ▼ 0.10		15.70	15.35	391	14,679	-240	0.00
27.32	-15	52,742	68	0.00	0.01	0.00	**0.01**	307.50	2,386.66	12.85	0.00	13.15	12.85	309	7,549	-154	0.00
22.74	-117	71,434	370	0.00	0.01	0.00	**0.01**	305.00	2,367.25	10.45 ▲ 0.05		10.65	10.35	509	8,881	-240	0.00
18.01	880	63,110	15,903	0.00	0.01 ↓	0.01	**0.01**	302.50	2,347.85	7.89 ▲ 0.12		8.26	7.88	2,434	16,057	-1,042	0.00
13.08	-17,507	55,038	184,505	0.00	0.01 ↓	0.03	**0.01**	300.00	2,328.45	5.49 ▲ 0.28		5.57	5.48	16,331	18,880	-1,227	0.00
8.80	-4,102	54,840	823,520	0.01	0.02 ▼	0.19	**0.02**	297.50	2,309.04	3.06 ▲ 0.07		3.06	3.05	243,670	31,476	5,853	0.00
5.88	4,162	36,259	609,614	0.21	0.24 ▼	0.75	**0.21**	295.00	2,289.64	0.80 ▼ 0.46		0.80	0.76	799,070	38,665	5,686	6.17
8.09	-154	21,776	125,544	2.00	2.01 ▼	0.63	2.00	292.50	2,270.24	0.03 ▼ 0.38		0.03	0.02	515,487	52,525	6,429	6.59
20.35	-542	8,442	7,296	4.47	4.64 ▼	0.20	4.65	290.00	2,250.83	0.01 ↓ 0.12		0.01	0.00	229,280	53,186	898	10.91
24.91	88	2,243	810	6.84	7.13 ▼	0.08	7.06	287.50	2,231.43	0.01 ↓ 0.03		0.01	0.00	76,204	50,281	-15,202	16.16
43.72	-11	367	123	9.07	9.59 ▲	0.12	9.90	285.00	2,212.02	0.01 ↓ 0.01		0.01	0.00	5,437	53,840	-1,324	21.27
0.00	0	83	0	11.60	14.20	0.00	**10.65**	282.50	2,192.62	**0.01**	0.00	0.01	0.00	852	41,969	-390	26.29
89.54	31	83	38	14.10	15.55 ▲	1.20	16.10	280.00	2,173.22	**0.01**	0.00	0.01	0.00	3,358	53,664	-1,288	31.26

결제 294.41로 마감 콜 295 휴지
풋 295도 295-294.41 = 0.59결제

9월물 선물 흐름을 보면 10시 3분까지 하락하면서 294.25로 저점을 기록한 후, 10시 30분 상해종합지수가 상승함에 따라 9월물 선물가격도 12시 21분 297.35까지 상승했다. 이후 남은 시간 동안 295.4까지 하락조정했으나, 9월물 선물은 장마감 동시호가 이후 296.00으로 상승하면서 마감한 것을 체크할 수 있다.

코스피 200현물지수와 9월물 선물의 변동성에 행사가격 295.00인 콜옵션과 풋옵션의 변동성을 보면 〈도표 11-3〉과 같다.

코스피200현물지수를 기준으로 저점 296.63에서 고점 293.77까지 2.86포인트 상승하는 구간에서 행사가격 295.00 콜옵션 가격은 저점 0.35에서 코스피200현물지수 상승폭 2.86를 더한 3.21의 반정도 수준인 1.88까지 프리미엄이 상승한 것을 체크할 수 있다. 저점에서 매수했다면 상승률이 437%에 달해 4배 이상의 큰 수익을 챙길 수가 있었겠지만, 탐욕이 작동해서 더 큰 수익을 바라고 청산하지 못했거나 심지어 결제를 받으려 했다면 코스피200현물지수 종가가 294.41로 마감하면서 휴지가 되는 경험을 했을 것이다.

도표 11-4 C295-P295 3분봉

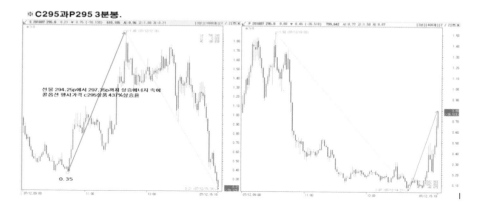

옵션투자에서 시간가치 소멸은 그만큼 무섭다. 만기일 당일 변동성은 결제대상 코스피200현물지수나 근월물 선물의 1포인트 변동에도 옵션 프리미엄이 위아래로 엄청나게 요동친다는 것을 명심해야 한다.

2018년 7월 옵션만기일에 시가상위종목의 종가를 보면 이런 상황을 만든 결정적인 요인이 삼성전자-SK하이닉스의 매도바스켓 하락 공격임을 알 수가 있다.

따라서 선물-옵션 동시만기일보다는 코스피200현물지수의 종가로 결제받는 옵션만기일에 더 화끈하고 인위적 조작이 많은 변동성 게임이 전개된다는 점을 숙지하고, 그것을 이용하는 전략을 수립하기 바란다.

평거래일에도 중요하지만 특히 만기일에 시세의 움직임과 결제예상가격을 제대로 파악하려면, 행사가격별 각 옵션의 매수와 매도 에너지를 미결제약정의 변화를 통해 감지하는 것이 중요하다. 결제기준이 되는 상품의 진폭과 방향에 따라 어느 행사가격의 미결제가 급격하게 증가 또는 감소하는지 체크해야 한다.

가령 10분 단위로 어느 행사가격의 옵션 미결제가 증가 혹은 감소하는지 수량의 변화를 동태적으로 추적해가는 것이다. 관찰 기간은 본인의 호흡에 맞게 조절하되

도표 11-5 **옵션시세표**

____ 콜옵션 추정(음수값:매도) ____					행사가		____ 풋옵션 추정(음수값:매도) ____			
기타법인	개인	외국인	기준계	현재가	행사가	현재가	기관계	외국인	개인	기타법인
0	2	-2	0	34.45	260.0	0.01	-10,113	52,786	-35,878	-6,922
0	-1	1	0	31.95	262.5	0.01	3,380	16,978	-19,515	-582
-39	-128	152	10	29.70	265.0	0.01	-1,630	28,619	-26,988	59
0	0	0	0	25.95	267.5	0.01	-1,165	5,955	-3,572	-85
0	0	0	0	24.45	270.0	0.01	-5,179	13,381	-3,302	-4,806
0	0	0	0	21.95	272.5	0.01	-8,050	22,600	-11,605	-2,772
0	-1	1	0	19.45	275.0	0.01	-16,819	12,444	2,938	1,479
0	0	0	0	16.95	277.5	0.01	-14,495	13,594	3,098	-2,131
0	-24	24	0	15.10	280.0	0.01	-17,954	36,589	-17,390	-1,111
0	-8	8	0	13.65	282.5	0.01	-1,420	47,276	-28,294	-7,442
22	-118	110	-13	9.90	285.0	0.01	-32,795	33,847	-877	-249
54	403	-387	-55	7.06	287.5	0.01	-1,203	5,857	-307	-4,745
52	-607	594	182	4.65	290.0	0.01	-54,057	250	50,674	3,139
1,524	-5,495	-330	7,322	2.00	292.5	0.03	-283	9,309	-6,421	-2,574
-2,263	-4,756	-12,522	19,597	0.21	295.0	0.80	0.005	14,732	-28,060	5,300
3,668	12,760	-1,415	-15,022	0.02	297.5	3.06	4,283	-5,216	944	-5
-344	6,458	-7,453	1,360	0.01	300.0	5.49	519	-11,404	12,341	-1,350
-4,005	-3,795	25,770	-12,951	0.01	302.5	7.09	657	600	-1,191	-205
-7,093	49,591	10,211	-42,915	0.01	305.0	10.45	483	8,766	-5,400	170
3,043	-17,077	21,655	-0.011	0.01	307.5	12.85	313	586	-1,000	106
-4,846	31,603	-1,893	-24,929	0.01	310.0	15.30	-3,651	6,038	-607	110
-2,233	1,977	12,264	-11,993	0.01	312.5	16.05	155	-479	334	-5
-3,423	8,721	24,005	-29,229	0.01	315.0	19.70	72	-322	204	28
7,290	-6,746	13,603	-14,517	0.01	317.5	21.25	14	-58	58	-10
-3,042	26,055	7,711	-31,511	0.01	320.0	23.70	37	-66	64	-34
-520	-3,162	8,362	-4,686	0.01	322.5	26.45	10	65	-72	-3
-2,677	2,741	2,711	-2,766	0.01	325.0	29.00	6	-12	24	-16

꾸준히 집중하다 보면 분명 직관을 얻는 데 도움이 되리라 믿는다.

2018년 7월 만기 옵션의 만기일 시세를 예로 들어보자. 오전에는 행사가격 295.00의 콜옵션 프리미엄이 급등하면서 미결제 증가가 동반되다가 어느 구간에서 급격하게 감소한 반면, 거의 결제받기 힘들 것 같았던 행사가격 295.00인 풋옵션에 미결제 증가를 동반한 매수세가 붙더니 장중 0.07에서 마감 동시호가 전 0.80까지 급등해 만기청산받기로 결정했다면 실제로 0.59에 결제되는 상황이 전개되었다.

만기일이 가까워지면 어느 행사가격에 에너지가 응집되는지 체크해야 하고, 그 행사가격이 코스피지수로 환산하면 어느 수치인지 같이 체크하면서, 시장에 영향을 미치는 변수와 흐름을 같이 분석하며, 결국 어디로 수렴되는지 추적하는 것이 제일 중요하다. 또한 만기일에 인위적 변동성이 전개되면 만기일 후폭풍이 형성되면서 이후 시장은 원래대로 복귀하려는 에너지가 작동하는데, 7월 12일 삼성전자-SK하이닉스의 하락 에너지가 7월 13일 상승 에너지로 전환되었던 것이 하나의 예이다.

트레킹에러란 무엇인가?

여기서 우리는 트레킹에러 개념과 시장의 만기일 작용-반작용의 에너지를 추가로 알아야 한다. 트레킹에러를 지수추적 오차라고 하는데, 현물과 선물의 가격차를 이용해 차익을 얻는 프로그램 매매에서 일부 종목이 전체 흐름과 크게 어긋나게 움직일 경우 현물 바스켓과 코스피200현물지수 사이에 불일치가 발생하는 것을 말한다.

'현물바스켓'이란 프로그램매매 주체들이 코스피200현물지수와 비슷하게 움직이도록 구성한 현물 포트폴리오를 의미한다. 실전에서 20~30개 종목 중심으로 작업을 하는데, 여기에 잘못된 종목이 편입됐거나 편입했어야 할 대형주를 빠뜨릴 경우, 또 편입된 종목 일부에 이상 시세변동이 발생할 경우 지수를 쫓아갈 수 없는 상황이 발생하게 된다. 프로그램매매 주체들이 자체적으로 구성한 현물바스켓이 코스피200지수의 상승률이나 하락률을 능가하면 플러스 트레킹에러가, 반대로 따라잡지 못하면 마이너스 트레킹에러가 발생한다.

그런데 실전에서는 이것을 인위적으로 조작하는 경우도 허다하다. 주로 옵션 만기일 마감 동시호가를 이용하는데, 문 닫아놓고 다른 투자자들이 매매하지 못하는 상황에서 자신의 보유포지션에게 유리한 방향으로 현물바스켓을 매수 또는 매도 공격을 하는 것이다.

2018년 7월 12일 옵션만기일에는 미중 무역전쟁 우려로 상해종합지수가 지속적으로 하락해오다가 악재재료가 시장에 이미 반영되었다는 에너지가 작동하면서 상해종합지수가 반등을 시도하고 있었다. 그러나 이때 우리시장에서는 인위적 현물바스켓 매도가 코스피200현물지수는 급락한 반면, 9월물 선물은 상해종합지수를 따라 상승하는 모습이 전개된 것이다. 물론 이 인위적 작용에 대한 반작용으로 7월 13일 시세복원력이 삼성전자-SK하이닉스 중심으로 작동하면서 지수 상승을 유도한 결과를 가져왔다.

이와 같이 현물바스켓을 이용하는 파생시장에서의 실전매매를 이해하고, 미결제약정의 변화, 코스피 200현물지수와 근월물 선물의 오차, 프로그램매매 주체들의 변화, 트레킹에러를 꾸준히 추적하다 보면 투자의 기회를 포착할 수 있을 것이다.

파생시장이 외국인들의 놀이터가 된 이후, 프로그램매매 주체들은 주식현물과 주가지수선물을 동시에 사고 팔아 무위험 수익을 올린다. 이때 코스피200현물지수와 자체적으로 구성해놓은 현물바스켓 사이에 트레킹에러가 생기면 무위험 수익을 얻기가 힘들어진다. 트레킹에러가 발생하면 손실을 보고 포트폴리오를 청산하거나, 지수가 정상수준으로 돌아올 때까지 매매를 중단하고 관망하는 선택을 해야 한다. 여러분들도 외국인이나 기관 투자자처럼 바스켓을 만들어보고, 그 바스켓과 코스피200현물지수의 오차인 트레킹에러를 추적하는 연습을 해보길 권한다.

트레킹에러란 코스피200현물지수를 추종하는 데 있어서 전일 기준대비 내 바스켓지수가 코스피200현물지수 대비 얼마나 차이가 나는가를 알아보는 것이다. 내가 구성한 바스켓을 매수한 후에 트레킹에러가 (+)가 나면 날수록 내 바스켓은 비교지수 대비 아웃퍼폼한다는 의미이며, 반대로 트레킹에러가 (−)가 나면 날수록 내 바스켓은 비교지수 대비 언더퍼폼한다는 의미이다.

• 트레킹에러 (Tracking error or TE) = 바스켓지수 − 코스피200현물지수

참고로 바스켓 지수를 계산할 때 비례식의 기준이 되는 것은 전일 코스피200과 바스켓 평가금액이다. 즉 전일 종가를 기준으로 계산하므로, 트레킹에러는 전일 종가로부터 당일까지 발생한 바스켓과 코스피200현물 지수의 차이이다. 이는 당일의 편차만을 보여주는 것으로, 누적의 개념은 아니라는 점을 잘 숙지하기 바란다.

예를 들어 2018년 7월 14일 기준 시가상위 20개 종목으로 구성된 바스켓을 만든다고 가정해보자.

20개 종목은 코스피200종목 총시가총액 중에서 57.45%를 차지한다. 다시 말하면 코스피200지수가 1% 상승 또는 하락할 경우, 시가상위 20종목 바스켓으로는 그 움직임을 57.45%만 반영하게 된다. 즉 전체의 반 조금 넘는 수준의 동행성으로는 코스피200종목을 정확하게 추종하기 어렵다. 바로 여기서 트레킹에러가 발생하는 것이다.

- 전일 코스피현물200지수 : 전일 바스켓 평가금액 = 현재 바스켓 지수 : 현재 바스켓 평가금액

바스켓이 코스피200현물지수를 추종한다고 가정할 시, 코스피200의 전일 종가는 내 바스켓의 전일 평가금액과 동일하다고 할 수 있다. 이 상태에서 바스켓의 현재 평가금액이 변한다면, 이는 위와 같은 비례식을 이용해서 지수로 계산할 수 있다. 우리가 알고 싶은 건 현재시점의 바스켓지수이므로 이미 알고 있는 전일 코스피200현물지수, 전일 바스켓 평가금액, 현재시점의 바스켓금액과 비례식을 이용해 구할 수 있다. 이렇게 해서 현재 바스켓 평가금액이 현재 바스켓 지수로 계산될 때 이 현재 바스켓지수를 코스피200현물지수와 비교할 수 있다.

사실 바스켓이 코스피200 전종목 200개를 다 포함하고, 비중을 완벽히 복제하지 않는 한, 전일 코스피200현물지수와 전일 바스켓 평가금액이 정확히 비례해서

도표 11-6 시가상위종목

순	시장	종목명	현재가	전일대비		등락률(	거래량	주식수(천주	시가총액	비중
1	신	삼성전자	46,500	▲	1,000	2.20%	11,543,389	6,419,325	298,498,599	22.3
2	신	SK하이닉스	88,800	▲	3,200	3.74%	4,535,954	728,002	64,646,610	4.84
3	신	셀트리온	288,000			0.00%	530,153	125,396	36,114,020	2.71
4	신	POSCO	316,500	▲	5,500	1.77%	181,459	87,187	27,594,633	2.07
5	신	현대차	122,500	▼	500	0.41%	306,680	220,276	26,983,869	2.02
6	중	삼성바이오로	402,000	▼	27,000	6.29%	796,570	66,165	26,598,330	1.99
7	신	NAVER	771,000	▲	11,000	1.41%	75,970	32,963	25,414,226	1.90
8	신	LG화학	335,000	▲	11,500	3.55%	321,145	70,592	23,648,435	1.77
9	신	KB금융	55,300	▲	2,400	4.54%	1,019,107	418,112	23,121,568	1.73
10	신	삼성물산	116,000	▲	4,500	3.73%	557,222	189,690	22,004,045	1.65
11	신	LG생활건강	1,387,000	▲	44,000	3.28%	32,314	15,618	21,662,439	1.62
12	신	신한지주	45,200	▲	1,150	2.61%	716,919	474,200	21,433,821	1.61
13	신	현대모비스	215,500	▲	7,500	3.61%	279,643	97,344	20,977,602	1.57
14	신	한국전력	31,200	▼	300	0.95%	1,501,358	641,964	20,029,279	1.50
15	신	SK텔레콤	240,500	▲	3,000	1.26%	166,888	80,746	19,419,343	1.45
16	신	SK	273,500	▲	4,500	1.67%	170,795	70,360	19,243,541	1.44
17	신	삼성생명	95,900	▼	700	0.72%	267,163	200,000	19,180,000	1.44
18	신	SK이노베이션	192,000	▲	1,500	0.79%	263,485	92,466	17,753,388	1.33
19	신	아모레퍼시픽	293,500	▼	3,000	1.01%	119,621	58,458	17,157,567	1.29
20	신	삼성SDI	237,000	▲	3,500	1.50%	439,815	68,765	16,297,194	1.22

시장 KOSPI200 자료일자 〈상위300개〉※실시간 ▦ (단위: 백만원,%)

당일 장이 시작되긴 어렵다. 만약 120개 종목으로 구성된 바스켓이라면, 코스피 200현물지수가 전일대비 3% 올랐다고 해서 120종목으로 구성된 바스켓이 정확히 3% 오르지는 않을 것이다. 코스피200현물지수에 없는 80종목의 등락을 반영하지 않았기 때문에 전일 대비 코스피200현물지수의 움직임을 바스켓이 정확히 반영해 움직이긴 어렵다. 그렇기 때문에 이 방법으로 구성한 체결시점의 바스켓지수는 체결시점의 코스피200지수와 동일하기 쉽지 않다. 예를 들어 2018년 7월 14일 기준 코스피 200현물지수는 298.65다. 시가상위 20개 종목으로만 바스켓을 구성했다면 바스켓 평가금액은 〈도표 11-7〉과 같다.

20종목이나 되는 바스켓에서 어느 종목이 구체적으로 어떻게 움직여서 아웃퍼폼 했는지 파악하기는 복잡하다. 사실 10종목만 되어도 복잡하다. 그러나 바스켓을 지수화하면 내 바스켓이 코스피200현물지수 대비 아웃퍼폼 또는 언더퍼폼 하는지를 한 눈에 파악할 수 있다. 매일 매일 삼성전자-SK하이닉스의 변화를 추적하고, 시가상위 20개 종목의 매트릭스의 에너지가 어떻게 변동하는지 추적하라고

도표 11-7 바스켓 평가금액

7/14일 코스피200 지수	298.65p
7/14일 바스켓 평가금액	74조 2770억원
내일 바스켓 평가금액	74조 8770억원 가정

현재 바스켓 지수를 비례식을 통해 계산해보면

7월 14일 코스피200지수 : 7월 14일 바스켓 평가금액

= 내일 바스켓 지수 : 내일 바스켓 평가금액

298.65 : 74조 2,770억원 = 내일 바스켓 지수 : 74조 8,770억원

내일 바스켓 지수 = 301.07p

권한 것이 왜 중요한지 감이 왔으리라 믿는다.

이와 같은 추적이 필요한 이유는 다음의 뉴스 제목들에서도 알 수 있듯이 파생 시장의 주도권을 모두 외국계에 넘겨주었을 뿐만 아니라, 급성장한 ETF, ELS, 각종 인덱스펀드 등으로 인해 패시브 전략이 시장을 지배하고 있기 때문이다.

- 한국은 외국계 금융사 현금지급기? 매년 1조 2,000억 본국 송금
- 상반기 ELS 발행액 48조원. 전년비 35% 증가한 '사상 최대'

2019년 2월 옵션만기일과 2019년 3월 14일 선물-옵션 동시만기일 기준으로 위와 똑같은 작업을 해보자. 지수에 영향을 주는 시가상위종목, KODEX200 ETF, TIGER200 ETF의 흐름, 외국인과 기관 투자자들의 수급동향을 추적해보기 바란다. 이런 작업을 통해 시장의 그림자매매를 볼 수 있고, 시장의 생생한 숨소리를 들을 수 있을 것이다.

매도차익거래와 매수차익거래에 대해서 알아야 한다. 매수차익거래와 매도차익거래를 도표로 정리하면 〈도표 11-8〉과 같다.

도표 11-8 **매수차익거래-매도차익거래**

구분	상황	가치평가	거래전략
매수차익거래	주가지수선물의 실제 가격이 이론가격보다 높게 형성되는 경우	주가지수선물 – 고평가 주식 – 저평가	선물매도 + 주식매수
매도차익거래	주가지수선물의 실제 가격이 이론가격보다 낮게 형성되는 경우	주가지수선물 – 저평가 주식 – 고평가	선물매수 + 주식매도

현물을 팔고 선물을 사는 프로그램 매매를 매도차익거래, 그 반대를 매수차익거래라고 배웠다. 선물시장에서는 주가지수선물 매수세력과 매도세력 사이의 수급에 따라 선물가격이 이론가격에 비해 비정상적으로 높거나 낮게 거래되는 경우가 자주 발생한다.

시장에서 형성되는 선물가격이 이론가격에 비해 비정상적으로 낮다면 정상적인 선물가격에 비해 시장가격이 지나치게 낮은 상태에서 거래되고 있음을 의미한다. 이는 선물이 현물에 비해 과도하게 저평가돼 있는 것으로 투자가는 저평가된 선물을 사고 고평가된 현물을 파는 '매도차익거래'에 나선 뒤, 가격 차가 좁혀지면 선물을 되팔고 현물을 되사는 반대매매를 통해 무위험 차익을 얻을 수 있다.

반대로 선물가격이 이론가격보다 지나치게 높은 상태라고 가정하자. 만기일에는 어차피 가격이 같아지므로 고평가 선물을 팔고 동시에 저평가 현물을 매수하는 '매수차익거래'를 할 수 있다.

이같은 차익거래를 하기 위해서는 현물을 사거나 팔아야 한다. 여기서 말하는 현물은 일반적으로 개별주식이 아니라 현물가격을 대표하는 코스피200현물지수를 의미한다. 보통 현물을 팔고 선물을 사는 프로그램 매도가 발생하면 매물압박 때문에 현물지수가 하락하게 된다. 반면 현물을 사고 선물을 파는 프로그램 매수가 발생하면 현물지수는 오르게 된다.

한편 만기일에 이르러서는 매수차익거래(현물매수&선물매도)잔고의 경우 현물매도&선물매수로 청산되고, 매도차익거래(현물매도&선물매수)잔고는 현물매수&선물매도로 청산된다. 따라서 매수차익거래 잔고가 누적되면 만기일에 가까울 수록 현물시장에 매물 압박요인으로 작용한다.

대조적으로 비차익거래는 선물과 무관하게 코스피200지수 구성종목 중 15개 종목 이상으로 바스켓을 구성한 뒤 바스켓 전체를 일시에 거래하는 프로그램매매를 말한다. 동일한 상품에 대해 현물-선물의 두 시장에서 서로 가격이 다른 경우, 가격이 저렴한 시장에서 그 상품을 매입하고 가격이 비싼 시장에 그 상품을 매도해 수익을 얻고자 하는 차익거래와 달리, 비차익거래는 현물이나 선물의 한 시장에서 동시에 대량으로 매매하는 것이 특징이다.

한국거래소에서 구분하는 비차익거래에는 인덱스매매, 포트폴리오 보험Portfolio

도표 11-9 **선물지수**

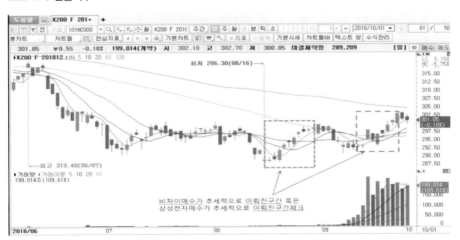

비차이매수가 추세적으로 이뤄진구간 혹은
삼성전자매수가 추세적으로 이뤄진구간체크

insurance;PI, 자산배분, 기타매매가 있다. 이러한 비차익거래는 기관들이 펀드를 신규로 설정하거나 청산할 때 일정 비율로 분산해서 매매함으로써 시장 충격을 최소화시키려는 정책적 매매로 자주 활용되고 있다.

정리하면, 차익거래는 일정한 추세가 나타나지 않고 그때 그때 베이시스 추이에 따라 무위험거래를 지향한다. 반면에 비차익거래는 차익거래에 비해 보통 일정한

도표 11-10 **매매주체별 동향**

단위 (백만원,천주) | 텍스트

구분		외국인	개인	기관계	투신	금융투자	보험	은행	기타금융	연기금	국가단체	기타법인
거래소	전체 순매수	-15,511	-1,166	-31,227	-93	7,461	-1,415	-534	-2,088	1,700	-57,470	-292
	매도	1,302,267	4,193	358,273	31,395	7,329	14,147	1,337	3,786	11,419	268,930	580
	매수	1,286,756	3,027	327,046	31,303	14,790	12,732	803	1,698	13,120	211,460	288
	차익 순매수	-410		31,273			1,231				30,042	
	매도	13,892		181,311							181,311	
	매수	13,483		212,583			1,231				211,352	
	비차익 순매수	-15,101	-1,166	-62,500	-93	7,461	-2,646	-534	-2,088	1,700	-87,512	-292
	매도	1,288,374	4,193	176,963	31,395	7,329	14,147	1,337	3,786	11,419	87,619	580
	매수	1,273,274	3,027	114,463	31,303	14,790	11,501	803	1,698	13,120	108	288
코스닥	전체 순매수	-50,824	-287	-14,215	756	-1,455	-705	-32	-538	235	6	145
	매도	200,457	333	37,343	7,076	3,009	1,583	166	822	61	7,628	58
	매수	149,633	46	23,128	7,832	1,554	878	134	284	296	7,634	202
	차익 순매수	117		6							6	
	매도			7,628							7,628	
	매수	117		7,634							7,634	
	비차익 순매수	-50,942	-287	-14,222	756	-1,455	-705	-32	-538	235		145
	매도	200,457	333	29,715	7,076	3,009	1,583	166	822	61		58
	매수	149,515	46	15,494	7,832	1,554	878	134	284	296		202

도표 11-11 **2018년 9월 28일 시가총액 상위 기준 프로그램 순매수**

✓ KOSPI | KOSDAQ | KOSPI200 | ● 금액 ○ 수량 | 단위(백만원,주)

● 시가총액 상위 ○ 순매수 상위 ○ 순매도 상위 ○ 매수체결 상위 ○ 매도체결 상위

번호	종목명	프로그램매매 순매수(금액)			현재가	대비	등락률(%)	거래량
		순매수	매수	매도				
1	삼성전자	13,945	193,885	179,939	46,450 ▼ 1,050		-2.21	11,270,515
2	SK하이닉스	-1,444	79,832	81,276	73,100 ▼ 1,900		-2.53	5,824,873
3	셀트리온	-18,059	28,840	46,899	297,000 ▼ 4,000		-1.33	598,765
4	삼성바이오로직	1,437	26,074	24,637	534,000 ▼ 12,000		-2.20	220,738
5	현대차	-8,185	14,116	22,302	129,500 ▼ 1,000		-0.77	295,867
6	LG화학	-10,395	16,639	27,035	365,500 ▼ 4,500		-1.22	188,182
7	POSCO	-3,586	26,803	30,390	294,500 ▼ 11,000		-3.60	356,038
8	삼성물산	5,904	56,870	50,966	129,500 ▼ 1,500		-1.15	1,150,059
9	NAVER	1,660	17,487	15,827	716,000 ▲ 3,000		0.42	97,465
10	SK텔레콤	17,576	36,150	18,573	282,000 ▲ 7,000		2.55	239,286
11	KB금융	-4,770	31,389	36,160	54,200 ▲ 500		0.93	1,204,322
12	현대모비스	-14,724	14,254	28,979	228,000 ▲ 500		0.22	193,492
13	신한지주	-3,371	22,087	25,459	45,000 ▲ 400		0.90	1,165,805
14	SK	2,578	12,704	10,125	287,000 ▲ 4,500		1.59	79,736
15	LG생활건강	-12,567	10,269	22,836	1,276,000 ▼ 2,000		-0.16	26,707

도표 11-12 **2018년 9월 28일 프로그램 순매수 상위종목**

번호	종목명	프로그램매매 순매수(금액)			현재가	대비		등락률(%)	거래량
		순매수	매수	매도					
1	SK텔레콤	17,576	36,150	18,573	282,000	▲	7,000	2.55	239,286
2	삼성전자	13,945	193,885	179,939	46,450	▼	1,050	-2.21	11,270,515
3	LG유플러스	13,866	22,070	8,204	18,300	▲	550	3.10	2,359,432
4	삼성엔지니어링	8,853	16,590	7,737	19,300	▲	1,050	5.75	4,141,605
5	S-Oil	8,329	29,836	21,507	137,000	▲	1,000	0.74	352,948
6	현대해상	8,164	16,256	8,092	41,950	▲	1,100	2.69	716,973
7	엔씨소프트	7,014	25,724	18,710	442,500	▲	4,500	1.03	196,680
8	현대건설	6,240	19,528	13,288	67,500	▲	100	0.15	982,890
9	SK네트웍스	5,925	8,068	2,143	5,500	▲	20	0.36	4,701,573
10	삼성물산	5,904	56,870	50,966	129,500	▼	1,500	-1.15	1,150,059
11	하나금융지주	5,450	21,509	16,058	44,550	▲	1,150	2.65	1,199,270
12	한국전력	5,231	13,090	7,858	29,350	▲	400	1.38	1,066,469
13	SK이노베이션	5,000	24,556	19,556	215,000	▲	6,500	3.12	446,684
14	삼성화재	4,950	16,949	11,998	284,000	▲	11,500	4.22	229,368
15	휠라코리아	4,687	13,276	8,589	44,900	▼	600	-1.32	589,469

도표 11-13 **2018년 9월 28일 프로그램 순매도 상위종목**

번호	종목명	프로그램매매 순매수(금액)			현재가	대비		등락률(%)	거래량
		순매수	매수	매도					
1	삼성전기	-46,287	56,641	102,928	139,000	▼	3,000	-2.11	2,249,039
2	한국항공우주	-19,784	12,075	31,860	35,100	▼	14,900	-29.80	13,510,259
3	셀트리온	-18,059	28,840	46,899	297,000	▼	4,000	-1.33	598,765
4	HDC현대산업개	-16,586	9,813	26,399	50,900	▼	1,800	-3.42	740,307
5	현대모비스	-14,724	14,254	28,979	228,000	▲	500	0.22	193,492
6	LG생활건강	-12,567	10,269	22,836	1,276,000	▼	2,000	-0.16	26,707
7	LG화학	-10,395	16,639	27,035	365,500	▼	4,500	-1.22	188,182
8	한화에어로스페	-8,226	2,864	11,090	25,400	▼	3,300	-11.50	1,476,297
9	현대차	-8,185	14,116	22,302	129,500	▼	1,000	-0.77	295,867
10	코웨이	-7,777	10,114	17,892	86,800	▲	500	0.58	267,564
11	넷마블	-7,539	5,994	13,534	115,000	▼	3,500	-2.95	278,236
12	일진머티리얼즈	-5,461	1,840	7,301	53,500	▼	1,600	-2.90	456,189
13	현대엘리베이	-4,995	6,922	11,918	111,500	▼	4,000	-3.46	1,056,594
14	기아차	-4,935	17,048	21,983	35,100	▼	150	-0.43	1,119,501
15	KB금융	-4,770	31,389	36,160	54,200	▲	500	0.93	1,204,322

추세를 보여주는 편이므로, 비차익거래와 시가상위종목의 흐름이 같은 방향인지 다른 방향인지 추적해보는 것이 시장이 상방인지 하방인지 추세적 흐름을 체크하는 데 중요한 판단 기준이 될 수 있다.

개인적으로 실전에서 기관과 외국인 중심으로 프로그램 매매 에너지가 어떻게 전개되고 기승전 '삼성전자＋SK하이닉스'의 매수-매도흐름을 가장 중요하게 체크해서 매일 매일 관련 데이터를 모아놓고 사진을 대조하듯이 비교해보는 훈련을 지속한다. 코스피200종목에서 '삼성전자＋SK하이닉스'가 차지하는 비중과 그날 그날 프로그램 매수 혹은 매도로 이용되는지 체크하고, 매매주체별 총 결과치는 데이터를 수집해 장 마감후 복기하는 훈련을 지속하는 것이다.

단순한 작업이고 지겨울 수 있지만, 반드시 해야 한다. 이렇게 다양한 방법으로 지속적으로 추적해보면 시간이 지남에 따라 추세적으로 어떤 흐름의 에너지가 시장을 지배하는지 체크할 수 있게 되기 때문에 매우 중요하다.

〈도표 11-10〉 데이터는 2018년 9월 28일 매매주체별(외국인, 개인, 기관) 차익-비차익의 매매동향을 나타내는 수치이다. 개인적으로 가장 중요하게 보는 데이터로, 시장복기시에 반드시 점검해야 한다. 이것을 종목별로 세분화시켜서 보면 〈도표 11-11〉, 〈도표 11-12〉와 같다.

9월 28일 미국 고등훈련기 사업 입찰에 탈락해 하한가 수준까지 급락한 한국항공우주, 경쟁사인 일본 무라타의 연이은 MLCC투자증설발표가 악재로 작동하면서 급락한 삼성전기가 프로그램 순매도 상위에 올라있다는 점을 주목해야 한다.

매일 사진 찍듯이 캡처해놓고 일주일, 한달, 6개월, 1년 등 일정 기간 전의 것과 비교해보고, 그 기간동안 추세적 흐름을 체크해가는 과정이 실전에서는 제일 중요하다. 이런 에너지의 종합체가 코스피200현물지수와 근월물 선물의 흐름을 판단하는 데 중요한 기초자료가 되는 것이다.

9월 28일 프로그램매도 상위에 미국 고등훈련기 사업 입찰에 탈락한 한국항공우주가 하한가 수준까지 급락했고, 삼성전기도 일본 무라타의 연이은 MLCC투자증설발표가 악재로 작동하면서 급락한 것을 프로그램매도 상위와 연결해서 체크할 수 있다.

도표 11-14 한국항공우주

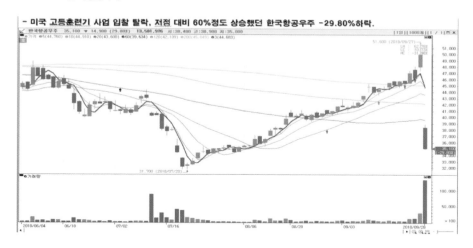

- 미국 고등훈련기 사업 입찰 탈락, 저점 대비 60%정도 상승했던 한국항공우주 -29.80%하락.

도표 11-15 삼성전자 - 삼화콘덴서

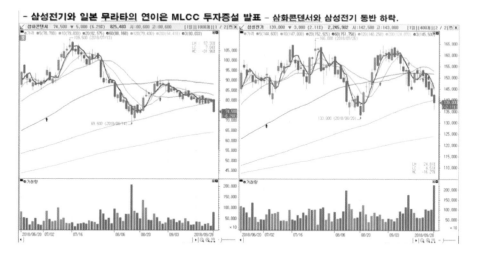

- 삼성전기와 일본 무라타의 연이은 MLCC 투자증설 발표 - 삼화콘덴서와 삼성전기 동반 하락.

    그리고 나중에 사용용도를 자세하게 설명하겠는데 시가총액 상위종목의 프로그램 매매 에너지가 어떻게 작동되었는지 수치를 복기해서 머리 속에 암기해놓고,

도표 11-16 2018년 9월 28일 12월물선물 – 코스피현물지수 – 삼성전자

§ 3대지표 오늘 고점(선물 303.60P, 코스피 2356.62P, 삼성전자 47250원).

도표 11-17 삼성전자 – SK하이닉스 – 셀트리온 수급

§ 삼성전자/SK하이닉스/셀트리온 수급 –

근월물 선물-코스피현물지수-삼성전자 에너지와, 시가상위종목 1-2-3등종목인 삼성전-SK하이닉스-셀트리온의 매매주체별 순매매 동향도 같이 추적해서 시장의 숨소리를 듣는다는 생각으로 매일 체크해보기 바란다.

베이시스란 무엇인가?

지금까지 베이시스가 만드는 매수차익거래-매도차익거래와 그것이 시가상위종목과 어떻게 연결고리를 형성하고 매일 어느 수치 데이터를 체크해야 하는지 공부했다. 이어서 이제부터는 베이시스 위험에 대해서 공부해보자.

베이시스 위험이란 현물과 선물 가격의 차인 베이시스가 변동하는 위험을 말한다. 베이시스는 헷지의 결과에 중요한 영향을 미치게 된다. 현물과 선물의 가격은 완전히 동일하게 움직이지는 않지만 가격변화의 방향은 같은 것이 일반적이므로, 현물의 가격이 하락할 때 선물의 가격도 하락하면 현물의 가격하락으로 발생한 손실을 선물의 매도포지션으로부터 발생한 이익으로 어느 정도 보전이 가능해진다. 그러나 현물의 변동 폭이나 방향을 선물이 제대로 따라가지 못할 경우, 헷지의 효과가 반감되거나 되려 손실을 키우는 일도 발생할 수 있게 된다. 이것이 바로 베이시스 위험이다.

베이시스는 시간이 경과함에 따라 변동하게 된다. 즉 동일한 만기인 선물을 매매하더라도 투자가가 선물 포지션을 처음 취하는 시점에서의 베이시스인 개시 베이시스와 선물 포지션을 청산하는 시점에서의 베이시스인 커버 베이시스가 서로 다르다.

이 때문에 전문가들이라도 하루의 베이시스 변화에 너무 민감하게 방향성을 설정하면 베이시스 위험 때문에 실전에서 당하는 경우가 많다. 따라서 베이시스의 추이와 그것이 실전에서 어떻게 이용되는지를 시가총액 1-2위인 삼성전자-SK하이닉스의 흐름과 연계해서 같이 봐야 베이시스 위험을 최소화할 수 있다.

2018년 9월 27일 시장에 대한 전문가들의 코멘트를 먼저 보고 그 이후 실전흐름은 실제로 어떻게 전개되었는지 비교 확인해보기 바란다.

2018년 9월 26일은 미국 연준이 기준금리 인상을 결정한 날이다. 그 전에 시장에서는 "미국이 금리를 인상하면 달러 강세가 약세로 전환되고 이머징국가로 유동성이 공급되어 안전자산 대신 위험자산 선호현상이 나타날 것이다"라는 전망을 하는 전문가가 있었다.

2018년 9월 27일 실제로 시장에서는 어떤 상황이 나타났는지 그 다음날 시장에 대한 뉴스를 하나 올리니 읽어보기 바란다.

미국 FOMC(연방공개시장위원회)는 기준금리를 2.25%로 인상했다. 올해 12월 인상과 2019년 3회, 2020년 1회 인상이라는 기존 예상은 유지했다. 하지만 시장에서는 장기 적정 기준금리가 2.50~3.50%로 제시된 점을 감안할 때 2.25%에 도달한 현 기준금리는 중립금리에 근접해 추가적인 상승 압력이 약화된 것으로 받아들였다. OOO 마이다스에셋자산운용 대표는 "미국 기준금리가 중립금리에 근접하면서 미국 10년물 장기 금리가 오히려 하락했고 신흥국 통화가치도 안정적이었다"며 "주변 지표를 종합적으로 고려할 때 한국 증시도 당분간 안정적인 흐름이 예상된다"고 밝혔다. 미국 금리 인상에도 불구하고 달러 강세 압력 역시 크지 않았다. 달러원 환율도 이날 2.8원 내린 1,112.5원에 마감하며 안정적 흐름을 보였다. OOO 하나금융투자 연구위원은 "지리멸렬했던 3분기와 달리 4분기에는 강달러 압력 완화, 신흥국 내 한국 증시의 탄탄한 기초체력 등이 부각될 것"이라며 "글로벌 위험자산 선호 재개와 함께 국내 증시의 외국인 수급 환경이 개선될 전망"이라고 판단했다. 이날 선물 시장에서 외국인은 코스피200 선물을 9,929계약(8,243억원) 대량 순매수했다. 추석 전 선물 시장에서 일별 외국인 선물 매매가 매수와 매도를 반복하는 지그재그 형태였다면 이날은 선물 매수가 강하게 유입됐다. OOO NH투자증권 투자전략2팀장은 "추석 전 한국 증시에 대한 눈치보기 흐름이 계속되다 미국 기준금리 인상이 확정되자 강한 매수세가 유입된 것"이라며 "코스피 200 선물 지수가 300포인트라는 기준선을 돌파하면서 기술적인 매수가 나타난 것도 있다"고 설명했다. 코스피 현물 시장에서 삼성전자는 0.21% 상승에 그쳤고 SK하이닉스는 2.22% 하락, 셀트리온도 0.5% 하락 마감했다. 시가총액 상위주의 약세에 코스피 200지수는 약세를 보인 반면 외국인 선물 매수에 선물이 상승하자 베이시스(선물과 현물의 가격차)가 강세였다. 베이시스 강세에 차익거래(선현물 가격차를

이용한 거래)가 활발하게 이뤄지면서 외국인의 현선물 매수가 동시에 유입됐다. 미국 금리 인상에도 위험자산 선호 현상이 뚜렷했다. OOO 삼성증권 투자전략팀장은 "신흥국 통화가치 불안과 미중 무역 분쟁 등이 진정되기 시작하면서 글로벌 금융시장의 위험회피 흐름이 국면 전환을 시도하고 있다"며 "3분기 실적 시즌에 삼성전자가 사상 최대 실적을 발표하면 비관론자들은 둔화되고 10월 코스피도 반등을 이어갈 것"이라고 예상했다.

중립금리는 경제가 인플레이션이나 디플레이션 압력이 없는 잠재성장률 수준을 유지할 수 있도록 하는 이론적 금리이다. 중립금리 수준이 어느 정도가 적정한가에 따라 미래를 판단하는 기준이 다르게 된다. 9월 27일 추석이라는 긴 연휴 이후 첫 거래일에 '금리 인상'이라는 이벤트가 확정되고 '불확실성 제거'라는 감각으로 베이시스 강세에 외국인이 현선물을 각각 2,283억, 8,243억 강하게 순매수했고, 그 동안 파생시장에서 강력한 저항대로 작동했던 300.00을 돌파한 뒤 303.70까지 상승하자, 9월말 기준으로 추세 상승장세가 전개될 것이라는 등 시장을 긍정적으로

도표 11-18 **선물지수 동향**

날짜	지수	전일대비	등락률	외국인	개인	거래종합	금융투자	투신	사모	은행	보험	기타금융	연기금	국가지방	기타
2018/10/04	291.87 ▼	4.66	-1.57	-9,226	3,155	5,695	4,332	1,244	0	107	10	53	-82	0	415
2018/10/02	296.53 ▼	3.64	-1.21	-4,919	4,261	901	1,932	-631	0	-145	-7	-7	-240	0	-244
2018/10/01	300.17 ▼	0.34	-0.11	-3,836	1,572	2,144	1,199	910	0	42	-139	0	131	0	121
2018/09/28	300.51 ▼	2.08	-0.69	-829	-157	829	1,773	-1,104	0	126	99	-0	-65	0	157
2018/09/27	302.59 ▲	1.78	0.59	8,243	-3,775	-4,480	-4,600	194	0	44	33	11	-163	0	13
2018/09/21	300.81 ▲	1.77	0.59	-16	710	-736	-255	-310	0	68	-47	-3	-189	0	43
2018/09/20	299.04 ▲	2.40	0.81	4,594	-1,484	-2,991	-3,045	421	0	-106	208	-7	-460	0	-119
2018/09/19	296.64 ▲	0.54	0.18	-3,704	532	3,791	4,779	-1,167	0	12	-39	16	191	0	-619
2018/09/18	296.10 ▲	0.87	0.29	6,399	-3,433	-2,844	-3,513	1,321	0	-14	-71	-15	-551	0	-113
2018/09/17	295.23 ▼	2.06	-0.69	-5,258	2,009	2,339	3,066	-1,468	0	35	-52	-16	774	0	910
2018/09/14	297.29 ▲	4.87	1.67	3,325	-843	-1,063	-2,302	1,843	0	77	292	16	-989	0	-1,419
2018/09/13	292.42 ▲	0.07	0.02	1,950	-496	-1,856	-351	-246	0	97	-101	4	-1,259	0	402
2018/09/12	292.35 ▼	0.11	-0.04	821	-10	-913	-918	749	0	54	-40	-12	-745	0	102
2018/09/11	292.46 ▼	1.24	-0.42	-1,255	-238	1,649	3,152	-1,061	0	7	-208	0	-241	0	-155
2018/09/20	293.70 ▲	0.84	0.29	2,984	-9	-2,686	-3,025	-158	0	10	-127	7	607	0	-289
2018/09/07	292.86 ▼	1.42	-0.48	1,772	-2,330	628	350	771	0	96	-88	4	-506	0	-70
2018/09/06	294.28 ▼	0.68	-0.23	302	1,365	-1,859	-2,542	658	0	-22	1	-4	51	0	172
2018/09/05	294.96 ▼	3.84	-1.29	1,688	-937	-1,189	2,198	-3,327	0	-10	-138	73	16	0	439
2018/09/04	298.80 ▲	1.31	0.44	1,924	-1,140	-532	-1,687	1,368	0	-112	82	5	-188	0	-253
2018/09/03	297.49 ▼	2.58	-0.86	-1,645	962	548	2,216	-1,352	0	16	33	-4	-361	0	134
2018/08/31	300.07 ▲	2.02	0.68	730	-381	-108	-1,500	1,014	0	-4	361	-0	21	0	-241

본다는 코멘트가 줄을 잇기 시작했다.

　그러나 전망은 말 그대로 전망일 뿐이다. 실전에서는 2018년 9월 27일이 현선물에서 강한 매수로 단기 고점을 형성하는 날이 되었고, 그 날부터 강력한 매수세가 매도세로 스위칭되면서 급락파동의 중요한 변곡점으로 작용했다. 10월을 대세 상승장세로 전망했더라도 그 다음 날인 2018년 9월 28일부터 현선물의 매도 변화가 일어나서 강력하게 지지해야 하는 자리 300이 붕괴되는 상황에서는 상승장세로 판단한 것을 시장근본주의 감각으로 실전에서 수정하면서 시장에 흐름에 맞추는 감각이 필요했던 것이다.

　필자가 이 당시 삼성전자-SK하이닉스의 매매추이를 고려했을 때 9월 13일부터 28일까지 외국인의 삼성전자 매수가 폭탄제조용일 가능성이 있다는 분석을 해드렸던 이유는 다음과 같다. 현물시장만 봤을 땐 삼성전자가 순매수로 보이지만, 파생시장에서 미결제 약정이 늘어나는걸 고려하면 보이지 않는 연결고리에서는 '삼성전자 순매수+선물 순매도' 같은 합성 매매 포지션이 증가하고 있을 수 있다는

도표 11-19 **종합지수 동향**

날짜	지수	전일대비	등락률	외국인	개인	기관종합	금융투자	투신	사모	은행	보험	기타금융	연기금	국가지방	기타
2018/10/04	2,274.49 ▼	35.09	-1.52	-5,294	5,811	-602	1,681	-233	-977	-202	-249	-11	-431	-180	85
2018/10/02	2,309.57 ▼	29.31	-1.25	-2,411	3,089	-849	415	-374	-562	-2	64	-24	-429	63	171
2018/10/01	2,338.88 ▼	4.19	-0.18	-541	1,242	-877	-750	369	-170	-28	-39	-8	232	-484	176
2018/09/28	2,343.07 ▼	12.36	-0.52	-2,249	1,305	648	2,411	-144	-198	-99	-239	1	-382	-701	297
2018/09/27	2,355.43 ▲	16.26	0.70	2,283	-1,362	-1,298	-484	-303	-68	-14	-409	23	5	-48	376
2018/09/21	2,339.17 ▲	15.72	0.68	8,233	-2,021	-771	375	502	856	-33	-3,308	7	482	347	-5,441
2018/09/20	2,323.45 ▲	14.99	0.65	2,929	-4,134	998	-610	89	411	-36	-96	-47	318	969	207
2018/09/19	2,308.46 ▼	0.52	-0.02	3,865	-1,095	137	86	-301	252	-6	-72	20	306	-149	-2,908
2018/09/18	2,308.98 ▲	5.97	0.26	-829	-475	996	641	-235	15	-19	-195	-22	276	533	308
2018/09/17	2,303.01 ▼	15.24	-0.66	1,755	690	-2,741	-1,883	-44	-154	-24	-6	2	325	-957	295
2018/09/14	2,318.25 ▲	32.02	1.40	2,036	-4,803	2,713	58	36	1,197	25	-10	31	-154	1,532	84
2018/09/13	2,286.23 ▲	3.31	0.14	-2,690	388	1,987	4,734	-256	341	-51	112	29	-191	-2,731	315
2018/09/12	2,282.92 ▼	0.28	-0.01	-4,152	1,840	1,988	2,234	-278	-50	-63	-404	-0	116	431	324
2018/09/11	2,283.20 ▼	5.46	-0.24	-1,891	1,923	-430	415	-238	-176	-35	-273	-36	118	-206	398
2018/09/10	2,288.66 ▲	7.08	0.31	1,211	-412	-1,239	-787	360	327	-86	-158	-21	22	-898	440
2018/09/07	2,281.58 ▼	6.03	-0.26	-7,719	2,196	5,057	4,006	-24	370	-62	-22	10	117	662	466
2018/09/06	2,287.61 ▼	4.16	-0.18	-2,933	1,148	1,134	775	-280	117	-16	104	-43	68	407	651
2018/09/05	2,291.77 ▼	23.95	-1.03	-971	2,473	-1,967	-860	-338	-514	25	-250	-40	122	-113	465
2018/09/04	2,315.72 ▲	8.69	0.38	219	-340	-133	-483	-94	215	8	-103	-4	41	295	254
2018/09/03	2,307.03 ▼	15.85	-0.68	-2,173	2,376	-727	85	-242	-584	-59	-127	-16	152	83	524
2018/08/31	2,322.88 ▲	15.53	0.67	3,957	-1,687	-2,543	-2,068	-26	-93	49	-15	-25	44	-510	363

의심이 들었고, 어느 기점부터 이것이 청산되는 과정에서는 '삼성전자 순매도+선물 환매수'가 시차를 두고 전개되면서 시장을 급락시키는 원동력이 될 수 있겠다고 예상했기 때문이었다. 이처럼 주체별 매매 동향 분석 때는 늘 파생시장과 보이지 않는 연결고리는 없는지 체크해야 한다는 점을 강조한다.

〈도표 11-19〉의 데이터 수치 흐름을 보면 2018년 9월 27일을 기점으로 바람의 방향이 바뀌었다는 것을 누구나 파악할 수 있다. 실전에는 예상하는 것보다 이런 추세적 흐름을 찾아내는 것이 훨씬 중요하다. 시장근본주의자라면 우선 외국인의 삼성전자와 SK하이닉스 순매수가 순매도로 스위칭되는 패턴이 나타난 것을 찾아내야 한다. 다음으로 2018년 10월 5일 삼성전자 3/4분기 실적발표라는 이벤트가 있고, 이미 시장은 17조라는 사상최대 영업이익이 나올 것이라 예상하고 있는 상황임에도 불구하고 외국인이 순매도로 전환했다는 점을 눈여겨봐야 한다.

마지막으로 외국인이 삼성전자 순매수 중에도 SK하이닉스는 9월 21~28일 중

도표 11-20 삼성전자-SK하이닉스-셀트리온 수급

§ 삼성전자/SK하이닉스/셀트리온 수급

005930 삼성전자 KOSPI200
현재가 44,700 ▼ 1,000 (-2.19 %)
거래량(전일) 11,865,327 (6,607,188)
일별종합 그래프 ○매도 ○매수 ⊙순매수 수정주가

일자	종가	전일대비	거래량	외국인	개인	기관종합
2018/10/04	44,700	▼ 1,000	11,865,327	-1,955	1,360	601
2018/10/02	45,700	▼ 650	6,607,188	-63	267	-208
2018/10/01	46,350	▼ 100	6,354,983	189	172	-374
2018/09/28	46,450	▼ 1,050	11,270,515	-709	288	432
2018/09/27	47,500	▲ 100	15,804,586	946	-340	-595
2018/09/21	47,400	▲ 150	14,476,906	361	-353	7
2018/09/20	47,250	▲ 1,100	13,536,966	2,352	-2,189	-145
2018/09/19	46,150	▲ 650	9,367,454	1,016	-839	-175
2018/09/18	45,500	▲ 350	9,987,090	478	-410	-68
2018/09/17	45,150	▼ 700	8,123,384	300	541	-861
2018/09/14	45,850	▲ 1,800	12,446,344	1,215	-1,463	262
2018/09/13	44,050	▼ 500	18,277,942	-3,059	1,790	1,270
2018/09/12	44,550	▼ 500	12,995,269	-1,579	1,003	571
2018/09/11	45,050	▼ 450	9,865,790	-123	191	-85
2018/09/10	45,500	▲ 600	9,979,838	783	-110	-663
2018/09/07	44,900	▼ 1,200	18,285,508	-3,517	2,659	845
2018/09/06	46,100	▼ 500	9,040,553	-608	472	119
2018/09/05	46,600	▼ 1,050	9,139,998	1	556	-560
2018/09/04	47,650	▲ 200	6,791,255	225	2	-234
2018/09/03	47,450	▼ 1,000	8,595,084	-830	555	280
2018/08/31	48,450	▲ 800	13,577,454	1,571	-1,433	-120

SK하이닉스 KOSPI200
70,000 ▼ 1,700 (-2.37 %)
5,778,810 (4,089,558)
그래프 ○매도 ○매수 ⊙순매수 수정주가

일자	종가	전일대비	거래량	외국인	개인	기관종합
2018/10/04	70,000	▼ 1,700	5,778,810	-807	696	92
2018/10/02	71,700	▼ 2,000	4,089,558	-582	788	-208
2018/10/01	73,700	▲ 600	2,970,456	1	50	-54
2018/09/28	73,100	▼ 1,900	5,824,873	-1,162	928	-38
2018/09/27	75,000	▼ 1,700	5,841,083	-1,184	1,020	-371
2018/09/21	76,700	▼ 2,400	5,678,068	-1,241	1,141	-529
2018/09/20	79,100	▲ 300	3,392,490	33	-414	178
2018/09/19	78,800	▲ 800	2,912,259	214	-322	-115
2018/09/18	78,000	▲ 800	2,450,163	89	-275	-49
2018/09/17	77,200	▼ 500	2,252,063	11	-50	-154
2018/09/14	77,700	▲ 3,200	4,124,842	183	-759	427
2018/09/13	74,500	▼ 600	5,257,563	-579	532	-250
2018/09/12	75,100	▼ 1,500	4,330,147	-684	702	-423
2018/09/11	76,600	▲ 100	3,197,796	94	-121	-272
2018/09/10	76,500	▲ 600	4,167,711	12	-93	-337
2018/09/07	75,900	▼ 2,900	8,388,278	-3,169	2,013	630
2018/09/06	78,800	▼ 1,200	4,516,654	-1,238	710	44
2018/09/05	80,000	▼ 1,200	2,627,619	-355	257	-240
2018/09/04	81,200	▲ 600	1,903,734	-267	-26	-12
2018/09/03	80,600	▼ 2,400	2,618,619	-374	371	-489
2018/08/31	83,000	▲ 300	2,303,812	136	-128	-304

셀트리온 KOSPI200
290,500 ▲ 2,000 (0.69 %)
524,493 (510,415)
그래프 ○매도 ○매수 ⊙순매수 수정주가

일자	종가	전일대비	거래량	외국인	개인	기관종합
2018/10/04	290,500	▲ 2,000	524,493	47	-65	14
2018/10/02	288,500	▼ 3,500	510,415	37	30	-69
2018/10/01	292,000	▼ 5,000	649,784	1	370	-374
2018/09/28	297,000	▼ 4,000	598,765	-118	153	-34
2018/09/27	301,000	▼ 1,500	540,299	-51	106	-54
2018/09/21	302,500	▲ 6,000	594,778	408	-382	-31
2018/09/20	296,500	▼ 9,500	1,116,872	299	-84	-204
2018/09/19	306,000	▲ 5,500	864,191	798	-740	-58
2018/09/18	300,500	▼ 2,000	921,764	-450	419	32
2018/09/17	302,500	▲ 11,500	1,213,131	1,283	-1,245	-38
2018/09/14	291,000	▼ 2,500	719,514	-17	11	9
2018/09/13	293,500	▲ 8,500	1,055,425	372	-817	453
2018/09/12	285,000	▲ 10,500	1,043,369	186	-1,051	916
2018/09/11	274,500	▲ 500	372,818	-140	-10	147
2018/09/10	274,000	▼ 5,500	429,018	-341	394	-63
2018/09/07	279,500	▲ 2,000	406,385	161	-330	170
2018/09/06	277,500	▲ 3,000	447,961	199	-289	93
2018/09/05	274,500	▼ 5,500	633,526	-43	144	-101
2018/09/04	280,000	▲ 13,000	994,506	717	-1,059	347
2018/09/03	267,000	▼ 3,000	484,299	-152	180	-36
2018/08/31	270,000	▲ 3,500	671,899	-157	227	-77

일평균 1,000억대를 순매도하는 흐름이 이상함을 감지하고 상승가능성을 예상한 시장의 분석들을 의심해보아야 한다. 추가적으로 같은 기간 시가총액 1-2-3위 종목들의 매매 동향을 데이터상으로 보면 〈도표 11-20〉과 같다.

여기서 각별히 조심해야 할 부분이 있다. 베이시스가 플러스를 유지한다고 해

도표 11-21 **선물지수 동향**

일자	종가	대비	시가	고가	저가	미결증감	미결제	BASIS	거래량	거래대금(억)	평균단가
2018/10/05	291.90 ▼	0.65	292.20	293.35	290.30	-356	303,003	0.62	303,146	221,285	291.99
2018/10/04	292.55 ▼	5.05	297.60	297.75	292.15	13,758	303,359	0.77	298,116	219,108	293.99
2018/10/02	297.60 ▼	3.45	300.70	301.80	297.25	392	289,601	1.07	235,777	176,593	299.59
2018/10/01	301.05 ▼	0.55	302.10	302.70	300.05	1,432	289,209	0.88	201,506	151,725	301.18
2018/09/28	301.60 ▼	1.55	303.30	303.60	301.20	-3,855	287,777	1.09	181,564	137,221	302.31
2018/09/27	303.15 ▲	2.15	300.05	303.70	300.00	4,324	291,632	0.56	213,274	161,214	302.36
2018/09/21	301.00 ▲	1.35	300.45	301.35	299.40	-3,062	287,308	0.19	203,338	152,595	300.18
2018/09/20	299.65 ▲	2.60	297.75	300.85	297.35	5,365	290,370	0.61	234,582	175,557	299.35
2018/09/19	297.05 ▲	0.20	297.90	297.95	295.75	-794	285,005	0.41	181,930	134,912	296.62
2018/09/18	296.85 ▲	1.60	293.65	296.95	293.20	1,784	285,799	0.75	217,883	160,979	295.53
2018/09/17	295.25 ▼	2.80	297.00	297.10	294.55	-1,988	284,015	0.02	151,404	111,905	295.65
2018/09/14	298.05 ▲	4.80	295.45	298.15	295.30	7,745	286,003	0.76	242,623	180,297	297.25
2018/09/13	293.25 ▲	0.35	293.15	293.80	292.40	29,642	278,258	0.83	99,673	73,046	293.14
2018/09/12	292.90 ▲	0.10	293.10	293.60	291.35	53,473	248,616	0.55	53,433	39,083	292.58
2018/09/11	292.80 ▼	1.20	293.55	295.05	292.00	75,438	195,143	0.34	41,113	30,173	293.56
2018/09/10	294.00 ▲	0.60	292.60	294.45	292.60	51,452	119,705	0.30	28,529	20,937	293.55
2018/09/07	293.40 ▼	1.30	293.00	294.25	291.05	6,017	68,253	0.54	10,259	7,509	292.77
2018/09/06	294.70 ▼	0.30	294.70	296.10	294.10	1,355	62,236	0.42	4,827	3,560	295.00
2018/09/05	295.00 ▼	4.25	298.15	298.70	294.80	70	60,881	0.04	4,855	3,607	297.16
2018/09/04	299.25 ▲	1.40	298.00	299.45	297.25	2,670	60,811	0.45	3,206	2,389	298.06

도표 11-22 **3대지표**

서 지속적으로 상승한다고 착각하면 안 된다. 플러스 베이시스 속에서도 시장을 급락시킬 수 있다는 점을 잘 유념하는 가운데 미결제약정, '삼성전자＋SK하이닉스'의 외국인 매매 흐름이 추세적으로 어떻게 이어지는지 같이 분석하는 것이 더 중요하다.

실제로 주식시장은 9월 27일 기점으로 고점을 형성한 뒤, 180도 완전히 반대되는 하락에너지가 시장을 지배했고, 10월 5일에 삼성전자가 실제 영업이익을 17조라 발표함에도 불구하고 4/4분기 반도체발 경기 하강론이 대두되면서 급락장세를 연출했다. 완전하게 9월 27일 기준으로 180도 시장의 흐름이 바뀌었다는 것이다.

오히려 이론적으로 근월물 선물의 움직임과 기초자산인 코스피200현물의 오차인 베이시스가 플러스 또는 마이너스인지 체크하는 것보다, 이것이 벌어지는지 좁아지는지의 추세적 변화를 관찰하고, 동시에 그 시점에 방향성이 우상향 에너지인지 우하향 에너지인지 체크하는 것이 중요하다.

베이시스가 확대되는 패턴인데 실제 흐름이 〈도표 11-23〉과 같이 전개될 수 있다는 것을 유념하자.

반대 현상도 가능한데 베이시스가 축소되는 패턴이 다음과 같이 전개될 수 있다.

도표 11-23 베이시스 확대

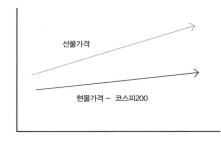

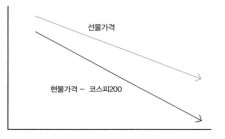

도표 11-24 **베이시스 축소**

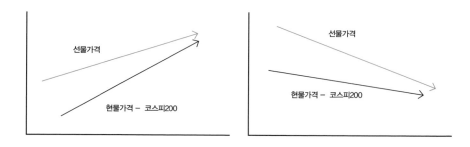

　여기서 핵심은 베이시스 확대-축소되는 과정에서 추세적 방향성이 어떻게 전개되는가 하는 부분과, 기초자산인 코스피200종목 전체의 구성비율과 시가총액 상위 종목의 그것이 어떻게 미세하게 변화하는가 하는 부분을 추적해야 한다는 점이다.

도표 11-25 **시가상위종목**

순위		종목명	현재가	전일대비		등락률(	거래량	주식수(천주)	시가총액	비중
	시장 KOSPI200 ▼ 자료일자					(상위300개) ※실시간 無 (단위: 백만원,%)				
1	신	삼성전자	44,700			0.00%	10,544,165	6,419,325	286,943,814	21.8
2	신	SK하이닉스	70,300	▲	300	0.43%	5,508,014	728,002	51,178,566	3.90
3	신	셀트리온	289,000	▼	1,500	0.52%	555,108	125,396	36,239,416	2.76
4	중	삼성바이오로직	508,000	▼	18,000	3.42%	180,350	66,165	33,611,820	2.56
5	신	현대차	124,500			0.00%	284,015	213,668	26,601,689	2.03
6	신	POSCO	279,000	▲	4,500	1.64%	381,610	87,187	24,325,127	1.85
7	신	삼성물산	125,000	▲	500	0.40%	420,125	189,690	23,711,255	1.81
8	신	KB금융	56,200	▲	100	0.18%	1,243,141	418,112	23,497,868	1.79
9	신	NAVER	704,000	▲	9,000	1.29%	85,596	32,963	23,205,726	1.77
10	신	LG화학	324,000	▼	5,500	1.67%	365,895	70,592	22,871,919	1.74
11	신	SK텔레콤	281,000	▼	1,500	0.54%	130,994	80,746	22,689,545	1.73
12	신	신한지주	45,850	▼	50	0.11%	979,801	474,200	21,742,051	1.66
13	신	SK이노베이션	224,000	▲	1,000	0.45%	195,271	92,466	20,712,286	1.58
14	신	SK	290,500	▲	7,500	2.65%	163,318	70,360	20,439,666	1.56
15	신	현대모비스	208,500	▼	1,000	0.48%	142,461	97,344	20,296,195	1.55
16	신	삼성생명	96,900	▲	400	0.41%	343,248	200,000	19,380,000	1.48
17	신	LG생활건강	1,191,000	▼	6,000	0.50%	74,437	15,618	18,601,273	1.42
18	신	한국전력	27,150	▼	300	1.09%	1,451,672	641,964	17,429,325	1.33
19	신	삼성에스디에스	221,000	▼	1,500	0.67%	85,644	77,378	17,100,494	1.30
20	신	삼성SDI	237,000	▼	7,000	2.87%	595,906	68,765	16,297,194	1.24

시가총액 상위 1~20위 구성종목을 체크하고 1-2등인 삼성전자-SK하이닉스가 코스피 200종목 전체에서 몇 %의 비중을 차지하고 있는지 반드시 숙지해두자. 일반적으로 바스켓 설정 시 15~20개 종목 중심으로 구성하는데, 시가상위 1~20개 종목으로 구성할 경우 일일 변동성 속에 코스피200대비 삼성전자, 코스피200대비 삼성전자+SK하이닉스의 흐름을 따라가면서 시장의 에너지를 꼼꼼하게 체크하는 것이다.

　　시소의 한 쪽에 삼성전자를 놓았다 가정하고 그 반대 쪽에 삼성전자의 코스피 200지수의 기여도를 감안했을 때 균형을 맞추려면 몇 개의 종목이 필요한지 체크해보자. 이 과정을 반복하다 보면 시장의 흐름을 읽는 직관이 생길 수 있다. 이것을 그림으로 표현하면 〈도표 11-26〉과 같다.

도표 11-26 **삼성전자**

　　코스피 200종목 전체 대비 삼성전자 한 종목이 2018년 10월 5일 기준 데이터로 21.8%를 차지하고 있다. 이것과 균형을 맞추려면 SK하이닉스에서 SK텔레콤까지 총 10개 종목이 있어야 한다. '삼성전자+SK하이닉스' 2개 종목의 경우는 코스피 200종목 전체 대비 비중이 25.7%이고, 이것과 균형을 맞추려면 셀트리온에서 삼성생명까지 총 14개 종목이 있어야 한다.

도표 11-27 삼성전자-SK하이닉스

삼성전자 21.8%
Sk하이닉스 3.9%
총 25.7%

셀트리온 2.76%
삼성생명 1.48%
총 25.87%
14개 종목

개인적으로는 시소 분석으로부터 아이디어를 얻어서 삼성전자만 제외한 코스피 200지수, '삼성전자+SK하이닉스'만 제외한 코스피 200지수를 만들어서 추세적 에너지를 체크해보면서 투자판단에 기준으로 삼는다.

여기서 한단계 더 아이디어를 발휘해 삼성전자-SK하이닉스와 코스피지수의 방향성을 〈도표 11-29〉와 〈도표 11-30〉처럼 시스템 구조화시켜보자.

도표 11-28 '삼성전자+SK하이닉스' 제외 코스피 200 지수

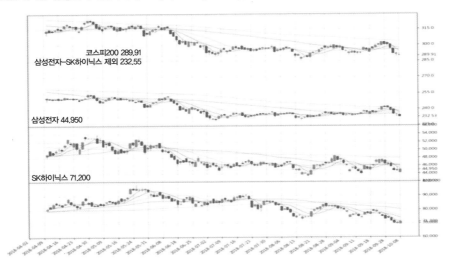

도표 11-29 **종합지수 – 삼성전자 – SK하이닉스**

종합지수	상승	하락
삼성전자	상승	하락
SK하이닉스	상승	하락

도표 11-30 **삼성전자 – SK하이닉스**

	SK하이닉스 +	SK하이닉스 −
삼성전자 +	삼성전자 상승 SK하이닉스 상승	삼성전자 상승 SK하이닉스 하락
삼성전자 −	삼성전자 하락 SK하이닉스 상승	삼성전자 하락 SK하이닉스 하락

가장 강한 시스템 구조는 코스피지수 상승-삼성전자 상승-SK하이닉스 상승이다. 가장 약한 구조는 코스피지수 하락-삼성전자 하락-SK하이닉스 하락이다. 이런 식으로 매일 구조화시켜서, 가령 삼성전자는 상승하는데 SK하이닉스는 하락하는 양상을 보이면 코스피200에 대한 기여도를 측정해서 코스피지수 상단 또는 하단 가능성 위치를 파악하는 수치훈련을 해본다. 그리고 익숙해지면 시가상위 10-20개종목으로 대상을 확장해 매일 빅데이터화해서 변동성 감각을 익혀본다.

그런데 위 코스피지수-삼성전자-SK하이닉스의 조합이 어떤 세상을 만들어내는지 보면 단순하지 않다는 것을 알 수 있다. 시장은 상승 아니면 하락한다는 단순한 구조이지만 그 속에는 수많은 세분화된 종목의 상승-하락 에너지가 충돌하고 있다. 코스피200지수에서 비중이 가장 높은 삼성전자-SK하이닉스의 움직임을 4가지 조합으로 구조화하면 다음과 같다.

코스피지수를 전체집합으로 봤을 때 삼성전자-SK하이닉스는 영향력이 큰 부분집합이라고 볼 수 있다. 하나의 빛이 스펙트럼을 통과하면 빨주노초파남보의 7가지 무지개 색깔로 나타나듯이, 전체집합인 코스피지수의 상승 또는 하락 움직임 속에 부분집합인 구성종목들의 상승 또는 하락 에너지가 어떻게 조합을 이루고 진행되는가 동태적으로 추적하는 일은 실제 시장의 기상도를 읽는 데 필요하고, 이를 통해 실전투자의 감각을 형성할 수 있게 된다.

언뜻 읽어보면 개념이 잘 이해가 안 갈 수 있지만 〈도표 11-31〉을 통해 직관을

도표 11-31 **종합지수-삼성전자-SK하이닉스**

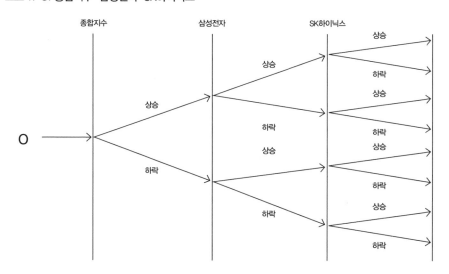

얻길 바란다.

하나의 에너지가 코스피지수-삼성전자-SK하이닉스와 같은 스펙트럼을 통과하면서 결과적으로 8개의 세상으로 세분화되는 것을 체크할 수 있다. 파생시장에서 선물-옵션 매매를 하려면 이렇게 세분화된 시장의 에너지도 수치화시키고, 직관적으로 그 에너지의 총량을 계산해내야 한다.

〈도표 11-31〉은 의사결정나무 형태로도 볼 수 있는데, 시가상위 종목중심으로 매매하는 투자자들은 매일 위 그림 중 어느 세상에서 그날의 기상도가 형성되는지 체크하고, 이것과 그 외 시가상위종목 20개 또는 30개의 상승-하락 에너지도 체크해보면서 전체 코스피 200종목의 에너지 총합을 유추 해석해봐야 한다.

추가적으로 〈도표 11-32〉와 같이 SK하이닉스와 액면분할 후 삼성전자 가격의 스프레드를 점검하는 일도 전체 시장의 흐름을 판단하는 데 도움이 된다.

대한민국 증시에서는 미국과 중국시장의 움직임을 실제 시장이 어떻게 반영하

도표 11-32 삼성전자-SK하이닉스 스프레드

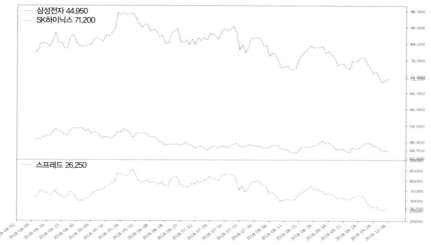

고 그 과정에서 삼성전자-SK하이닉스 2종목 중심으로 매수 또는 매도 에너지를 작동 시키는지 추적하는 것이 중요하다.

호재가 나와도 그 시점에 시세를 갭상승시킨 후 죽이기 위해 삼성전자-SK하이닉스를 이용하거나, 반대로 악재가 나와도 갭하락시킨 후 삼성전자-SK하이닉스를 상승시키는 바스켓 매매를 자주 사용한다. 그 에너지를 만드는 주체인 외국인과 기관투자자들이 패시브전략에 의한 롱-숏 플레이로 시장의 흐름을 결정하기 때문이다.

예를 들어 2018년 10월 5일 삼성전자 영업이익 17조 실적을 발표했음에도 불구하고 외국인 중심의 매도 에너지가 시장을 지배하고, 공매도 세력이 매수 에너지를 능가하면서 시장 분위기를 3/4분기 실적보다는 앞으로 전개될 반도체 실적이 하향세를 나타낼 것이라는 시장컨센서스로 유도하면서 시장의 흐름을 하락세로 전개시킨 것을 경험했다.

이처럼 매일 나오는 이벤트가 시가상위 1-2등 종목인 삼성전자-SK하이닉스의 흐름을 어떻게 전개시키는지 파악하는 것이 시장의 기상도를 측정하는 기준이 된다. 즉 그날 파생시장의 움직임이 기초자산인 코스피200의 상단과 하단이 어디인지 결정하고, 그 에너지에 따라 개별종목들의 시세 흐름도 영향받고 있다.

꼬리가 몸통을 흔드는 장세 같이 파생시장의 에너지가 전체 시장의 상황을 결정하는 패턴이 고착화되고 있기 때문에 이 부분을 읽는 시스템 구조를 만들어야 시장의 물줄기를 파악할 수 있다. 눈에 보이는 것보다 보이지 않는 에너지를 파생시장을 통해서 파악할 수 있는 것이다.

2018년 9월 13일부터 외국인의 삼성전자 순매수가 9월 27일까지 전개되는 상황에서 SK하이닉스는 하루 1,000억대 매도 에너지가 나왔다. 그렇다면 같은 IT 대장주에 대한 시각이 다른 것인지 의심하고, 삼성전자 순매수 뒤에 선물 매도 에너지와 합성된 그림자 매매는 없는지 파악하고, 동시에 미결제약정이 증가 또는 감소

도표 11-33 삼성전자-SK하이닉스-셀트리온 수급

일자	종가	전일대비	거래량	외국인	개인	기관종합	종가	전일대비	거래량	외국인	개인	기관종합
2018/10/05	44,700	0	10,544,165	-1,081	906	187	70,300 ▲	300	5,508,014	102	-236	135
2018/10/04	44,700 ▼	1,000	11,865,327	-1,955	1,360	601	70,000 ▼	1,700	5,778,810	-807	696	92
2018/10/02	45,700 ▼	650	6,607,188	-63	267	-208	71,700 ▼	2,000	4,089,558	-582	788	-208
2018/10/01	46,350 ▼	100	6,354,983	189	172	-374	73,700 ▲	600	2,970,456	1	50	-54
2018/09/28	46,450 ▼	1,050	11,270,515	-709	298	432	73,100 ▼	1,900	5,824,873	-1,152	928	-38
2018/09/27	47,500 ▲	100	15,804,586	946	-340	-595	75,000 ▼	1,700	5,841,083	-1,184	1,020	-371
2018/09/21	47,400 ▲	150	14,475,906	361	-353	7	76,700 ▼	2,400	5,678,068	-1,241	1,141	-529
2018/09/20	47,250 ▲	1,100	13,536,966	2,352	-2,189	-145	79,100 ▼	300	3,392,490	33	-414	178
2018/09/19	46,150 ▲	650	9,367,454	1,016	-839	-175	78,800 ▲	800	2,912,259	214	-322	-115
2018/09/18	45,500 ▲	350	9,987,090	478	-410	-68	78,000 ▲	800	2,450,163	89	-275	-49
2018/09/17	45,150 ▼	700	8,123,384	300	541	-861	77,200 ▼	500	2,252,063	11	-50	-154
2018/09/14	45,850 ▲	1,800	12,446,344	1,215	-1,463	262	77,700 ▼	3,200	4,124,842	183	-759	427
2018/09/13	44,050 ▼	500	18,277,942	-3,059	1,790	1,270	74,500 ▼	600	5,257,563	-579	532	-250
2018/09/12	44,550 ▼	500	12,995,269	-1,579	1,003	571	75,100 ▼	1,500	4,330,147	-684	702	-423
2018/09/11	45,050 ▼	450	9,865,790	-123	191	-85	76,600 ▼	100	3,197,796	94	-121	-272
2018/09/10	45,500 ▲	700	9,979,838	783	-110	-663	76,500 ▲	600	4,167,711	12	-93	-337
2018/09/07	44,900 ▼	1,200	18,285,508	-3,517	2,669	845	75,900 ▼	2,900	8,388,278	-3,169	2,013	630
2018/09/06	46,100 ▼	500	9,040,553	-608	472	119	78,800 ▼	1,200	4,516,654	-1,238	710	44
2018/09/05	46,600 ▼	1,050	9,139,998	1	556	-560	80,000 ▼	1,200	2,627,619	-355	257	-240
2018/09/04	47,650 ▲	200	6,791,255	225	2	-234	81,200 ▲	600	1,903,734	-267	-26	-12
2018/09/03	47,450 ▼	1,000	8,595,084	-830	555	280	80,600 ▼	2,400	2,618,619	-374	371	-489

도표 11-34 3대지표

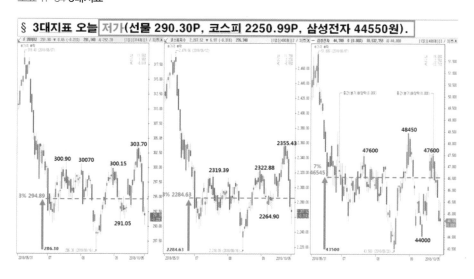

§ 3대지표 오늘 저가(선물 290.30P, 코스피 2250.99P, 삼성전자 44550원).

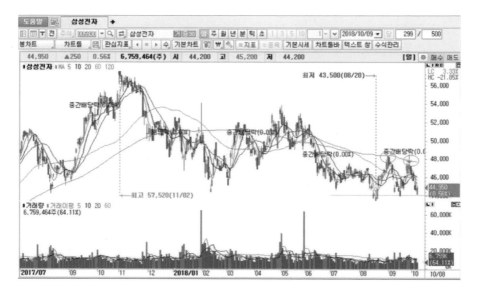

하는지 추적하는 과정이 수반되어야 한다.

　눈에 보이는 삼성전자 순매수는 나중에 시장을 급락시키는 데 사용되는 폭탄제조용일 수 있기 때문에 실전에서는 항상 체크하고 의심하고 동태적으로 점검해야 하는 것이다. 실제로 2018년 9월 13일부터 9월 27일까지 삼성전자 순매수 에너지가 추세적으로 나오면서 선물지수는 291.00에서 303.70까지 상승추세가 이어지다가 9월 28일 기점부터 삼성전자가 순매도로 스위칭되면서 시장을 급락시키는 모습이 전개되었다.

　이렇게 대표적인 삼성전자-SK하이닉스의 일중 방향성과 변동성 에너지를 측정하면서 그것이 선물지수 변동성에 어느 정도 영향을 미치는지 통계학적으로 추적하는 훈련을 해본다. 더 나아가 시가상위종목을 중심으로 이 훈련을 확대해서 코스피지수에 대한 상승 또는 하락 기여도를 다음과 같이 체크해서 기록해본다.

도표 11-36 코스피지수 영향순위

종목명	현재가	전일대비	등락률(%)	거래량	지수영향(%)	지수영향	기여도(%)
SK	290,500 ▲	7,500	2.65	163,318	0.3044	0.7858	0.0105
POSCO	279,000 ▲	4,500	1.64	371,283	0.3622	0.5842	0.0130
NAVER	704,000 ▲	9,000	1.29	85,595	0.3455	0.4417	0.0049
이마트	219,500 ▲	9,500	4.52	200,984	0.0911	0.3943	0.0042
LG전자	70,500 ▲	1,500	2.17	952,195	0.1718	0.3655	0.0244
S-Oil	136,500 ▲	2,000	1.49	269,873	0.2288	0.3353	0.0168
SK하이닉스	70,300 ▲	300	0.43	3,785,697	0.7621	0.3252	0.1084
기아차	34,200 ▲	500	1.48	934,550	0.2064	0.3018	0.0604
롯데케미칼	262,500 ▲	5,500	2.14	197,143	0.1340	0.2807	0.0051
KT&G	101,000 ▲	1,000	1.00	233,003	0.2065	0.2044	0.0204
코웨이	85,300 ▲	1,700	2.03	237,432	0.0937	0.1868	0.0110
SK텔레콤	281,000 ▲	1,500	0.54	124,418	0.3379	0.1804	0.0120
한국가스공사	62,400 ▲	1,300	2.13	285,577	0.0858	0.1787	0.0137
삼성물산	125,000 ▲	500	0.40	394,837	0.3531	0.1412	0.0282
SK이노베이션	224,000 ▲	1,000	0.45	195,266	0.3084	0.1377	0.0138
현대건설기계	136,000 ▲	9,000	7.09	167,384	0.0200	0.1324	0.0015
신세계	312,000 ▲	8,500	2.80	164,390	0.0457	0.1246	0.0015
한온시스템	12,800 ▲	150	1.19	2,217,540	0.1017	0.1192	0.0795
삼성생명	96,900 ▲	400	0.41	343,248	0.2886	0.1191	0.0298
하나금융지주	46,400 ▲	250	0.54	1,282,883	0.2074	0.1118	0.0447

도표 11-37 코스피지수 영향순위

종목명	현재가	전일대비	등락률(%)	거래량	지수영향(%)	지수영향▲	기여도(%)
삼성바이오로직스	508,000 ▼	18,000	-3.42	178,605	0.5005	-1.7734	0.0099
삼성전자우	35,850 ▼	600	-1.65	1,366,838	0.4824	-0.8073	0.1346
삼성SDI	237,000 ▼	7,000	-2.87	595,844	0.2427	-0.7168	0.0102
LG화학	324,000 ▼	5,500	-1.67	365,711	0.3406	-0.5781	0.0105
엔씨소프트	417,000 ▼	16,000	-3.70	91,380	0.1362	-0.5227	0.0033
현대건설	66,000 ▼	2,800	-4.07	1,231,225	0.1094	-0.4643	0.0166
삼성전기	135,000 ▼	3,500	-2.53	1,874,361	0.1501	-0.3893	0.0111
카카오	109,000 ▼	3,000	-2.68	479,351	0.1353	-0.3725	0.0124
한국전력	27,150 ▼	300	-1.09	1,451,636	0.2595	-0.2868	0.0956
셀트리온	289,000 ▼	1,500	-0.52	554,629	0.5396	-0.2801	0.0187
넷마블	117,500 ▼	2,000	-1.67	305,742	0.1492	-0.2539	0.0127
삼성중공업	8,100 ▼	270	-3.23	3,715,052	0.0760	-0.2533	0.0938
아모레퍼시픽	225,000 ▼	2,500	-1.10	357,340	0.1959	-0.2176	0.0087
쌍용양회	6,210 ▼	270	-4.17	1,880,474	0.0466	-0.2026	0.0750
우리은행	16,800 ▼	200	-1.18	973,080	0.1691	-0.2013	0.1007
LG유플러스	17,150 ▼	300	-1.72	1,385,805	0.1115	-0.1950	0.0650
금호석유	83,500 ▼	4,200	-4.79	283,270	0.0379	-0.1905	0.0045
LGC디스플레이	18,650 ▼	350	-1.84	1,829,825	0.0994	-0.1865	0.0533
대웅제약	175,500 ▼	10,500	-5.65	96,517	0.0303	-0.1812	0.0017
삼성에스디에스	221,000 ▼	1,500	-0.67	85,643	0.2546	-0.1728	0.0115

다음 수치는 긴 추석연휴를 마감하고 삼성전자 3/4분기 실적을 발표하는 이벤트가 있었던 2018년 10월 5일 기준 데이터로 각 종목의 코스피지수 기여도 순위를 체크한 것이다. 실제로 시장에서는 삼성전자 3/4분기 실적이 어닝서프라이즈 수준

이었지만 모건스탠리의 부정적 보고서를 비롯해 2019년 반도체 경기가 하락할 것이라는 전망이 시장을 지배하면서 IT종목에 대한 외국인의 매도공세가 지속되었다. 참고로 당시엔 3/4분기 실적이 정점이고 앞으로 이익하향추세로 인해 추세적 하락으로 전환될 것이라는 전망뿐만 아니라, 중국 푸젠진화에 대한 기술절취관련 고소 등 미중 무역분쟁이 기술전쟁으로 양상으로 확산되는 모습을 보이면서 기술주에 대한 불확실성이 극에 달하기도 했다.

10월 5일 삼성전자 3월 4분기 실적발표 이후 외국인의 삼성전자-SK하이닉스 매매추이를 보면 〈도표 11-38〉과 같다. 시장의 미세한 변화를 읽으려면 시가총액 1-2-3위 삼성전자-SK하이닉스-셀트리온의 의미있는 저점과 고점의 궤적을 추적하면서, 코스피200을 대상으로 하는 프로그램 매매와 롱-숏전략의 흐름을 읽어야 한다.

실제 데이터를 통해 보면 코스피지수는 10월 11일 의미있는 저점과 10월 30일 최

도표 11-38 **삼성전자 – SK하이닉스**

005930 [Q][관][△][-] 삼성전자		KOSPI200				[관][△][-] SK하이닉스		KOSPI200			
현재가	44,150 ▲	2,000 (	4.74 %)			72,600 ▲	4,300 (	6.30 %)			
거래량(전일)	16,517,112 (		13,423,132)			5,334,082 (		3,218,076)			
일별동향 / 그래프 ○매도 ○매수 ◉순매수 ☑수정주가						그래프 ○매도 ○매수 ◉순매수 ☑수정주가					
일자	종가	전일대비	거래량	외국인	개인	기관종합	종가	전일대비	거래량	외국인	개인	기관종합
2018/11/02	44,150 ▲	2,000	16,517,112	1,452	-1,025	-423	72,600 ▲	4,300	5,334,082	713	-1,075	395
2018/11/01	42,150 ▲	250	13,423,132	631	242	-874	68,300 ▲	100	3,218,076	231	-45	-179
2018/10/31	42,400 ▲	50	17,621,480	336	709	-1,050	68,200		5,038,931	93	387	-484
2018/10/30	42,350 ▲	950	14,205,190	-566	-577	1,138	68,200 ▲	1,400	6,101,533	-255	-520	784
2018/10/29	41,400 ▲	400	14,460,521	-751	-1,038	1,803	66,800 ▼		4,252,977	-284	-264	539
2018/10/26	41,000		14,413,864	-737	113	620	67,000 ▲	2,300	6,211,406	-26	-397	417
2018/10/25	41,000 ▲	1,550	19,338,170	-2,711	552	2,153	64,700 ▼	2,000	5,859,332	-537	114	416
2018/10/24	42,550 ▼	500	13,522,825	-1,453	-245	1,709	66,700 ▼	2,400	5,703,361	29	205	-238
2018/10/23	43,050 ▼	500	9,531,231	-558	579	-69	69,100 ▼	900	3,175,869	381	-356	-26
2018/10/22	43,550 ▼	350	8,357,648	-272	174	110	70,000 ▼	800	2,377,240	-148	117	40
2018/10/19	43,900 ▼	150	7,842,520	-560	302	254	70,800 ▲	2,100	2,688,930	160	-357	201
2018/10/18	44,050 ▼	100	8,347,725	689	-95	-601	68,700 ▼	1,700	2,849,229	-150	345	-211
2018/10/17	44,150 ▲	550	8,306,193	225	-253	34	70,400 ▲	700	2,653,053	79	-39	-40
2018/10/16	43,600 ▲	200	6,825,677	53	248	-304	69,700 ▼	600	2,211,661	-162	211	-49
2018/10/15	43,800 ▼	200	7,434,522	252	381	-638	70,300 ▼	2,100	3,727,297	-217	408	-194
2018/10/12	44,000 ▲	900	12,640,906	609	-395	-261	72,400 ▼	3,400	4,882,184	774	-676	-92
2018/10/11	43,100 ▼	2,200	19,324,537	-2,707	1,754	938	69,000 ▼	1,300	4,936,490	349	-404	65
2018/10/10	45,300 ▲	350	10,341,349	165	-517	366	70,300 ▼	900	4,161,114	-467	258	203
2018/10/08	44,950 ▲	250	6,759,464	-41	-74	116	71,200 ▲	900	2,856,291	302	-312	5
2018/10/05	44,700		10,544,165	-1,081	906	187	70,300 ▲	300	5,508,014	102	-236	135
2018/10/04	44,700 ▼	1,000	11,865,327	-1,955	1,360	601	70,000 ▼	1,700	5,778,810	-807	696	92

저점을 형성했지만 삼성전자-SK하이닉스는 10월 26일에 저점을 형성하면서 그 이후의 변화를 체크하는 것이 중요했다. 현물시장뿐만 아니라 선물시장에서 합성된 에너지가 어떻게 작동하고 있는지, 옵션시장에서 코스피200부근에 있는 행사가격의 변화가 어떻게 일어나는지 읽어야 시장의 변곡점을 제대로 파악할 수 있다.

2018년 2월 9일-7월 5일-8월 16일-10월 11일-10월 30일 궤적과 시가상위 종목의 위치를 비교하면서 시장의 전체와 부분 에너지가 어떻게 전개되는지 비교해보는 것에서 시장에 대한 직관을 얻을 수 있다.

즉 시장의 전체인 코스피지수의 의미있는 저점과 고점의 궤적 속에 삼성전자-SK하이닉스의 흐름과 비교해보고, 동시에 외국인-기관 등 주요 주체들의 매매 흐름도 같이 비교해보면서, 현재 보이는 것과 보이지 않는 것이 뒤에서 어떻게 형성되고 작동하는지 체크하는 방법을 파생시장에서 대차거래-공매도-미결제약정-베이시스 등의 흐름에서 읽어내는 데서 찾을 수 있다.

도표 11-39 **종합지수**

도표 11-40 삼성전자

도표 11-41 SK하이닉스

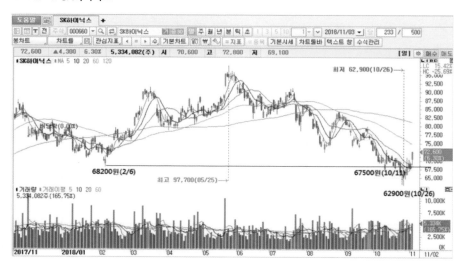

아래에서 코스피지수-삼성전자-SK하이닉스 궤적이 중요한 마디에서 어떻게 작동했는지 체크하길 바란다.

개인적으로는 저점 기준으로 인덱스는 +3%, 시가상위종목은 +7% 상승을 하락에너지가 상승에너지로 전환되는 추세기준점으로 판단하는데, 반대도 마찬가지다. 2018년 11월 2일은 저점 대비 코스피지수 +3%-선물 +3%-삼성전자 +7% 라인을 돌파한 날인데 그것을 이미지화시킨 것이 〈도표 11-42〉와 같다.

실제로 2018년 10월 30일까지 하방공격이 집중된 후 시장은 2018년 11월 중순까지 되반등 파동이 형성되었다. 그러나 2019년 1월 4일까지 미국시장의 급락과 애플 주가의 급락이 모멘텀이 되면서 삼성전자 기준으로 10월 26일 저점을 붕괴하는 급락파동이 2019년 1월 4일까지 전개되면서 4만원마저도 붕괴되는 상황이 초래되었다.

다음 그림을 통해서 당시에 시장 변동성이 어떻게 전개되었는지 체크해보기 바란다.

도표 11-42 **3대지표**

도표 11-43 삼성전자 + SK하이닉스 제외 코스피200 지수

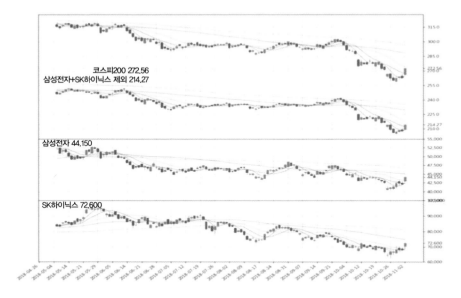

도표 11-44 삼성전자 - SK하이닉스 매매추이

005930 삼성전자 KOSPI200
현재가 42,400 ▼ 50 (-0.12 %)
거래량(전일) 5,192,638 (5,970,796)

SK하이닉스 KOSPI200
69,300 0 (0.00 %)
1,499,166 (1,966,126)

일자	종가	전일대비	거래량	외국인	개인	기관종합	종가	전일대비	거래량	외국인	개인	기관종합
2018/11/23	42,400 ▼	50	5,192,638	163	109	-235	69,300		1,499,166	211	-83	-125
2018/11/22	42,450 ▲	350	5,970,796	10	-224	284	69,300 ▲ 1,200		1,966,126	271	-386	121
2018/11/21	42,100 ▲	700	10,769,589	-1,264	647	728	68,100 ▲ 600		3,100,596	-262	-105	369
2018/11/20	42,800 ▼	850	9,420,664	-734	279	487	67,500 ▼ 2,300		3,325,563	-97	411	-312
2018/11/19	43,650 ▲	350	7,538,720	-177	92	170	69,800 ▼ 300		2,303,677	20	310	-333
2018/11/16	44,000 ▼	250	7,777,124	64	139	-206	70,100 ▼ 1,700		2,894,513	-234	474	-245
2018/11/15	44,250 ▲	150	5,864,067	-203	-65	279	71,800 ▲ 1,400		1,564,647	-13	-120	137
2018/11/14	44,100 ▼	400	6,783,344	-232	36	173	70,400 ▼ 1,500		2,783,377	-332	314	21
2018/11/13	44,500 ▼	700	9,311,126	-831	214	620	71,900 ▼ 2,600		4,730,929	-550	387	174
2018/11/12	45,200 ▲	900	8,552,566	834	-1,278	475	74,500 ▲ 1,600		3,328,433	891	-739	-120
2018/11/09	44,300 ▲	250	7,318,500	397	-93	-308	72,900		3,414,946	576	-220	-328
2018/11/08	44,050 ▲	50	12,617,397	571	-249	-320	72,900 ▲ 2,100		3,930,969	1,020	-790	-218
2018/11/07	44,000 ▲	250	11,553,998	257	-822	586	70,800 ▲ 700		3,770,119	164	-580	415
2018/11/06	43,750 ▼	50	7,713,625	154	38	-192	70,100 ▼ 400		2,624,868	-110	222	-113
2018/11/05	43,800 ▲	350	9,426,777	776	90	-867	70,500 ▼ 2,100		3,389,386	-574	623	-54
2018/11/02	44,150 ▲	2,000	16,517,112	1,452	-1,025	-423	72,600 ▲ 4,300		5,334,082	713	-1,075	385
2018/11/01	42,150 ▼	250	13,423,132	631	242	-874	68,300 ▲ 100		3,218,076	231	-45	-179
2018/10/31	42,400 ▲	50	17,621,480	336	709	-1,050	68,200		5,038,931	93	387	-484
2018/10/30	42,350 ▲	950	14,205,190	-566	-577	1,138	68,200 ▲ 1,400		6,101,533	-255	-520	784
2018/10/29	41,400 ▲	400	14,460,521	-751	-1,038	1,803	66,800 ▼ 200		4,252,977	-284	-264	539
2018/10/26	41,000		14,413,864	-737	113	620	67,000 ▲ 2,300		6,211,406	-26	-397	417

도표 11-45 3대지표

§ 3대지표 오늘 저가(선물 266.90P, 코스피 2052.67P, 삼성전자 42900원).

도표 11-46 삼성전자-SK하이닉스 매매추이

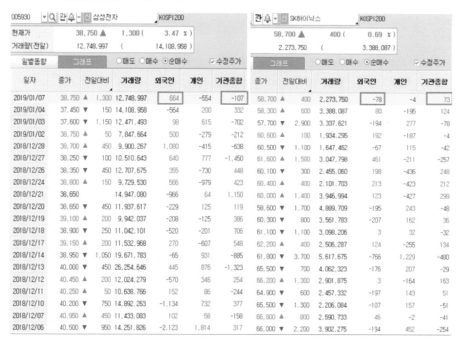

	삼성전자 005930 KOSPI1200						SK하이닉스 KOSPI1200					
현재가	38,750 ▲ 1,300 (3.47 %)						58,700 ▲ 400 (0.69 %)					
거래량(전일)	12,748,997 14,108,958						2,273,750 (3,388,087)					
일자	종가	전일대비	거래량	외국인	개인	기관종합	종가	전일대비	거래량	외국인	개인	기관종합
2019/01/07	38,750 ▲	1,300	12,748,997	664	-554	-107	58,700 ▲	400	2,273,750	-78	-4	73
2019/01/04	37,450 ▼	150	14,108,958	-564	200	332	58,300 ▲	600	3,388,087	80	-195	124
2019/01/03	37,600 ▼	1,150	12,471,493	98	615	-702	57,700 ▼	2,900	3,337,621	-194	277	-78
2019/01/02	38,750 ▲	50	7,847,664	500	-279	-212	60,600 ▲	100	1,934,295	192	-187	-4
2018/12/28	38,700 ▲	450	9,900,267	1,080	-415	-638	60,500 ▼	1,100	1,647,462	-67	115	-42
2018/12/27	38,250 ▼	100	10,510,643	640	777	-1,450	61,600 ▲	1,500	3,047,798	461	-211	-257
2018/12/26	38,350 ▼	450	12,707,675	355	-730	448	60,100 ▼	300	2,455,060	198	-436	248
2018/12/24	38,800 ▲	150	9,729,530	566	-979	423	60,400 ▲	400	2,101,703	213	-423	212
2018/12/21	38,650		14,947,080	-966	64	1,150	60,000 ▲	1,400	3,946,994	123	-427	299
2018/12/20	38,650 ▲	450	11,937,617	-229	125	119	58,600 ▼	1,700	4,889,709	-195	243	-48
2018/12/19	39,100 ▲	200	9,942,037	-208	-125	386	60,300 ▼	800	3,561,783	-207	162	36
2018/12/18	38,900 ▼	250	11,042,101	-520	-201	706	61,100 ▼	1,100	3,098,206	3	32	-32
2018/12/17	39,150 ▲	200	11,532,968	270	-607	548	62,200 ▲	400	2,506,287	124	-255	134
2018/12/14	38,950 ▼	1,050	19,671,783	-65	931	-885	61,800 ▼	3,700	5,617,675	-766	1,229	-480
2018/12/13	40,000 ▼	450	26,254,646	445	876	-1,323	65,500 ▼	700	4,062,323	-176	207	-29
2018/12/12	40,450 ▲	200	12,024,279	-570	346	254	66,200 ▲	1,300	2,901,875	3	-164	163
2018/12/11	40,250 ▲	50	10,638,766	152	86	-244	64,900 ▼	600	2,457,332	-197	143	51
2018/12/10	40,200 ▼	750	14,892,263	-1,134	732	377	65,500 ▼	1,300	2,206,084	-107	157	-51
2018/12/07	40,950 ▲	450	11,433,083	102	58	-158	66,800 ▲	800	2,590,733	45	-2	-41
2018/12/06	40,500 ▼	950	14,251,826	-2,123	1,814	317	66,000 ▼	2,200	3,902,275	-194	452	-254

도표 11-47 3대지표

§ 3대지표 오늘 저가(선물 261.55P, 코스피 2030.90P, 삼성전자 37800원).

도표 11-48 삼성전자-SK하이닉스 매매추이

	삼성전자						SK하이닉스					
	005930		KOSPI200				SK하이닉스		KOSPI200			
현재가	45,100 ▼	1,650 (−3.53 %)					70,000 ▼	3,700 (−5.02 %)				
거래량(전일)	23,569,321	(8,045,211)					7,869,451	(2,864,044)				
일자	종가	전일대비	거래량	외국인	개인	기관종합	종가	전일대비	거래량	외국인	개인	기관종합
2019/02/28	45,100 ▼	1,650	23,569,321	-886	844	47	70,000 ▼	3,700	7,869,451	-1,160	1,757	-605
2019/02/27	46,750		8,045,211	47	-90	-6	73,700 ▲	1,500	2,864,044	-490	518	-34
2019/02/26	46,750 ▼	600	7,995,547	278	297	-574	75,200 ▲	200	2,483,512	195	92	-283
2019/02/25	47,350 ▲	200	7,484,716	661	-623	-24	75,400 ▲	1,300	2,855,712	-432	390	42
2019/02/22	47,150 ▲	200	6,895,772	313	-377	17	76,700		1,882,653	-67	46	23
2019/02/21	46,950 ▲	50	8,694,009	825	-142	-712	76,700 ▲	1,000	2,874,589	527	-543	26
2019/02/20	46,900 ▲	950	11,506,720	1,450	-1,148	-292	75,700 ▲	2,000	3,134,257	412	-513	112
2019/02/19	45,950 ▲	250	6,741,395	-283	90	194	73,700 ▼	1,000	1,462,071	-16	76	-47
2019/02/18	46,200 ▲	150	8,183,728	-235	4	234	74,700 ▲	900	1,772,434	114	-95	-22
2019/02/15	46,050 ▲	1,450	10,554,643	-597	932	-390	73,800 ▲	3,600	4,154,616	-547	752	-215
2019/02/14	47,500 ▲	1,300	17,259,341	1,410	-1,967	482	77,400 ▲	1,200	2,313,376	-83	-361	448
2019/02/13	46,200 ▲	150	11,299,738	86	-365	273	76,200 ▲	300	2,378,193	59	-160	101
2019/02/12	46,050 ▲	1,050	13,184,367	867	-716	-158	75,900 ▲	1,800	3,526,701	517	-456	-45
2019/02/11	45,000 ▲	200	11,125,044	210	-183	-24	74,100 ▲	600	3,374,192	109	65	-183
2019/02/08	44,800 ▲	1,400	12,689,196	-607	345	305	73,500 ▼	3,200	4,012,485	-377	660	-279
2019/02/07	46,200 ▲	150	15,872,001	653	-50	-584	76,700 ▲	800	4,249,110	721	-664	-41
2019/02/01	46,350 ▲	200	13,832,454	1,380	-811	-547	75,900 ▲	2,000	3,349,965	1,032	-604	-422
2019/01/31	46,150 ▲	250	21,621,145	2,628	-1,018	-1,588	73,900 ▼	2,000	4,447,535	-88	55	30
2019/01/30	46,400 ▲	900	17,505,980	1,930	-1,625	-268	75,900 ▲	2,500	5,304,841	1,153	-1,007	-121
2019/01/29	45,500 ▲	450	16,215,017	1,826	-818	-912	73,400 ▲	1,600	3,368,642	-24	-132	157

§ 3대지표 오늘 저가(선물 283.80P, 코스피 2195.44P, 삼성전자 45100원).

선물과 옵션이 동시만기가 되는 3, 6, 9, 12월 중에서도 개인적으로 6, 12월 동시만기일을 더 중요하게 생각하면서 매매에 집중한다. 여기서 상대적으로 다양한 에너지가 서로 충돌하고 자신들의 목표점을 향해서 투자전략을 집중하는데, 시장이 어디에서 균형이 형성되는지 선물옵션 동시만기일을 전후해서 체크해야 하는 것이다. 그렇다면 실전사례로 무엇을 체크해야 하는지 점검해보자.

12장

이벤트 드리븐 전략 :
만기일 전후의 일들을 알자

선물과 옵션이 동시만기가 되는 3, 6, 9, 12월 중에서도 개인적으로 6, 12월 동시만기일을 더 중요하게 생각하면서 매매에 집중한다. 그 이유는 6월은 1년 중에 반을 정리한다는 차원에서 기업은 반기실적을 중심으로 상반기 하반기 전략을 조절해서 대응하고, 펀드매니저들도 상반기 자신들이 운용하는 펀드의 평가를 체크하면서 하반기를 준비하기 때문이고, 12월은 1년을 정리하고 새해를 맞이하면서 연간 투자의 기준과 방향을 수립하기 때문이다.

여기서 상대적으로 다양한 에너지가 서로 충돌하고 자신들의 목표점을 향해서 투자전략을 집중하는데, 시장이 어디에서 균형이 형성되는지 선물옵션 동시만기일을 전후해서 체크해야 하는 것이다. 그렇다면 실전사례로 무엇을 체크해야 하는지 점검해보자.

만기일 전후의 중요한 이벤트들

먼저 2018년 6월 동시만기일을 예로 들어 만기일 전후해서 어떤 이벤트가 중요했는지 살펴보자.

2018년 6월은 이벤트가 많은 달이었다. 6월 12일은 싱가폴에서 역사적인 북미정상회담이 개최되었고, 이것 때문에 북방관련주가 급등했었지만 그 전후해서 재

도표 12-1 **증시 일정표**

6월 11일 월요일	6월 12일 화요일	6월 13일 수요일
"의료 기술 서밋 2018" 개최 예정 (현지시간) 美 일부 중국인 대상 비자 기간 축소 예정 (현지시간) 세계 바이오마커&암면역 컨퍼런스 개최 (현지시간) 법관대표회의 임시회의 개최 예정 샤이니, 정규 6집 더 스토리 오브 라이트 에피소드 18년 2차 공공지원 민간임대주택 민간제안사업 공모 액션스퀘어 추가상장(스톡옵션행사) 브레인콘텐츠 추가상장(CB전환) 삼원테크 추가상장(CB전환) 에이씨티 추가상장(CB전환) 축구 평가전) 한국 vs 세네갈	현대산업 변경상장(회사분할) 중국, 新 전기차 보조금 정책 시행 예정 유럽류마티스 학회(EULAR) 개최 (현지시간) 北-美 정상회담 예정(현지시간) 스킨앤스킨 추가상장(유상증자) E3 2018(현지시간) 메타랩스 추가상장(유상증자) 코튼데이 2018 서울 행사 개최 예정 "제5회 외국인 창업기업 비즈니스 페어" 개최 예정 4월 통화 및 유동성동향 4월 예금취급기관 가계대출	美) FOMC 회의 발표(현지시간) 국내 증시 휴장 6·13 지방선거 및 국회의원 재·보궐선거 이스타항공, 인천-러시아 블라디보스톡 신규 취항 인코스메틱스 코리아 美) 5월 생산자물가지수(현지시간) 美) 주간 원유재고(현지시간) 美) 주간 MBA 모기지 신청건수 (현지시간) 오늘의 프로야구
6월 14일 목요일	6월 15일 금요일	6월 16일 토요일
선물/옵션 동시 만기일 2018 러시아 월드컵(현지시간) PGA) US오픈(현지시간) 南-北 장성급 군사회담 개최 예정 제33회 한국국제관광전 삼성 파운드리 포럼 메가쇼 2018 시즌 1 MS, 서피스북 2 한국 출시 예정 세계 태양에너지 엑스포 개최 美) 4월 기업재고(현지시간) 美) 5월 소매판매(현지시간)	상반기 국제 스마트팩토리 콘퍼런스 개최 코스피200 정기변경 코스닥150 정기변경 5G 주파수 경매 개시 美, 中 수입품 관세 부과 품목 발표 예정(현지시간) SK케미칼 임시주주총회 개최 코세스 추가상장(무상증자) 애플워치3 LTE 국내 출시 예정 YG엔터테인먼트, 블랙핑크 컴백 예정 美) 쿼드러플 위칭데이(현지시간) 에이씨티 추가상장(유상증자)	큐브엔터, 패밀리 콘서트 개최 예정 제너크립토, 2018 마이닝 컨퍼런스 개최 예정 오늘의 프로야구
		6월 17일 일요일
		오늘의 프로야구 PTC, 라이브웍스 2018 개최 예정 (현지시간)

료 노출로 급락하는 모습을 보였다. 6월 13일은 지방선거 및 국회의원 재보궐선거가 있었다. 6월 14일은 선물옵션 동시만기일이었고, 6월 15일은 코스피200과 코스닥150 종목 정기변경이 있었다. 이런 이벤트에 코스피200종목 중심으로 운용되는 KODEX200 ETF, TIGER200 ETF의 변동성과 방향성에 다양한 전망과 시각이 나

도표 12-2 **북미정상회담 공동성명 내용**

1항	"미국과 북한은 평화와 번영을 위한 두 국가 국민의 바람에 맞춰 미국과 북한의 새로운 관계를 수립하기로 약속한다."
2항	"두 국가는 한반도의 지속적이고 안정적인 평화를 구축하기 위해 함께 노력한다."
3항	"2018년 4월 27일 판문점 선언을 재확인하며, 북한은 한반도의 완전한 비핵화를 향한 작업을 할 것을 약속한다."
4항	"미국과 북한은 신원이 이미 확인된 전쟁포로, 전쟁실종자들의 유해를 즉각 송환하는 것을 포함해 유해 수습을 약속한다."

도표 12-3 **북방 대장주 3인방(현대엘리베이터, 현대건설, 현대로템)**

도표 12-4 북방 대장주 3인방 추이

§북방 대장 3인방, 외국인은 오늘도 현대건설만 매수.

017800 Q 현대엘리베이 2018-06-12 금액 수량 순매수 매수 매도 (단위: 주, 백만원)

일자	현재가	전일비	등락률	거래량	개인	외국인계	기관계	프로그램	금융투자	보험	투신	연기금	국가지자체	사모펀드	은행	기타금융	기타법인
18/06/12	119,500 ▼	4,500	-3.63	2,400,953	34,127	-21,726	-29,145	-16,491	-9,699	3,256	6,684	-4,447	-21,987	-8,428	4,000	1,476	16,744
18/06/11	124,000 ▲	7,500	6.44	1,249,506	50,633	-98,253	50,191	27,499	14,456	2,582	7,739	31,762	8,101	-14,449	0	0	-2,571
18/06/08	116,500 ▼	6,000	-4.90	1,227,743	37,570	-42,816	8,342	25,817	22,791	2,430	-9,362	-372	23,710	-28,955	-2,000	100	-3,096
18/06/07	122,500 ▼	1,500	-1.21	935,969	44,728	-43,626	-763	-41,160	5,054	-4,833	4,895	2,238	461	-15,107	6,693	-184	-339
18/06/05	124,000 ▲	3,000	2.48	1,631,116	-8,202	-4,822	12,961	-59,625	27,448	3,143	14,799	3,727	18,072	-54,260	-44	76	63
18/06/04	121,000 ▼	4,000	-3.20	1,719,961	117,981	-109,440	-9,094	-94,914	-18,825	-4,215	6,311	-812	6,916	1,531	0	0	553

000720 Q 현대건설 2018-06-12 금액 수량 순매수 매수 매도 (단위: 주, 백만원)

일자	현재가	전일비	등락률	거래량	개인	외국인계	기관계	프로그램	금융투자	보험	투신	연기금	국가지자체	사모펀드	은행	기타금융	기타법인
18/06/12	69,600 ▼	2,700	-3.73	8,090,249	143,348	12,986	-175,589	-95,441	-127,053	-63,704	14,453	30,603	-14,658	-15,024	460	-666	19,257
18/06/11	72,300 ▲	5,100	7.59	4,398,104	18,758	53,251	-65,234	-79,662	43,777	-36,297	-6,696	-28,619	-32,990	-16,729	2,197	10,123	-6,775
18/06/08	67,200 ▲	1,900	2.75	2,486,526	-5,589	64,194	-65,250	83,931	4,084	-11,449	-12,062	-19,385	-22,574	-3,016	-848	0	6,645
18/06/07	69,100 ▼	2,100	-2.95	2,879,706	523,057	-253,007	-276,844	-261,180	-78,253	-68,342	-103,002	-64,999	59,658	19,741	-1,509	-636	6,794
18/06/05	71,200 ▲	3,300	4.86	4,864,801	122,947	123,992	-132,634	93,571	-17,707	-52,160	-95,781	-16,614	-7,173	-6,032	4,860	-27	-114,305
18/06/04	67,900 ▼	2,200	-3.14	4,516,383	245,776	115,225	-304,390	159,841	-90,528	-22,632	-56,651	-124,327	-7,860	-3,836	-1,554	5,000	-56,611

064350 Q 현대로템 2018-06-12 금액 수량 순매수 매수 매도 (단위: 주, 백만원)

일자	현재가	전일비	등락률	거래량	개인	외국인계	기관계	프로그램	금융투자	보험	투신	연기금	국가지자체	사모펀드	은행	기타금융	기타법인
18/06/12	36,600 ▼	1,800	-4.69	12,237,752	79,083	-195,598	86,765	-118,550	26,256	2,739	8,527	-1,502	12,057	57,578	200	-1,090	29,750
18/06/11	36,400 ▲	1,800	4.92	6,441,650	-25,243	-31,095	59,189	-42,166	47,421	471	7,303	59,772	11,163	-66,941	0	0	-2,881
18/06/08	36,600 ▼	1,350	-3.56	8,369,729	454,834	-300,182	-179,631	-36,972	-88,784	10,271	-14,293	-4,746	-5,754	-128,815	-3,000	55,490	24,979
18/06/07	37,950 ▼	900	-2.32	7,716,867	359,284	-354,392	-3,646	52,690	44,125	1,503	26,261	1,664	23,360	-105,202	4,643	0	-1,286
18/06/05	38,850 ▼	1,700	-4.19	22,245,556	3,753,643	-4,611,985	644,309	-515,189	75,432	7,465	860,414	117,303	20,281	-240,296	2,017	1,695	213,913
18/06/04	40,550 ▲	300	0.75	11,881,814	261,998	-353,878	-35,953	-271,135	-34,115	-1,018	15,797	47,590	5,389	-69,596	0	0	127,831

타났고, 그것에 의한 매수-매도 대상이 조정되면서 전체 시장에 영향을 미치는 에너지가 만기일을 전후해서 증가하는 현상을 보였다.

그 중에 가장 큰 이벤트는 6월 12일 북미정상회담인데 6월 13일은 지방선거로 주식시장이 휴장이었고, 그 다음날 6월 14일 선물옵션 동시만기일까지 북미정상회담의 결과와 6월 13일 지방선거의 여당압승이라는 결과가 시장에 긍정적인 영향을 미칠 것이란 예측이 많았다.

실제 시장을 보면 북방주 중심으로는 북미 정상회담 전에 고점이 형성되었고, 막상 북미회담에서 공동선언이 나왔지만 재료노출로 시장에 반영되면서 북방주의 대표종목인 현대엘리베이터-현대건설-현대로템 종목이 하락하는 모습을 보였다.

북미정상회담이 성공적으로 성사되고 북미공동선언이 발표되었던 6월 12일 주가를 보면 현대엘리베이터 119,000원, 현대로템 36,600원, 현대건설 69,600원이었고, 그 전에 고점이 형성된 가운데 외국인 중심으로 집중매도하는 경향을 확인할 수 있다. 이에 반해 개인투자자만 강력한 매수세를 보였는데 6월 12일 이후 북방대표주 3인방 주가흐름을 보면 현대엘리베이터는 7월 9일 71,800원, 현대건설은 7월 23일 49,900원, 현대로템은 7월 23일 22,800원까지 급락한 것을 체크할 수 있다.

일반적으로 상승폭이 큰 종목일수록 호재가 노출되는 시점에서 차익실현 매물이 집중되면서 급격한 조정 과정이 형성되거나, 재료노출 시점 전후해서 그 전에 움직였던 방향성과 반대되는 에너지가 증폭되면서 시장의 흐름을 바뀌게 만드는 경향이 있다. 따라서 이벤트가 어느 시기에 어떤 양상으로 전개될 것인지 미리 생각하고 전략을 수립하는 스마트 투자자가 되어야 하고, 어느 수준 이상으로 급등한 종목은 재료 노출시점에 작용-반작용의 에너지가 작동해서 재료 노출 전과 정반대의 흐름으로 전환되는 경우가 많다는 것도 유념해야 한다.

개별종목도 군집현상을 이루면 시장에 더 큰 영향력을 발휘하기 때문에 전체에서 부분이 차지하는 비중을 통계적으로 계산해서 어느 섹터가 상승-하락에 큰 영

도표 12-5 KOSPI200 등락률 상위

6월 12일 종가기준 등락률 상위

도표 12-6 코스피지수 영향순위

※ 코스피지수 영향순위

종목명	현재가	전일대비	등락률(%)	거래량	지수영향(%)	지수영향	기여도(%)
셀트리온	273,000 ▲	5,500	2.06	657,563	0.5109	1.0282	0.0187
삼성바이오로직스	429,500 ▲	9,500	2.26	143,839	0.4241	0.9380	0.0099
LG생활건강	1,437,000 ▲	39,000	2.79	27,362	0.3349	0.9090	0.0023
삼성생명	106,000 ▲	2,500	2.42	324,937	0.3164	0.7462	0.0296
SK텔레콤	246,500 ▲	5,500	2.28	496,047	0.2970	0.6627	0.0120
삼성SDI	230,000 ▲	6,000	2.68	484,451	0.2360	0.6157	0.0103
LG화학	380,500 ▲	3,500	0.93	281,784	0.4008	0.3687	0.0105
현대차	140,500 ▲	1,000	0.72	486,109	0.4619	0.3287	0.0329
NAVER	717,000 ▲	6,000	0.84	116,658	0.3527	0.2951	0.0049
롯데지주	60,100 ▲	1,700	2.91	287,834	0.1019	0.2883	0.0170
삼성물산	126,500 ▲	1,000	0.80	282,712	0.3581	0.2831	0.0283
LG전자	90,000 ▲	1,000	1.12	601,414	0.2198	0.2442	0.0244
강원랜드	28,850 ▲	750	2.67	594,210	0.0921	0.2395	0.0319
BGF리테일	203,500 ▲	8,000	4.09	39,255	0.0525	0.2063	0.0026
우리은행	16,850 ▲	200	1.20	1,878,010	0.1700	0.2018	0.1009
엔씨소프트	367,000 ▲	6,000	1.66	71,135	0.1202	0.1964	0.0033
휠라코리아	32,500 ▲	2,050	6.73	655,987	0.0296	0.1870	0.0091
롯데관광개발	23,400 ▲	2,650	12.77	2,197,112	0.0159	0.1795	0.0068
삼성화재	261,500 ▲	2,500	0.97	52,565	0.1849	0.1767	0.0071
LG이노텍	153,000 ▲	5,000	3.38	328,823	0.0540	0.1766	0.0035

6월 12일 지수 상승기여도

도표 12-7 코스피지수 영향순위

※ 코스피지수 영향순위

종목명	현재가	전일대비	등락률(%)	거래량	지수영향(%)	지수영향▲	기여도(%)
삼성전자	49,400 ▼	500	-1.00	11,449,040	4.7324	-4.7899	0.9580
SK하이닉스	88,400 ▼	800	-0.90	1,871,381	0.9604	-0.8691	0.1086
POSCO	366,000 ▼	6,000	-1.61	155,248	0.4762	-0.7807	0.0130
삼성전자우	39,150 ▼	550	-1.39	1,136,076	0.5279	-0.7417	0.1349
현대건설	69,600 ▼	2,700	-3.73	8,122,585	0.1157	-0.4487	0.0166
아모레퍼시픽	324,000 ▼	4,500	-1.37	197,684	0.2827	-0.3926	0.0087
현대제철	60,700 ▼	1,700	-2.72	1,618,315	0.1209	-0.3385	0.0199
KB금융	56,900 ▼	500	-0.87	1,019,894	0.3550	-0.3120	0.0624
현대중공업	121,500 ▼	3,000	-2.41	166,523	0.1254	-0.3097	0.0103
쌍용양회	30,250 ▼	1,950	-6.06	897,333	0.0455	-0.2932	0.0150
현대로템	36,600 ▼	1,800	-4.69	12,264,641	0.0464	-0.2283	0.0127
신한지주	47,250 ▼	300	-0.63	788,260	0.3344	-0.2123	0.0708
삼성엔지니어링	16,200 ▼	650	-3.86	3,057,733	0.0474	-0.1901	0.0292
GS건설	45,850 ▼	1,700	-3.58	1,423,942	0.0498	-0.1847	0.0109
현대엘리베이	119,500 ▼	4,500	-3.63	2,411,557	0.0484	-0.1824	0.0041
현대시멘트	73,700 ▼	7,200	-8.90	3,972,909	0.0184	-0.1801	0.0025
SK	282,000 ▼	1,500	-0.53	113,134	0.2961	-0.1575	0.0105
하나금융지주	45,950 ▼	300	-0.65	550,582	0.2059	-0.1344	0.0448
OCI	114,500 ▼	3,500	-2.97	454,414	0.0408	-0.1246	0.0036
현대글로비스	132,000 ▼	2,000	-1.49	91,095	0.0739	-0.1119	0.0056

6월 12일 지수 하락기여도

향을 미치는 대표성 종목인지, 그것을 기준으로 전체 시장에 어느 정도 영향을 미칠 것인지를 그 대상종목의 시가총액합계가 전체 상장종목수의 시가총액합계에서 차지하는 비중을 통계적으로 계산해서 그 확률적 영향력을 측정해야 한다.

6월 15일 코스피200 종목 정기변경 이벤트에서는 코스피200 종목에 신규 편입되는 종목의 개수와 그 종목의 시가총액규모를 체크해서 편입 또는 퇴출되는 종목이 무엇이고, 이것이 편입되어 있거나 편입해야 하는 펀드나 ETF에서 나올 물량의 에너지를 측정해서 코스피200지수에 어느 정도 영향을 미치는지, 그 대상종목에 어느 정도 플러스-마이너스 에너지가 작동할 것인지 미리 생각하고 대응하는 감각이 필요한 것이다. 따라서 매일매일 시가상위종목이 플러스-마이너스된 상황에서 지수 영향력을 체크하고 데이터를 누적시켜서 그 흐름을 파악하는데 집중해야 한다.

셀트리온은 전일 대비 2.06% 상승해서 지수의 1.02포인트 상승에 기여했고, 삼성바이오로직스는 2.26% 상승해서 지수의 0.9포인트 상승에 기여했음을 알 수 있다.

삼성전자가 1.0% 하락하면서 지수의 4.7포인트 하락에 기여했고, SK하이닉스는 0.9% 하락해서 지수가 0.96포인트 하락하는 데 기여했다.

도표 12-8 **상승 – 하락 추이**

06월 08일	현 재 지 수	2,451.58 ▼	19.00 (	-0.77 %)	시/고/저	2,467.88
	거래량 (전일)	510,912	(	474,147)	상승/상한	265 / 1
	거래금액(전일)	7,199,163	(	8,060,721)	하락/하한	553 / 0
06월 11일	현 재 지 수	2,470.15 ▲	18.57 (	0.76 %)	시/고/저	2,454.25
	거래량 (전일)	414,291	(	530,160)	상승/상한	543 / 6
	거래금액(전일)	6,812,991	(	7,672,721)	하락/하한	270 / 0
06월 12일	현 재 지 수	2,468.83 ▼	1.32 (	-0.05 %)	시/고/저	2,474.78
	거래량 (전일)	613,166	(	427,947)	상승/상한	323 / 1
	거래금액(전일)	9,615,203	(	7,025,547)	하락/하한	492 / 0

6월 12일은 시가상위에 속하는 종목 중심으로 하락했기 때문에 결과적으로 코스피지수는 1.32포인트 하락한 2,468로 마감했다.

이처럼 상승 기여도가 높은 종목의 합계와 하락 기여도가 높은 종목의 합계를

도표 12-9 **상승 - 하락종목 갯수**

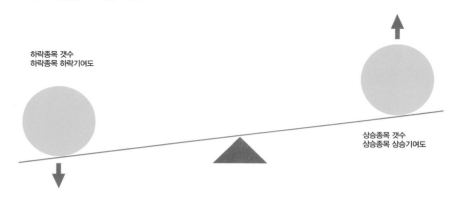

하락종목 갯수
하락종목 하락기여도

상승종목 갯수
상승종목 상승기여도

도표 12-10 **코스피200 상위 30종목**

※ **KOSPI200 상위30 –**　　　　　　　　　　　　　　　　　　　　　　　　　　　　(단위 : 주)

시총	종목명	현재가(원)(A)	대비(원)	대비(%)	52주최고가대비 등락률(%)	최고가	75%	50%(B)	25%	최저가	52주최저대비 등락률(%)	외인	기관	유심갑과리율 B대비A등락율(%)	현재가 120일산이격(%)	52최저대비 52최고
1	삼성전자	49,400	-500	-1	-14.12	57,520	54,195	50,870	47,545	44,220	11.71	-1,685,960	-606,400	-2.89%	-0.81%	30.08%
2	SK하이닉스	88,400	-800	-0.9	-9.52	97,700	87,475	77,250	67,025	56,800	55.63	-324,599	111,520	14.43%	8.61%	72.01%
3	셀트리온	273,000	5,500	2.06	-30.36	392,000	318,850	245,700	172,550	99,400	175%	44,259	112,590	11.11%	-4.14%	294.37%
4	POSCO	366,000	-6,000	-1.61	-8.5	400,000	365,875	331,750	297,625	263,500	38.9	-19,591	13,004	10.32%	3.30%	51.80%
5	현대차	140,500	1,000	0.72	-17.35	170,000	160,750	151,500	142,250	133,000	5.64	-128,044	52,288	-7.26%	-8.25%	27.82%
6	삼성바이오로직스	429,500	9,500	2.26	-28.42	600,000	506,250	412,500	318,750	225,000	90.89	17,172	21,256	4.12%	-1.54%	166.67%
7	LG화학	380,500	3,500	0.93	-14.97	447,500	403,125	358,750	314,375	270,000	40.93	-85,906	146,509	6.06%	-1.08%	65.74%
8	삼성물산	126,500	1,000	0.8	-16.5	151,500	143,875	136,250	128,625	121,000	4.55	19,972	36,193	-7.16%	-4.49%	25.21%
9	KB금융	56,900	-500	-0.87	-17.77	69,200	64,238	59,275	54,313	49,350	13.5	-57,456	103,228	-4.01%	-7.54%	40.22%
10	NAVER	717,000	6,000	0.84	-26.46	975,000	893,250	811,500	729,750	648,000	10.65	-39,466	53,174	-11.65%	-10.11%	50.46%
11	한국전력	35,050	-50	-0.14	-23.49	45,700	41,925	38,150	34,375	30,600	14.54	-363,932	461,966	-8.13%	-0.03%	49.35%
12	LG생활건강	1,437,000	39,000	2.79	-0.28	1,441,000	1,291,250	1,141,500	991,750	842,000	70.67	-8,215	12,875	25.89%	18.20%	71.14%
13	신한지주	47,250	-300	-0.63	-14.86	55,500	52,538	49,575	46,613	43,650	8.25	-111,578	224,846	-4.69%	-1.40%	27.15%
14	현대모비스	226,500	500	0.22	-19.96	283,000	265,250	247,500	229,750	212,000	6.84	22,149	-36,373	-8.48%	-6.72%	33.49%
15	삼성생명	106,000	2,500	2.42	-23.47	138,500	129,375	120,250	111,125	102,000	3.92	53,133	-25,866	-11.85%	-10.57%	35.78%
16	SK텔레콤	246,500	5,500	2.28	-14.41	288,000	270,750	253,500	236,250	219,000	12.56	195,564	8,261	-2.76%	1.53%	31.51%
17	SK이노베이션	215,000	500	0.23	-1.83	219,000	202,750	186,500	170,250	154,000	39.61	-80,362	22,449	15.28%	5.93%	42.21%
18	SK	282,000	-1,500	-0.53	-14.8	331,000	312,000	293,000	274,000	255,000	10.59	-1,530	-23,202	-3.75%	-4.16%	29.08%
19	아모레퍼시픽	324,000	-4,500	-1.37	-8.99	356,000	326,125	296,250	266,375	236,500	37	44,326	-82,379	9.37%	3.18%	50.58%
20	삼성에스디에스	229,500	-500	-0.22	-15	270,000	241,250	212,500	183,750	155,000	48.06	6,953	-2,739	-8.00%	-2.63%	74.19%
21	삼성SDI	230,000	6,000	2.68	-1.71	234,000	212,000	190,000	168,000	146,000	57.53	35,519	100,020	21.05%	16.65%	60.27%
22	LG전자	90,000	1,000	1.12	-21.4	114,500	102,450	90,400	78,350	66,300	35.75	102,421	-76,412	-0.44%	-12.60%	72.70%
23	하나금융지주	45,950	-300	-0.65	-17.95	56,000	52,200	48,400	44,600	40,800	12.62	-99,421	97,978	-5.06%	-4.25%	37.25%
24	KT&G	99,500	500	0.51	-21.34	126,500	118,750	111,000	103,250	95,500	4.19	6,953	-47,317	-10.36%	-3.43%	32.46%
25	LG	79,000	400	0.51	-18.13	96,500	90,300	84,100	77,900	71,700	10.18	29,237	-10,113	-6.06%	-7.76%	34.59%
26	기아차	32,850	250	0.77	-18.59	40,350	37,750	35,150	32,550	29,950	9.68	36,548	42,968	-6.54%	0.03%	34.72%
27	롯데케미칼	380,500	-500	-0.13	-19.89	475,000	436,875	398,750	360,625	322,500	17.98	-7,035	-20	-4.58%	-6.27%	47.29%
28	넷마블	151,000	0	0	-24.5	200,000	180,875	161,750	142,625	123,500	22.27	-8,836	31,335	-6.65%	-1.97%	61.94%
29	S-Oil	111,500	-500	-0.45	-16.79	134,000	123,625	113,250	102,875	92,500	20.54	-279	-1,027	-1.55%	-4.05%	44.86%
30	삼성화재	261,500	2,500	0.97	-14.96	307,500	293,000	278,500	264,000	249,500	4.81	2,971	4,909	-6.10%	-4.02%	23.25%

계산해서 그날의 전체시장의 에너지를 파악해 코스피200종목 상승과 하락 진폭의 정도를 감 잡는 훈련을 지속적으로 해야 한다.

매일 코스피200종목 중심으로 상승-하락 데이터를 체크해서 보관해두고, 이를 5일 단위로 파노라마 보듯 펼쳐서 변화의 흐름을 파악하도록 노력해보기 바란다. 시가상위종목 중에서도 가장 영향력이 큰 삼성전자-SK하이닉스의 변화를 중점적으로 체크하고, 바이오 대장주로 셀트리온-셀트리온 헬스케어-삼성바이오로직스-한미약품-대웅제약을 샘플링해서 이를 동태적으로 추적하며, 각 업종의 시가상위 1-2등 종목을 선정해서 격자모델을 만들어서 매일 그 변화의 흐름을 체크해야 한다.

개인적으로 시가상위 30종목의 매트릭스를 매일 체크하는데, 〈도표 12-11〉을 참고하길 바란다.

이 도표를 읽는 방법은 다음과 같다. 매일 현재가를 A로 표시하고 52주 최고가와 최저가의 변화를 조사해서 50%중심가격을 B로 표시한다. 그래서 오늘 현재가가 52주 최고가-최저가의 중심가격에서 위 또는 아래로 몇%에 있는지 체크하고,

도표 12-11 **시스템구조**

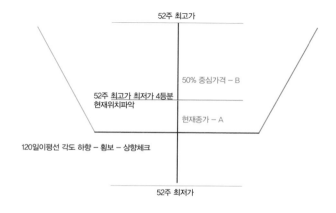

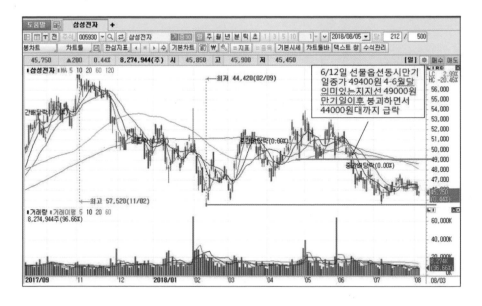

그 다음으로 120일 이동평균선 위 또는 아래에 있는지 체크해서 그 종목의 시장에 너지를 측정한다. 또한 이를 통해 외국인-기관 투자자의 매매 흐름도 함께 체크해 본다.

예를 들어 삼성전자의 경우 6월 12일 종가는 49,400원으로 52주 최고가-최저가 50%중심가격인 47,500원 위에 위치해있고, 그 시점의 120일 이동평균선 가격보 다는 0.81% 아래에 위치해있다는 것을 체크할 수 있다.

시가상위 20~30위 종목이 코스피200지수 흐름을 결정하는 중심종목들이기 때 문에 집중해서 분석하는데, 특히 그 종목들 중에서도 삼성전자는 코스피200지수 의 22% 이상을 차지하므로 그 영향력이 가장 크다고 할 수 있다. 실제 삼성전자는 2017년 11월 2일 57,200원에 고점을 형성하고 2018년 2월 9일 전 세계적으로 프 래시크래쉬 현상의 급락 장세가 전개된 시점에 44,420원까지 하락한 후, 5월 4일

53,900원까지 반등했으나 그 이후 의미 있는 지지선을 형성했던 49,000원 영역을 6월 12일 선물-옵션 동시만기일 이후 붕괴하면서 다시 2월 9일 저점을 공격받는 상황까지 전개되었다.

4등분 법칙

개인적으로 4등분 법칙을 실전에 응용하는데, 52주 최고가-최저가를 4등분해서 75% 능선 가격의 지지가 실패하면 상승에너지가 하락에너지로 전환되는 맥점으로 판단하고 보유 대상종목을 매도하는 전략을 실행한다.

삼성전자의 경우는 75% 능선가격이 54,000원인데 붕괴한 뒤 2월 9일 44,420원까지 급락했고 5월에 53,900원까지 반등이 나타났다. 그러나 75% 능선 가격대가 저항으로 작동하고 다시 의미 있는 지지선 49,000원을 붕괴한 후, 7월 6일 44,000원대까지 다시 하락하는 패턴을 보였다. 4등분법칙에서 1차 지지선 75% 능선-2차

도표 12-13 **삼성전자 시스템구조①**

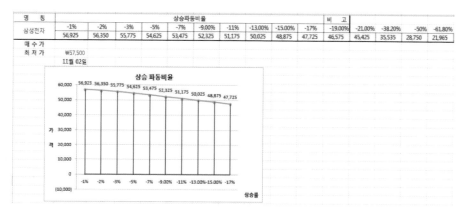

명 칭	상승파동비율										비 고					
삼성전자	-1%	-2%	-3%	-5%	-7%	-9.00%	-11%	-13.00%	-15.00%	-17%	-19.00%	-21.00%	-38.20%	-50%	-61.80%
	56,925	56,350	55,775	54,625	53,475	52,325	51,175	50,025	48,875	47,725	46,575	45,425	35,535	28,750	21,965
매 수 가 최 저 가	₩57,500 11월 02일														

지지선 50%중심가격-3차 지지선 25% 능선인데 삼성전자는 3차 지지선인 47,000원이 현재는 저항선으로 작동하는 모습으로 하방에너지의 중심대상이 된 것이다.

이것을 하락파동 시스템 구조로 엑셀로 만들어서 구조화시키면 다음과 같다.

삼성전자를 예로 들어 2017년 11월 2일 고점 57,500원 기준으로 하락 시스템을 만들어보자. 실제 파동은 2018년 2월 9일 44,400원대까지 21%이상 하락시킨 후 되반등 에너지가 5월 4일 53,900원까지 형성되었다.

2018년 5월 4일 53,900원 기준으로 하락시스템을 만들어보면 다음과 같다.

도표 12-14 **삼성전자 시스템구조②**

명 칭	상승파동비율										비 고				
	-1%	-2%	-3%	-5%	-7%	-9.00%	-11%	-13.00%	-15.00%	-17%	-19.00%	-21.00%	-38.20%	-50%	-61.80%
삼성전자	53,361	52,822	52,283	51,205	50,127	49,049	47,971	46,893	45,815	44,737	43,659	42,581	33,310	26,950	20,590
매 수 가															
최 저 가	₩53,900														
	05월 04일														

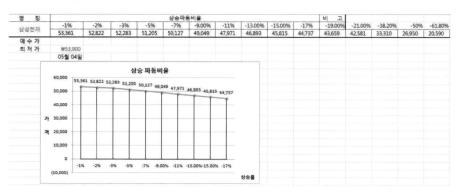

이것을 기초자산 코스피200지수와 비교해서 보면 다음과 같다.

삼성전자는 2월 9일 저점 44,400원과 7월 6일 저점 44,650원으로 쌍바닥 패턴을 보였지만, 코스피200지수는 2월 9일 저점 303.47 대비 7월 5일 저점이 289.90으로 13.57포인트나 추가 하락한 상황으로, 이는 삼성전자를 제외한 종목의 추가 급락 에너지가 나타났다는 것을 의미한다. 또한 이런 하락으로 옵션변동성이 더 심해졌다는 것을 유추할 수 있다.

도표 12-15 KOSPI200

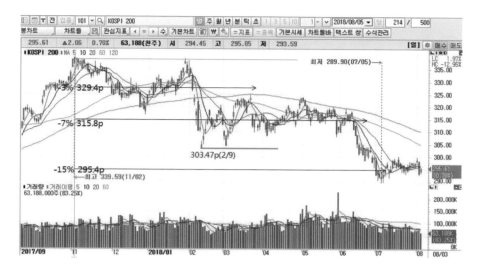

　　이런 파생시장에서 추가적인 급락에너지가 나타난 모멘텀은 삼성그룹에 대한 노이즈가 시장을 강타하면서 장기적으로 반도체 호황이 막을 내리고 IT전망에 대한 부정적 시각이 대두되었다는 점과, 그 상황을 이용하는 공매도 에너지와 외국 투자자들의 지속적인 매도공격이 전개되었다는 점이다. 또한 7월 4일 삼성바이오로직스에 대한 증선위 결과 추가적인 감리 결정과 검찰의 고발이 나오면서 삼성그룹 내 삼성물산과 제일모직의 합병까지 연계된 불확실성이 증폭되었고, 이런 상황에서 외국인의 삼성전자에 대한 매도에너지가 지속되었던 것이 가장 결정적인 하락에너지가 증가한 원인으로 작용했다.

　　파생시장에서는 이렇듯 시가상위종목에 영향을 미치는 이벤트를 미리 미리 생각해놓고, 그것이 상승 또는 하락 에너지에 영향을 미칠 확률을 예측해서 선물-옵션매매에 응용하는 전략이 필요하다. 따라서 매일 시가상위 1-3등을 차지하는 삼성전자-SK하이닉스-셀트리온의 외국인-기관 투자자의 매매동향을 조사하고, 코

도표 12-16 2018년 시장지표 종목군

최근 시장 3대축

구분	종목명	당일종가 2018-06-01	당일종가 2018-08-03	대비 등락률(%) 전일	대비 등락률(%) 6월 1일
IT 2차전지	삼성전자	51,300	45,750	0.44	-10.82
	SK하이닉스	91,400	83,300	0.12	-8.86
	LG화학	337,000	391,000	4.27	16.02
	삼성SDI	209,000	231,000	1.99	10.53
	일진머티리얼즈	36,950	54,200	0.18	46.68
	삼화콘덴서	75,300	88,800	0.34	17.93
	삼성전기	138,500	158,500	1.26	14.44
	LG전자	88,200	75,200	0.13	-14.74
	LGC스플레이	23,000	21,700	-0.23	-5.65
	LG이노텍	148,000	164,000	0.92	10.81
제약바이오	삼성바이오로직스	451,500	392,000	3.70	-13.18
	셀트리온	273,500	280,500	-0.36	2.56
	셀트리온헬스케어	101,600	93,200	-0.11	-8.27
	셀트리온제약	91,500	73,800	-0.14	-19.34
	한미약품	479,500	431,500	0.23	-10.01
	종근당	108,000	105,500	0.96	-2.31
	녹십자	220,500	185,500	1.64	-15.87
	유한양행	245,500	224,000	0.00	-8.76
	신라젠	82,000	59,200	1.20	-27.80
	코오롱생명과학(Reg.S)	38,600	37,500	0.13	-2.85
	녹십자랩셀	56,500	44,700	2.76	-20.88
	차바이오텍	19,450	14,200	1.07	-26.99
북방	현대엘리베이	125,000	93,000	-0.53	-25.60
	현대건설	70,100	59,600	1.88	-14.98
	현대로템	40,250	27,100	-0.37	-32.67
삼성	삼성에스디에스	224,000	209,000	-0.48	6.70
	삼성물산	125,000	122,000	0.83	2.40

내수/중국 관련

구분	종목명	당일종가 2018-06-01	당일종가 2018-08-03	대비 등락률(%) 전일	대비 등락률(%) 6월 1일
음식료	CJ제일제당	355,500	344,000	1.38	-3.23
	오리온	134,500	128,000	-1.92	-4.83
	농심	334,500	294,500	0.68	-11.96
	오뚜기	857,000	888,000	0.45	3.62
	SPC삼립	114,000	110,000	0.46	-3.51
편의점	롯데푸드	724,000	866,000	1.52	19.61
	BGF리테일	184,500	164,500	-0.60	-10.84
	GS리테일	37,900	32,300	-0.15	-14.78
의류	영원무역	31,200	29,800	0.17	-4.49
	한세실업	15,850	16,500	-1.20	4.10
	한섬	39,100	38,150	0.79	-2.43
	LF	28,800	27,350	1.11	-5.03
화장품	아모레퍼시픽	336,500	275,500	2.04	-18.13
	LG생활건강	1,385,000	1,272,000	1.52	-8.16
	코스맥스	175,000	146,500	2.09	-16.29
	한국콜마	76,900	70,800	0.71	-7.93
백화점	현대백화점	115,500	100,500	3.29	-12.99
	롯데쇼핑	226,000	210,000	-0.11	-7.08
면세	호텔신라	128,000	104,500	-0.48	-18.36
	신세계	445,000	342,000	1.09	-23.15
통신	SK텔레콤	222,000	257,000	1.58	15.77
	KT	27,000	29,250	1.56	8.33
SNS	LG유플러스	11,900	16,050	1.58	34.87
	NAVER	680,000	731,000	0.41	7.50
	카카오	104,500	113,000	1.82	8.13

경기민감 관련

구분	종목명	당일종가 2018-06-01	당일종가 2018-08-03	대비 등락률(%) 전일	대비 등락률(%) 6월 1일
철강/비철	POSCO	339,500	322,000	-0.16	-5.15
	풍산	36,350	32,450	2.37	-10.73
	현대제철	61,800	53,300	1.72	-13.75
조선	삼성중공업	7,470	6,540	2.83	-12.45
	대우조선해양	26,850	26,550	1.53	-1.12
기계	현대건설기계	160,500	132,500	1.92	-17.45
	두산인프라코어	10,450	10,400	6.12	-0.48
정유	SK이노베이션	203,500	189,000	-1.05	-7.13
	S-Oil	108,000	115,500	1.32	6.94
화학	롯데케미칼	363,000	331,000	0.30	-8.82
	대한유화	247,500	231,500	0.43	-6.46
	OCI	131,000	100,500	1.72	-23.28
태양광	한화케미칼	25,850	21,750	5.58	-15.86
은행	KB금융	52,300	52,850	0.57	0.96
	신한지주	44,300	43,050	1.18	-2.82
증권	삼성증권	36,200	32,400	0.62	-10.50
	미래에셋대우	9,280	8,090	0.75	-12.82
	한화증권	125,000	93,000	2.88	-25.60
보험	삼성생명	102,500	95,200	-0.31	-7.12
	삼성화재	254,000	265,500	-0.56	4.53
자동차	현대차	140,000	124,000	-1.20	-11.43
	기아차	31,900	31,000	-0.16	-2.82
해운	팬오션	5,090	5,400	0.99	0.20
	대한해운	26,250	22,650	-1.31	-13.71
	현대상선	5,670	4,850	0.00	-14.46
현대차	현대글로비스	136,000	132,500	1.53	2.57
	현대모비스	226,500	224,500	0.45	0.88

스피지수-선물지수-삼성전자 흐름을 비교해서 고점과 저점 위치를 체크해서, 저점 기준 인덱스는 +3%, 시가상위종목은 +7%라인을 추세 전환선으로 설정해서, 저점 형성 후 +3~ +7%라인을 돌파하면 상승전환한 것으로, 반대로 고점에서 3~7% 하락하면 하락전환한 것이라 판단해 파생변동성 전략수립에 적용한다.

이렇듯 이벤트의 흐름에 시가상위종목의 상승 또는 하락 에너지의 확률을 예측하고 대응하는 것이 중요하다. 앞에서 6월 12일 북미정상회담의 모멘텀으로 북방주 3인방의 주가 위치를 보았다. 그 이후 실제시장에서는 북방 비핵화가 먼저인가, 종전선언과 체재보장이 먼저인가를 가지고 미국과 북한의 입장 차이가 노이즈를 일으키면서 북방관련주가 급락 후 되반등하는 모습을 보였다. 이와 같이 이벤트의 변화와 주가 위치에 따라 이벤트가 이미 주가에 반영된 수준인지 아직 반영이 안된 수준인지 추적하는 것이 중요하다.

그리고 코스피200지수에 영향을 주는 각 월 단위 옵션만기일과 3, 6, 9, 12월 선물옵션 동시만기일 기준으로 코스피200종목에 영향을 주는 종목의 52주 최고가-최저가 수준과 4등분한 중심가격의 위치변화, 외국인-기관 투자자의 수급동향을 체크하면서 상승-하락에너지를 추적해야 할 필요가 있다.

그리고 테마별 대표성을 갖고 있는 종목을 선정해서 격자매트릭스를 만들어 주가의 변화와 각 대상종목의 중심가격 변화를 같이 체크하면서 상승-하락 확률을 계산할 수 있는 능력을 키워야 파생시장에서 승률을 높이는 투자자가 될 수 있을 것이다. 이를 위한 전제조건으로 앞으로 전개될 이벤트를 체크하고, 그것에 대한 시장 영향력을 미리 그려보는 훈련을 지속하면서 실제 결과치와 비교해보는 노력을 기울여야 한다.

선물거래의 가장 중요한 목적은 미래 불확실성에 대한 리스크 관리인 헷지에 있다. 그러나 우리는 방향성과 변동성을 노리는 투기적 거래에 집중하는 경향이 있다. 앞에서 선물에 대한 다양한 개념과 시스템 구조화시키는 방법에 대해서 공부했다면, 이제는 헷지전략에 대한 개념을 공부해보자.

13장

헷지전략으로 리스크를
반드시 관리하자

선물거래의 가장 중요한 목적은 미래 불확실성에 대한 리스크 관리인 헷지에 있다. 그러나 우리는 방향성과 변동성을 노리는 투기적 거래에 집중하는 경향이 있다. 앞에서 선물에 대한 다양한 개념과 시스템 구조화시키는 방법에 대해서 공부했다면, 이제는 헷지전략에 대한 개념을 공부해보자. 헷지전략은 베이시스 위험을 줄이려는 목적에서 나온 것인데, 여기서 알아야 할 기초개념부터 숙지해보자.

헷지의 개념과 여러 방법

헷지에 대한 사전적 개념은 다음과 같다. 헷지는 현물 가격 변동의 위험을 선물 가격 변동으로 제거하기 위해 행하는 거래로, '위험회피' 또는 '위험분산'이라고도 한다. 헷지란 원래 쐐기를 박는다는 뜻이다. 즉 쐐기를 박아 가격이 움직이지 않도록 하는 것이다.

헷지거래는 아주 오래전인 농경사회 때부터 있어 왔다. 농산물 가격 변동 위험에서 벗어나기 위해 밭에 심어 놓은 농산물을 수확하기 몇 달 전에 일정한 가격에 구매하기로 미리 약속하는 이른바 '밭떼기거래'가 대표적이다. 큰 식당을 운영하는 A씨와 농부 B씨가 배추를 안정적인 가격에 사고팔고 싶어 한다고 하자. 현재 배추 한 포기당 가격은 1,000원. 가을에 가격이 어떻게 될지 알 수 없다. 이때 두 사람은 배추를 수확할 때 1,000원에 배추를 매매하기로 지금 계약할 수 있다. 그렇게 하면 식당 주인과 농부 모두 가격 변동 위험에서 벗어나 안정적인 경제활동을 할 수 있다.

헷지에는 여러 가지 방법이 있다. 포지션^{position}이 매입인가 매도인가에 따라 롱헷지^{long hedge}과 숏헷지^{short hedge}로 나뉘고, 위험이 완전히 제거되느냐의 여부에 따라 완전헷지^{perfect hedge}과 불완전헷지^{imperfect hedge}로 나뉜다. 또한 선물시장과 현물시장의 상품이 서로 다른 경우를 교차헷지^{cross hedge}라고 한다.

헷지거래는 농산물 밭떼기와 같은 선도거래, 선물환거래, 선물거래, 옵션거래 등이 대표적이다. 선도거래는 매도자, 매수자가 합의만 하면 성사되는 가장 고전적이고 일반적인 거래다. 선물환거래는 수출대금을 후지급 결제방식으로 계약한 경우, 수출대금의 가치는 환율의 변동에 따라서 크게 달라질 수 있는 환율변동의 위험에 처하는데 이러한 위험을 없애기 위해 환율을 미리 고정시키는 거래를 말한다.

선물거래는 선도거래와 비슷하나 거래 대상이 표준화돼 있다는 점이 다르다. 농산물 밭떼기 거래에서 거래 대상이 '10월 1일에 인도하는 OO배추 100포기'로 표준화돼 시장에서 공식 거래된다면 선물거래라고 할 수 있다. 대표적인 선물거래로는 석유, 금, 구리 등 원자재 선물과 주가지수 선물을 들 수 있다.

옵션은 미래의 일정 기한 내에 특정 상품을 정해진 가격에 사거나 팔 수 있는 권리다. 옵션에는 특정 자산을 일정한 가격에 매수할 수 있는 권리인 콜옵션과 매도할 수 있는 권리인 풋옵션이 있다.

헷지에 대한 사전적 의미를 읽어보면 투자손실을 회피하려는 그 어떤 의사결정 과정이라는 것을 알 수 있다. 여기서는 환율이나 원자재에 대한 헷지거래보다는 주식파생시장의 선물-옵션을 이용한 헷지거래에 대해서 초점을 맞추고 공부해보겠다. 주식파생시장에서 헷지거래란 주식시장의 전체적인 가격변동에 따른 투자 위험을 효과적으로 회피하기 위해 주가지수 선물-옵션시장에서 주가지수현물시장과 반대되는 포지션을 취하는 것을 뜻한다.

대규모 주식포트폴리오를 보유한 기관투자가가 앞으로 주가 하락이 예상할 경우 보유주식 금액에 상당하는 주가지수 선물을 매도해 두면 주가 하락으로 인한 보유주식의 가치하락을 주가지수 선물거래에서 생긴 이익으로 보전할 수 있다. 따라서 헷지목적으로 주가지수 선물거래를 이용하면 주가가 상승하든 하락하든 전체적인 손익은 거의 없게 된다.

실전에서 간단하게 설명하면, 개인적으로 삼성전자 1억 주식으로 매수해서 보유하고 있는데 기초자산인 삼성전자를 매도하기 싫고 목표 가격 설정한 수준까지 장기투자 하고 싶다고 가정하자. 가끔 불확실성과 변동성이 극성을 부리면서 삼성전자 주가가 하향세를 보일 때 기초자산인 삼성전자를 매도하기보다 헷지전략으로 삼성전자 총 금액기준 10~30% 정도 규모로 반대되는 포지션을 설정해서 합성시키는 전략이 헷지전략인 것이다. 즉 선물매도포지션을 보유하거나 풋옵션을 매수해서 삼성전자 하락시 기초자산 삼성전자는 마이너스 평가손이 나와도 선물매도 혹은 풋옵션을 보유한 것에서 수익을 얻는 것처럼, 삼성전자의 하방변동성을 반대되는 포지션을 보유하면서 손실폭을 축소시키거나 심지어는 삼성전자 손실보다 더 큰 수익이 하방포지션에서 나오게 하는 투자행위를 헷지거래라고 한다.

그렇다면 여기서 어느 정도 헷지해야 하는지 그 비율이 고민이 되는데, 그것을 결정하는 데 어떤 기준이 있는지 알아보자.

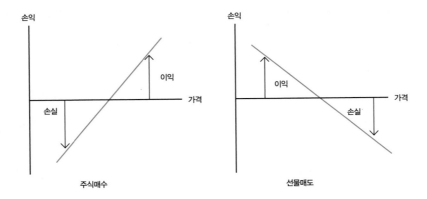

주식매수한 것을 헷지하기 위해서 선물매도를 하는데, 위의 〈도표 13-1〉과 같이 주식매수 에너지와 선물매도 에너지가 45도 각도로 움직여서 하나의 수익이 하나의 손실을 같은 기준으로 움직여준다면 그것만큼 효과적인 헷지전략이 없을 것이다. 즉 기초자산인 삼성전자를 매수한 규모가 어느 정도 선물매도로 헷지되는지 이것을 계산해내는 것이 중요하다.

가장 효과적인 헷지그림은 다음과 같다.

도표 13-2 **헷지의 손익구조**

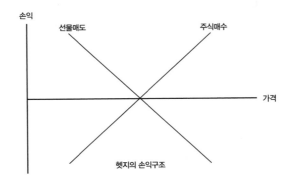

도표 13-3 헷지의 손익구조

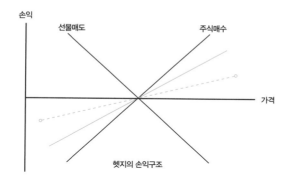

그런데 실전에서는 대상이 되는 기초자산의 탄력성에 오차가 생겨 시장이 1움직일 때 같은 비율로 1움직이는 종목이 있는 반면에 2~3수준으로 더 크게 움직이는 종목이 있고, 반대로 0.3~-0.5도 안 움직이는 종목도 있다. 이런 현상을 표시한 것은 〈도표 13-3〉이다.

여기서 숙지해야 할 개념이 베타계수개념이다. 베타계수beta coefficient는 증권시장 전체의 변동에 대한 개별자산의 수익률의 민감도sensitivity를 나타낸다. 즉 베타계수는 증권시장 전체의 수익률의 변동이 발생했을 때 이에 대해 개별기업 주가수익률이 얼마나 민감하게 반응하는가를 측정하는 계수이다.

예를 들어, 증권시장 전체의 움직임을 나타내는 주가지수의 수익률이 1% 증가하거나 감소할 때에 어떤 주식 A의 수익률은 0.5% 증가하거나 감소한다면, 주식 A의 베타계수는 0.5가 된다. 이에 반해, 주식 B의 수익률은 2% 증가하거나 감소한다면 주식 B의 베타계수는 2가 된다. 주식 A와 주식 B를 비교할 때, 시장 전체의 움직임에 더욱 민감하게 반응하는 것은 주식 B의 수익률이며, 이에 따라 주식 B의 베타계수가 주식 A의 베타계수보다 크게 된다.

만약 주가지수의 수익률이 1% 증가하거나 감소할 때에 어떤 주식 C의 수익률은 주가지수의 수익률 변동폭과 동일하게 1% 증가하거나 감소한다면, 주식 C의 베타계수는 1이 된다. 이론적으로 시장포트폴리오의 베타계수가 1이므로, 주식 C의 수익률 변동폭은 주가지수의 수익률 변동폭과 동일하게 움직인다. 이처럼 주식 C와 같이 어떤 주식의 베타계수가 1이라면, 이 주식의 수익률 변동폭은 시장수익률의 변동폭과 동일하게 움직인다. 주식 A와 같이 베타계수가 1보다 작으면 수익률의 변동폭은 시장수익률 변동폭보다 작게 움직이며, 반대로 주식 B와 같이 베타계수가 1보다 크면 수익률의 변동폭은 시장수익률 변동폭보다 크게 움직인다.

여기서 완전헷지–부분헷지의 개념이 나오는데, 사전적 의미를 우선 살펴보자. 헤징은 선물계약을 통한 위험노출의 cover(또는 hedge) 정도에 따라 완전헷지와 불완전헷지로 구분된다.

현물가격과 선물가격의 변화방향과 그 크기에 따라 헤징결과가 상이하게 나타나는데, 완전헷지는 현물가격과 선물가격이 동일한 방향으로 동일한 크기만큼 변해 현물시장에서의 손실(이득)이 선물시장에서의 이득(손실)에 의해 완전히 상쇄되는 것을 말한다. 이것이 이루어지려면 현물가격과 선물가격의 차인 베이시스가 항상 일치해야 하고, 선물의 기초자산과 현물이 일치(가령 채권의 경우 표면금리, 만기, 지급주기가 동일)해야 한다. 따라서 현실적으로 완전헤징은 거의 불가능하고, 다만 현물과 상관관계가 높은 현물을 기초자산으로 삼은 선물을 거래 대상으로 선택함으로써 헤징효과를 높일 수 있을 뿐이다.

불완전헷지는 헷지구성에 있어서 헷지비율이 1에 미달하는 경우를 말한다. 예를 들어 투자자가 현물 코스피200종목을 1억원 매수한 것에 대해 레버리지 비율을 6.6배로 가정했을 때 선물 1,500만원 규모로 매도포지션을 구축했다면(1,500만×6.6배=9,900만), 거의 완전헷지에 가까워진다. 현물매수 베타계수가 +1이고 선물매도 베타계수가 −1일 때는 완전헷지개념이 되지만, 현물자산이 1억 5천만원이 되었다면 현물 베타가 1.5가 되고 선물 베타는 −1.0이 되어 실제 포지션 합이 +0.5가

되어 부분헷지가 된다.

여기서 레버리지비율이 궁금할 텐데 선물 1계약 매수시 증거금률이 15%이면 6.6배(=1/0.15)의 레버리지가 형성되는데, 증거금률이 7.5%로 낮아지면 20배(=1/0.075)의 레버리지 효과가 생기는 것이다. 거래하고자 하는 시점에 선물지수가 280이면 1계약 거래하는 데 거래대금이 약 7,000만원(=선물지수280×옵션승수 25만원)이 되지만, 실제 자금은 7.5%인 525만원만큼만 필요하게 된다.

주식자산 1억에 대해 선물로 총자산 1억 헷지를 맞추려면 과거보다 레버리지비율이 크기 때문에 과거 증거금률 15%대 1,500만원이 필요하던 것이, 현재는 525만원만 있으면 7,000만원규모를 커버하니 주식 1억규모에 70%정도 부분헷지가 가능해진다.

이처럼 현물주식의 위험수준을 제로로 만들거나 감내할 수 있는 일정수준으로 제한하고자 할 때 사용하는 투자전략을 바로 헷지거래라고 하는데, 헷지거래에는 반드시 현물주식이 연계되어 이루어진다. 즉 현물이 연계된 가격위험을 회피하는 거래를 헷지거래라 하고, 매수헷지와 매도헷지로 나뉜다.

매도헷지는 현물주식 보유자가 보유주식이 하락하면 손해보게 되는데, 이럴 경우 보유주식에 대응하는 주가지수 선물을 매도함으로써 장래 가격 하락의 위험을 대비할 수 있다. 반대로 앞으로 주식매입을 하려는데 매입 예정된 주식의 가격상승에 따른 손실을 축소하기 위해서 매수 예정주식에 대응되는 주가지수선물을 먼저 매입함으로써 가격상승위험을 회피하는 거래를 매수헷지라고 한다.

그렇다면 실전에서 헷지거래의 감각을 키워보기로 하자. 개인적으로 삼성전자를 1억 매수해서 3년 이상 보유해보겠다는 전략을 수립했는데 전체적으로 하락가능성이 대두되면서 코스피지수가 10% 하락시, 20% 하락시 삼성전자 변동성도 그것보다 커질 것으로 예상된다고 가정하자. 삼성전자 자체를 매도하는 것보다 삼성전자 기초자산은 그대로 유지하고 파생시장에서 헷지전략을 가동해서 손실가능성을 커버한다고 가정해보자.

그렇다면 어떻게 해야 할 것인가? 기초자산은 주가가 상승해야 수익나는 구조지만 선물매도는 시장이 하락해야 수익나는 구조라서 '삼성전자 보유＋선물매도'로 헷지전략을 수립하면 되는데, 구체적으로 어느 정도 선물매도를 해야 하는지 생각해보는 것이다.

간단하게 삼성전자 1억기준 매수가 10％ 하락시 1,000만원의 손실이 발생하는데 선물매도로 1,000만원의 수익을 나게 구조화시키면 거의 완전헷지될 것이다. 만약 삼성전자가 10％ 하락후 되반등할 경우 선물매도로 형성된 수익을 챙겨서 그 수익으로 삼성전자 기초자산을 1,000만원 어치 더 매수하는 전략이 성공했다면 환상적인 헷지전략이 수립된 것이다.

그렇다면 선물매도 몇계약을 해야 삼성전자가 10％ 하락하는 데 나타나는 손실을 헷지할 수 있는가?

현재 선물승수는 25만원으로 선물지수 1포인트 하락시 25만원의 수익이 발생한다. 그러나 문제는 삼성전자 10％ 하락시 코스피 200기초자산이 10％ 하락하는 것이 아니라는 점이다. 여기서 발생하는 오차가 1차 문제가 된다. 일단 삼성전자 10％ 하락과 코스피 200지수의 10％ 하락이 거의 같다고 가정하면 현재 코스피 200지수가 300이라고 가정할 때 10％ 하락은 '300×0.9＝270'로 30포인트 하락한다는 것인데, 선물 1계약 매도시 수익은 '30포인트×1계약×25만원＝750만원'이다. 삼성전자 10％ 하락시 손실 1,000만원은 선물 1계약 매도해서 얻어지는 수익 750만원으로 완전헷지가 안되고 오차가 발생한다. 2계약 매도시 어떤 상황이 발생하는지 체크해보면 오히려 이익이 1,500만원으로 10％ 하락시 삼성전자 손실을 커버하고 수익이 500만원 나는 구조가 된다.

이를 도식화하면 〈도표 13-4〉와 같다. 여기서 선물매도의 수량과 변동성이 헷지전략을 세우는 데 가장 중요하다는 것을 알 수 있다. 코스피지수와 각 대상종목의

도표 13-4 **부분헷지**

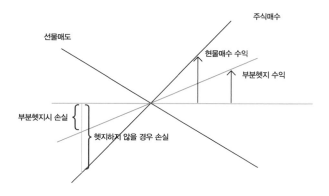

변동성이 다르고 그것을 어느 정도인지 측정하는 데 베타계수를 이용해보자.

여기서 베타계수를 이용해 선물헷지계약수를 계산하는 일반식은 위와 같다.

- 코스피200 근월물지수×승수 25만원×선물계약수=헷지비율×현재 포트폴리오금액

베타계수가 1.0, 현재 12월물 선물지수 270일 때 포트롤리오 100억을 100% 헷지하는 선물계약수는 다음과 같이 구한다.

- (헷지비율×포트폴리오 금액)월/270포인트×25만원＝ 1×100억/6,750만=148개

문제는 기관투자자들은 이런 방식으로 헷지전략을 수립할 수 있지만 개인투자자들이 이런 방식을 사용하기는 애로사항이 많다는 점이다. 시가상위 20위 종목 중심으로 보유전략을 유지할 때 헷지전략을 사용해서 시장 급락시 헷지하는 전략을 사용할 수 있지만, 중소형주 및 베타계수가 상대적으로 높은 종목의 변동성을

선물로 헷지하기 만만치 않을 수 있다. 따라서 이론상으로는 이렇게 작동하지만 실전에서 매매할 경우에는 시가상위 20위 종목중심으로 매매하시는 분들에게만 선물매도 헷지전략을 권하고, 개별종목은 옵션매매로 헷지하거나 그 대상종목을 매도해서 변동성을 이용해서 조절하는 전략이 더 유용할 것이다.

부분헷지의 구조

최근에 승수가 25만원으로 변경되었고, 유지증거금이 과거 15%에서 그 반으로 줄거나 증권사마다 차이를 두면서 실행하면서 레버리지 비율이 상대적으로 높아졌기 때문에 선물매도시 레버리지 비율을 좀더 고려해서 접근하는 것이 필요하다. 시가상위 1-20위 종목 중에서도 시장상황에 따라 평균적인 하락변동성 10~20% 보다 더 커지는 30~50%도 나타날 수 있는데, 이것을 헷지하려면 선물 계약수가 많아져야 한다.

레버리지 비율이 과거 유지증거금 15%에서는 6~7배 정도 레버리지 효과가 있지만 이제는 13~14배의 레버리지 효과가 있고, 승수도 과거 50만원에서 현재 25만원으로 낮아지면서 선물 1계약 매도하는 데 필요한 자금이 적게 드니 방심하는 경향이 있다. 그러나 선물매도의 경우는 투입자금규모만큼 전체자산을 매도한다고 생각해 실전대응하는 것이 중요하다. 즉 현재 270라면 승수를 곱한 6,750만원의 자산가치를 매도한다고 생각하고 이것이 야기하는 변동성을 생각하고 실전 대응하는 것이 필요하다.

따라서 선물매매수량을 매수든 매도든 아무리 기초자금이 많다고 해도 개인투자자의 경우는 10계약 한도 내에서 조절하기를 권한다. 현재 270수준이라면 10계약을 매매하는 데 필요한 유지증거금이 약 6,750만원이지만 실제로 6.7억원 수준을 운용하는 것으로 생각하고 매매에 임해야 한다. 왜냐하면 시세가 순간적으로 변동해 손절하는 순간을 놓치는 시기에 10~20포인트의 역사이클엔 충분히 걸릴 수 있기 때문이다.

10포인트 손실 시 10계약이면 2,500만원의 손실이 발생해 자금조절에 실패하기 쉽다. 만약 20포인트 이상 순간적으로 당하면 이미 그전에 마진콜 당할 것이고, 이것을 살리려고 기초자산을 추가적으로 담보잡다가는 한방에 훅 가는 경우가 발생할 수 있다. 이처럼 헷지전략 수립하다가 현물 기초자산도 망가지는 경우가 발생하니 10계약 운용을 하려면 파생전체투자자금이 적어도 5억원 이상 되는 사람들만 권한다. 1억~5억원 사이는 5계약 정도 안에서 운용하고 1억원 미만 되는 분들은 1~2계약으로만 운용하길 권고해드린다.

또한 선물매매는 방향성 매매로 방향맞추는 일이 쉬운 것 같지만 어렵고, 실전에서는 매매진폭을 짧게 잡다가는 빈번하게 손절하다가 망가지는 경우가 허다하니, 1계약 운용하는 데 진폭을 5~10포인트 정도로 잡고, 내가 생각하는 기준에서 5~10포인트 변동시에만 추가 1계약 매매하는 것을 권해드린다.

선물매매하는 분들 중에서 이 부분이 이해되지 않는 분들도 있으나 30년 이상 장시간 해보니 여기도 생각과 반대로 갈 경우 끊어주지 못하거나 물 흐르듯이 방향전략을 스위칭하지 않고, 물타서 빠져나와야지 하는 매매에서 한방에 망가지는 경우가 허다했다. 또한 좁은 진폭에서 물타면서 모든 가용자산을 투입하다가 망가지는 경우가 많으니 기본매매진폭을 5~10포인트 안에서 잡고 대응하되, 생각과 오차가 날 경우 오히려 옵션 양매수헷지전략을 가동해서 선물에서 오차가 난 부분을 중화시키는 전략을 권한다.

위에서 설명한 부분이 초보자들은 이해가 안 될 수 있지만 수많은 변동성과 방향성의 카오스를 극복하려면 위 기준을 이용하는 것이 효과적이라는 경험에서 나온 것이니 참조하길 바란다.

선물 1계약 매수 매도의 구조

　세부사항은 거래하는 증권사나 선물거래사에게 문의해야 하지만 모 증권사 약관 하나를 복사해왔으니 읽어보면 이런 구조 안에서 거래되는 것을 알 수 있을 것이다. 선물 옵션 매매시 매매의 방향성과 변동성을 맞추는 것도 중요하지만 어떤 조건하에 매매가 이루어지는지 증거금제도부터 기초를 확실하게 숙지해서 실전 매매에 방해가 되지 않게 하는 것 역시 중요하다는 것을 잊지 말자.

- 코스피200선물 가격이 270.00p일 경우

– 계약단위 : 270.00(코스피200선물가격)×25만원(코스피200선물 거래승수)=6,750만원

–유지증거금은 6260만원*0.075=506만원

– 가격표시방법 : 270.00포인트(코스피200지수 가격표시방법 준용)

– 결제월 : 3, 6, 9, 12월 (상장결제월 : 3년 이내 7개 결제월)

　　　　　(* 11.30 기준 상장월 : 12월물, 익년도 3월물, 6월물, 9월물, 12월물, 익익년도 6월물, 12월물)

– 최종거래일 : 각 결제월의 두 번째 목요일

– 최소호가단위 : 0.05포인트(계약당 손익변동금액 : 0.05×25만원=12,500원)

– 1단계 가격제한 기준가격이 250인 경우 상한가 270, 하한가 2 30 (기준가격 대비 상하 ± 8%)

그렇다면 선물 1계약 매수 매도에 어느 정도 기초자금이 투입되는가 하면 다음 예를 보면 알 수 있다. 코스피200선물의 주요명세는 다음과 같다.

■ **독자 여러분의 소중한 원고를 기다립니다**

메이트북스는 독자 여러분의 소중한 원고를 기다리고 있습니다. 집필을 끝냈거나 집필중인 원고가 있으신 분은 khg0109@hanmail.net으로 원고의 간단한 기획의도와 개요, 연락처 등과 함께 보내주시면 최대한 빨리 검토한 후에 연락드리겠습니다. 머뭇거리지 마시고 언제라도 메이트북스의 문을 두드리시면 반갑게 맞이하겠습니다.

■ **메이트북스 SNS는 보물창고입니다**

메이트북스 홈페이지 www.matebooks.co.kr

책에 대한 칼럼 및 신간정보, 베스트셀러 및 스테디셀러 정보뿐만 아니라 저자의 인터뷰 및 책 소개 동영상을 보실 수 있습니다.

메이트북스 유튜브 bit.ly/2qXrcUb

활발하게 업로드되는 저자의 인터뷰, 책 소개 동영상을 통해 책에서는 접할 수 없었던 입체적인 정보들을 경험하실 수 있습니다.

메이트북스 블로그 blog.naver.com/1n1media

1분 전문가 칼럼, 화제의 책, 화제의 동영상 등 독자 여러분을 위해 다양한 콘텐츠를 매일 올리고 있습니다.

메이트북스 네이버 포스트 post.naver.com/1n1media

도서 내용을 재구성해 만든 블로그형, 카드뉴스형 포스트를 통해 유익하고 통찰력 있는 정보들을 경험하실 수 있습니다.

메이트북스 인스타그램 instagram.com/matebooks2

신간정보와 책 내용을 재구성한 카드뉴스, 동영상이 가득합니다.
각종 도서 이벤트들을 진행하니 많은 참여 바랍니다.

메이트북스 페이스북 facebook.com/matebooks

신간정보와 책 내용을 재구성한 카드뉴스, 동영상이 가득합니다.
팔로우를 하시면 편하게 글들을 받으실 수 있습니다.

STEP 1. 네이버 검색창 옆의 카메라 모양 아이콘을 누르세요.　　STEP 2. 스마트렌즈를 통해 각 QR코드를 스캔하시면 됩니다.
STEP 3. 팝업창을 누르시면 메이트북스의 SNS가 나옵니다.